Java
Grundlagen der Programmierung
IT-Studienausgabe

Herbert Schildt

Java

Grundlagen der Programmierung
IT-Studienausgabe

Übersetzung aus dem Amerikanischen
von Jobst Giesecke

Bibliografische Information Der Deutschen Bibliothek
Die Deutsche Bibliothek verzeichnet diese Publikation in der Deutschen Nationalbibliografie; detaillierte bibliografische Daten sind im Internet über <http://dnb.ddb.de> abrufbar.

ISBN 3-8266-1524-7
1. Auflage 2004

Sonderauflage des Titels »Java – IT-Tutorial«
ISBN 3-8266-0818-6

Alle Rechte, auch die der Übersetzung, vorbehalten. Kein Teil des Werkes darf in irgendeiner Form (Druck, Fotokopie, Mikrofilm oder einem anderen Verfahren) ohne schriftliche Genehmigung des Verlages reproduziert oder unter Verwendung elektronischer Systeme verarbeitet, vervielfältigt oder verbreitet werden. Der Verlag übernimmt keine Gewähr für die Funktion einzelner Programme oder von Teilen derselben. Insbesondere übernimmt er keinerlei Haftung für eventuelle aus dem Gebrauch resultierende Folgeschäden.

Die Wiedergabe von Gebrauchsnamen, Handelsnamen, Warenbezeichnungen usw. in diesem Werk berechtigt auch ohne besondere Kennzeichnung nicht zu der Annahme, dass solche Namen im Sinne der Warenzeichen- und Markenschutz-Gesetzgebung als frei zu betrachten wären und daher von jedermann benutzt werden dürfen.

Übersetzung der amerikanischen Originalausgabe
Herbert Schildt:
Java 2: A Beginner's Guide

Text Copyright © 2001 by The McGraw-Hill Companies, California.
All rights reserved including the right of reproduction in whole part or in a part in any form.

Printed in Germany

© Copyright 2004 by mitp-Verlag/Bonn,
ein Geschäftsbereich der verlag moderne industrie Buch AG & Co. KG,Landsberg
All rights reserved

Lektorat: Sabine Schulz
Fachlektorat: Eduard Paul
Satz und Layout: Typografie & Computer, Jörg Gitzelmann, Krefeld
Druck: Media-Print, Paderborn

Inhaltsverzeichnis

	Einleitung	13
1	**Java-Grundlagen**	17
	Die Ursprünge von Java	18
	Die Beziehungen zwischen Java und C/C++	20
	Java und das Internet	21
	Applets und Anwendungen	21
	Sicherheit	22
	Portabilität	22
	Die Magie von Java: Der Bytecode	23
	Die Java-Schlagwörter	24
	Objektorientierte Programmierung	25
	Kapselung	27
	Polymorphie	28
	Vererbung	28
	Wo Sie das Developer Kit erhalten	30
	Ein einfaches Beispielprogramm	30
	Eingabe des Programms	31
	Das Programm kompilieren	31
	Das Beispielprogramm Zeile für Zeile	32
	Der Umgang mit Syntaxfehlern	36
	Ein zweites Beispielprogramm	36
	Ein weiterer Datentyp	39
	Projekt 1.1: Umwandlung von Gallonen in Liter	41
	Zwei Steueranweisungen	43
	Die if-Anweisung	43
	Die for-Schleife	45
	Codeblöcke	47
	Semikolons und ihre Position	49
	Einrückungen	50
	Projekt 1.2: Das Umwandlungsprogramm Gallonen-in-Liter verbessern	50
	Die Schlüsselwörter von Java	52
	Bezeichner	53
	Die Klassenbibliotheken von Java	54
	Übungsaufgaben	55

2 Datentypen und Operatoren 57
Warum Datentypen so wichtig sind 58
Die einfachen Java-Typen 58
Integer-Typen 59
Gleitkommatypen 61
Zeichen 62
Der Typ boolean 63
Projekt 2.1: Wie weit ist das Gewitter entfernt? 65
Literale 66
    Hexadezimal- und Oktalkonstanten 67
    Escape-Sequenzen 67
    String-Literale 68
Eine genauere Beschreibung der Variablen 69
    Variablen initialisieren 70
    Dynamische Initialisierung 71
Gültigkeitsbereich und Lebensdauer von Variablen 71
Operatoren 75
Arithmetische Operatoren 75
    Inkrement und Dekrement 77
Relationale und logische Operatoren 78
    Logische Shortcircuit-Operatoren 80
Der Zuweisungsoperator 83
    Kurzzuweisungen 84
    Typumwandlungen in Anweisungen 85
Das Casten inkompatibler Typen 86
Die Rangfolge der Operatoren 88
Projekt 2.2: Anzeige einer Wahrheitstabelle für logische Operatoren 89
Ausdrücke 91
    Typumwandlung in Ausdrücken 91
    Leerzeichen und Klammern 93
Übungsaufgaben 94

3 Kontrollanweisungen 95
Eingabe von Zeichen über die Tastatur 96
Die if-Anweisung 98
Geschachtelte if-Anweisungen 100
Die if-else-if-Leiter 101
Die switch-Anweisung 103
Geschachtelte switch-Anweisungen 106
Projekt 3.1: Aufbau einer Java-Hilfe 107
Die for-Schleife 110
    Einige Varianten der for-Schleife 112
    Fehlende Teile 113
    Die Endlosschleife 115
    Schleifen ohne Rumpf 115
    Schleifenkontrollvariablen innerhalb der for-Schleife deklarieren 116

Die while-Schleife	117
Die do-while-Schleife	119
Projekt 3.2: Die Java-Hilfe verbessern	122
Mit break eine Schleife verlassen	125
break als Variante von goto	127
continue	132
Projekt 3.3: Die Java-Hilfe fertig stellen	134
Geschachtelte Schleifen	138
Übungsaufgaben	139

4 Klassen, Objekte und Methoden – Einführung 141

Grundlagen der Klasse	142
Die allgemeine Form einer Klasse	142
Eine Klasse definieren	143
Wie Objekte erzeugt werden	147
Verweisvariablen und Zuweisung	148
Methoden	149
Der Kfz-Klasse eine Methode hinzufügen	150
Die Rückkehr von einer Methode	153
Einen Wert zurückliefern	154
Parameter verwenden	157
Kfz eine parametrisierte Methode hinzufügen	159
Projekt 4.1: Eine Hilfe-Klasse einrichten	161
Konstruktoren	168
Parametrisierte Konstruktoren	169
Der Kfz-Klasse einen Konstruktor hinzufügen	170
Der new-Operator	172
Garbage Collection und Finalisierungen	173
Die finalize()-Methode	173
Projekt 4.2: Beispiel für die Finalisierung	175
Das Schlüsselwort this	177
Übungsaufgaben	180

5 Weitere Datentypen und Operatoren 181

Arrays	182
Eindimensionale Arrays	182
Projekt 5.1: Ein Array sortieren	186
Mehrdimensionale Arrays	189
Zweidimensionale Arrays	189
Irreguläre Arrays	190
Arrays mit drei oder mehr Dimensionen	192
Mehrdimensionale Arrays initialisieren	192
Alternative Syntax für die Array-Deklaration	194
Array-Verweise zuweisen	194
Das Attribut length verwenden	196

Projekt 5.2: Eine Queue-Klasse		198
Strings		203
Zeichenfolgen bilden		204
String-Operationen		205
Zeichenfolgen-Arrays		207
Strings sind unveränderlich		208
Befehlszeilenargumente verwenden		209
Die bitweisen Operatoren		211
Die bitweisen UND, ODER, XOR und NOT-Operatoren		212
Die Verschiebeoperatoren		217
Bitweise Kurzzuweisungen		220
Projekt 5.3: Eine ShowBits-Klasse		220
Der ?-Operator		223
Übungsaufgaben		226

6 Eine genauere Betrachtung der Methoden und Klassen ... 227

Zugriffskontrolle für Klassen-Elemente		228
Die Zugriffsangaben von Java		229
Projekt 6.1: Die Queue-Klasse verbessern		234
Objekte an Methoden übergeben		236
Argumente übergeben		237
Objekte zurückliefern		241
Methoden überladen		243
Das Überladen von Konstruktoren		249
Projekt 6.2: Den Queue-Konstruktor überladen		252
Rekursion		255
static verstehen		258
Static-Blöcke		261
Projekt 6.3: Quicksort		263
Verschachtelte und innere Klassen – Einführung		266
Übungsaufgaben		270

7 Vererbung ... 273

Grundlagen der Vererbung		274
Der Zugriff auf Member und die Vererbung		277
Konstruktoren und Vererbung		281
Mit super Superklassenkonstruktoren aufrufen		283
Mit super auf die Element der Superklasse zugreifen		288
Projekt 7.1: Die Kfz-Klasse erweitern		289
Eine mehrstufige Hierarchie einrichten		292
Wann werden Konstruktoren aufgerufen?		296
Superklassenverweise und Unterklassenobjekte		297
Methoden überschreiben		302
Überschriebene Methoden unterstützen die Polymorphie		306
Warum Methoden überschrieben werden		308
Methoden in TwoDShape überschreiben		308

Abstrakte Klassen verwenden	313
final einsetzen	318
final verhindert das Überschreiben	318
final verhindert die Vererbung	318
final in Verbindung mit Instanzvariablen	319
Die Object-Klasse	321
Übungsaufgaben	322

8 Pakete und Schnittstellen ... 323

Pakete	324
Ein Paket definieren	325
CLASSPATH und das Auffinden von Paketen	326
Ein kurzes Package-Beispiel	327
Pakete und Zugriff auf KlassenElemente	329
Ein Beispiel für den Paketzugriff	330
protected-Elemente verstehen	332
Pakete importieren	335
Die Klassenbibliothek von Java befindet sich in Paketen	336
Schnittstellen	337
Schnittstellen implementieren	339
Schnittstellenverweise verwenden	343
Projekt 8.1: Eine Queue-Schnittstelle implementieren	345
Variablen und Schnittstellen	352
Schnittstellen können erweitert werden	353
Übungsaufgaben	354

9 Ausnahmebehandlung ... 357

Die Ausnahmehierarchie	358
Grundlagen der Ausnahmebehandlung	359
try und catch verwenden	360
Ein einfaches Beispiel für eine Ausnahme	360
Auswirkungen einer nicht abgefangenen Ausnahme	363
Tolerante Fehlerbehandlung mit Ausnahmen	365
Mehrere catch-Anweisungen verwenden	366
Unterklassenausnahmen abfangen	367
Verschachtelte try-Blöcke	369
Eine Ausnahme erzeugen	371
Eine Ausnahme erneut auslösen	372
Eine genauere Untersuchung von Throwable	374
finally verwenden	375
throws verwenden	378
Die vordefinierten Java-Ausnahmen	380
Ausnahmeunterklassen erzeugen	381
Projekt 9.1: Die Queue-Klasse mit Ausnahmen erweitern	384
Übungsaufgaben	387

10 Das I/O-System ... 389
Das Java-I/O-System basiert auf Streams ... 390
    Byte-Streams und Character-Streams ... 391
    Die Byte-Stream-Klassen ... 391
    Die Character-Stream-Klassen ... 392
    Vordefinierte Streams ... 393
Mit Byte-Streams arbeiten ... 394
    Konsoleneingaben lesen ... 395
    Konsolenausgabe schreiben ... 397
Dateien mit Byte-Streams lesen und schreiben ... 398
    Dateieingabe ... 398
In eine Datei schreiben ... 400
    Binäre Daten lesen und schreiben ... 403
Projekt 10.1: Ein Programm zum Vergleichen von Dateien ... 407
Wahlfreier Dateizugriff ... 409
Die zeichenorientierten Streams von Java ... 412
    Konsoleneingabe mit Character-Streams ... 413
    Zeichen lesen ... 414
    Zeichenfolgen lesen ... 416
    Konsolenausgabe mit Character-Streams ... 416
    Dateiein- und -ausgabe mit Character-Streams ... 418
    Einen FileWriter einsetzen ... 418
    Einen FileReader verwenden ... 420
Mit den Typ-Wrappers numerische Zeichenfolgen umwandeln ... 421
Projekt 10.2: Ein Hilfesystem auf der Festplatte einrichten ... 423
Übungsaufgaben ... 430

11 Multithread-Programmierung ... 431
Grundlagen der Multithread-Programmierung ... 432
Die Thread-Klasse und die Runnable-Schnittstelle ... 433
Einen Thread erzeugen ... 434
    Einfache Verbesserungen ... 438
Projekt 11.1: Thread erweitern ... 440
Mehrere Threads einrichten ... 443
Das Ende eines Thread festlegen ... 446
Thread-Prioritäten ... 449
Synchronisation ... 453
    Synchronisierte Methoden ... 454
    Die Anweisung synchronized ... 457
Thread-Kommunikation mit notify(), wait() und notifyAll() ... 459
    Ein Beispiel für wait() und notify() ... 460
Threads unterbrechen, wieder aufnehmen und beenden ... 465
Projekt 11.2: Den Haupt-Thread verwenden ... 470
Übungsaufgaben ... 472

12 Applets, Ereignisse und andere Themen 475
Applet-Grundlagen 476
Die Rahmenbedingungen für Applets 480
    Die Applet-Architektur 480
    Ein vollständiges Applet-Gerüst 481
    Applet-Initialisierung und Beendigung 482
Applets neu darstellen 483
    Die update()-Methode 484
Projekt 12.1: Ein einfaches Banner-Applet 485
Das Statusfenster verwenden 490
Parameterübergabe an Applets 491
Die Applet-Klasse 493
Ereignisbehandlung 495
Das Ereignisdelegationsmodell 496
    Ereignisse 496
    Ereignisquellen 496
    Ereignisempfänger 497
    Ereignisklassen 497
    Listener-Schnittstellen 498
Das Ereignisdelegationsmodell verwenden 500
    Mausereignisse behandeln 500
    Ein einfaches Applet mit Mausereignissen 501
Weitere Java-Schlüsselwörter 504
    transient und volatile 505
    instanceof 505
strictfp 506
Native Methoden 506
Wie geht es weiter? 507
Übungsaufgaben 508

A Antworten auf die Fragen der Übungsaufgaben 509
Kapitel 1: Java-Grundlagen 510
Kapitel 2: Datentypen und Operatoren 512
Kapitel 3: Kontrollanweisungen 514
Kapitel 4: Klassen, Objekte und Methoden – Einführung 518
Kapitel 5: Weitere Datentypen und Operatoren 519
Kapitel 6: Eine genauere Betrachtung der Methoden und Klassen 523
Kapitel 7: Vererbung 527
Kapitel 8: Pakete und Schnittstellen 529
Kapitel 9: Ausnahmebehandlung 531
Kapitel 10: Das I/O-System 535
Kapitel 11: Multithread-Programmierung 538
Kapitel 12: Applets, Ereignisse und andere Themen 541

B Die Dokumentationskommentare von Java 547
    Die javadoc-Tags 548
        @author 549
        @deprecated 549
        {@docRoot} 550
        @exception 550
        {@link} 550
        @param 550
        @return 551
        @see 551
        @serial 551
        @serialData 552
        @serialField 552
        @since 552
        @throws 552
        @version 552
    Das allgemeine Format eines Dokumentationskommentars 553
    Die Ausgabe von javadoc 553
    Ein Beispiel mit Dokumentationskommentaren 554

Stichwortverzeichnis 557

Einleitung

Innerhalb weniger Jahre hat sich Java von einer verhältnismäßig unbekannten zur wichtigsten Programmiersprache des Internets entwickelt. Der Einfluss von Java ist nicht zu unterschätzen. Java hat das Web in eine im höchsten Maße interaktive Umgebung verwandelt und gleichzeitig einen neuen Standard für Programmiersprachen geschaffen. Die innovativen Aspekte von Java sind richtungsweisend für die weitere Entwicklung der Programmierung. Wenn Sie Ihre Zukunft in der Internet-Programmierung sehen, dann haben Sie sich daher für die richtige Programmiersprache entschieden, die Sie mit diesem Buch erlernen können.

Dieses Buch vermittelt Ihnen die Grundlagen der Java-Programmierung. Dabei wird schrittweise vorgegangen und die einzelnen Schritte werden durch zahlreiche Beispiele, Tests und Projekte ergänzt. Es werden keine weiteren Programmierkenntnisse vorausgesetzt. Zu Beginn werden die Grundlagen wie das Kompilieren und Ausführen eines Java-Programms erklärt. Anschließend werden alle Schlüsselwörter der Programmiersprache Java erörtert. Das Buch endet mit den erweiterten Möglichkeiten der Multithread-Programmierung und dem Erstellen von Applets. Wenn Sie das Buch durchgearbeitet haben, dann haben Sie solide Grundkenntnisse über die Java-Programmierung erworben.

Es sei aber von vornherein darauf hingewiesen, dass dieses Buch nur ein Ausgangspunkt sein kann. Zu Java gehört wesentlich mehr als nur die reinen Sprachelemente. Zu Java gehören auch die umfangreichen Bibliotheken und Werkzeuge, die Ihnen bei der Entwicklung von Programmen helfen. Java bietet darüber hinaus eine Reihe raffinierter Bibliotheken für den Umgang mit der Benutzerschnittstelle des Browsers an. Gute Java-Programmierer müssen auch diese Bereiche beherrschen. Wenn Sie dieses Buch durchgearbeitet haben, dann besitzen Sie die erforderlichen Kenntnisse, um sich in die verbleibenden Java-Bereiche einarbeiten zu können.

Der Inhalt dieses Buchs

Dieses Buch präsentiert einen kontinuierlichen Lehrgang, indem ein Abschnitt auf dem vorhergehenden aufbaut. Es enthält 12 Kapitel, die jeweils einen Aspekt der Programmiersprache Java behandeln. Darüber hinaus enthält das Buch spezielle Abschnitte, mit denen Sie das Gelernte vertiefen können.

Themenübersicht

Zu Beginn jedes Kapitels finden Sie eine Übersicht mit den Lernzielen.

Übungsaufgaben

Jedes Kapitel endet mit Übungsaufgaben. Mit diese Aufgaben können Sie Ihr Wissen überprüfen. Die Antworten auf die Fragen finden Sie im Anhang A.

1-Minuten-Tests

Am Ende jedes wichtigen Abschnitts werden mit einigen kurzen Fragen die wichtigsten Themenschwerpunkte abgefragt. Die Antworten auf diese Fragen finden Sie in den Fußnoten unten auf der Seite.

Fragen an den Experten

Über das gesamte Buch verteilt finden Sie Zwischenfragen mit Antworten von Experten. Hier finden Sie ergänzende Informationen oder interessante Hinweise zu einem Thema.

Projekte

Jedes Kapitel enthält ein oder mehrere Projekte, in denen vorgeführt wird, wie das Gelernte anzuwenden ist. Diese praktischen und realitätsnahen Beispiele können Ihnen als Ausgangspunkt für eigene Programme dienen.

Vorkenntnisse sind nicht erforderlich

Dieses Buch setzt keine Programmiererfahrungen voraus. Sie können es also auch dann aufschlagen, wenn Sie noch niemals in Ihrem Leben programmiert haben. In der heutigen Zeit ist es allerdings nichts Ungewöhnliches, wenn jemand bereits gewisse Programmierkenntnisse mitbringt. In vielen Fällen werden sie aus dem Bereich der C++-Programmierung stammen. Sie werden sehen, dass C++ und Java miteinander verwandt sind. Daher wird, wer bereits Vorkenntnisse in C++ mitbringt, Java umso leichter lernen. Da anzunehmen ist, dass einige Leser Erfahrungen mit C++ gesammelt haben, wird auf Ähnlichkeiten zwischen beiden Sprachen an den entsprechenden Stellen eingegangen.

Software-Voraussetzungen

Um die Beispielprogramme aus diesem Buch kompilieren und ausführen zu können, benötigen Sie mindestens das Java Developer's Kit (JDK) von Sun. Wo Sie das JDK erhalten, wird in Kapitel 1 beschrieben.

Nicht vergessen: Der Code liegt im Web bereit

Der Quellcode für alle Beispiele und Projekte aus diesem Buch liegt im Web unter der Adresse www.mitp.de kostenlos für Sie bereit.

Weiterführende Literatur

Dieses Buch ist der Einstieg zu einer Reihe weiterer Programmierbücher von Herbert Schildt, von denen sicherlich auch einige für Sie interessant sind.

Wenn Sie mehr über Java erfahren möchten, dann empfehlen wir Ihnen folgende Bücher:

Java 2: Ent-Packt
Java 2: Ge-Packt

Nicht von Herbert Schildt, aber ebenfalls empfehlenswert, sind die beiden folgenden Bücher von Gerhard Wilhelms:

Java Grundlagen
Java Professionell

Wenn Sie C++ erlernen wollen, können diese Bücher hilfreich sein:

C++ Ent-Packt
C++ Ge-Packt
C++ lernen und professionell anwenden
Der C++-Kurs

Empfehlenswert zum Thema Windows-Programmierung sind folgende Bücher von Herbert Schildt:

Windows 98 Programming from the Ground Up
Windows 2000 Programming from the Ground Up
Windows NT Programming from the Ground Up
The Windows Programming Annotated Archives

Mehr zur Programmiersprache C finden Sie in den Büchern:

C Ent-Packt
C für PCs

Wenn Sie gründliche Antworten suchen, dann wenden Sie sich an Herbert Schildt, die anerkannte Autorität auf dem Gebiet der Programmierung.

Dozentenmaterial zum Downloaden

Zur Unterstützung der Lehrtätigkeit finden Sie im Internet kostenloses Material für den Unterricht, das aus folgenden Komponenten besteht:

Lernziele, die die wichtigsten Lerninhalte kurz aufführen, Vorbereitung des Unterrichts, zusätzliche Übungsaufgaben, Tipps für den Unterricht schwieriger Inhalte, schriftliche Tests, die das Wissen der Studenten überprüfen, mögliche Fragen von Studenten und Kursteilnehmern und Vorschläge für Antworten darauf, konkrete Programmieraufgaben zur Vertiefung des Erlernten, Tipps und Hinweise auf Verständnisschwierigkeiten, die die Studenten beim Lernen haben könnten und Insider-Tipps mit Informationen, die nicht im IT-Tutorial vorhanden sind. Außerdem enthält das Material Diskussionsvorschläge, die die Studenten zu eingehenderen Diskussionen der Themen anregen sollen. Am Ende der Kapitel finden Sie Fragen, mit denen Sie das Wissen Ihrer Studenten überprüfen können sowie eine Zusammenfassungen des jeweiligen Kapitels in Stichworten.

Unter *www.mitp.de* können Sie das Material kostenlos als Wordfile herunterladen.

Wichtig:

Das Herunterladen des Materials ist nur für Dozenten bestimmt. Hierfür ist eine Registrierung als Dozent erforderlich. Nach der Registrierung muss ein schriftlicher Nachweis über die Lehrtätigkeit per Fax oder per Post an den Verlag geschickt werden.

Die Wordfiles sind nicht in gedruckter Form erhältlich.

Kapitel 1

Java-Grundlagen

Lernziele

- Die Geschichte und Philosophie von Java
- Der allgemeine Aufbau eines Java-Programms
- Variablen einrichten
- Die `if`- und `for`-Anweisung
- Die Grundprinzipien der objektorientierten Programmierung
- Der Umgang mit Codeblöcken
- Die Java-Schlüsselwörter

Die Entstehung des Internet und des World Wide Web haben die Datenverarbeitung grundsätzlich verändert. Noch vor wenigen Jahren dominierten in der Cyber-Landschaft Einzelplatzrechner. Heute sind fast alle PCs mit dem Internet verbunden. Das Internet selbst wurde umgestaltet. Ursprünglich diente es nur als bequeme Möglichkeit, Dateien und Informationen gemeinsam zu nutzen, heutzutage bildet es dagegen ein weit verteiltes Rechneruniversum. Diese Veränderungen vollzogen sich sehr schnell und tiefgreifend und in ihrer Folge entwickelte sich eine neue Art der Programmierung: Java.

Java ist nicht nur die dominierende Programmiersprache des Internet, sondern hat die Programmierung insgesamt revolutioniert. Das Verständnis vom Aufbau und der Funktion eines Programms hat sich gewandelt. Java hat inzwischen eine solche Bedeutung erlangt, dass die Java-Programmierung für professionelle Programmierer ein Muss geworden ist. Dieses Buch vermittelt die erforderlichen Kenntnisse für die Beherrschung dieser Sprache.

Dieses Kapitel bietet eine Einführung in Java sowie einen Überblick über die Geschichte, die Philosophie und über die wichtigsten Eigenschaften. Das Schwierigste beim Erlernen einer Programmiersprache ist die Tatsache, dass kein Element der Sprache für sich allein existiert. Alle einzelnen Komponenten der Programmiersprache funktionieren nur gemeinsam. Diese Wechselbeziehungen sind für Java von besonderer Bedeutung. Es ist in der Tat sehr schwierig, einen Aspekt ohne die Berücksichtigung anderer Aspekte zu behandeln. Um diesem Problem entgegenzuwirken, enthält dieses Kapitel einen kurzen Überblick über viele Java-Eigenschaften, einschließlich des allgemeinen Aufbaus eines Java-Programms, einiger der wichtigsten Steueranweisungen und der Operatoren. Dabei wird nicht auf Details eingegangen, sondern es werden die allgemeinen Konzepte eines Java-Programms in den Vordergrund gestellt.

Die Ursprünge von Java

Die Entwicklung einer Programmiersprache wird von zwei Faktoren vorangetrieben: Verbesserungen in der Kunst der Programmierung und Veränderungen der Rechnerumgebung. Java bildet hier keine Ausnahme. Die Sprache baut auf der umfangreichen Hinterlassenschaft von C und C++ auf und ergänzt diese mit Verfeinerungen der Eigenschaften, die dem aktuellen Entwicklungsstand der Programmierung entsprechen. Als Reaktion auf die Entwicklung der Online-Umgebung bietet Java Eigenschaften, die die Programmierung für eine in hohem Maße verteilte Architektur effektiver gestalten.

Die Idee für Java entwickelten James Gosling, Patrick Naughton, Chris Warth, Ed Frank und Mike Sheridan von der Firma Sun Microsystems im Jahre 1991. Ursprünglich trug die Sprache die Bezeichnung »Oak«, wurde jedoch im Jahre

1995 in »Java« umbenannt. Erstaunlicherweise war nicht das Internet der Anstoß für die Entstehung von Java, sondern das Bedürfnis nach einer von der Plattform unabhängigen Programmiersprache, mit der Software für elektronische Haushaltsgeräte wie Toaster, Mikrowellen oder für Fernsteuerungen entwickelt werden konnte. Während die meisten Programmiersprachen für den Einsatz mit einer bestimmten Steuereinheit gedacht sind (beispielsweise C++), werden in diesen Geräten viele unterschiedliche CPUs für die Steuerung eingesetzt.

Ein C++-Programm kann zwar für fast jeden CPU-Typ kompiliert werden, hierfür ist jedoch ein vollständiger C++-Compiler für den entsprechenden CPU-Typ erforderlich. Die Entwicklung eines Compilers ist jedoch teuer und zeitaufwändig. Auf der Suche nach einer besseren Lösung arbeiteten Gosling und andere an einer portierbaren, plattformübergreifenden Sprache, deren Code auf einer Vielzahl von CPUs in unterschiedlichen Umgebungen ausgeführt werden konnte. Diese Bemühungen führten schließlich zur Entstehung von Java.

Zu der Zeit, als die Einzelheiten von Java ausgearbeitet wurden, entwickelte sich etwas anderes, was letztlich viel wichtiger und entscheidender für die zukünftige Entwicklung von Java wurde, nämlich das World Wide Web. Hätte sich das Web nicht zur gleichen Zeit entwickelt, zu der Java implementiert wurde, wäre Java vielleicht eine nützliche aber unbekannte Programmiersprache für Haushaltsgeräte geblieben. Mit dem Aufkommen des Web wurde Java jedoch zu einer der bedeutendsten Programmiersprachen, weil das Web ebenfalls portierbare Programme verlangte.

Die meisten Programmierer erfahren bereits sehr früh in ihrer Karriere, dass portierbare Programme genauso selten wie wünschenswert sind. Das Bedürfnis nach effizienten, portierbaren (plattformunabhängigen) Programmen ist zwar fast so alt wie die Disziplin des Programmierens selbst, dringendere Probleme haben es jedoch lange Zeit in den Hintergrund gedrängt. Mit der zunehmenden Verbreitung von Internet und Web stand das Problem der Portierbarkeit jedoch unausweichlich im Vordergrund. Schließlich besteht das Internet aus einem breiten verteilten Universum unterschiedlicher Rechnertypen, Betriebssysteme und CPUs. Was einmal ein lästiges Problem von untergeordneter Bedeutung war, wurde plötzlich zu einer dringenden Notwendigkeit.

1993 wurde dem Entwicklerteam von Java klar, dass häufig auftretende Probleme mit der Portierbarkeit des Codes für eingebettete Steuereinheiten auch bei der Entwicklung von Code für das Internet auftraten. Diese Erkenntnis veranlasste sie, den Schwerpunkt von der Haushaltselektronik auf die Internet-Programmierung zu verlagern. Ursprünglich war der Wunsch nach einer von der Rechnerarchitektur unabhängigen Programmiersprache der Auslöser für die Entwicklung von Java; den durchschlagenden Erfolg verdankt Java jedoch dem Internet.

Die Beziehungen zwischen Java und C/C++

Java steht sowohl mit C als auch mit C++ in einem direkten Zusammenhang. Die Syntax von Java wurde von C übernommen, während das Objektmodell von C++ stammt. Das Verhältnis zwischen Java und C/C++ ist aus mehreren Gründen von Bedeutung. Zum einen kennen viele Programmierer die C/C++-Syntax. Das erleichtert einem C/C++-Programmierer das Erlernen von Java und umgekehrt einem Java-Programmierer das Erlernen von C oder C++.

Zum anderen haben die Java-Entwickler »das Rad nicht neu erfunden«. Sie haben vielmehr ein bereits sehr erfolgreiches Programmierparadigma weiter verfeinert. Das moderne Zeitalter der Programmierung begann mit C. Dann erfolgte der Wechsel zu C++ und schließlich der Übergang zu Java. Durch Übernahmen und Weiterentwicklungen der reichen Erbschaft wurde Java zu einer leistungsstarken, logisch in sich geschlossenen Programmierumgebung, die die Vorteile des bereits Entwickelten nutzt und diesem entsprechend der Bedürfnisse der Online-Umgebung neue Eigenschaften hinzufügt. Das wahrscheinlich Wichtigste ist dabei, dass die Programmiersprachen C, C++ und Java aufgrund ihrer Ähnlichkeit ein allgemeines, konzeptionelles Rahmenwerk für den professionellen Programmierer bilden. Ein Programmierer stößt nicht auf größere Schwierigkeiten, wenn er von der einen zur anderen Sprache wechselt.

Einer der zentralen Punkte der Philosophie von C und C++ ist die Tatsache, dass der Programmierer der Verantwortliche ist. Java hat diese Philosophie übernommen. Abgesehen von bestimmten durch das Internet auferlegten Zwängen überlässt Java dem Programmierer die vollständige Kontrolle. Eine gute Programmierung spiegelt sich in den Programmen wieder. Aber umgekehrt schlägt sich auch eine schlechte Programmierung in den Programmen nieder. Java ist keine experimentelle sondern eine professionelle Programmiersprache.

Eine Eigenschaft teilt Java mit C und C++: Die Sprache wurde von praktisch arbeitenden Programmierern entwickelt, getestet und verfeinert. Sie basiert auf den Bedürfnissen und Erfahrungen von den Leuten, die sie entworfen haben. Dies ist die beste Grundlage für eine professionelle Programmiersprache.

Die Ähnlichkeiten zwischen Java und C++, insbesondere die Unterstützung der objektorientierten Programmierung, könnten dazu verleiten, Java einfach als die »Internet-Version von C++« zu betrachten. Das wäre allerdings ein Fehler. Java zeichnet sich durch wichtige praktische und philosophische Eigenheiten aus. Java wurde zwar von C++ beeinflusst, es handelt sich jedoch nicht um eine erweiterte C++-Version. So ist es beispielsweise weder abwärts- noch aufwärtskompatibel zu C++. Die Gemeinsamkeiten mit C++ sind zwar beträchtlich und einem C++-Programmierer ist auch Java nicht fremd, aber Java wurde nicht als Ersatz für C++, sondern zur Lösung spezieller Probleme entwickelt. Beide Sprache werden noch viele Jahre nebeneinander existieren.

1-Minuten-Test
- Java eignet sich für das Internet, weil die Sprache _____ Programme ermöglicht.
- Ein Nachfolger welcher Programmiersprachen ist Java?

Java und das Internet

Durch das Internet wurde Java zur wichtigsten Programmiersprache und umgekehrt hatte Java einen starken Einfluss auf das Internet. Die Gründe hierfür sind recht einfach: Java erweitert das Universum der Objekte, die sich frei im Cyberspace bewegen können. In einem Netzwerk gibt es zwei sehr weit gefasste Objektkategorien, die zwischen dem Server und dem PC übertragen werden: passive Informationen und dynamische, aktive Programme. Beim Lesen einer E-Mail werden beispielsweise passive Daten angezeigt. Auch beim Herunterladen eine Programms handelt es sich beim Programmcode bis zu dessen Ausführung lediglich um passive Daten. Es kann aber noch ein zweiter Objekttyp an den PC übertragen werden: Ein dynamisches, sich selbst ausführendes Programm. So ein Programm ist ein aktiver Agent auf den Client-Computer, obwohl es vom Server initialisiert wird. Ein Programm kann beispielsweise vom Server bereitgestellt werden, um die übertragenen Daten korrekt anzuzeigen.

So angenehm dynamische Netzwerkprogramme auch sein mögen, sie stellen dennoch für die Sicherheit und Portierbarkeit ein ernstes Problem dar. Vor Java war der Cyberspace für die Hälfte der jetzt dort existierenden Entitäten effektiv verschlossen. Java berücksichtigt dieses Problem und hat hierfür eine neue Form von Programm gefunden: das Applet.

Applets und Anwendungen

Mit Java können zwei Arten von Programmen erzeugt werden: Anwendungen und Applets. Eine *Anwendung* ist ein Programm, das auf einem Computer unter dessen Betriebssystem ausgeführt wird. Eine Java-Anwendung unterscheidet sich kaum von der mit einer anderen Programmiersprache (beispielsweise Visual Basic oder C++) erstellten Anwendung. Beim Erstellen von Programmen unterscheidet sich Java kaum von anderen Programmiersprachen. Von besonderer Bedeutung ist jedoch die Möglichkeit, mit Java Applets erstellen zu können.

- Portierbare
- C und C++

Ein *Applet* ist eine für die Übertragung über das Internet vorgesehene und von einem Java-kompatiblen Webbrowser ausgeführte Anwendung. Eine Anwendung kann zwar mit jeder Programmiersprache erstellt werden, aber ein Applet kann nur mit Java erstellt werden. Ursache hierfür ist die Tatsache, dass Java zwei der schwierigsten mit Applets verbundenen Probleme gelöst hat: Sicherheit und Portabilität. Bevor wir fortfahren, sollen diese beiden Begriffe und ihre Bedeutung für das Internet erklärt werden.

Sicherheit

Beim Herunterladen eines »normalen« Programms besteht immer die Gefahr einer Virusinfektion. Vor Java wurden ausführbare Programme selten von den Benutzern heruntergeladen und wer es dennoch tat, überprüfte die Programme vor der Ausführung auf Viren. Trotzdem blieb die Sorge, dass möglicherweise ein Virus den Rechner infizieren könnte oder dass ein schädliches Programm unkontrolliert auf dem Rechner ausgeführt werden könnte. (Schädliche Programme können private Informationen wie beispielsweise Kreditkartennummern, Kontostände und Kennwörter bei eine Durchsuchung des lokalen Dateisystems auf dem Rechner einsammeln.) Zum Schutz richtet Java eine *Firewall* zwischen der Netzwerkanwendung und dem Computer ein.

Beim Einsatz eines Java-kompatiblen Webbrowsers können Java-Applets ohne Furcht vor Virusinfektionen heruntergeladen werden. Java erreicht diese Sicherheit durch die Beschränkung des Java-Programms auf die Java-Laufzeitumgebung. Das Applet erhält keinen Zugriff auf andere Bereiche des Computers. (Wie dies geschieht, wird gleich erläutert.) Diese Möglichkeit, Applets ohne Angst vor Schäden am Client-Rechner herunterladen zu können, ist die wichtigste Fähigkeit von Java.

Portabilität

Wie bereits erwähnt, werden über das Internet viele unterschiedliche Rechnerarten und Betriebssysteme miteinander verbunden. Damit Programme dynamisch auf alle unterschiedlichen Plattformen heruntergeladen werden können, muss der ausführbare Code portierbar sein. Dabei hilft der gleiche Mechanismus, der auch für die Gewährleistung der Sicherheit verwendet wird. Die Java-Lösung für diese beiden Probleme ist äußerst elegant und zugleich effektiv.

Die Magie von Java: Der Bytecode

Java löst die gerade beschriebenen Probleme der Sicherheit und der Portabilität dadurch, dass der Java-Compiler *keinen* ausführbaren Code, sondern so genannten Bytecode erzeugt. *Bytecode* besteht aus einer Reihe in hohem Maße optimierter Anweisungen, die vom Java-Laufzeitsystem, der so genannten Java Virtual Machine (JVM), ausgeführt wird. In der Standardform agiert die Java Virtual Machine als *Interpreter für den Bytecode*. Das mag etwas überraschen. Moderne Programmiersprachen wie C++ werden bekanntermaßen meist aus Gründen der Geschwindigkeit kompiliert und nicht interpretiert. Die Tatsache, dass ein Java-Programm von der JVM ausgeführt wird, löst jedoch die wichtigsten Probleme beim Herunterladen von Programmen über das Internet. Im Folgenden wird beschrieben, warum das so ist.

Die Übersetzung eines Java-Programms in Bytecode erleichtert dessen Ausführung in einer Vielzahl unterschiedlicher Umgebungen. Der Grund dafür ist ganz einfacher Natur: Für die unterschiedlichen Plattformen muss jeweils nur die Java Virtual Machine implementiert werden. Ist das Laufzeitsystem für einen bestimmten Rechner einmal vorhanden, dann kann auf ihm jedes Java-Programm ausgeführt werden. Wenngleich sich auch die Details der JVM von Plattform zu Plattform unterscheiden, interpretieren sie dennoch alle den gleichen Java-Bytecode. Würde ein Java-Programm zu fertigem Code kompiliert, dann müsste es unterschiedliche Versionen desselben Programms für jeden im Internet anzutreffenden CPU-Typ geben, was selbstverständlich nicht zu realisieren wäre. Daher bietet die Interpretation des Bytecode die einfachste Möglichkeit, wirklich portierbare Programme zu erzeugen.

Die Tatsache, dass ein Java-Programm interpretiert wird, macht es auch gleichzeitig sicherer. Da die Ausführung jedes Java-Programms unter der Kontrolle der JVM stattfindet, enthält dieses System das Programm und kann Nebeneffekte außerhalb verhindern. Die Sicherheit wird außerdem durch bestimmte Einschränkungen der Programmiersprache Java erweitert.

Wird ein Programm interpretiert, dann wird es in der Regel deutlich langsamer ausgeführt, als dies bei kompilierten ausführbarem Code der Fall wäre. Bei Java fällt der Unterschied zwischen beiden Varianten jedoch nicht so sehr ins Gewicht. Die Verwendung von Bytecode ermöglicht dem Java-Laufzeitsystem eine wesentlich schnellere Programmausführung, als dies normalerweise zu erwarten wäre.

Java wurde zwar für das Interpretieren entwickelt, rein technisch hindert Java aber nichts daran, Bytecode nebenbei zu fertigem Code zu kompilieren. Hierfür stellt Sun den JIT-Compiler (Just In Time) für Bytecode zur Verfügung. Ist der JIT-Compiler Bestandteil der JVM, dann wird Bytecode bei Bedarf schrittweise in Echtzeit zu ausführbarem Code kompiliert. Dabei ist zu beachten, dass nicht das gesamte Java-Programm in ausführbaren Code umgewandelt werden kann, weil Java verschiedene Überprüfungen vornimmt, die nur während der Laufzeit möglich sind. Der JIT-Compiler kompiliert den Code nach Bedarf während der Ausführungszeit. Dieses Verfahren des Just-in-Time bietet außerdem einen deutlichen Leistungsvorteil. Selbst wenn der Bytecode dynamisch kompiliert wird, bleiben die Portabilität und die Sicherheitsmerkmale erhalten, da das Laufzeitsystem, welches das Kompilieren übernimmt, auch für die Ausführungsumgebung verantwortlich ist. Ob ein Java-Programm auf traditionelle Weise interpretiert oder nebenbei kompiliert wird, hat keinen Einfluss auf die Funktionalität.

Die Java-Schlagwörter

Ein Überblick über Java wäre ohne einen Blick auf die Java-Schlagwörter unvollständig. Obwohl die fundamentalen Auslöser, die die Entwicklung von Java notwendig machten, die Portabilität und die Sicherheit waren, spielten auch andere Faktoren eine wichtige Rolle für die endgültige Gestaltung der Sprache. Die wichtigsten Punkte wurden von den Java-Entwicklern in der folgenden Schlagwortliste zusammengefasst:

Einfach	Java setzt sich aus einer Reihe bündiger und zusammenhängender Eigenschaften zusammen, die die Sprache leicht erlernbar und einsetzbar machen.
Sicher	Java bietet eine sicheres Verfahren zum Einrichten von Internet-Anwendungen.
Portabel	Java-Programme können in jeder Umgebung ausgeführt werden, für die es ein Java-Laufzeitsystem gibt.
Objektorientiert	Java realisiert die moderne, objektorientierte Programmphilosophie.
Robust	Java erleichtert durch strenge Typisierung und Durchführung von Überprüfungen während der Laufzeit eine fehlerfreie Programmierung.
Multithreading	Java bietet eine integrierte Unterstützung für Multithread-Programmierung.
Architekturneutral	Java ist nicht an einen bestimmten Rechnertyp oder an eine bestimmte Betriebssystemarchitektur gebunden.
Interpretiert	Java unterstützt mit dem Bytecode plattformübergreifenden Code.
Leistungsstark	Der Bytecode von Java ist in hohem Maße für eine schnelle Ausführung optimiert.
Verteilt	Java wurde für die verteilte Umgebung des Internet entwickelt.
Dynamisch	Java-Programme enthalten einen wesentlichen Anteil an Laufzeitinformationen, mit denen Zugriffe auf Objekte während der Laufzeit überprüft und durchgeführt werden.

Frage an den Experten

Frage: Warum war es im Interesse der Portabilität und der Sicherheit erforderlich, eine neue Programmiersprache wie Java zu entwickeln? Konnte nicht eine Sprache wie C++ entsprechend angepasst werden? War es nicht möglich, einen C++-Compiler zu entwickeln, der Bytecode produzierte?

Antwort: Zwar wäre es möglich gewesen, einen C++-Compiler zu entwickeln, der Bytecode anstelle von ausführbarem Code erzeugt, C++ besitzt jedoch Eigenschaften, die das Erstellen von Applets nicht begünstigen. Die wichtigste dieser Eigenschaften ist die Verwendung von Zeigern. Ein *Zeiger* gibt die Adresse eines im Speicher befindlichen Objekts an. Bei der Verwendung von Zeigern ist es möglich, auf Ressourcen außerhalb des Programms selbst zuzugreifen, was eine Sicherheitslücke darstellt. Java unterstützt keine Zeiger und geht diesem Problem so aus dem Weg.

1-Minuten-Test
- Was ist ein Applet?
- Was ist der Java-Bytecode?
- Welche beiden Probleme der Internet-Programmierung können mit dem Bytecode behoben werden?

Objektorientierte Programmierung

Den Kern von Java bildet die objektorientierte Programmierung (OOP). Die objektorientierte Herangehensweise ist untrennbar mit Java verbunden und daher sind auch alle Java-Programme mindestens bis zu einem gewissen Grad objektorientiert. Aufgrund der zentralen Bedeutung der OOP für Java, müssen Sie einige Grundprinzipien der OOP verstanden haben, bevor Sie selbst ein einfaches Java-Programm schreiben können.

- Ein Applet ist ein kleines Programm, das dynamisch aus dem Web heruntergeladen wird.
- Der Bytecode besteht aus einer Reihe optimierter Anweisungen, die vom Java-Interpreter interpretiert werden können.
- Portabilität und Sicherheit.

Die OOP ist ein leistungsfähiges Werkzeug für die Arbeit des Programmierers. Seit der Einführung der PCs haben sich die Programmiermethoden sehr stark verändert, was primär der zunehmenden Komplexität der Programme zuzuschreiben ist. Als die ersten Computer erfunden wurden, geschah die Programmierung beispielsweise durch Umstellen der binären Rechneranweisungen über eine Schaltfläche an der Vorderseite des Rechners. Solange die Programme nur einige hundert Anweisungen umfassten, war diese Vorgehensweise praktikabel. Als die Programme aber immer umfangreicher wurden, wurde die Programmiersprache Assembler entwickelt, so dass die Programmierer größere und zunehmend komplexere Programme mit symbolischen Darstellungen der Maschinenanweisungen handhaben konnten. Als die Programme noch umfangreicher wurden, wurden die Programmiersprachen der höheren Ebenen eingeführt, die dem Programmierer mehr Werkzeuge für den Umgang mit der Komplexität eines Programms an die Hand gaben. Die erste weit verbreitete Sprache dieser Art war FORTRAN. Obwohl mit FORTRAN ein sehr eindrucksvoller ersten Schritt getan wurde, ließ diese Sprache kaum die Programmierung klarer und leicht verständlicher Programme zu.

In den sechziger Jahren entstand die strukturierte Programmierung. Diese Methode hat die Entstehung von Sprachen wie C und Pascal begünstigt. Die Verwendung der strukturierten Sprachen ermöglichte ein einfaches Erstellen von Programmen mittleren Umfangs. Charakteristisch für die strukturierten Sprachen sind die Unterstützung eigenständiger Unterroutinen, lokaler Variablen, umfangreicher Steueranweisungen und die Vermeidung der Sprunganweisung GOTO. Strukturierte Programmiersprachen sind zwar leistungsfähige Werkzeuge, aber auch sie stoßen an ihre Grenzen, wenn ein Projekt zu umfangreich wird.

Für jede Phase der Entwicklung der Programmierung gilt, dass immer neue Techniken und Werkzeuge entwickelt wurden, um den Programmierern den Umgang mit einer immer größer werdenden Komplexität der Programme zu ermöglichen. Bei jedem Entwicklungsschritt wurden die besten Elemente der früheren Methoden übernommen und weiterentwickelt. Vor der Einführung der OOP erreichten oder überschritten viele Projekte den Punkt, an dem die strukturierte Programmierung nicht mehr ausreichte. Die objektorientierten Methoden wurden eingeführt, um den Programmierern zu helfen, diese Fesseln abzustreifen.

Die objektorientierte Programmierung hat die besten Ideen der strukturierten Programmierung übernommen und mit zahlreichen neuen Konzepten kombiniert. Das Ergebnis war eine andere Organisation der Programme. Ganz allgemein betrachtet kann ein Programm um den Code (der abläuft) oder um die Daten herum (die vom Ablauf betroffen sind) organisiert werden. Bei reinen strukturierten Programmiertechniken sind die Programme üblicherweise um den Code herum angeordnet. Diese Herangehensweise kann man sich als ein Modell vorstellen, bei dem »der Code auf die Daten wirkt«.

Objektorientierte Programme funktionieren andersherum. Sie sind um die Daten herum angeordnet, wobei als Grundprinzip gilt, dass »die Daten den Zugriff auf den Code steuern«. In einer objektorientierten Sprache definiert der Programmierer die Daten und die Routinen, die diese Daten bearbeiten dürfen. Ein Datentyp definiert also genau, welche Operationen mit den Daten durchgeführt werden können.

Um die Prinzipien der objektorientierten Programmierung unterstützen zu können, stellen alle OOP-Sprachen (einschließlich Java) drei Mechanismen zur Verfügung: die Einkapselung, die Polymorphie und die Vererbung. Diese Konzepte wollen wir nun näher untersuchen.

Kapselung

Kapselung ist ein Programmmechanismus, der Code und die zu bearbeitenden Daten verbindet und beide vor Störungen und Missbrauch von außen schützt. Bei einer objektorientierten Programmiersprache können Code und Daten so miteinander verbunden werden, dass sie sich gleichsam in einer *Blackbox* befinden. Innerhalb dieser Box befinden sich alle erforderlichen Daten sowie der Code. Wenn Code und Daten auf diese Weise miteinander verknüpft sind, spricht man von einem Objekt. Ein Objekt ist also anders ausgedrückt eine Instanz, die die Kapselung unterstützt.

Innerhalb eines Objekts können Code, Daten oder beide *privat* (englisch *private*) oder *öffentlich* (englisch *public*) sein. Privater Code oder private Daten sind den übrigen Teilen des Objekts bekannt und zugänglich. Das bedeutet, dass auf privaten Code oder auf private Daten nicht von anderen Programmteilen zugegriffen werden kann, die sich außerhalb des Objekts befinden. Wenn Code oder Daten öffentlich sind, können andere Programmteile auch dann darauf zugreifen, wenn sie innerhalb eines Objekts definiert wurden. Üblicherweise stellen die öffentlichen Teile eines Objekts eine kontrollierte Schnittstelle zu den privaten Elementen des Objekts her.

In Java bildet die *Klasse* die Grundeinheit der Kapselung. Auf Klassen wird an anderer Stelle noch genauer eingegangen, die folgende kurze Beschreibung mag an dieser Stelle jedoch hilfreich sein. Eine Klasse definiert die Form eines Objekts. Sie gibt die Daten und den Code an, der diese Daten manipuliert. Java konstruiert mit der Spezifikation einer Klasse die *Objekte*. Objekte sind Instanzen einer Klasse. Klassen sind also im Wesentlichen der Plan, der angibt, wie ein Objekt aufgebaut ist.

Der Code und die Daten, die eine Klasse bilden, werden als *Methoden bzw. Attribute der Klasse* bezeichnet. Spricht man ganz allgemein von Bestandteilen einer Klasse, dann werden diese als Klassen-Elemente oder schlicht als Elemente bezeichnet. Die von der Klasse definierten Daten (Attribute) werden durch Variablen dargestellt und daher auch als Instanzvariablen bezeichnet. Der Programmcode, der auf den Daten arbeitet, wird auch als Methode bezeichnet. Der Code, der die Daten manipuliert, wird als *Methoden beim Attribute der Klasse-Methode* oder kurz als *Methode* bezeichnet. Methode ist der Java-Begriff für eine Subroutine. Wenn Sie sich mit C/C++ auskennen, mag es Ihnen helfen, wenn Sie wissen, dass das, was der Java-Programmierer eine Methode nennt, für den C/C++-Programmierer eine Funktion ist.

Polymorphie

Polymorphie (aus dem Griechischen: viele Formen) ist die Eigenschaft, über die eine Schnittstelle auf eine allgemeine Klasse von Aktionen zugreifen kann. Die spezielle Aktion wird von der Art der Aktion festgelegt. Ein einfaches Beispiel für Polymorphie ist das Lenkrad eines Autos. Das Lenkrad (die Schnittstelle) ist immer das gleiche, egal was für eine Lenkung eingebaut wird. Es funktioniert bei einer normalen Lenkung genauso wie bei einer Servolenkung oder einem anderen Mechanismus. Deshalb können Sie ein Auto jeden Typs lenken, wenn Sie mit einem Lenkrad umgehen können.

Das gleiche Prinzip gilt auch für die Programmierung. Betrachten wir beispielsweise einen Stapel (first-in, last-out). Ein Programm kann drei unterschiedliche Arten von Stapeln benötigen. Einer wird für ganzzahlige Werte verwendet, einer für Gleitkommawerte und ein weiterer für Zeichen. In diesem Fall ist der Algorithmus, mit dem der Stapel implementiert wird, immer der gleiche, auch wenn sich die jeweils gespeicherten Daten unterscheiden. In einer nicht objektorientierten Sprache müssten Sie drei unterschiedliche Stapelroutinen mit jeweils unterschiedlichen Bezeichnungen programmieren. Mit der Polymorphie von Java können Sie jedoch nur einen allgemeinen Satz von Stapelroutinen für die drei speziellen Situationen angeben. Wenn Sie einmal wissen, wie ein Stapel verwendet wird, dann können Sie sie alle benutzen.

Allgemeiner wird das Konzept der Polymorphie auch häufig mit dem Satz »eine Schnittstelle, mehrere Methoden« beschrieben. Das beschreibt die Möglichkeit, eine Schnittstellengattung für eine Reihe verwandter Aktivitäten entwerfen zu können. Die Polymorphie reduziert die Komplexität dadurch, dass die gleiche Schnittstelle dazu verwendet werden kann, eine *allgemeine Klasse von Aktionen* festzulegen. Es ist die Aufgabe des Compilers, die spezifischen Aktionen für jede Situation auszuwählen (das heißt die Methoden). Als Programmierer müssen Sie die Auswahl nicht manuell treffen. Sie müssen die allgemeine Schnittstelle lediglich kennen und einsetzen.

Vererbung

Vererbung ist der Prozess, bei dem ein Objekt die Eigenschaften eines anderen Objekts übernehmen kann. Dies ist ein wichtiger Vorgang, weil er das Konzept der hierarchischen Klassifizierung unterstützt. Unser Wissen wird in der Regel mit einer von oben nach unten gegliederten hierarchischen Struktur klassifiziert.

Ein Apfel von der Sorte Roter Delicious gehört beispielsweise zur Klasse der Äpfel, die ihrerseits zu der der übergeordneten Klasse »Nahrungsmittel« gehörigen Klasse der »Früchte« zugeordnet ist. Die Klasse »Nahrungsmittel« besitzt bestimmte Eigenschaften (essbar, nahrhaft und so weiter), die logischerweise auch für die Unterklasse Früchte gelten. Neben diesen Eigenschaften besitzt die Klasse »Früchte« spezielle Eigenschaften (saftig, süß und so weiter), die sie von anderen Nahrungsmitteln unterscheidet. Für die Klasse »Äpfel« sind Eigenschaften definiert, die für einen Apfel charakteristisch sind (wächst auf Bäumen, ist keine Tropenfrucht und so weiter). Ein Roter Delicious erbt seinerseits alle Eigenschaften der übergeordneten Klassen und unterscheidet sich nur durch die ihm eigenen Merkmale.

Ohne die Einordnung in Hierarchien müssten für jedes Objekt alle Eigenschaften explizit angegeben werden. Durch die Vererbung müssen für ein Objekt nur jene Eigenschaften definiert werden, die für diese Klasse einmalig sind. Das Objekt erbt seine allgemeinen Eigenschaften von der übergeordneten Klasse. Durch den Mechanismus der Vererbung wird ein Objekt zu einer spezifischen Instanz einer allgemeinen Klassifikation.

1-Minuten-Test
- Welche Prinzipien gelten für die OOP?
- Welches ist die Grundeinheit der Einkapselung von Java?

Frage an den Experten

Frage: Angeblich bietet die objektorientierte Programmierung eine effektive Möglichkeit für den Umgang mit umfangreichen Programmen. Das scheint jedoch dazu zu führen, dass verhältnismäßig kleine Programm mit sehr viel Ballast befrachtet werden. Ist dies nicht ein Nachteil für kleinere Programme, da ja alle Java-Programme bis zu einem gewissen Grad objektorientiert sind?

Antwort: Nein. Bei kleineren Programmen sind die objektorientierten Eigenschaften nahezu unsichtbar. Es trifft zwar zu, dass Java sich an ein striktes objektorientiertes Modell hält, der Spielraum, bis zu welchem Grad es angewendet wird, ist jedoch sehr groß. Die Objektorientiertheit kleiner Programme ist selten spürbar. Wenn das Programm an Umfang zunimmt, können weiter objektorientierte Eigenschaften problemlos integriert werden.

- Kapselung, Polymorphie und Vererbung.
- Die Klasse.

Wo Sie das Developer Kit erhalten

Nachdem die theoretischen Grundlagen von Java erläutert wurden, ist es jetzt an der Zeit, Java-Programme zu schreiben. Bevor Sie diese Programme kompilieren und ausführen können, müssen Sie jedoch das Java Developer's Kit (JDK) auf Ihrem Computer installieren. In diesem Buch wird das standardmäßige JDK verwendet, das über Sun Microsystems erhältlich ist. Zahlreiche andere Firmen stellen ebenfalls Java-Entwicklerpakete her, hier wird jedoch das JDK verwendet, weil es allen Lesern zur Verfügung steht und es sich um eine Art Maßstab für korrektes Java handelt.

Das JDK kann unter der Adresse www.java.sun.com kostenlos heruntergeladen werden. Wechseln Sie zur Download-Seite und folgen Sie den Anweisungen für Ihren Rechnertyp. Nachdem Sie das JDK installiert haben, können Sie Programme kompilieren und ausführen. Das JDK enthält zwei Hauptprogramme. Das erste ist der Java-Compiler javac.exe. Das zweite Programm ist der standardmäßige Java-Interpreter java.exe.

An dieser Stelle sei noch darauf hingewiesen, dass das JDK in der Befehlszeilenumgebung ausgeführt wird. Es handelt sich nicht um eine Windows-Anwendung.

Ein einfaches Beispielprogramm

Zu Beginn kompilieren wir das folgende Beispielprogramm und führen es anschließend aus.

```java
/*
    Dies ist ein einfaches Java-Programm.

    Nennen Sie es Beispiel.java.
*/
class Beispiel {
  // Ein Java-Programm beginnt mit dem Aufruf von main().
  public static void main(String args[]) {
    System.out.println("Java steuert das Web.");
  }
}
```

Führen Sie folgende Schritte durch:

1. Geben Sie das Programm ein.

2. Kompilieren Sie das Programm.

3. Führen Sie das Programm aus.

Eingabe des Programms

Die in diesem Buch vorgestellten Programme stehen Ihnen auf der Web-Site des MITP-Verlages unter der Adresse **www.mitp.de** zur Verfügung. Es steht Ihnen aber auch frei, die Programme selbst von Hand einzugeben. Hierfür müssen Sie allerdings einen Texteditor und kein Textverarbeitungsprogramm verwenden. Textverarbeitungsprogramme speichern in der Regel zusammen mit dem Text Formatinformationen. Mit diesen Informationen kann der Java-Compiler nichts anfangen. Unter Windows können Sie das WordPad oder einen beliebigen anderen Programmeditor verwenden.

Bei den meisten Programmiersprachen kann die Bezeichnung der Quellcodedatei des Programms frei gewählt werden. Für Java gilt dies nicht. *In Java spielt die Bezeichnung der Quellcodedatei eine wichtige Rolle.* In diesem Beispiel wird die Bezeichnung `Beispiel.java` gewählt. Betrachten wir, warum das so ist.

Eine Java-Quellcodedatei wird offiziell als *Kompilierungseinheit* bezeichnet. Es handelt sich um eine Textdatei mit einer oder mehreren Klassendefinitionen. Der Java-Compiler verlangt, dass die Quellcodedatei die Dateinamenserweiterung `.java` hat. Beachten Sie, dass die Dateinamenserweiterung vier Zeichen lang ist. Daher muss das Betriebssystem lange Dateinamen unterstützen. Das funktioniert unter Windows 95, 98, NT und 2000 sehr gut, allerdings nicht unter Windows 3.1.

Ein Blick auf das Programm zeigt, dass die Bezeichnung der vom Programm definierten Klasse ebenfalls `Beispiel` lautet. Das ist kein Zufall. Der gesamte Java-Code muss sich innerhalb einer Klasse befinden. Gemäß der Konvention muss der Name der Klasse mit dem Namen der Programmdatei übereinstimmen. Dabei ist auch zu beachten, dass die Groß- und Kleinschreibung des Dateinamens mit der des Klassennamens übereinstimmt, da Java Groß- und Kleinschreibung unterscheidet. Die Konvention für die Übereinstimmung zwischen Datei- und Klassennamen mag willkürlich erscheinen. Sie erleichtert jedoch die Gliederung und Pflege eines Programms.

Das Programm kompilieren

Zum Kompilieren des Programms `Beispiel` führen Sie den Compiler `javac` aus und geben den Namen der Quelldatei in der Befehlszeile an:

```
C:\>javac Beispiel.java
```

Der Compiler `javac` erzeugt eine Datei mit der Bezeichnung `Beispiel.class`, die die Bytecode-Version des Programms enthält. Dieser Bytecode ist kein ausführbarer Code. Bytecode muss von einer Java Virtual Machine ausgeführt werden. Der von `javac` erzeugte Code kann also nicht unmittelbar ausgeführt werden.

Das Programm wird mit dem Java-Interpreter ausgeführt. Dabei wird der Klassenname als Argument in der Befehlszeile übergeben:

```
C:\>java Beispiel
```

Das Programm erzeugt folgende Ausgabe:

```
Java steuert das Web.
```

Wenn der Quellcode kompiliert ist, befindet sich jede einzelne Klasse in einer eigenen Datei, die nach der Klasse benannt ist und die Dateinamenserweiterung `.class` trägt. Daher ist es sinnvoll, den Java-Quellcodedateien die gleiche Bezeichnung zu geben wie der enthaltenen Klasse. Der Name der Quellcodedatei stimmt dann mit der Bezeichnung der `.class`-Datei überein. Wird der Java-Interpreter wie angegeben ausgeführt, wird eigentlich der Name der Klasse angegeben, die der Interpreter ausführen soll. Er sucht automatisch nach einer Datei mit dieser Bezeichnung und der Dateinamenserweiterung `.class`. Wird diese Datei gefunden, dann wird der Code der angegebenen Klasse ausgeführt.

Das Beispielprogramm Zeile für Zeile

Das Programm `Beispiel.java` ist zwar kurz, es enthält jedoch einige Schlüsselmerkmale, die in allen Java-Programmen zu finden sind. Untersuchen wir die einzelnen Teile des Programms genauer.

Das Programm beginnt mit folgenden Zeilen:

```
/*
   Dies ist ein einfaches Java-Programm.

   Nennen Sie es Beispiel.java.
*/
```

Dies ist ein *Kommentar*. Wie bei den meisten anderen Programmiersprachen können auch in Java Anmerkungen in die Quelldatei des Programms eingefügt werden. Der Text des Kommentars wird vom Compiler ignoriert. Er erklärt oder beschreibt dem Leser des Quellcodes eine Programmoperation. In diesem Fall beschreibt der Kommentar das Programm und erinnert daran, dass die Bezeichnung des Quellcodes `Beispiel.java` lauten sollte. In der Praxis erklären Kommentare im Allgemeinen, wie ein Teil eines Programms funktioniert oder was eine bestimmte Eigenschaft bewirkt.

Java unterscheidet drei Kommentararten. Der am Beginn des Programms stehende Kommentar ist ein *mehrzeiliger Kommentar*. Er beginnt mit /* und endet mit */. Alles was zwischen diesen beiden Kommentarsymbolen steht, wird vom Compiler ignoriert. Wie der Name vermuten lässt, kann sich ein mehrzeiliger Kommentar über mehrere Zeilen erstrecken.

Auf den Kommentar folgt die nächste Codezeile des Programms:

```
class Beispiel{
```

In dieser Zeile steht das Schlüsselwort `class`, das die Deklaration einer neuen Klassendefinition kennzeichnet. Wie bereits erwähnt, ist die Klasse die Grundeinheit für die Einkapselung. `Beispiel` ist der Klassenname. Die Klassendefinition beginnt mit einer öffnenden geschweiften Klammer { und endet mit einer schließenden geschweiften Klammer }. Die Elemente zwischen den beiden Klammern sind die Members der Klasse. Im Augenblick sind die Einzelheiten einer Klasse nicht weiter von Interesse, mit Ausnahme der Tatsache, dass alle Aktivitäten eines Java-Programms innerhalb einer Klasse stattfinden. Dies ist einer der Gründe, warum alle Java-Programme zumindest bis zu einem gewissen Grad objektorientiert sind.

Die nächste Programmzeile ist ein *einzeiliger Kommentar*:

```
// Ein Java-Programm beginnt immer mit dem Aufruf von main().
```

Dies ist die zweite Kommentarart, die von Java unterstützt wird. Ein *einzeiliger Kommentar* beginnt mit // und endet mit dem Zeilenende. Im Allgemeinen verwenden Programmierer mehrzeilige Kommentare für längere Anmerkungen und einzeilige Kommentare für kurze einzeilige Beschreibungen.

Es folgt die nächste Codezeile:

```
public static void main (String args[]) {
```

Die Zeile beginnt mit der Methode `main()`. Es wurde bereits erklärt, dass in Java eine Subroutine als *Methode* bezeichnet wird. Wie der vorangestellte Kommentar vermuten lässt, beginnt die Programmausführung mit dieser Zeile. Alle Java-Anwendungen beginnen mit dem Aufruf der Methode `main()`. (Dies ist eine Übereinstimmung mit C und C++.) Die exakte Bedeutung der einzelnen Teile dieser Zeile kann an dieser Stelle noch nicht erklärt werden, da hierfür eine genauere Kenntnis mehrerer Java-Eigenschaften erforderlich ist. Da jedoch viele Beispiele in diesem Buch diese Codezeile verwenden, werden die einzelnen Bestandteile kurz erörtert.

Das Schlüsselwort `public` gibt die *Zugriffsrechte* an. Sie legen fest, wie andere Teile des Programms auf die Elemente der Klasse zugreifen können. Steht einer Methode das Schlüsselwort `public` voran, dann kann Code von außerhalb der Klasse, in der die Methode deklariert wurde, darauf zugreifen. (Das Gegenteil von `public` ist `private`. Dieses Schlüsselwort verhindert, dass ein Element der Klasse von Code verwendet wird, der außerhalb dieser Klasse definiert wurde.) In diesem Beispiel muss `main()` als `public` deklariert werden, da die Methode beim Programmstart von Code außerhalb der Klasse erreichbar sein muss. Das Schlüsselwort `static` gestattet es, dass `main()` aufgerufen werden kann, bevor ein Objekt der Klasse erzeugt worden ist. Dies ist erforderlich, da `main()` vom Java-Interpreter aufgerufen wird, bevor Objekte erzeugt worden sind. Das Schlüsselwort `void` teilt dem Compiler mit, dass `main()` keinen Wert zurückgibt. Im weiteren Verlauf wird noch deutlich, dass Methoden auch Werte zurückgeben können. Wenn das alles ein bisschen verwirrend erscheint, dann muss Sie das nicht weiter beunruhigen. Alle diese Konzepte werden in den folgenden Kapiteln ausführlich erläutert.

Wie bereits erklärt wurde, wird die Methode `main()` zu Beginn einer Java-Anwendung aufgerufen. Alle erforderlichen Informationen werden einer Methode mit einer Reihe eingeklammerter Variablen nach der Angabe des Methodennamens übergeben. Diese Variablen werden *Parameter* genannt. Benötigt eine Methode keine Parameter, dann wird die leere Klammer trotzdem gesetzt. Im Beispiel übernimmt `main()` nur den Parameter `String args[]`, der einen Parameter mit der Bezeichnung `args` deklariert. Hierbei handelt es sich um ein Array von Objekten des Typs `String`. (*Arrays* sind Sammlungen ähnlicher Objekte.) Objekte vom Typ `String` speichern Zeichenfolgen. In diesem Beispiel übernimmt `args` jedes bei der Programmausführung vorhandene Befehlszeilenargument. Dieses Programm nutzt diese Informationen nicht, bei Programmbeispielen in diesem Buch ist dies jedoch der Fall.

Das letzte Zeichen der Zeile ist {. Damit wird der Beginn des `main()`-Abschnitts signalisiert. Der gesamte Code einer Methode befindet sich zwischen der öffnenden und der schließenden geschweiften Klammer.

Als nächste Codezeile folgt innerhalb der Methode `main()`:

```
System.out.println("Java steuert das Web.");
```

Diese Zeile gibt den Text »Java steuert das Web.« gefolgt von einem Zeilenvorschub auf dem Bildschirm aus. Die Ausgabe erfolgt eigentlich über die vordefinierte Java-Methode `println()`. In diesem Beispiel zeigt `println()` die übergebene Zeichenfolge an. `println()` kann jede Art von Informationen anzeigen. Die Zeile beginnt mit `System.out`. Eine ausführliche Erläuterung wäre an dieser Stelle zu kompliziert. Kurz zusammengefasst handelt es sich bei `System` um eine vordefinierte Klasse, die Zugriff auf das System gewährt und bei out um den Ausgabestrom der Konsole. `System.out` ist somit ein Objekt, das die Konsolenausgabe einkapselt. Die Tatsache, dass Java ein Objekt verwendet, um die Konsolenausgabe zu definieren, ist ein weiterer Beweis für die Objektorientiertheit von Java.

Die Ein- und Ausgabe über die Konsole wird in Java-Programmen und Applets in der Praxis nur selten genutzt. Da die meisten modernen Rechnerumgebungen Fenster und grafische Benutzeroberflächen verwenden, wird die Konsolenein- und Ausgabe meist nur für einfache Hilfs- und Beispielprogramme verwendet. An anderer Stelle in diesem Buch erfahren Sie, wie mit Java Ausgaben erzeugt werden, an dieser Stelle genügen die einfachen Konsolenein- und Ausgaben.

Beachten Sie, dass die `println()`-Anweisung mit einem Semikolon endet. Alle Java-Anweisungen enden mit einem Semikolon. Die übrigen Programmzeilen enden nicht mit einem Semikolon, weil es sich bei ihnen technisch betrachtet nicht um Anweisungen handelt.

Die erste schließende geschweifte Klammer (}) im Programm beendet die Methode `main()` und die letzte schließende geschweifte Klammer beendet die Definition der Klasse `Beispiel`.

An dieser Stelle sei noch einmal darauf hingewiesen, dass Java Groß- und Kleinschreibung unterscheidet. Wird dies nicht berücksichtigt, können daraus ernste Probleme entstehen. Wird beispielsweise versehentlich `Main` anstatt `main` oder `PrintLn` anstelle von `println` eingegeben, dann funktioniert das Programm nicht. Der Java-Compiler kompiliert zwar Klassen ohne eine `main()`-Methode, diese können aber nicht ausgeführt werden. Wird `main` falsch geschrieben, dann kompiliert der Compiler zwar das Programm, der Java-Interpreter meldet jedoch einen Fehler, weil er keine `main()`-Methode findet.

1-Minuten-Test
- Wo beginnt die Ausführung eines Java-Programms?
- Was bewirkt `System.out.println()`?
- Wie lauten die Bezeichnungen des JDK Java-Compilers und des Java-Interpreters?

- `main()`
- Die Ausgabe von Informationen auf der Konsole.
- Der Standard-Java-Compiler ist `javac.exe` und der Interpreter `java.exe`.

Der Umgang mit Syntaxfehlern

Wenn Sie es noch nicht getan haben, dann geben Sie jetzt das Beispielprogramm ein, kompilieren es und führen es aus. Wenn Sie bereits über Programmiererfahrungen verfügen, dann wissen Sie, dass bei der Eingabe des Codes sehr schnell ein Fehler unterlaufen kann. Glücklicherweise meldet der Compiler beim Kompilieren einen Syntaxfehler, wenn Sie eine falsche Eingabe gemacht haben. Der Java-Compiler versucht in jedem Fall, den Sinn des Quellcodes zu erkennen. Daher gibt die Fehlermeldung nicht immer die tatsächliche Ursache eines Problems an. Im vorangegangenen Programm reagiert der Compiler beispielsweise auf die versehentliche Auslassung der öffnenden geschweiften Klammer nach der Methode main() mit den folgenden Fehlermeldungen:

```
Beispiel.java:8: ';' expected
  Public static void main(String args[])
                        ^
Beispiel.java:11 'class' oder 'interface' expected
}
^
Beispiel.java:13: 'class' oder 'interface' expected
^
Beispiel.java:8: missing method body, oder declare abstract
  Public static void main(String args[])
                 ^
```

Die erste Fehlermeldung ist offensichtlich völlig unzutreffend, weil nicht das Semikolon sondern die geschweifte Klammer fehlt.

Wenn ein Programm einen Syntaxfehler enthält, dann darf die Meldung des Compilers nicht immer wörtlich genommen werden, weil sie irreführend sein kann. Das tatsächliche Problem muss über intuitive Rückschlüsse aus der Fehlermeldung ermittelt werden. Beachten Sie auch die letzten Codezeilen des Programms, die der gekennzeichneten Zeile vorangehen. Manchmal wird ein Fehler erst etliche Zeilen nach seinem tatsächlichen Auftreten gemeldet.

Ein zweites Beispielprogramm

Wahrscheinlich ist kein anderes Konstrukt für eine Programmiersprache so wichtig wie die Wertzuweisung einer Variablen. Eine Variable ist ein benannter Speicherstandort, dem ein Wert zugewiesen werden kann. Während der Programmausführung kann sich der Wert einer Variablen verändern. Der Inhalt einer Variablen ist also veränderlich und nicht statisch.

Im folgenden Programm werden die zwei Variablen var1 und var2 erzeugt.

```
/*
   Beispiel für eine Variable

   Nennen Sie diese Datei Beispiel2.java.
*/
class Example2 {
  public static void main(String args[]) {
    int var1; // Variablendeklaration
    int var2; // Eine weitere Variablendeklaration

    var1 = 1024; // var1 erhält den Wert 1024

    System.out.println("var1 hat den Wert " + var1);

    var2 = var1 / 2;

    System.out.print("var2 hat den Wert var1 / 2: ");
    System.out.println(var2);
  }
}
```

Annotationen: Variablendeklaration; Wertzuweisung für eine Variable

Dieses Programm erzeugt folgende Ausgabe:

```
var1 hat den Wert 1024
var2 hat den Wert var1 / 2: 512
```

Mit diesem Programm werden einige weitere Konzepte vorgestellt. Die Anweisung

```
int var1; // Variablendeklaration
```

deklariert eine Variable var1 vom Typ int. In Java müssen alle Variablen vor ihrer Verwendung deklariert werden. Außerdem muss der *Typ* der Variablen angegeben werden. In diesem Beispiel kann die Variable var1 ganze Zahlen aufnehmen, was dem Typ int entspricht. Um in Java eine Variable vom Typ int zu deklarieren, muss dem Variablennamen das Schlüsselwort int vorangestellt werden. Mit der oben angeführten Anweisung wird also eine Variable mit der Bezeichnung var1 vom Typ int deklariert.

In der nächsten Zeile wird die zweite Variable var2 deklariert:

```
int var2; // Eine weitere Variablendeklaration.
```

Diese Zeile hat das gleiche Format wie die erste Zeile, lediglich der Name der Variablen ist ein anderer.

Die allgemeine Form einer Variablen sieht folgendermaßen aus:

```
Typ Variablenname;
```

Typ gibt den Typ der zu deklarierenden Variablen und *Variablenname* den Namen der Variablen an. Neben dem Typ `int` unterstützt Java noch zahlreiche andere Datentypen.

Die folgende Codezeile weist der Variablen `var1` den Wert 1024 zu:

```
var1 = 1024; // var1 erhält den Wert 1024
```

Der Zuweisungsoperator von Java ist ein einfaches Gleichheitszeichen. Der Wert auf der rechten Seite wird in die Variable auf der linken Seite kopiert.

Mit der nächsten Codezeile wird der Wert von `var1` ausgegeben und dabei die `"var1 hat den Wert"` vorangestellt:

```
System.out.println("var1 hat den Wert " + var1);
```

In dieser Anweisung bewirkt das Pluszeichen, dass der Wert von `var1` nach der vorangestellten Zeichenfolge ausgegeben wird. Dieses Verfahren lässt sich verallgemeinern. Mit dem +-Operator können so viele Elemente wie benötigt für eine einzige `println()`-Anweisung miteinander verkettet werden.

In der nächsten Codezeile wird `var2` der Wert von `var1` dividiert durch 2 zugewiesen:

```
var2 = var1 / 2;
```

In dieser Zeile wird der Wert von `var2` durch 2 dividiert und das Ergebnis in `var2` gespeichert. Nachdem die Zeile ausgeführt wurde, enthält `var2` den Wert 512. Der Wert von `var1` bleibt unverändert. Wie die meisten anderen Programmiersprachen unterstützt Java eine Reihe arithmetischer Operatoren. Hierzu gehören unter anderem die folgenden:

+	Addition
–	Subtraktion
*	Multiplikation
/	Division

Im Programm folgen als nächstes die Zeilen:

```
System.out.print("var2 hat den Wert var1 / 2: ");
System.out.println(var2);
```

Zwei neue Dinge geschehen hier. Zum einen wird mit der integrierten Methode `print()` die Zeichenfolge "var2 hat den Wert var1 / 2: " angezeigt. Auf diese Zeichenfolge folgt *kein* Zeilenvorschub. Das führt dazu, dass die nächste Ausgabe in der gleichen Zeile beginnt. Die Methode `print()` unterscheidet sich nur darin von der Methode `println()`, dass nicht nach jedem Methodenaufruf ein Zeilenvorschub durchgeführt wird. Zum anderen benutzt sich die Variable `var2` bei dem `println()`-Aufruf selbst. Sowohl `print()` als auch `println()` können für die Ausgabe eines beliebigen Wertes mit einem der in Java integrierten Typen verwendet werden.

Bevor wir mit den anderen Datentypen fortfahren, sei noch darauf hingewiesen, dass es möglich ist, zwei oder mehr Variablen mit der gleichen Anweisung zu deklarieren. Die Namen müssen dann durch Kommata voneinander getrennt werden. Die Variablen `var1` und `var2` hätten beispielsweise auch wie folgt deklariert werden können:

```
int var1, var2; // Beide Variablen werden mit einer Anweisung
deklariert.
```

Ein weiterer Datentyp

In dem vorangegangenen Programm wurde eine Variable vom Typ `int` verwendet. Dieser Variablentyp kann jedoch nur ganze Zahlen aufnehmen. Er kann daher nicht verwendet werden, wenn ein Bruch dargestellt werden muss. Ein Variable vom Typ `int` kann beispielsweise den Wert 18 aufnehmen, aber nicht den Wert 18,3. Der Typ `int` ist jedoch nur einer von den zahlreichen Datentypen, die Java definiert. Für Zahlen mit Nachkommastellen definiert Java die zwei Gleitkommatypen `float` und `double` für Werte mit einfacher und doppelter Genauigkeit. Von diesen beiden Typen wird normalerweise der Typ `double` verwendet.

Mit einer der folgenden ähnlichen Anweisung kann eine Variable vom Typ `double` definiert werden:

```
double x;
```

`x` steht hier für den Namen der Variablen vom Typ `double`. Weil `x` ein Gleitkommatyp ist, kann die Variable Werte wie 122,23, 0,034 oder -19,0 aufnehmen.

Das folgende Programm soll den Unterschied zwischen int und double deutlich machen:

```
/*
   Dieses Programm veranschaulicht den Unterschied
   zwischen int und double.

   Nennen Sie diese Datei Beispiel3.java.
*/
class Beispiel3 {
  public static void main(String args[]) {
    int var;    // Deklaration einer int-Variablen
    double x;   // Deklaration einer Gleitkommavariablen

    var = 10;   // var erhält den Wert 10

    x = 10.0;   // x erhält den Wert 10.0

    System.out.println("Ursprünglicher Wert von var: " + var);
    System.out.println("Ursprünglicher Wert von x: " + x);

    System.out.println(); // Eine Leerzeile ausgeben

    // Beide Variablen durch 4 dividieren
    var = var / 4;
    x = x / 4;

    System.out.println("var nach der Division: " + var);
    System.out.println("x nach der Division: " + x);
  }
}
```

Das Programm erzeugt folgende Ausgabe:

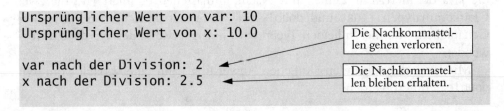

```
Ursprünglicher Wert von var: 10
Ursprünglicher Wert von x: 10.0

var nach der Division: 2
x nach der Division: 2.5
```

Die Nachkommastellen gehen verloren.

Die Nachkommastellen bleiben erhalten.

Wird var durch 4 dividiert, dann wird eine ganzzahlige Division durchgeführt und das Ergebnis lautet 2, da die Nachkommastelle verloren geht. Wird x dagegen durch 4 dividiert, bleibt die Nachkommastelle erhalten und das korrekte Ergebnis wird angezeigt.

Das Programm enthält noch ein weiteres neues Element: Um eine Leerzeile auszugeben, wird einfach println() ohne Argument aufgerufen.

Frage an den Experten

Frage: Warum besitzt Java unterschiedliche Datentypen für ganze Zahlen und für Gleitkommazahlen? Warum besitzen nicht alle numerischen Typen den gleichen Datentyp?

Antwort: Java stellt unterschiedliche Datentypen zur Verfügung, damit effiziente Programme geschrieben werden können. Die ganzzahlige Arithmetik ist beispielsweise schneller als Gleitkommaberechnungen. Wenn Sie also keine Bruchanteile benötigen, dann sollten Sie eine zusätzliche Belastung durch Wahl der Datentypen float und double vermeiden. Außerdem kann der benötigte Speicherplatz für bestimmte Datentypen geringer sein. Durch Bereitstellung der unterschiedlichen Datentypen ermöglicht Java eine bestmögliche Nutzung der Systemressourcen. Ferner verlangen bestimmte Algorithmen einen bestimmten Datentyp (oder profitieren davon). Java stellt eine Reihe eingebauter Datentypen zur Verfügung, um größtmögliche Flexibilität zu gewähren.

GnLit.
ava

Projekt 1.1: Umwandlung von Gallonen in Liter

Die bisherigen Beispielprogramme veranschaulichen zwar zahlreiche wichtige Eigenschaften der Programmiersprache Java, sie sind jedoch nicht besonders nützlich. Obwohl Sie zu diesem Zeitpunkt noch nicht viel über Java wissen, können Sie dennoch mit dem bisher Gelernten ein nützliches Programm schreiben. In diesem Projekt wird ein Programm erstellt, das Gallonen in Liter umrechnet.

Das Programm funktioniert mit der Deklaration zweier double-Variablen. Die eine enthält die Anzahl der Gallonen und die zweite die Literzahl nach der Umwandlung. Eine Gallone enthält 3,7854 Liter. Um Gallonen in Liter umzuwandeln, muss daher der Wert der Gallonen mit 3,7854 multipliziert werden. Das Programm zeigt sowohl die Anzahl der Gallonen als auch die entsprechende Literzahl an.

Schritt für Schritt

1. Erstellen Sie eine neue Datei mit der Bezeichnung `GalInLit.java`.

2. Schreiben Sie den folgenden Programmtext in die Datei:

```java
/*
   Projekt 1.1

   Dieses Programm wandelt Gallonen in Liter um.

   Nennen Sie dieses Programm GalInLit.java.
*/
class GalInLit {
  public static void main(String args[]) {
    double gallons; // Enthält die Anzahl der Gallonen
    double liters;  // Enthält die Literzahl

    gallons = 10; // Begonnen wird mit 10 Gallonen

    liters = gallons * 3.7854; // Umwandlung in Liter

    System.out.println(gallons + " Gallonen sind " +
    liters + " Liter.");
  }
}
```

3. Kompilieren Sie das Programm mit der folgenden Befehlszeile:

```
C>javac GalInLit.java
```

4. Führen Sie das Programm mit folgendem Befehl aus:

```
C>java GalInLit
```

Folgende Ausgabe wird angezeigt:

```
10.0 Gallonen sind 37.854 Liter.
```

5. Dieses Programm wandelt 10 Gallonen in Liter um. Wenn Sie `gallons` einen Wert zuweisen, kann das Programm eine andere Anzahl Gallonen in Liter umwandeln.

1-Minuten-Test
- Wie lautet das Java-Schlüsselwort für den Datentyp int?
- Was ist double?

wei Steueranweisungen

Innerhalb einer Methode verläuft die Ausführung der Anweisungen nacheinander von oben nach unten. Dieser Ablauf kann jedoch durch unterschiedliche Steueranweisungen geändert werden. Auf die Steueranweisungen wird später noch detailliert eingegangen, an dieser Stelle werden sie nur kurz vorgestellt, weil sie für die nächsten Beispielprogramme benötigt werden.

Die if-Anweisung

Mit der Bedingung if können bestimmte Programmteile selektiv ausgeführt werden. Die if-Anweisung von Java funktioniert wie die if-Anweisung anderer Programmiersprachen. Die Syntax ist beispielsweise identisch mit der der if-Anweisungen von C und C++. Ihre einfache allgemeine Form sieht wie folgt aus:

```
if(Bedingung) Anweisung;
```

Die *Bedingung* ist ein Boole'scher Ausdruck. Ist die *Bedingung* wahr, dann wird die Anweisung ausgeführt, andernfalls wird sie übergangen. Ein Beispiel:

```
if(10 < 11) System.out.println("10 ist kleiner als 11");
```

Da 10 kleiner als 11 ist, ist die Bedingung wahr und println() wird ausgeführt. Im folgenden Beispiel ist die Situation anders:

```
if(10 < 9) System.out.println("Dies wird nicht angezeigt");
```

10 ist nicht kleiner als 11 und daher wird die Methode println() nicht ausgeführt.

- int.
- Das Schlüsselwort für den Gleitkommadatentyp double.

Java definiert einen vollständigen Satz relationaler Operatoren für die Formulierung von bedingten Ausdrücken:

Operator	Bedeutung
<	Kleiner als
<=	Kleiner als oder gleich
>	Größer als
>=	Größer als oder gleich
= =	Gleich
!=	Ungleich

Beachten Sie, dass die Überprüfung der Gleichheit mit doppelten Gleichheitszeichen durchgeführt wird.

Das folgende Programm veranschaulicht die if-Anweisung:

```java
/*
  Beispiel für die if-Anweisung

  Nennen Sie diese Datei IfDemo.java.
*/
class IfDemo {
  public static void main(String args[]) {
    int a, b, c;

    a = 2;
    b = 3;

    if(a < b) System.out.println("a ist kleiner als b");

    // Hier wird nichts angezeigt
    if(a == b) System.out.println("Sie werden dies nicht
    sehen");

    System.out.println();

    c = a - b; // c hat den Wert -1

    System.out.println("c hat den Wert -1");
    if(c >= 0) System.out.println("c ist nicht negativ");
    if(c < 0) System.out.println("c ist negativ");

    System.out.println();
```

```
    c = b - a; // c hat jetzt den Wert 1
    System.out.println("c hat den Wert 1");
    if(c >= 0) System.out.println("c ist nicht negativ");
    if(c < 0) System.out.println("c ist negativ");

  }
}
```

Dieses Programm liefert folgende Ausgabe:

```
a ist kleiner als b

c hat den Wert -1
c ist negativ

c hat den Wert 1
c ist nicht negativ
```

Beachten Sie einen weiteren Punkt in diesem Programm. In der Zeile

```
int a, b, c;
```

werden die drei Variablen a, b und c mit einer durch Kommata getrennten Liste deklariert. Wie bereits erwähnt wurde, können zwei oder mehrere Variablen gleichen Typs mit einer Anweisung deklariert werden. Die Bezeichnungen der Variablen müssen lediglich durch Kommata voneinander getrennt werden.

Die for-Schleife

Mit einer Schleife kann Programmcode wiederholt ausgeführt werden. Java verfügt über ein leistungsfähiges Sortiment von Schleifenkonstrukten. An dieser Stelle wird die for-Schleife erörtert. Wenn Sie mit C oder C++ vertraut sind, wird es Sie freuen, dass die for-Schleife von Java genauso wie in anderen Programmiersprachen funktioniert. Wenn Sie C oder C++ nicht kennen, ist die for-Schleife dennoch einfach zu verwenden. Die for-Schleife hat die allgemeine Form:

```
for(Initialisierung; Bedingung; Iteration) Anweisung;
```

In der allgemeinen Form wird bei der *Initialisierung* der Schleife eine Steuervariable auf ihren Anfangswert gesetzt. Die *Bedingung* ist ein Boole'scher Ausdruck, der die Steuervariable testet. Liefert das Ergebnis des Tests den Wert **true**, wird die for-Schleife weiter durchlaufen. Hat das Ergebnis den Wert `false`, wird sie beendet. Der *Iteration*sausdruck legt fest, wie die Kontrollvariable bei jedem Schleifendurchlauf verändert wird. Das folgende kurze Programm illustriert die `for`-Schleife:

```
/*
  Beispiel für die for-Schleife

  Nennen Sie diese Datei ForDemo.java.
*/
class ForDemo {
  public static void main(String args[]) {
    int count;

    for(count = 0; count < 5; count = count+1)
      System.out.println("Zählerstand: " + count);

    System.out.println("Fertig!");
  }
}
```

Diese Schleife wird fünfmal durchlaufen.

Die ersten Zeilen der Ausgabe dieses Programms sehen wie folgt aus:

```
Zählerstand: 0
Zählerstand: 1
Zählerstand: 2
Zählerstand: 3
Zählerstand: 4
Fertig!
```

In diesem Beispiel ist `count` die Schleifensteuervariable. Bei der Initialisierung wird sie auf null gesetzt. Zu Beginn jedes Schleifendurchlaufs (auch beim ersten) wird der Test der Bedingung `count < 5` durchgeführt. Lautet das Ergebnis `true`, werden die `println()`-Anweisung und anschließend der Iterationsteil der Schleife ausgeführt. Dieser Vorgang setzt sich fort, bis der Test der Bedingung das Ergebnis `false` liefert. An diesem Punkt wird die Schleife abgebrochen.

In professionell geschriebenen Java-Programmen werden Sie den Iterationsteil der Schleife so gut wie nie in der oben gezeigten Form finden:

```
count = count + 1;
```

Der Grund dafür ist der spezielle Inkrementoperator von Java, der diese Operation effizienter durchführt. Der Inkrementoperator ++ (zwei Pluszeichen hintereinander) vergrößert den Operanden um eins. Mit Hilfe des Inkrementoperators schreibt sich die vorhergehende Anweisung wie folgt:

```
count++;
```

Die for-Schleife aus dem obigen Programm würde also normalerweise wie folgt geschrieben:

```
for(count = 0; count < 5; count++)
```

Vielleicht probieren Sie dies einmal aus. Sie werden sehen, dass die Schleife genauso ausgeführt wird wie zuvor.

Java besitzt außerdem den Dekrementoperator --, der den Operanden um eins verkleinert.

1-Minuten-Test
- Was bewirkt die if-Anweisung?
- Was bewirkt die for-Anweisung?
- Welche Vergleichsoperatoren verwendet Java?

Codeblöcke

Ein weiteres Grundelement von Java ist der *Codeblock*. Ein Codeblock ist eine Gruppe von zwei oder mehr Anweisungen. Diese Anweisungen werden in eine öffnende und eine schließende geschweifte Klammer eingeschlossen. Wurde ein Codeblock einmal erstellt, dann wird er zu einer logischen Einheit, die überall dort eingesetzt werden kann, wo auch eine einzelne Anweisung verwendet werden kann. Ein Block kann zum Beispiel das Ziel einer if- und for-Anweisung sein, wie in der folgenden if-Anweisung:

```
if(w < h) {          ◄──────── Blockanfang
    v = w * h;
    w = 0;
}                    ◄──────── Blockende
```

Wenn w kleiner als h ist, werden beide Anweisungen innerhalb des Blocks ausgeführt. Die beiden Anweisungen innerhalb des Blocks bilden also eine logische Einheit und eine Anweisung kann nur in Verbindung mit der anderen Anwei-

---

- if ist die Bedingungsanweisung von Java.
- for ist die Schleifenanweisung von Java.
- Die Vergleichsoperatoren sind: ==, !=, <, >, <= und >=.

sung ausgeführt werden. Wann immer Sie zwei oder mehrere Anweisungen logisch verknüpfen möchten, tun Sie dies, indem Sie einen Block einrichten. Mit Hilfe von Codeblöcken können viele Algorithmen verständlicher und effektiver implementiert werden.

Das folgende Programm verwendet einen Codeblock, um eine Division durch null zu vermeiden:

```
/*
  Beispiel für einen Codeblock

  Nennen Sie diese Datei BlockDemo.java.
*/
class BlockDemo {
  public static void main(String args[]) {
    double i, j, d;

    i = 5;
    j = 10;

    // Das Ziel dieser if-Anweisung ist ein Block.
    if(i != 0) {
      System.out.println("i ist ungleich null");
      d = j / i;
      System.out.print("j / i ist " + d);
    }
  }
}
```

Das Ziel der if-Anweisung ist de gesamte Block.

Dieses Programm liefert folgende Ausgabe:

```
i ist ungleich null
j / i ist 2.0
```

In diesem Fall ist das Ziel der if-Anweisung ein Codeblock und nicht eine einzelne Anweisung. Wenn die if-Bedingung wie in diesem Fall erfüllt ist, werden die drei Anweisungen innerhalb des Blocks ausgeführt. Setzen Sie i auf null und beobachten Sic das Resultat.

Auf weitere Eigenschaften und Einsatzmöglichkeiten von Blöcken wird an anderer Stelle noch eingegangen. Der Hauptgrund für die Verwendung von Blöcken ist die Möglichkeit, untrennbare logische Codeeinheiten bilden zu können.

Semikolons und ihre Position

In Java beendet ein Semikolon eine Anweisung. Jede einzelne Anweisung muss mit einem Semikolon abgeschlossen werden. Es zeigt das Ende einer logischen Einheit an.

> **Frage an den Experten**
>
> **Frage:** Führt die Verwendung von Codeblöcken zu Ineffizienzen während der Laufzeit? Oder anders gefragt: Führt Java tatsächlich die geschweiften Klammern { und } aus?
> **Antwort:** Nein. Codeblöcke führen in keinem Fall zu zusätzlichem Ballast. Aufgrund der Möglichkeit, die Kodierung bestimmter Algorithmen zu vereinfachen, erhöht ihre Verwendung im Gegenteil in der Regel die Geschwindigkeit und die Effizienz. Außerdem existieren die beiden geschweiften Klammern nur im Quellcode des Programms. Java führt sie nicht unbedingt aus.

Wie Sie wissen, besteht ein Block aus einer Reihe logisch miteinander verknüpfter Anweisungen, die von einer öffnenden und einer schließenden geschweiften Klammer eingeschlossen werden. Ein Block wird *nicht* mit einem Semikolon abgeschlossen. Da ein Block aus einer Reihe von Anweisungen besteht, die jeweils mit einem Semikolon beendet werden, ist es sinnvoll, einen Block nicht mit einem Semikolon zu beenden. Das Ende des Blocks wird stattdessen durch die schließende geschweifte Klammer angezeigt.

Java interpretiert das Zeilenende nicht als eine Beendigung. Daher ist es gleichgültig, wo sich eine Anweisung in einer Zeile befindet. Die Schreibweisen

```
x = y;
y = y + 1;
System.out.println(x + " " + y);
```

und

```
x = y;  y = y + 1;  System.out.println(x + " " + y);
```

werden von Java gleich interpretiert.

Außerdem können einzelne Elemente einer Anweisung in eigene Zeilen gesetzt werden. Folgende Schreibweise ist beispielsweise völlig korrekt:

```
System.out.println("Dies ist eine lange Ausgabezeile" +
                x + y + z +
                "weitere Ausgaben");
```

Häufig wird ein Umbruch langer Zeilen in dieser Weise verwendet, um Programme besser lesbar zu gestalten. So sind auch ungewöhnlich lange Zeilen im Blickfeld des Lesers.

Einrückungen

Sie haben sicher bemerkt, dass in den vorangegangenen Beispielen bestimmte Anweisungen eingerückt wurden. Java ist eine formlose Programmiersprache, bei der es keine Rolle spielt, wie Anweisungen im Verhältnis zueinander in den Zeilen angeordnet werden. Im Laufe der Jahre hat sich jedoch ein allgemein akzeptierter Stil für Einrückungen etabliert, der die Programme gut lesbar macht. Dieses Buch hält sich an diesen Stil und auch Sie sollten sich daran halten. Bei diesem Stil wird nach jeder öffnenden Klammer um einen Schritt eingerückt und nach jeder schließenden Klammer die Einrückung wieder um einen Schritt zurückgenommen. Bestimmte Anweisungen werden noch weiter eingerückt, worauf später noch eingegangen wird.

1-Minuten-Test
- Wie wird ein Codeblock eingerichtet? Was bewirkt er?
- Java-Anweisungen werden mit einem _____ beendet.
- Java-Anweisungen müssen sich immer innerhalb einer Zeile befinden. Falsch oder richtig?

GalInLit
Tabelle.java

Projekt 1.2: Das Umwandlungsprogramm Gallonen-in-Liter verbessern

Mit der for-Schleife, der if-Anweisung und Codeblöcken können Sie eine verbesserte Version des Umwandlungsprogramms Gallonen-in-Liter aus dem ersten Projekt schreiben. Diese neue Version gibt eine Umwandlungstabelle aus, die mit einer Gallone beginnt und bei 100 Gallonen endet. Nach jeweils zehn Gallonen wird eine Leerzeile ausgegeben. Hierfür wird die Variable counter verwendet, die die Anzahl der ausgegebenen Zeilen zählt. Widmen Sie der Verwendung dieser Variablen besondere Aufmerksamkeit.

- Ein Block beginnt mit einer öffnenden geschweiften Klammer { und endet mit einer schließenden geschweiften Klammer }. Er bildet eine logische Codeeinheit.
- Semikolon.
- Falsch.

Schritt für Schritt

1. Erstellen Sie eine neue Datei mit der Bezeichnung GalInLitTabelle.java.
2. Geben Sie folgenden Programmtext ein:

```java
/*
   Projekt 1.2

   Dieses Programm gibt eine Umwandlungstabelle
   für Gallonen in Liter aus.

   Nennen Sie das Programm GalInLitTabelle.java".
*/
class GalInLitTabelle {
  public static void main(String args[]) {
    double gallons, liters;
    int counter;

    counter = 0;     // Der Zeilenzähler wird zu Beginn auf null gesetzt.
    for(gallons = 1; gallons <= 100; gallons++) {
      liters = gallons * 3.7854; // Umwandlung in Liter
      System.out.println(gallons + " Gallonen sind " +
                         liters + " Liter.");

      counter++;     // Bei jedem Schleifendurchlauf wird der Zeilenzähler hochgesetzt.
      // Alle zehn Zeilen wird eine Leerzeile ausgegeben
      if(counter == 10) {     // Hat der Zähler den Stand 10, wird eine Leerzeile ausgegeben.
        System.out.println();
        counter = 0; // Den Zeilenzähler zurücksetzen
      }
    }
  }
}
```

3. Kompilieren Sie das Programm mit der Befehlszeile:

   `C>javac GalInLitTabelle.java`

4. Führen Sie das Programm aus:

   `C>java GalInLitTabelle`

5. Es folgt ein Teil der Ausgabe des Programms:

```
1.0 Gallonen sind 3.7854 Liter.
2.0 Gallonen sind 7.5708 Liter.
3.0 Gallonen sind 11.356200000000001 Liter.
4.0 Gallonen sind 15.1416 Liter.
5.0 Gallonen sind 18.927 Liter.
6.0 Gallonen sind 22.712400000000002 Liter.
7.0 Gallonen sind 26.4978 Liter.
8.0 Gallonen sind 30.2832 Liter.
9.0 Gallonen sind 34.0686 Liter.
10.0 Gallonen sind 37.854 Liter.

11.0 Gallonen sind 41.6394 Liter.
12.0 Gallonen sind 45.424800000000005 Liter.
13.0 Gallonen sind 49.2102 Liter.
14.0 Gallonen sind 52.9956 Liter.
15.0 Gallonen sind 56.781 Liter.
16.0 Gallonen sind 60.5664 Liter.
17.0 Gallonen sind 64.3518 Liter.
18.0 Gallonen sind 68.1372 Liter.
19.0 Gallonen sind 71.9226 Liter.
20.0 Gallonen sind 75.708 Liter.

21.0 Gallonen sind 79.49340000000001 Liter.
22.0 Gallonen sind 83.2788 Liter.
23.0 Gallonen sind 87.0642 Liter.
24.0 Gallonen sind 90.84960000000001 Liter.
25.0 Gallonen sind 94.635 Liter.
26.0 Gallonen sind 98.4204 Liter.
27.0 Gallonen sind 102.2058 Liter.
28.0 Gallonen sind 105.9912 Liter.
29.0 Gallonen sind 109.7766 Liter.
30.0 Gallonen sind 113.562 Liter.
```

Die Schlüsselwörter von Java

Zurzeit sind 48 Schlüsselwörter für Java definiert (siehe Tabelle 1.1). Diese Schlüsselwörter bilden in Kombination mit der Syntax der Operatoren und Trennzeichen die Definition der Programmiersprache Java. Sie dürfen nicht als Variablen-, Klassen- oder Methodennamen verwendet werden.

Die Schlüsselwörter **const** und **goto** sind reserviert, werden aber nicht verwendet. Zu Beginn der Java-Entwicklung wurden einige weitere Schlüsselwörter für die spätere Verwendung reserviert. Nach der aktuellen Spezifikation definiert Java nur die in Tabelle 1.1 aufgeführten Schlüsselwörter.

abstract	boolean	break	byte	case	catch
char	class	const	continue	default	do
double	else	extends	final	finally	float
for	goto	if	implements	import	instanceof
int	interface	long	native	new	package
private	protected	public	return	short	static
strictfp	super	switch	synchronized	this	throw
throws	transient	try	void	volatile	while

Tabelle 1.1 Die Schlüsselwörter von Java

Neben den Schlüsselwörtern reserviert Java noch die Wörter true, false und null. Dies sind von Java definierte Werte. Sie dürfen dieser Wörter nicht als Namen für Variablen, Klassen und so weiter verwenden.

Bezeichner

In Java ist ein Bezeichner der Name einer Methode, einer Variablen oder eines anderen vom Benutzer definierten Elements. Bezeichner dürfen ein oder mehrere Zeichen lang sein. Variablennamen können mit einem Buchstaben, einem Unterstrich oder einem Dollarzeichen beginnen. Darauf kann ein Buchstabe, eine Ziffer, ein Dollarzeichen oder ein Unterstrich folgen. Mit dem Unterstrich kann die Lesbarkeit eines Variablennamens wie in line_count verbessert werden. Groß- und Kleinschreibung werden unterschieden. Die Bezeichnungen myvar und MyVar werden also von Java unterschieden. Es folgen einige Beispiele für mögliche Bezeichner:

```
Test        x           y2          MaxLoad
$up         _top        my_var      beispiel23
```

Beachten Sie, dass ein Bezeichner nicht mit einer Ziffer beginnen darf. 12x wäre beispielsweise nicht zulässig.

Keines der Java-Schlüsselwörter darf als Bezeichner verwendet werden. Ferner sollten nicht die Namen von Standardmethoden wie println als Bezeichner gewählt werden. Neben diesen beiden Einschränkungen legt eine gute Programmierpraxis nahe, Bezeichner zu verwenden, die die Bedeutung oder den Zweck eines Elements am Namen erkennen lassen.

1-Minuten-Test
- Welches ist das Schlüsselwort: **for**, **For** oder **FOR**?
- Welche Zeichen kann ein Java-Bezeichner enthalten?
- Sind `index21` und `Index21` die gleichen Bezeichner?

Die Klassenbibliotheken von Java

Die in diesem Kapitel vorgestellten Beispielprogramme verwenden zwei eingebaute Java-Methoden: `println()` und `print()`. Wie ausgeführt wurde, sind diese Methoden in der Klasse `System` definiert, bei der es sich um eine von Java vordefinierte Klasse handelt, die automatisch in die Programme eingeschlossen wird. Die Java-Umgebung basiert insgesamt auf zahlreichen integrierten Klassenbibliotheken, die Dinge wie Ein- und Ausgaben, den Umgang mit Zeichenfolgen, Netzwerkoperationen und den Umgang mit Bildern unterstützen. Die Standardklassen unterstützen auch die Fensterausgabe. Java als Ganzes ist daher eine Kombination der Sprache Java selbst und der Standardklassen. Wie Sie noch sehen werden, bieten die Klassenbibliotheken einen großen Teil der Java-Funktionalität. Um ein Java-Programmierer zu werden, muss man Standardklassen von Java kennen. In diesem Buch werden verschieden Elemente der Standardbibliotheksklassen und der Standardmethoden beschrieben. Die Java-Bibliothek ist jedoch etwas, mit dem Sie sich selbst ausführlich beschäftigen müssen.

- Das Schlüsselwort ist **for**. In Java werden alle Schlüsselwörter klein geschrieben.
- Buchstaben, Ziffern, Unterstriche und das Dollarzeichen.
- Nein. Java unterscheidet Groß- und Kleinschreibung.

Übungsaufgaben

1. Was ist Bytecode und warum ist er so wichtig für den Einsatz von Java für die Internet-Programmierung?
2. Welches sind die drei Hauptprinzipien der objektorientierten Programmierung?
3. Wo beginnt die Ausführung eines Java-Programms?
4. Was ist ein Variable?
5. Welche der folgenden Variablennamen sind zulässig?
   a) count
   b) $count
   c) count27
   d) 67count
6. Wie erstellen Sie einen einzeiligen und einen mehrzeiligen Kommentar?
7. Nennen Sie die allgemeine Form der if-Anweisung. Geben Sie die allgemeine Form der for-Schleife an.
8. Wie erstellen Sie einen Codeblock?
9. Die Anziehungskraft des Mondes beträgt zirka 17 Prozent der Erdanziehungskraft. Schreiben Sie ein Programm, das Ihr tatsächliches Gewicht auf dem Mond berechnet.
10. Passen Sie das Projekt 1.2 so an, dass eine Umwandlungstabelle für Zoll in Meter ausgegeben wird. Lassen Sie 12 Fuß in Zoll anzeigen. Geben Sie nach jeweils 12 Zoll eine Leerzeile aus. (Ein Meter entspricht zirka 39,37 Zoll.)

Kapitel 2

Datentypen und Operatoren

Lernziele

- Die Elementartypen von Java
- Literale verwenden
- Initialisierte Variablen erzeugen
- Gültigkeitsbereiche einer Methode
- Typumwandlung und Cast
- Arithmetische Operatoren
- Relationale und logische Operatoren
- Der Zuweisungsoperator
- Ausdrücke

Grundlage jeder Programmiersprache sind die Datentypen und Operatoren. Auch Java bildet hier keine Ausnahme. Diese Elemente definieren die Grenzen einer Sprache und legen fest, für welche Aufgaben sie eingesetzt werden kann. Glücklicherweise unterstützt Java ein reiches Sortiment von Datentypen und Operatoren, so dass sich die Sprache für jede Art der Programmierung eignet.

Datentypen und Operatoren sind ein umfangreiches Thema. Wir beginnen mit den grundlegenden Datentypen von Java und den gebräuchlichsten Operatoren. Außerdem werden die Variablen und Ausdrücke genauer erörtert.

Warum Datentypen so wichtig sind

Datentypen sind für Java besonders wichtig, weil es sich um eine stark typisierte Sprache handelt. Alle Operationen werden vom Compiler auf ihre Typkompatibilität überprüft. Unzulässige Operationen werden nicht kompiliert. Diese strengen Typüberprüfungen vermeiden Fehler und steigern die Zuverlässigkeit. Um eine konsequente Typüberprüfung zu ermöglichen, besitzen alle Variablen, Ausdrücke und Werte einen Typ. Das Konzept einer »typlosen« Variablen ist nicht vorgesehen. Darüber hinaus legt der Typ eines Wertes fest, welche Operationen zulässig sind. Eine für einen Typ zulässige Operation kann für einen anderen Typ unzulässig sein.

Die einfachen Java-Typen

Java besitzt zwei generelle Kategorien integrierter Datentypen: objektorientierte und nicht objektorientierte. Die objektorientierten Java-Typen werden von Klassen definiert. (Eine Erörterung der Klassen folgt später.) Im Zentrum von Java stehen jedoch acht einfache Typen (auch elementare oder primitive Datentypen genannt), die in Tabelle 2.1 aufgeführt werden. Der Begriff *einfach* verweist in diesem Zusammenhang darauf, dass es sich nicht um Objekte im Sinne der Objektorientiertheit handelt, sondern um normale binäre Werte. Diese einfachen Typen sind aus Gründen der Effizienz keine Objekte. Alle übrigen Datentypen von Java sind von diesen einfachen Typen abgeleitet.

Typ	Bedeutung
boolean	Steht für die Werte `true` und `false`
byte	Ganzzahliger 8-Bit-Wert

Tabelle 2.1 Die in Java integrierten einfachen Datentypen

char	Zeichen
double	Gleitkommazahl mit doppelter Genauigkeit
float	Gleitkommazahl mit einfacher Genauigkeit
int	Ganzzahliger Wert
long	Langer ganzzahliger Wert
short	Kurzer ganzzahliger Wert

Tabelle 2.1 Die in Java integrierten einfachen Datentypen

Java legt für jeden einfachen Typ einen strikten Bereich und ein striktes Verhalten fest, das alle Implementierungen der Java Virtual Machine unterstützen müssen. Aufgrund der hohen Anforderungen an die Portabilität ist Java in dieser Beziehung kompromisslos. Der Typ int ist beispielsweise in allen Ausführungsumgebungen identisch. Das ermöglicht eine vollständige Kompatibilität der Programme. Der Code muss zur Anpassung an eine bestimmte Plattform nicht umgeschrieben werden. Eine zu strikte Vorgabe der Größe der einfachen Typen kann zwar in einigen Umgebungen zu einem geringen Leistungsabfall führen, sie ist jedoch erforderlich, um die Portabilität zu gewährleisten.

Hinweis

Rein technisch kann das Java-Laufzeitsystem jede beliebige Größe zum Speichern eines einfachen Typs verwenden. Die Typen müssen jedoch in jedem Fall wie angegeben agieren.

Integer-Typen

Java definiert für ganze Zahlen die vier Typen byte, short, int und long:

Typ	Breite in Bits	Wertebereich
byte	8	–128 bis 127
short	16	–32.768 bis 32.767
int	32	–2.147.483.648 bis 2.147.483.647
long	64	–9.223.372.036.854.775.808 bis 9.223.372.036.854.775.807

Wie aus der Tabelle hervorgeht, können alle Integer-Werte sowohl ein positives als auch ein negatives Vorzeichen besitzen. Java unterstützt keine vorzeichenlosen Integer-Werte (ausschließlich positive Werte). Viele andere Programmiersprachen unterstützen Integer-Werte mit und ohne Vorzeichen. Den Java-Entwicklern erschienen vorzeichenlose Integer-Werte überflüssig.

Der gebräuchlichste Integer-Typ ist int. Variablen vom Typ int werden häufig zur Steuerung von Schleifen, zum Indizieren von Arrays und für allgemeine ganzzahlige Berechnungen verwendet.

Wenn Sie eine ganze Zahl benötigen, die außerhalb des Wertebereichs von int liegt, dann verwenden Sie den Typ long. Das folgende Programm berechnet beispielsweise die Anzahl der Kubikzoll eines Würfels mit einer Seitenlänge von einer Meile:

```java
/*
    Berechnung der Kubikzoll
    einer Kubikmeile
*/
class Inches {
  public static void main(String args[]) {
    long ci;
    long im;

    im = 5280 * 12;

    ci = im * im * im;

    System.out.println("Eine Kubikmeile enthält " + ci +
                " Kubikzoll.");

  }
}
```

So sieht die Ausgabe des Programms aus:

```
Eine Kubikmeile enthält 254358061056000 Kubikzoll.
```

Dieses Ergebnis hätte logischerweise nicht in einer int-Variablen gespeichert werden können.

Der kleinste Integer-Typ ist byte. Variablen vom Typ byte sind besonders beim Umgang mit reinen Binärdaten nützlich, die nicht unmittelbar mit den übrigen vordefinierten Java-Typen kompatibel sind.

Der short-Typ erzeugt ein kurze ganze Zahl, deren höherwertiges Byte an erster Stelle steht (was *Big-Endian-Format* genannt wird). Dieser Typ wird meist für 16-Bit-Computer verwendet, die immer seltener zu finden sind.

Frage an den Experten

Frage: Was bedeutet *Endianness*?
Antwort: *Endianness* beschreibt, wie eine ganze Zahl im Speicher abgelegt wird. Hierfür gibt es zwei Möglichkeiten. Zum einen kann das höherwertige `Byte` zuerst gespeichert werden. Dieses Format wird *Big-Endian* genannt. Es kann aber auch das niederwertige `Byte` zuerst gespeichert werden, was *Little-Endian* genannt wird. *Little-Endian* ist die gebräuchlichere Methode, weil sie vom Pentium-Prozessor von Intel verwendet wird.

Gleitkommatypen

Wie im ersten Kapitel erklärt wurde, können die Gleitkommatypen Zahlen mit Bruchanteilen (Nachkommastellen) darstellen. Bei den Gleitkommatypen werden `float` und `double` unterschieden, die entweder Zahlen mit einfacher oder mit doppelter Genauigkeit darstellen. Der Typ `float` ist 32 Bit breit und hat einen Wertebereich von 1.7e–308 bis 1.7e+308. Der Typ `double` ist 64 Bit breit und hat einen Wertebereich von 3.4e–38 bis 3.4e+38.

`double` ist der gebräuchlichere von beiden Typen, weil mathematische Funktionen der Klassenbibliotheken von Java `double`-Werte verwenden. Die Methode `sqrt()` (die in der Standardklasse `Math` definiert wird) gibt beispielsweise die Wurzel des `double`-Arguments als `double`-Wert zurück. Im folgenden Beispiel wird `sqrt()` verwendet, um die Länge der Hypotenuse mit Hilfe der Längen der beiden gegenüberliegenden Seiten zu berechnen:

```
/*
   Mit dem Satz des Pythagoras die Länge
   der Hypotenuse mit Hilfe der Längen der
   beiden gegenüberliegenden Seiten berechnen.
*/
class Hypot {
  public static void main(String args[]) {
    double x, y, z;

    x = 3;
    y = 4;

    z = Math.sqrt(x*x + y*y);
```

Beachten Sie den Aufruf von sqrt(). Der Name der Klasse, zu der die Methode sqrt() gehört, wird vorangestellt.

```
    System.out.println("Die Länge der Hypotenuse beträgt " +z);
  }
}
```

Das Programm liefert die Ausgabe:

```
Die Länge der Hypotenuse beträgt 5.0
```

Ein weiterer Punkt ist in diesem Beispiel beachtenswert: Wie bereits erwähnt wurde, ist sqrt() eine Methode der Standardklasse Math. Dem Methodenaufruf sqrt() wird der Name der Klasse Math vorangestellt. Dies ist vergleichbar mit der Voranstellung von System.out vor println(). Allerdings werden nicht alle Standardmethoden mit Angabe ihres Klassennamens aufgerufen.

Zeichen

Die Zeichen sind in Java keine 8 Bit großen Einheiten, wie dies in den meisten anderen Programmiersprachen der Fall ist. Java verwendet den Unicode. Der *Unicode* definiert einen Zeichensatz, der alle Zeichen menschlicher Sprachen darstellen kann. Daher ist der **char**-Typ von Java ein vorzeichenloser 16-Bit-Typ mit einem Wertebereich von 0 bis 65.536. Der 8-Bit-ASCII-Standardzeichensatz ist eine Untermenge vom Unicode und liegt im Bereich von 0 bis 127. ASCII-Zeichen sind also gleichzeitig zulässige Java-Zeichen.

Einer Zeichenvariablen wird ein Wert zugewiesen, indem das Zeichen in einfache Anführungsstriche gesetzt wird. Der Variablen **ch** wird beispielsweise wie folgt der Buchstabe X zugewiesen:

```
char ch;
ch = 'X';
```

Sie können den **char**-Wert mit einer println()-Anweisung ausgeben. Mit dieser Zeile wird beispielsweise der Wert von **ch** ausgegeben:

```
System.out.println("Dies ist ch: " + ch);
```

Da **char** ein vorzeichenloser 16-Bit-Typ ist, können mit der Variablen **char** verschiedene arithmetische Operationen durchgeführt werden. Betrachten Sie zum Beispiel das folgende Programm:

```
/*
   Zeichenvariablen können wie
   int-Variablen behandelt werden.
*/
class CharArithDemo {
  public static void main(String args[]) {
    char ch;

    ch = 'X';
    System.out.println("ch enthält " + ch);

    ch++; // ch erhöhen                    ◄──────── char kann erhöht werden.
    System.out.println("ch ist jetzt " + ch);

    ch = 90; // ch erhält den Wert Z      ◄──────── Einer char-Variablen
    System.out.println("ch enthält jetzt " + ch);    kann ein int-Wert
  }                                                   zugewiesen werden.
}
```

Das Programm zeigt folgende Ausgabe an:

```
ch enthält X
ch enthält jetzt Y
ch enthält jetzt Z
```

ch erhält im Programm zuerst den Wert X. Anschließend wird ch erhöht. Danach enthält ch Y, das nächste Zeichen in der ASCII- und Unicode-Reihenfolge. Obwohl char kein Integer-Typ ist, kann die Variable dennoch in manchen Fällen wie ein solcher Typ behandelt werden. Anschließend wird ch der Wert 90 zugewiesen, der dem ASCII- oder Unicode-Wert für den Buchstaben Z entspricht. Da der ASCII-Zeichensatz 127 Werte des Unicode-Zeichensatzes belegt, funktionieren alle »alten Kniffe« von früher auch in Java.

Der Typ boolean

Der Typ boolean steht für die Werte true oder false. Java definiert die Werte true und false mit den reservierten Wörtern true und false. Eine Variable oder ein Ausdruck vom Typ boolean hat daher einen dieser beiden Werte.

Es folgt ein Programm, das den boolean-Typ vorstellt:

```
// Beispiel für Boole'sche Werte.
class BoolDemo {
  public static void main(String args[]) {
    boolean b;

    b = false;
    System.out.println("b ist " + b);
    b = true;
    System.out.println("b ist " + b);

    // Ein Boole'scher Wert kann
    //eine if-Anweisung steuern
    if(b)
      System.out.println("Dies wird ausgeführt.");

    b = false;
    if(b)
      System.out.println("Dies wird nicht ausgeführt.");

    // Ein relationaler Operator
    // liefert einen Boole'schen Wert
    System.out.println("10 > 9 is " + (10 > 9));
  }
}
```

Das Programm zeigt folgende Ausgabe an:

```
b ist false
b ist true
Dies wird ausgeführt.
10 > 9 is true
```

Zu diesem Programm können einige interessante Bemerkungen gemacht werden. Zum einen ist zu erkennen, dass ein **boolean**-Wert von **println()** als »true« oder »false« ausgegeben wird. Zum anderen zeigt das Programm, dass der Wert einer **boolean**-Variablen für die Steuerung einer **if**-Anweisung ausreicht. Die **if**-Anweisung muss nicht wie folgt geschrieben werden:

```
if(b == true) ...
```

Zum dritten zeigt das Beispiel, dass das Ergebnis des Vergleichsoperators < einen Boole'schen Wert ergibt. Daher liefert der Ausdruck 10 > 9 den Wert »**true**.« Die zusätzlichen Klammern um 10 > 9 sind erforderlich, weil der **+**-Operator Vorrang vor dem Operator > hat.

1-Minuten-Test

- Welches sind die Integer-Typen von Java?
- Was ist Unicode?
- Welche Werte kann eine `boolean`-Variable haben?

Projekt 2.1: Wie weit ist das Gewitter entfernt?

In diesem Projekt wird ein Programm erstellt, das berechnet, wie weit ein Gewitter entfernt ist. Der Donner bewegt sich mit zirka 335 Meter pro Sekunde. Mit der Zeitspanne zwischen dem Auftreten des Blitzes bis zum Ertönen des Donners kann die Entfernung des Gewitters berechnet werden. In diesem Beispiel wird eine Zeitspanne von 7,2 Sekunden zugrunde gelegt.

Schritt für Schritt

1. Erstellen Sie eine neue Datei mit der Bezeichnung `Donner.java`.
2. Um die Entfernung berechnen zu können, benötigen Sie einen Gleitkommawert. Warum? Weil die Zeitspanne 7,2 beträgt und eine Nachkommastelle besitzt. Es könnte zwar auch ein Wert vom Typ `float` verwendet werden, in diesem Beispiel wird jedoch ein `double`-Wert verwendet.
3. Um die Entfernung zu berechnen, wird 7,2 mit 335 multipliziert. Dieser Wert wird einer Variablen zugewiesen.
4. Am Schluss wird das Ergebnis angezeigt.
5. So sieht das Listing des Programms `Donner.java` aus:

```java
/*
    Projekt 2.1

    Die Entfernung eine Gewitters berechnen,
    wenn der Donner 7,2 Sekunden nach dem Blitz
    zu hören ist.
*/
class Donner {
  public static void main(String args[]) {
    double dist;
```

- Die Integer-Typen von Java sind `byte`, `short`, `int` und `long`.
- Unicode ist ein vollständiger internationaler Zeichensatz mit einer Zeichengröße von 16 Bit.
- Variablen vom Typ `boolean` können entweder den Wert `true` oder den Wert `false` annehmen.

```
        dist = 7.2 * 335;

        System.out.println("Das Gewitter ist " + dist +
                    " Meter entfernt.");

    }
}
```

6. Wenn Sie das Programm kompilieren und ausführen, wird das folgende Ergebnis angezeigt:

```
Das Gewitter ist 2412.0 Meter entfernt.
```

7. Zusatzaufgabe: Sie können die Entfernung eines großen Objekts wie etwa eines Felsens mit Hilfe des Echos berechnen. Wenn Sie beispielsweise in die Hände klatschen und die Zeit bis zum Ertönen des Echos messen, dann wissen Sie, wie lange das Geräusch hin und zurück benötigt. Dividieren Sie diesen Wert durch zwei, dann erhalten Sie die Zeit für einen Weg. Mit diesem Wert können Sie die Entfernung zum Objekt berechnen. Verändern Sie das vorgestellte Programm so, dass es die Entfernung berechnet und legen Sie dabei die Zeitspanne bis zum Ertönen des Echos zugrunde.

Literale

Literale sind in Java feste Werte, die in einer lesbaren Form dargestellt werden. Die Zahl 100 ist beispielsweise ein Literal. Literale werden im Allgemeinen auch als *Konstanten* bezeichnet. In den meisten Fällen sind Literale und ihre Verwendung so intuitiv, dass sie in der einen oder anderen Form in den bisherigen Beispielprogrammen bereits verwendet wurde. Jetzt werden sie formal beschrieben.

Java-Literale können jeden einfachen Datentyp besitzen. Die Art und Weise, in der ein Literal dargestellt wird, hängt von ihrem Typ ab. Wie bereits ausgeführt wurde, werden Zeichenkonstanten in einfache Anführungszeichen gesetzt. Bei 'a' und ' %' handelt es sich beispielsweise um Zeichenkonstanten.

Integer-Konstanten werden als Zahlen ohne Nachkommastelle angegeben. 10 und -100 sind beispielsweise Integer-Konstanten. Gleitkommakonstanten benötigen einen Dezimalpunkt, auf den die Nachkommastellen folgen. 11.123 ist beispielsweise eine Gleitkommakonstante. Java lässt also auch die wissenschaftliche Schreibweise von Gleitkommazahlen zu.

Integer-Literale sind standardmäßig vom Typ `int`. Möchten Sie ein `long`-Literal angeben, dann hängen Sie ein l oder L an. 12 ist zum Beispiel vom Typ `int`, während 12L den Typ `long` hat.

Gleitkommaliterale sind vom Typ `double`. Um ein `float`-Literal anzugeben, wird ein F oder f an die Konstante angehängt. `10.19F` ist ein Beispiel für den Typ `float`.

Integer-Literale erzeugen zwar standardmäßig einen `int`-Wert, sie können aber trotzdem so lange Variablen vom Typ `char`, `byte` oder `short` zugewiesen werden, wie der zugewiesene Wert vom Zieltyp dargestellt werden kann. Ein Integer-Literal kann in jedem Fall einer `long`-Variablen zugewiesen werden.

Hexadezimal- und Oktalkonstanten

Bei der Programmierung ist es manchmal einfacher, ein Zahlensystem zur Basis 8 oder 16 anstatt zur Basis 10 zu verwenden. Das Zahlenssystem zur Basis 8 ist das *Oktalsystem*. Es verwendet die Ziffern von 0 bis 7. Die Oktalzahl 10 entspricht der Dezimalzahl 10. Das Zahlensystem mit der Basis 16 ist das *Hexadezimalsystem*. Es verwendet die Ziffern von 0 bis 9 sowie die Buchstaben A bis F, die für die Zahlen 10, 11, 12, 13, 14 und 15 stehen. Die Hexadezimalzahl 10 entspricht beispielsweise der Dezimalzahl 16. Aufgrund der häufigen Verwendung dieser beiden Zahlensysteme erlaubt Java die Angabe von Integer-Konstanten in hexadezimaler oder oktaler anstatt in dezimaler Form. Eine hexadezimale Konstante beginnt mit 0x (eine Null gefolgt von einem x). Eine oktale Konstante beginnt mit einer Null. Es folgen zwei Beispiele:

```
hex = 0xFF;  // 255 dezimal
oct = 011;   // 9 dezimal
```

Escape-Sequenzen

Für die meisten druckbaren Zeichen reicht es, wenn die Zeichenkonstante in einfache Anführungszeichen eingeschlossen wird. Bei einigen wenigen Zeichen wie zum Beispiel beim Zeilenvorschub entstehen spezielle Probleme, wenn ein Texteditor verwendet wird. Darüber hinaus haben bestimmte Zeichen wie einfache oder doppelte Anführungszeichen in Java eine besondere Bedeutung, so dass sie nicht direkt verwendet werden dürfen. Aus diesen Gründen stellt Java spezielle *Escape-Sequenzen* bereit (siehe Tabelle 2.2). Diese Sequenzen werden an Stelle der Zeichen verwendet, die sie darstellen.

Escape-Sequenz	Beschreibung
\'	Einfache Anführungszeichen
\"	Doppelte Anführungszeichen
\\	Backslash

Tabelle 2.2 Escape-Sequenzen

\r	Zeilenvorschub
\n	Neue Zeile
\f	Seitenvorschub
\t	Horizontaler Tabulator
\b	Rücktaste
\ddd	Oktalkonstante (ddd steht für die oktale Konstante)
\uxxxx	Hexadezimalkonstante (xxxx ist die hexadezimale Konstante)

Tabelle 2.2 Escape-Sequenzen

In der folgenden Zeile wird ch zum Beispiel das Tabulatorzeichen zugewiesen:

```
ch = '\t';
```

Im nächsten Beispiel wird ch ein einfaches Anführungszeichen zugewiesen:

```
ch = '\'';
```

String-Literale

Java besitzt mit den Strings einen weiteren Literaltyp. Ein *String* ist eine in doppelte Anführungszeichen eingeschlossene Zeichenfolge. Zum Beispiel:

```
"Dies ist ein Test"
```

In den vorangegangenen Beispielen finden Sie viele Strings in den println()-Anweisungen.

Neben normalen Zeichen kann ein String-Literal auch ein oder mehrere der gerade beschriebenen Escape-Sequenzen enthalten. Im folgenden Programm werden beispielsweise die Escape-Sequenzen \n und \t verwendet:

```
// Beispiel für Escape-Sequenzen in Zeichenfolgen
class StrDemo {
  public static void main(String args[]) {
    System.out.println("Erste Zeile \nZweite Zeile");
    System.out.println("A\tB\tC");
    System.out.println("D\tE\tF");
  }
}
```

Mit Tabulatoren wird die Ausgabe ausgerichtet.

Mit \n wird eine neue Zeile erzeu[gt]

Folgende Ausgabe liefert das Programm:

```
Erste Zeile
Zweite Zeile
A        B        C
D        E        F
```

Beachten Sie, wie mit der Escape-Sequenz \n eine neue Zeile erzeugt wird. Für eine mehrzeilige Ausgabe ist nur eine `println()`-Anweisungen erforderlich. Sie müssen in einer längeren Zeichenfolge lediglich \n an der Stelle einfügen, wo die neue Zeile beginnen soll.

Frage an den Experten

Frage: Ist ein String bestehend aus einem Zeichen das Gleiche wie ein Zeichenliteral? Ist "k" beispielsweise dasselbe wie 'k'?

Antwort: Nein. Sie dürfen Zeichenfolgen und Zeichen nicht durcheinander bringen. Ein Zeichenliteral stellt einen einzelnen Buchstaben vom Typ char dar. Eine Zeichenfolge, die nur aus einem Zeichen besteht, bleibt dennoch ein String. Obwohl Strings aus Zeichen bestehen, sind sie trotzdem nicht das Gleiche.

1-Minuten-Test
- Welcher Literaltyp ist 10? Welcher Literaltyp ist 10.0?
- Wie geben Sie ein Literal vom Typ `long` an?
- Ist »x« ein String- oder ein Zeichenliteral?

Eine genauere Beschreibung der Variablen

Variablen wurden im ersten Kapitel vorgestellt. In diesem Abschnitt werden sie genauer beschrieben. Wie Sie bereits gelernt haben, werden Variablen mit der folgenden Anweisungsform deklariert:

`Typ Variablenname;`

- 10 ist vom Typ `int double`.
- Durch Hinzufügen des Suffix L oder l wird ein long-Literal gekennzeichnet. Zum Beispiel 100L.
- Das Literal "x" ist eine String.

Typ steht dabei für den Datentyp der Variablen und *Variablenname* gibt den Namen der Variablen an. Sie können Variablen jeden gültigen Typs deklarieren, einschließlich der gerade beschriebenen einfachen Typen. Wenn Sie eine Variable einrichten, dann erzeugen Sie eine Instanz dieses Typs. Die Einsatzmöglichkeiten einer Variablen werden also durch ihren Typ festgelegt. Eine Variable vom Typ `boolean` kann beispielsweise nicht für Gleitkommawerte benutzt werden. Außerdem kann sich der Typ einer Variablen während ihrer Lebensdauer nicht ändern. Eine `int`-Variable kann zum Beispiel nicht in eine `char`-Variable umgewandelt werden.

Alle Java-Variablen müssen vor ihrer Verwendung deklariert werden. Dies ist erforderlich, weil der Compiler wissen muss, welchen Datentyp eine Variable enthält, bevor er eine Anweisung, die diese Variable verwendet, korrekt kompilieren kann. Außerdem kann Java so die strikte Typüberprüfung durchführen.

Variablen initialisieren

Im Allgemeinen muss eine Variable einen Wert erhalten, bevor sie benutzt werden kann. Wie Sie bereits gesehen haben, kann der Variablen mit einer Zuweisung ein Wert zugewiesen werden. Auch bei der Deklaration kann ihr ein Anfangswert zugewiesen werden. Hierfür wird hinter den Variablennamen ein Gleichheitszeichen und der zuzuweisende Wert gesetzt. Die allgemeine Form der Initialisierung sieht wie folgt aus:

```
Typ var = Wert;
```

Wert steht für den *var* bei der Einrichtung zugewiesenen Wert. Der Wert muss mit dem angegebenen Typ kompatibel sein. Es folgen einige Beispiele:

```
int count = 10; // count erhält den Anfangswert 10
char ch = 'X';  // ch wird mit dem Buchstaben X initialisiert
float f = 1.2F; // f wird mit 1.2 initialisiert
```

Bei der Deklaration von zwei oder mehr Variablen gleichen Typs in einer durch Kommata getrennten Liste können einer oder mehreren dieser Variablen Anfangswerte zugewiesen werden. Zum Beispiel:

```
int a, b = 8, c = 19, d; // b und c werden initialisiert
```

In diesem Fall werden lediglich **b** und **c** initialisiert.

Dynamische Initialisierung

In den vorangegangenen Beispielen wurden nur Konstanten für die Initialisierung verwendet. Java erlaubt aber auch während der Deklaration eine dynamische Variableninitialisierung mit einem beliebigen zulässigen Ausdruck. Das folgende kurze Programm berechnet das Volumen eines Zylinders mit dem angegebenen Radius der Grundfläche und der Höhe:

```
// Beispiel für die dynamische
// Variableninitialisierung
class DynInit {
    public static void main(String args[]) {
        double radius = 4, height = 5;

        // Dynamische Initialisierung des Volumens
        double volume = 3.1416 * radius * radius * height;

        System.out.println("Das Volumen beträgt " + volume);
    }
}
```

volume wird während der Laufzeit dynamisch initialisiert.

Hier werden die drei lokalen Variablen `radius`, `height` und `volume` deklariert. `radius` und `height` werden als Konstanten initialisiert, `volume` wird dagegen dynamisch für das Volumen des Zylinders initialisiert. Wichtig ist hierbei, dass der Initialisierungsausdruck jedes zum Zeitpunkt der Initialisierung gültige Element verwenden kann, einschließlich Methodenaufrufe, Variablen oder Literalen.

Gültigkeitsbereich und Lebensdauer von Variablen

Bisher wurden alle verwendeten Variablen zu Beginn der `main()`-Methode deklariert. Java lässt aber auch die Deklaration von Variablen innerhalb eines Blocks zu. Wie im ersten Kapitel erklärt wurde, beginnt ein Block mit einer öffnenden geschweiften Klammer und endet mit einer schließenden geschweiften Klammer. Ein Block definiert einen *Gültigkeitsbereich*. Mit jedem neuen Blockbeginn wird ein neuer Gültigkeitsbereich erzeugt. Ein Gültigkeitsbereich legt fest, welche Objekte für andere Programmteile sichtbar sind. Außerdem bestimmt er die Lebensdauer dieser Objekte.

Die meisten anderen Programmiersprachen definieren zwei allgemeine Kategorien für Gültigkeitsbereiche: global und lokal. Java unterstützt diese Bereiche zwar, allerdings ist dies nicht die beste Lösung für die Gliederung der Gültigkeitsbereiche in Java. Die wichtigsten Gültigkeitsbereiche werden in Java von einer Klasse und Methode definiert. Der Gültigkeitsbereich von Klassen (und darin deklarierten Variablen) wird später im Zusammenhang mit der Beschreibung der Klassen erläutert. An dieser Stelle werden nur von oder innerhalb von Methoden definierte Gültigkeitsbereiche berücksichtigt.

Der von einer Methode definierte Gültigkeitsbereich beginnt mit der öffnenden geschweiften Klammer. Besitzt die Methode jedoch Parameter, dann gehören auch diese zum Gültigkeitsbereich der Methode.

Als allgemeine Regel gilt, dass innerhalb eines Gültigkeitsbereichs deklarierte Variablen für den Code außerhalb dieses Gültigkeitsbereichs nicht sichtbar sind (es kann nicht darauf zugegriffen werden). Wenn Sie also eine Variable innerhalb eines Gültigkeitsbereichs deklarieren, dann lokalisieren Sie diese Variable und schützen sie vor unberechtigtem Zugriff und/oder Veränderungen. Die Regeln für den Gültigkeitsbereich bilden die eigentliche Grundlage für die Einkapselung.

Gültigkeitsbereiche können verschachtelt werden. Mit jedem neuen Codeblock erstellen Sie beispielsweise einen eingeschachtelten Gültigkeitsbereich. In diesem Fall schließt der äußere Gültigkeitsbereich den inneren ein. Das bedeutet, dass im äußeren Gültigkeitsbereich deklarierte Objekte dem Code im inneren Gültigkeitsbereich sichtbar sind. Der Umkehrschluss trifft jedoch nicht zu. Im inneren Gültigkeitsbereich deklarierte Objekte sind außerhalb unsichtbar.

Das folgende Programm soll die Effekte verschachtelter Gültigkeitsbereiche verdeutlichen:

```java
// Beispiel für den Gültigkeitsbereich eines Blocks
class ScopeDemo {
  public static void main(String args[]) {
    int x; // Dem gesamten Code in main bekannt

    x = 10;
    if(x == 10) {
      // Beginn eines neuen Gültigkeitsbereichs
      int y = 20; // Nur diesem Block bekannt

      // x und y sind hier beide bekannt.
      System.out.println("x und y: " + x + " " + y);
      x = y * 2;
    }
    // y = 100; // Fehler! y ist hier unbekannt.

    // x ist hier immer noch bekannt.
    System.out.println("x ist " + x);
  }
}
```

Hier ist y außerhalb des Gültigkeitsbereichs.

Wie die Kommentare anzeigen, wird die Variable x zu Beginn des Gültigkeitsbereichs von main() deklariert und ist dem gesamten folgenden Code innerhalb von main() zugänglich. Im if-Block wird y deklariert. Da ein Block einen Gültigkeitsbereich definiert, ist y nur für den übrigen Code innerhalb des Blocks sichtbar. Deshalb wird die Zeile y = 100; innerhalb des Blocks als Kommentar gesetzt. Wenn Sie das Kommentarsymbol entfernen, kommt es beim Kompilieren zu einem Fehler, weil y außerhalb des Blocks nicht sichtbar ist. Innerhalb des if-Blocks kann x verwendet werden, weil Code innerhalb eines Blocks (in einem geschachtelten Gültigkeitsbereich) Zugriff auf im eingeschlossenen Gültigkeitsbereich deklarierte Variablen hat.

Innerhalb eines Blocks können Variablen an jeder Stelle deklariert werden, sind aber nur nach der Deklaration gültig. Wenn Sie eine Variable zu Beginn einer Methode deklarieren, steht sie dem Code innerhalb dieser Methode zur Verfügung. Wenn Sie umgekehrt eine Variable am Ende eines Blocks deklarieren, ist sie nutzlos, weil keine Code darauf zugreifen kann.

Auf einen weiteren wichtigen Punkt sei noch hingewiesen: Variablen werden zu Beginn ihres Gültigkeitsbereichs erzeugt und beim Verlassen des Gültigkeitsbereichs zerstört. Das bedeutet, dass eine Variable ihren Wert nicht behält, wenn sie den Gültigkeitsbereich verlässt. Innerhalb einer Methode deklarierte Variablen behalten ihre Werte zwischen den Methodenaufrufen nicht. Auch eine innerhalb eines Blocks deklarierte Variable verliert ihren Wert beim Verlassen des Blocks. Die Lebensdauer einer Variablen ist somit auf ihren Gültigkeitsbereich beschränkt.

Enthält eine Variablendeklaration eine Initialisierung, dann wird die Variable bei jedem Eintritt in diesen Block erneut initialisiert. Betrachten Sie folgendes Programm:

```java
// Beispiel für die Lebensdauer einer Variablen
class VarInitDemo {
  public static void main(String args[]) {
    int x;

    for(x = 0; x < 3; x++) {
      int y = -1; // y wird bei jedem Eintritt in
                  // den Block initialisiert.
      // Diese Anweisung gibt immer -1 aus:
      System.out.println("y hat den Wert: " + y);
      y = 100;
      System.out.println("y hat den Wert: " + y);
    }
  }
}
```

Das Programm zeigt folgende Ausgabe an:

```
y hat den Wert: -1
y hat den Wert: 100
y hat den Wert: -1
y hat den Wert: 100
y hat den Wert: -1
y hat den Wert: 100
```

Wie zu erkennen ist, wird y beim Eintritt in die for-Schleife immer wieder mit dem Wert -1 initialisiert. Danach wird zwar der Wert 100 zugewiesen, dieser Wert geht aber immer wieder verloren.

Erstaunlicherweise zeichnen sich die Regeln für die Gültigkeitsbereiche von Java durch eine Eigenart aus: Obwohl Blöcke verschachtelt werden können, darf keine in einem inneren Gültigkeitsbereich deklarierte Variable den gleichen Namen tragen wie eine Variable, die im einschließenden Gültigkeitsbereich deklariert wurde. Das folgende Programm, in dem versucht wird, zwei unterschiedliche Variablen mit gleichem Namen zu deklarieren, wird nicht kompiliert.

```
/*
   In diesem Programm wird versucht, in einem
   inneren Gültigkeitsbereich eine Variable mit
   dem Namen einer Variablen aus dem äußeren
   Gültigkeitsbereich zu deklarieren.

   *** Diese Programm lässt sich nicht kompilieren. ***
*/
class NestVar {
  public static void main(String args[]) {
    int count;

    for(count = 0; count < 10; count = count+1) {
      System.out.println("Zählerstand: " + count);

      int count; // Unzulässig!!!    ◄── count kann nicht ein zweites M
      for(count = 0; count < 2; count++)    deklariert werden, da die Variab
        System.out.println("Das Programm ist fehlerhaft!");    bereits in main() deklariert wir
    }
  }
}
```

Wenn Sie Erfahrungen mit C oder C++ gesammelt haben, dann wissen Sie, dass es keine Einschränkungen für Namen von Variablen gibt, die in einem inneren Gültigkeitsbereich deklariert werden. Für C oder C++ wäre die Deklaration von count innerhalb des Blocks der äußeren **for**-Schleife zulässig und würde die äußere Variable verbergen. Die Java-Entwickler waren der Auffassung, dass das *Verbergen von Namen* schnell zu Programmfehlern führen kann und ließen es daher nicht zu.

1-Minuten-Test
- Was ist ein Gültigkeitsbereich? Wie wird er erzeugt?
- Wo kann in einem Block eine Variable deklariert werden?
- Wann wird in einem Block eine Variable erzeugt? Wann wird sie zerstört?

Operatoren

Java verwendet sehr viele Operatoren. Ein *Operator* ist ein Symbol, das den Compiler auffordert, eine bestimmte mathematische oder logische Operation durchzuführen. Java verfügt über vier allgemeine Operatorenklassen: arithmetische, bitweise, relationale und logische Operatoren. Java definiert darüber hinaus einige weitere Operatoren für spezielle Situationen. In diesem Kapitel werden die arithmetischen, relationalen und logischen Operatoren erörtert. Außerdem wird der Zuweisungsoperator behandelt. Die bitweisen und andere spezielle Operatoren werden später erläutert.

Arithmetische Operatoren

Java definiert die folgenden arithmetischen Operatoren:

Operator	Bedeutung
+	Addition
−	Subtraktion (monadisches Minus)
*	Multiplikation
/	Division
%	Restwert einer Division (Modulo-Operator)
++	Inkrement
--	Dekrement

- Ein Gültigkeitsbereich legt die Sichtbarkeit und die Lebensdauer eines Objekts fest. Ein Block legt einen Gültigkeitsbereich fest.
- Eine Variable kann an jeder Stelle innerhalb eines Blocks deklariert werden.
- Eine Variable wird innerhalb eines Blocks bei ihrer Deklaration erzeugt. Beim Verlassen des Blocks wird sie zerstört.

Die Operatoren +, –, * und / funktionieren in Java genauso wie in jeder anderen Programmiersprache (oder in der Algebra). Sie können für jeden vordefinierten numerischen Datentyp und für Objekte vom Typ char verwendet werden.

Obwohl die Funktionen der arithmetischen Operatoren allgemein bekannt sind, gibt es dennoch einige spezielle Situationen, die einer Erklärung bedürfen. Zum einen ist zu beachten, dass bei Verwendung von / in Verbindung mit einem Integer-Wert der Restwert abgeschnitten wird. Die Division der ganzen Zahlen 10 / 3 ergibt beispielsweise 3. Den Restwert dieser Division können Sie mit dem Modulo-Operator % ermitteln, der wie in anderen Programmiersprachen auch funktioniert: Er liefert den Restwert einer ganzzahligen Division. Die Berechnung 10 % 3 liefert beispielsweise das Ergebnis 1. In Java kann der %-Operator für Integer- und Gleitkommatypen angewendet werden. 10.0 % 3.0 ergibt daher ebenfalls den Wert 1. Das folgende Programm veranschaulicht den Modulo-Operator.

```java
// Beispiel für den %-Operator.
class ModDemo {
  public static void main(String args[]) {
    int iresult, irem;
    double dresult, drem;

    iresult = 10 / 3;
    irem = 10 % 3;

    dresult = 10.0 / 3.0;
    drem = 10.0 % 3.0;

    System.out.println("Ergebnis und Restwert von 10 / 3: " +
                iresult + " " + irem);
    System.out.println("Ergebnis und Restwert von 10.0 / 3.0: "
                " + dresult + " " + drem);
  }
}
```

Das Programm liefert folgende Ausgabe:

```
Ergebnis und Restwert von 10 / 3: 3 1
Ergebnis und Restwert von 10.0 / 3.0: 3.3333333333333335 1.0
```

Die %-Operation ergibt sowohl für die Integer- wie auch für die Gleitkommaoperation den Restwert 1.

Inkrement und Dekrement

Die bereits in Kapitel 1 vorgestellten Operatoren ++ und -- sind die Inkrement- und Dekrementoperatoren von Java. Sie besitzen einige spezielle Eigenschaften, die sie sehr interessant machen. Untersuchen wir zuerst die genaue Funktion des Inkrement- und Dekrementoperators.

Der Inkrementoperator addiert den Wert 1 zum Operanden und der Dekrementoperator subtrahiert den Wert 1. Daher ist

```
x = x + 1;
```

das Gleiche wie

```
x++;
```

und

```
x = x - 1;
```

das Gleiche wie

```
--x;
```

Sowohl der Inkrement- als auch der Dekrementoperator können dem Operanden voran- oder nachgestellt werden. Der Ausdruck

```
x = x + 1;
```

kann beispielsweise so

```
++x; // vorangestellt
```

oder so

```
x++; // nachgestellt
```

geschrieben werden. In diesen Beispielen macht es keinen Unterschied, ob das Inkrement voran- oder nachgestellt wird. Wird ein Inkrement oder Dekrement jedoch als Bestandteil eines längeren Ausdrucks verwendet, dann gibt es einen entscheidenden Unterschied. Wenn der Inkrement- oder Dekrementoperator dem Operanden vorangestellt wird, führt Java die entsprechende Operation durch, bevor der Wert des Operanden für den verbleibenden Teil des Ausdrucks verwendet wird. Folgt der Operator auf seinen Operanden, dann verwendet Java den Wert des Operanden, bevor er herauf- oder heruntergesetzt wird. Ein Beispiel:

```
x = 10;
y = ++x;
```

In diesem Fall erhält y den Wert 11. Wird der Code jedoch wie folgt geschrieben

```
x = 10;
y = x++;
```

dann erhält y den Wert 10. In beiden Fällen wird x auf den Wert 11 gesetzt, die Frage ist nur, wann dies geschieht. Es bietet entscheidende Vorteile, wenn Sie steuern können, wann die Inkrement- oder Dekrementoperation stattfindet.

Relationale und logische Operatoren

Bei den Begriffen *relationaler* und *logischer Operator* bezieht sich *relational* auf das Verhältnis der Werte zueinander und *logisch* auf die Art und Weise, in der die Werte true und false verknüpft werden. Da die relationalen Operatoren als Ergebnis true oder false liefern, werden sie häufig in Verbindung mit logischen Operatoren verwendet. Daher werden beide gemeinsam erörtert.

Dies sind die relationalen Operatoren:

Operator	Bedeutung
==	Gleich
!=	Ungleich
>	Größer als
<	Kleiner als
>=	Größer als oder gleich
<=	Kleiner als oder gleich

Die logischen Operatoren sind:

Operator	Bedeutung
&	UND
|	ODER
^	XOR (exklusives ODER)

Operator	Bedeutung
||	Shortcircuit ODER
&&	Shortcircuit UND
!	NOT

Die relationalen und logischen Operatoren liefern einen Boole'schen Wert.

Alle Java-Objekte können bezüglich Gleichheit oder Ungleichheit mit == oder != verglichen werden. Die Vergleichsoperatoren <, >, <= oder >= können jedoch nur für Typen angewendet werden, die eine ordnende Beziehung unterstützen. Daher können alle relationalen Operatoren für alle numerischen Typen und den Typ char angewendet werden. Werte vom Typ boolean können jedoch nur bezüglich Gleichheit oder Ungleichheit verglichen werden, da die Werte true und false nicht geordnet werden können. Der Ausdruck true > false ist in Java sinnlos.

Bei den logischen Operatoren müssen die Operanden vom Typ boolean sein. Das Resultat einer logischen Operation ist ebenfalls vom Typ boolean. Die logischen Operatoren &, |, ^ und ! unterstützen die logischen Grundoperationen UND, ODER, XOR und NOT entsprechend der folgenden Tabelle.

A	B	A & B	A | B	A ^ B	!p
false	false	false	false	false	true
true	false	false	true	true	false
false	true	false	true	true	true
true	true	true	true	false	false

Wie die Tabelle zeigt, ist das Ergebnis einer exklusiven ODER-Operation true, wenn nur ein Operand true ist.

Das nächste Programm demonstriert mehrere relationale und logische Operatoren:

```java
// Beispiele für relationale und logische Operatoren
class RelLogOps {
  public static void main(String args[]) {
    int i, j;
    boolean b1, b2;

    i = 10;
    j = 11;
    if(i < j) System.out.println("i < j");
    if(i <= j) System.out.println("i <= j");
    if(i != j) System.out.println("i != j");
    if(i == j) System.out.println("Keine Ausführung");
```

```
        if(i >= j) System.out.println("Keine Ausführung");
        if(i > j) System.out.println("Keine Ausführung");

        b1 = true;
        b2 = false;
        if(b1 & b2) System.out.println("Keine Ausführung");
        if(!(b1 & b2)) System.out.println("!(b1 & b2) ist true");
        if(b1 | b2) System.out.println("b1 | b2 ist true");
        if(b1 ^ b2) System.out.println("b1 ^ b2 ist true");
    }
}
```

Das Programm liefert folgende Ausgabe:

```
i < j
i <= j
i != j
!(b1 & b2) ist true
b1 | b2 ist true
b1 ^ b2 ist true
```

Logische Shortcircuit-Operatoren

Java bietet eine Shortcircuit-Version der logischen Operatoren UND und ODER, die effizienteren Code ermöglicht. Das hat folgenden Grund: Wenn bei einer UND-Operation der erste Operand den Wert false hat, ist das Ergebnis immer false, egal, welchen Wert der zweite Operand hat. Hat der erste Operand bei einer ODER-Operation den Wert true, ist das Ergebnis der Operation immer true, unabhängig davon, welchen Wert der zweite Operand hat. In beiden Fällen muss der zweite Operand nicht ausgewertet werden. Dadurch wird Zeit gespart und der Code effizienter ausgeführt.

Die Shortcircuit-Version des UND-Operators ist && und die des ODER-Operators ||. Die normalen Gegenstücke sind & und |. Der einzige Unterschied zwischen der normalen und der Shortcircuit-Version besteht darin, dass die normalen Operationen immer jeden Operanden auswerten, während die Shortcircuit-Versionen den zweiten Operanden nur bei Bedarf auswerten.

Das folgende Programm verwendet die Shortcircuit-Version des UND-Operators. Es stellt fest, ob der Wert d ein Faktor von n ist. Hierfür wird eine Modulo-Operation durchgeführt. Ist der Rest von n / d gleich null, dann ist d ein Faktor. Da für die Modulo-Operation eine Division erforderlich ist, wird die Shortcircuit-Form von UND verwendet, um zu verhindern, dass es zu einer unzulässigen Division durch null kommt.

```
// Beispiel für Shortcircuit-Operatoren
class SCops {
  public static void main(String args[]) {
    int n, d, b;

    n = 10;
    d = 2;
    if(d != 0 && (n % d) == 0)
      System.out.println(d + " ist ein Faktor von " + n);

    d = 0; // d wird auf null gesetzt.

    // Da d gleich null ist, wird der zweite
    // Operand nicht ausgewertet.
    if(d != 0 && (n % d) == 0)    ◄──── Der Shortcircuit-Operator verhindert eine Division durch null.
      System.out.println(d + " ist ein Faktor von " + n);

    /* Das Gleiche ohne Shortcircuit-Operator.
       Infolge der Division durch null kommt
       es zu einem Fehler.
    */
    if(d != 0 & (n % d) == 0)    ◄──── Jetzt werden beide Ausdrücke ausgewertet, so dass es zu einer Division durch null kommen kann.
      System.out.println(d + " ist ein Faktor von " + n);
  }
}
```

Um eine Division durch null zu verhindern, überprüft die `if`-Anweisung zuerst, ob d gleich null ist. Ist dies der Fall, wird das Shortcircuit-UND an dieser Stelle abgebrochen und keine Modulo-Division durchgeführt. Beim ersten Test ist d gleich 2 und die Modulo-Operation wird durchgeführt. Der zweite Test schlägt fehl, weil d auf null gesetzt wird und die Modulo-Operation ausgelassen wird, was einen Fehler durch eine Division durch null verhindert. Anschließend wird der normale UND-Operator ausprobiert. Beide Operanden werden ausgewertet, was zu einem Laufzeitfehler bei der Division durch null führt.

Frage an den Experten

Frage: Warum bietet Java weiterhin die normalen UND- und ODER-Operatoren an, wenn die Kurzversionen in einigen Fällen effektiver als die normalen Operatoren sind?

Antwort: In einigen Fällen müssen wegen der Nebeneffekte beide Operanden einer UND- oder ODER-Operation ausgewertet werden. Ein Beispiel:

```java
// Nebeneffekte können wichtig sein.
class SideEffects {
  public static void main(String args[]) {
    int i;
    i = 0;
    /* i wird heraufgesetzt, obwohl
       die if-Anweisung nicht ausgeführt wird. */
    if(false & (++i < 100))
       System.out.println("Wird nicht angezeigt.");
    System.out.println("if-Anweisungen ausgeführt: " + i);
    //  1 wird angezeigt.
    /* In diesem Fall wird i nicht heraufgesetzt, weil
       der Shortcircuit-Operator das Inkrement auslässt.*/
    if(false && (++i < 100))
       System.out.println("Wird nicht angezeigt.");
    System.out.println("if-Anweisungen ausgeführt: " + i);
    // Es wird immer noch 1 angezeigt!
  }
}
```

Wie die Kommentare aufzeigen, wird in der ersten if-Anweisung i in jedem Fall erhöht. Wird jedoch der Shortcircuit-Operator verwendet, dann wird die Variable i nicht erhöht, wenn der erste Operand den Wert false liefert. Das zeigt, dass die Shortcircuit-Form des Operators nicht verwendet werden darf, wenn der Code erwartet, dass der Ausdruck rechts vom Operanden ausgewertet wird.

1-Minuten-Test
- Was bewirkt der %-Operator? Für welche Typen kann er angewendet werden?
- Welche Werttypen können als Operanden der logischen Operatoren verwendet werden?
- Wertet ein Shortcircuit-Operator immer beide Operanden aus?

Der Zuweisungsoperator

Der Zuweisungsoperator wird bereits seit Kapitel 1 verwendet und soll jetzt formal beschrieben werden. Der *Zuweisungsoperator* ist ein einfaches Gleichheitszeichen (=). Dieser Operator funktioniert in Java wie in jeder anderen Programmiersprache auch. Die allgemeine Form ist:

```
var = Ausdruck;
```

Der Typ von *var* muss mit dem Typ von *Ausdruck* kompatibel sein.

Der Zuweisungsoperator verfügt über ein interessantes Attribut, das Sie möglicherweise nicht kennen: Mit ihm kann eine Zuweisungskette erzeugt werden. Betrachten Sie das folgende Codefragment:

```
int x, y, z;

x = y = z = 100; // x, y und z wird 100 zugewiesen
```

In diesem Fragment wird den Variablen x, y und z mit einer einzigen Anweisung der Wert 100 zugewiesen. Dies funktioniert, weil = ein Operator ist, der den Wert des rechten Ausdrucks zuweist. Der Wert von z = 100 ist 100, der dann y und anschließend x zugewiesen wird. Eine »Zuweisungskette« ist eine einfache Möglichkeit, einer Gruppe von Variablen einen gemeinsamen Wert zuzuweisen.

- Der %-Operator ist der Modulo-Operator, der den Rest einer ganzzahligen Division zurückgibt. Er kann für alle numerischen Typen angewendet werden.
- Die logischen Operatoren benötigen Operanden vom Typ boolean.
- Nein, ein Shortcircuit-Operator wertet den zweiten Operanden nur dann aus, wenn das Ergebnis der Operation nicht ausschließlich vom ersten Operanden festgelegt wird.

Kurzzuweisungen

Java bietet spezielle Operatoren für Kurzzuweisungen, die die Codierung bestimmter Anweisungen vereinfachen. Beginnen wir mit einem Beispiel. Die Zuweisung

```
x = x + 10;
```

kann in Java mit der Kurzform

```
x += 10;
```

erfolgen. Das Operatorenpaar += weist den Compiler an, x den Wert von x plus 10 zuzuweisen.

Die Zuweisung

```
x = x - 100;
```

ist identisch mit

```
x -= 100;
```

Beide Anweisungen weisen x den Wert von x minus 100 zu.

Die Kurzform funktioniert in Java für alle binären Operatoren (Operatoren, die zwei Operanden benötigen). Die Kurzform hat das allgemeine Format:

```
var op = Ausdruck;
```

Die arithmetischen und logischen Zuweisungsoperatoren sind:

+=	-=	*=	/=
%=	&=	|=	^=

Diese Zuweisungsoperatoren bieten zwei Vorteile. Sie sind zum einen kompakter als die Langformen und zum anderen werden sie vom Java-Laufzeitsystem effizienter implementiert. Daher finden Sie die Zuweisungsoperatoren sehr häufig in professionellen Java-Programmen.

Typumwandlungen in Anweisungen

Bei der Programmierung ist es üblich, einem Variablentyp einen anderen zuzuweisen. Beispielsweise können Sie einen int-Wert einer float-Variablen zuweisen:

```
int i;
float f;

i = 10;
f = i; // einen int-Wert einer float-Variablen zuweisen
```

Werden kompatible Typen in einer Anweisung vermischt, wird der Wert der rechten Seite automatisch in den Typ der linken Seite umgewandelt. Im obigen Codefragment wird also der Wert von i in den Typ float umgewandelt und dann f zugewiesen. Aufgrund der strikten Typüberprüfung von Java sind aber nicht alle Typen kompatibel und deshalb nicht alle Typumwandlungen implizit zulässig. Die Typen boolean und int sind beispielsweise inkompatibel.

Wenn ein Datentyp einem anderen Variablentyp zugewiesen wird, findet eine *automatische Typumwandlung* statt, wenn

- beide Typen kompatibel sind
- oder der Zieltyp größer als der Ausgangstyp ist.

Treffen diese Bedingung zu, kommt es zu einer *erweiternden Umwandlung*. Der Typ int ist beispielsweise immer groß genug, um einen byte-Wert aufzunehmen. Da sowohl int als auch byte Integer-Typen sind, kann eine automatische Umwandlung von byte in int durchgeführt werden.

Für erweiternde Umwandlungen sind die numerischen Typen einschließlich Integer- und Gleitkommatypen miteinander kompatibel. Das folgende Programm ist beispielsweise völlig korrekt, da die Umwandlung von long zu double eine erweiternde Umwandlung ist, die automatisch durchgeführt werden kann.

```
// Automatische Umwandlung von long in double
class LtoD {
  public static void main(String args[]) {
    long L;
    double D;

    L = 100123285L;
    D = L;           ◄──── Automatische Umwandlung von
                           long in double

    System.out.println("L und D: " + L + " " + D);
```

```
    }
}
```

Obwohl eine automatische Umwandlung von `long` in `double` möglich ist, ist eine automatische Umwandlung von `double` in `long` nicht möglich, weil es sich dabei nicht um eine erweiternde Umwandlung handelt. Die folgende Variante des vorangegangenen Programms ist daher nicht ausführbar.

```
// *** Dieses Programm lässt sich nicht kompilieren. ***
class LtoD {
  public static void main(String args[]) {
    long L;
    double D;

    D = 100123285.0;
    L = D; // Unzulässig!!!        ◄──── Keine automatische Umwandlung
                                         von double in long
    System.out.println("L und D: " + L + " " + D);

  }
}
```

Eine automatische Umwandlung der numerischen Typen in die Typen `char` oder `boolean` ist nicht möglich. Außerdem sind die Typen `char` und `boolean` nicht miteinander kompatibel. Ein Integer-Literal kann jedoch dem Typ `char` zugewiesen werden.

Das Casten inkompatibler Typen

Automatische Typumwandlungen sind zwar hilfreich, sie erfüllen aber nicht alle Anforderungen, weil sie nur für erweiternde Umwandlungen kompatibler Typen möglich sind. In allen anderen Fällen müssen Sie einen Cast verwenden. Ein *Cast* ist eine Anweisung an den Compiler, einen Typ in einen anderen umzuwandeln. Hierbei handelt es sich um eine explizite Typumwandlung. Ein Cast hat die allgemeine Form:

`(Zieltyp) Ausdruck`

Der *Zieltyp* gibt den Typ an, in den der angegebene Ausdruck umgewandelt werden soll. Möchten Sie beispielsweise den Typ des Ausdrucks x/y in den Typ `int` umwandeln, dann können Sie dies wie folgt tun:

```
double x, y;
// ...
(int) (x / y)
```

Obwohl x und y vom Typ **double** sind, verwandelt der Cast das Ergebnis des Ausdrucks in den Typ **int** um. Die umgebenden Klammern für x / y sind erforderlich, weil sonst der Cast zu **int** nur für das x und nicht für das Ergebnis der Division gelten würde. Der Cast ist hier notwendig, weil keine automatische Umwandlung von **double** zu **int** stattfindet.

Wenn ein Cast eine *verkleinernde Umwandlung* verlangt, können Informationen verloren gehen. Bei einem Cast von **long** zu **short** gehen beispielsweise Informationen verloren, wenn der **long**-Wert größer als der Wertebereich von **short** ist, weil die höherwertigen Bits entfernt werden. Beim Cast eines Gleitkommawerts in einen Integer-Typ gehen die Nachkommastellen durch das Abschneiden verloren. Wird beispielsweise der Wert 1.23 ist einer Integer-Variablen zugewiesen, dann lautet das Ergebnis 1. Die 0,23 gehen verloren.

Das folgende Programm veranschaulicht einige Typumwandlungen, die einen Cast erfordern:

```
// Beispiel für das Casten
class CastDemo {
  public static void main(String args[]) {
    double x, y;
    byte b;
    int i;
    char ch;

    x = 10.0;
    y = 3.0;                         Bei dieser Umwandlung
                                     wird etwas abgeschnitten.
    i = (int) (x / y); // Cast von double zu int
    System.out.println("Ganzzahliges Ergebnis von x / y: " + i);

    i = 100;
    b = (byte) i;        ◄─────      Kein Informationsverlust. Ein byte
    System.out.println("Wert von b: " + b);   kann den Wert 100 aufnehmen.

    i = 257;
    b = (byte) i;        ◄─────      Informationsverlust. Ein byte kann
    System.out.println("Wert von b: " + b);   den Wert 257 nicht aufnehmen.

    b = 88; // ASCII-Code für X
    ch = (char) b;       ◄─────      Cast zwischen inkompatiblen Typen
    System.out.println("ch: " + ch);
  }
}
```

Das Programm liefert folgende Ausgabe:

```
Ganzzahliges Ergebnis von x / y: 3
Wert von b: 100
Wert von b: 1
ch: X
```

In diesem Programm werden beim Cast von (x / y) zu int die Nachkommastellen abgeschnitten, was zu einem Informationsverlust führt. Bei der Zuweisung des Werts 100 für b tritt kein Informationsverlust ein, weil ein byte-Wert den Wert 100 aufnehmen kann. Beim Versuch, b den Wert 257 zuzuweisen, kommt es dagegen zu einem Informationsverlust, weil 257 den Maximalwert für einen byte-Wert überschreitet. Wenn einem byte-Wert der Typ char zugewiesen wird, kommt es nicht zu Informationsverlusten, allerdings ist hierfür ein Cast erforderlich.

1-Minuten-Test
- Was ist ein Cast?
- Kann ein short-Wert dem Typ int ohne einen Cast zugewiesen werden? Kann ein byte-Wert dem Typ char ohne Cast zugewiesen werden?
- Wie kann die folgende Anweisung umgeschrieben werden?
  x = x + 23;

Die Rangfolge der Operatoren

Die folgende Tabelle zeigt die Rangfolge aller Java-Operatoren von der höchsten bis zur niedrigsten Priorität. Sie enthält einige Operatoren, auf die an anderer Stelle noch eingegangen wird.

- Ein Cast ist eine explizite Umwandlung.
- Ja. Nein.
- x += 23;

Höchste Priorität

()	[ ]	.	
++	--	~	!
*	/	%	
+	-		
>>	>>>	<<	
>	>=	<	<=
==	!=		
&			
^			
|			
&&			
||			
?:			
=	op=		

Niedrigste Priorität

Projekt 2.2: Anzeige einer Wahrheitstabelle für logische Operatoren

In diesem Projekt wird ein Programm erstellt, das eine Wahrheitstabelle für die logischen Java-Operatoren anzeigt. Sie müssen die Tabellenspalten ausrichten. In diesem Projekt werden zahlreiche der in diesem Kapitel behandelten Themen umgesetzt, einschließlich der Escape-Sequenzen und der logischen Operatoren. Es veranschaulicht ferner die Unterschiede in der Rangfolge des arithmetischen **+**-Operators und der logischen Operatoren.

Schritt für Schritt

1. Erstellen Sie eine neue Datei mit der Bezeichnung `LogischeOpTabelle.java`.
2. Richten Sie die Tabellenspalten mit der Escape-Sequenz `\t` aus, so dass jede Zeichenfolge der Ausgabe einen Tabulatorsprung enthält. Die folgende `println()`-Anweisung gibt beispielsweise die Kopfzeile der Tabelle aus:

   ```
   System.out.println("A\tB\tUND\tODER\tXOR\tNOT");
   ```

3. In jeder folgenden Tabellenzeile wird das Ergebnis jeder Operation mit Tabulatoren korrekt unter der Überschrift platziert.

4. Es folgt das vollständige Listing des Programms LogischeOp-Tabelle.java. Geben Sie es ein.

```
/*
   Projekt 2.2

   Eine Wahrheitstabelle für die logischen Operatoren
*/
class LogischeOpTabelle {
  public static void main(String args[]) {

    boolean a, b;

    System.out.println("A\tB\tUND\tODER\tXOR\tNOT");

    a = true; b = true;
    System.out.print(a + "\t" + b +"\t");
    System.out.print((a&b) + "\t" + (a|b) + "\t");
    System.out.println((a^b) + "\t" + (!a));

    a = true; b = false;
    System.out.print(a + "\t" + b +"\t");
    System.out.print((a&b) + "\t" + (a|b) + "\t");
    System.out.println((a^b) + "\t" + (!a));

    a = false; b = true;
    System.out.print(a + "\t" + b +"\t");
    System.out.print((a&b) + "\t" + (a|b) + "\t");
    System.out.println((a^b) + "\t" + (!a));

    a = false; b = false;
    System.out.print(a + "\t" + b +"\t");
    System.out.print((a&b) + "\t" + (a|b) + "\t");
    System.out.println((a^b) + "\t" + (!a));
  }
}
```

5. Kompilieren und führen Sie das Programm aus. Die folgende Tabelle wird ausgegeben:

A	B	UND	ODER	XOR	NOT
true	true	true	true	false	false
true	false	false	true	true	false
false	true	false	true	true	true
false	false	false	false	false	true

Beachten Sie die Klammern um die logischen Operationen innerhalb der `println()`-Anweisungen. Sie werden wegen der Rangfolge der Java-Operatoren benötigt. Der **+**-Operator hat höhere Priorität als die logischen Operatoren.

6. Versuchen Sie, das Programm so zu verändern, dass es Einsen und Nullen anstatt `true` und `false` ausgibt. Das wird mehr Aufwand erfordern, als Sie vielleicht glauben!

Ausdrücke

Ausdrücke werden mit Operatoren, Variablen und Literalen gebildet. Ein Java-Ausdruck ist eine zulässige Kombination dieser Elemente. Aufgrund Ihrer Programmiererfahrung oder aus der Algebra kennen Sie die allgemeine Form eines Ausdrucks wahrscheinlich bereits. Einige Aspekte der Ausdrücke werden im folgenden Abschnitt vorgestellt.

Typumwandlung in Ausdrücken

Innerhalb eines Ausdrucks können zwei oder mehrere unterschiedliche Datentypen so lange miteinander vermischt werden, wie sie untereinander kompatibel sind. Die Typen `short` und `long` können beispielsweise innerhalb eines Ausdrucks verwendet werden, weil beide numerische Typen sind. Werden unterschiedliche Datentypen innerhalb eines Ausdrucks vermischt, dann werden sie alle in den gleichen Typ umgewandelt. Dies geschieht durch Anwendung der *Regeln für die Typpromotion*.

Zuerst werden alle `char`-, `byte`- und `short`-Werte in den Typ `int` umgewandelt. Ist ein Operand vom Typ `long`, wird der gesamte Ausdruck zum Typ `long` erweitert. Ist ein Operand ein `float`-Operand, wird der gesamte Ausdruck zu `float` erweitert. Hat irgendein Operand den Typ `double`, dann ist auch das Ergebnis von diesem Typ.

Dabei ist zu beachten, dass die Typpromotionen nur für die Werte vorgenommen werden, die zur Auswertung eines Ausdrucks benötigt werden. Wenn beispielsweise der Wert einer `byte`-Variablen innerhalb eines Ausdrucks zum Typ `int` aufgewertet wird, dann behält die Variable außerhalb des Ausdrucks weiterhin den Typ `byte`. Die Typpromotion betrifft nur die Auswertung eines Ausdrucks.

Die Typpromotion kann jedoch zu unerwarteten Ergebnissen führen. Wenn eine arithmetische Operation zum Beispiel zwei `byte`-Werte benötigt, dann kommt es zu folgendem Ablauf: Zuerst werden die `byte`-Operanden zum Typ `int` aufgewertet. Anschließend wird die Operation durchgeführt und liefert ein int-Ergebnis. Das Resultat einer Operation mit zwei byte-Werten ist also ein int-Wert. Das entspricht nicht unbedingt dem, was man intuitiv erwarten würde. Betrachten Sie folgendes Programm:

```
// Ein Überraschungsprogramm!
class PromDemo {
  public static void main(String args[]) {
    byte b;
    int i;

    b = 10;
    i = b * b; // OK, kein Cast erforderlich

    b = 10;
    b = (byte) (b * b); // Cast erforderlich!!

    System.out.println("i und b: " + i + " " + b);
  }
}
```

Kein Cast erforderlich, weil das Ergebnis zu int erweitert wurde.

Hier ist ein Cast erforderlich, um einen int-Wert einem byte-Wert zuweisen zu können.

Anders als zu erwarten wäre, ist für die Zuweisung von b * b zu i ein Cast erforderlich, weil bei der Auswertung dieses Ausdrucks b zu int erweitert wird. Wenn Sie versuchen, b * b der Variablen b zuzuweisen, dann ist ein Cast zurück zum Typ byte erforderlich! Berücksichtigen Sie dies, wenn Sie unerwartet eine Fehlermeldung für die Typinkompatibilität bei Ausdrücken erhalten, die völlig in Ordnung zu sein scheinen.

Zur gleichen Situation kommt es auch bei Operationen mit dem Typ char. Im folgenden Fragment ist ein Cast zurück zu char erforderlich, weil die Erweiterung von ch1 und ch2 zu int innerhalb des Ausdrucks vorgenommen wird.

```
char ch1 = 'a', ch2 = 'b';

ch1 = (char) (ch1 + ch2);
```

Ohne Cast würde die Addition von ch1 und ch2 ein int-Ergebnis liefern, das einer char-Variablen nicht zugewiesen werden kann.

Casts sind nicht nur für Typumwandlungen in Zuweisungen nützlich. Im folgenden Programm wird zum Beispiel ein Cast in double vorgenommen, um die Nachkommastellen einer sonst ganzzahligen Division zu erhalten.

```
// Einen Cast durchführen
class UseCast {
  public static void main(String args[]) {
```

```
    int i;

    for(i = 0; i < 5; i++) {
      System.out.println(i + " / 3: " + i / 3);
      System.out.println(i + " / 3 mit Nachkommastellen: "
                      + (double) i / 3);
      System.out.println();
    }
  }
}
```

Das Programm liefert folgende Ausgabe:

```
0 / 3: 0
0 / 3 mit Nachkommastellen: 0.0

1 / 3: 0
1 / 3 mit Nachkommastellen: 0.3333333333333333

2 / 3: 0
2 / 3 mit Nachkommastellen: 0.6666666666666666

3 / 3: 1
3 / 3 mit Nachkommastellen: 1.0

4 / 3: 1
4 / 3 mit Nachkommastellen: 1.3333333333333333
```

Leerzeichen und Klammern

Ein mit Tabulatoren und Leerzeichen formatierter Java-Ausdruck ist besser lesbar. Die beiden folgenden Ausdrücke sind beispielsweise identisch, allerdings ist der zweite leichter zu lesen:

```
x=10/y*(127/x);

x = 10 / y * (127/x);
```

Klammern erhöhen den Vorrang der darin enthaltenen Operationen genauso wie in der Algebra. Die Verwendung überflüssiger oder zusätzlicher Klammern führt nicht zu Fehlern und verringert auch nicht die Ausführungsgeschwindigkeit. Sie sollten Klammern setzen, um sich selbst und anderen, die später das Programm nachvollziehen müssen, die genaue Reihenfolge einer Auswertung deutlich zu machen. Welcher der beiden folgenden Ausdrücke ist beispielsweise leichter verständlich?

```
x = y/3-34*temp+127;

x = (y/3) - (34*temp) + 127;
```

☑ Übungsaufgaben

1. Warum nimmt Java eine strikte Definition der Wertebereiche und des Verhaltens der einfachen Datentypen vor?
2. Welchen Zeichentyp verwendet Java und worin unterscheidet er sich von vielen anderen Programmiersprachen?
3. Eine Variable vom Typ **boolean** kann einen beliebigen Wert annehmen, weil alle Werte ungleich null dem Wert **true** entsprechen. Richtig oder falsch?
4. Wie erzeugen Sie die folgende Ausgabe mit einer einzigen Zeichenfolge in der println()-Anweisung?

```
Eins
Zwei
Drei
```

5. Was ist in diesem Fragment falsch?

```
for(i = 0; i < 10; i++) {
  int sum;
  sum = sum + i;
}
System.out.println("Die Summe beträgt: " + sum);
```

6. Erklären Sie den Unterschied zwischen der vor- und der nachgestellten Form des Inkrementoperators.
7. Zeigen Sie, wie mit einem Shortcircuit-UND eine Division durch null verhindert werden kann.
8. Zu welchem Typ werden **byte** und **short** in einem Ausdruck erweitert?
9. Wofür wird ein Cast normalerweise benötigt?
10. Schreiben Sie ein Programm, das alle Primzahlen zwischen 1 und 100 ausgibt.

Kapitel 3

Kontrollanweisungen

Lernziele

- Eingabe von Zeichen über die Tastatur
- Mehr zu if und for
- Die switch-Anweisung
- Die while-Anweisung
- do-while verwenden
- break nutzen
- continue verwenden

In diesem Kapitel lernen Sie etwas über die Anweisungen, die den Ablauf der Programmausführung steuern. Es gibt drei Kategorien von Kontrollanweisungen für Programme: die *Auswahlanweisungen* `if` und `switch`, die *Iterationsanweisungen* `for`, `while` und `do-while` und die *Sprunganweisungen* `break`, `continue` und `return`. Alle Kontrollanweisungen einschließlich der bereits vorgestellten `if`- und `for`-Anweisungen werden detailliert beschrieben. Auf die `return`-Anweisung wird an anderer Stelle eingegangen. Zu Beginn des Kapitels wird erklärt, wie einfache Eingaben gemacht werden.

Eingabe von Zeichen über die Tastatur

Vor der Behandlung der Kontrollanweisungen von Java wird kurz erörtert, wie einfache interaktive Programme geschrieben werden. Bisher zeigten die Beispielprogramme aus diesem Buch dem Benutzer lediglich Informationen an, sie nahmen jedoch keine Informationen vom Benutzer entgegen. Es wurde nur eine Konsolenausgabe und keine Konsoleneingabe (Tastatur) durchgeführt. Der Hauptgrund dafür war, dass das Eingabesystem von Java auf einem sehr komplexen System von Klassen basiert, das nur vor dem Hintergrund verschiedener Eigenschaften zu verstehen ist und unter anderem die Behandlung von Ausnahmen sowie Klassen voraussetzt, die erst später in diesem Buch behandelt werden. Es gibt keine direkte Parallele zu der sehr bequemen `println()`-Methode, mit der Benutzereingaben unterschiedlichen Datentyps gelesen werden könnten. Offen gestanden ist die Herangehensweise von Java an die Konsoleneingabe nicht ganz so einfach, wie dies zu wünschen wäre. Außerdem verwenden die meisten Java-Programme und Applets eine grafische Benutzeroberfläche mit Fenstern und nicht die Konsole. Aus diesem Grund finden Sie in diesem Buch auch nicht viel zur Konsoleneingabe. Eine Form der Konsoleneingabe ist jedoch leicht zu verwenden: das Lesen eines Zeichens von der Tastatur. Da mehrere der in diesem Kapitel vorgeführten Beispiele davon Gebrauch machen, soll sie hier erläutert werden.

Die einfachste Möglichkeit, ein Zeichen von der Tastatur einzulesen, ist der Aufruf von `System.in.read()`. `System.in` ist das Gegenstück zu `System.out`. Es ist das mit der Tastatur verbundene Eingabeobjekt. Die `read()`-Methode wartet, bis der Benutzer eine Taste drückt und liefert das Ergebnis zurück. Das Zeichen wird als `int`-Wert zurückgegeben und muss daher in den Typ `char` umgewandelt werden, damit es einer `char`-Variablen zugewiesen werden kann. Standardmäßig wird die Eingabezeile der Konsole gepuffert, so dass die Eingabetaste gedrückt werden muss, bevor der Buchstabe der gedrückten Taste an das

Programm gesendet wird. Das folgende Programm liest ein Zeichen von der Tastatur ein:

```
// Einlesen eines Zeichens von der Tastatur
class KbIn {
  public static void main(String args[])
    throws java.io.IOException {

    char ch;

    System.out.print("Drücken Sie eine Taste und
anschließend die Eingabetaste: ");

    ch = (char) System.in.read(); // Ein Zeichen einlesen

    System.out.println("Gedrückt wurde die Taste: " + ch);
  }
}
```

Ein Zeichen von der Tastatur einlesen.

Ein Beispiel für die Programmausführung:

```
Drücken Sie eine Taste und anschließend die Eingabetaste: t
Gedrückt wurde die Taste: t
```

Beachten Sie, dass in diesem Programm die Methode main() wie folgt beginnt:

```
public static void main(String args[])
  throws java.io.IOException {
```

Weil `System.in.read()` verwendet wird, muss im Programm die Klausel `throws java.io.IOException` angegeben werden. Diese Zeile ist für den Umgang mit Eingabefehlern erforderlich. Sie ist Bestandteil des Java-Mechanismus zur Ausnahmebehandlung, die im Kapitel 9 vorgestellt wird. Im Augenblick müssen Sie sich um die genaue Bedeutung nicht weiter kümmern.

Die Tatsache, dass `System.in` zeilengepuffert ist, kann zuweilen lästig sein. Wenn Sie die Eingabetaste drücken, wird ein Zeilenvorschub in den Eingabestrom eingefügt. Die Zeichen verbleiben so lange im Puffer, bis sie gelesen werden. Bei einigen Anwendungen müssen sie entfernt werden, bevor die nächste Eingabeoperation erfolgt. Ein Beispiel hierfür folgt an anderer Stelle in diesem Kapitel.

1-Minuten-Test

- Was ist System.in?
- Wie können Sie ein mit der Tastatur eingegebenes Zeichen lesen?

Die if-Anweisung

Die if-Anweisung wurde in Kapitel 1 bereits vorgestellt, hier wird sie detailliert beschrieben. Sie hat die vollständige Form:

```
if(Bedingung) Anweisung;
else Anweisung;
```

Die Ziele von if und else sind einzelne Anweisungen oder Anweisungsblöcke. Die else-Klausel ist optional. Die allgemeine Form für if lautet bei Verwendung von Anweisungsblöcken:

```
if(Bedingung)
{
    Anweisungsfolge
}
else
{
    Anweisungsfolge
}
```

Hat die Bedingung des Ausdrucks den Wert true, dann wird das Ziel von if ausgeführt. Andernfalls wird, falls vorhanden, das Ziel von else ausgeführt. Beide Ziele werden niemals gleichzeitig ausgeführt. Der Bedingungsausdruck zur Steuerung von if muss ein Ergebnis vom Typ boolean erzeugen.

Um if (und mehrere andere Kontrollanweisungen) zu veranschaulichen, erstellen und entwickeln wir ein Ratespiel für Kinder. In der ersten Version fragt das Programm den Spieler nach einem Buchstaben zwischen A und Z. Wenn der Spieler den richtigen Buchstaben drückt, zeigt das Programm die Meldung ** Richtig ** an. So sieht das Programm aus:

- System.in ist das mit der Standardeingabe verbundene Eingabeobjekt, welches normalerweise die Tastatur ist.
- Um ein Zeichen zu lesen, wird System.in.read() aufgerufen.

```
// Buchstabenratespiel
class Guess {
  public static void main(String args[])
    throws java.io.IOException {

    char ch, answer = 'K';

    System.out.println
    ("Ich denke mir einen Buchstaben zwischen A und Z aus.");
    System.out.print("Kannst du ihn raten: ");

 // Einlesen eines Zeichens von der Tastatur
    ch = (char) System.in.read();

    if(ch == answer) System.out.println("** Richtig **");
  }
}
```

Das Programm fordert den Spieler zur Eingabe auf und liest ein Zeichen von der Tastatur ein. Mit einer if-Anweisung wird anschließend das Zeichen mit der Antwort verglichen, die in diesem Fall K lauten muss. Wurde K eingegeben, wird die Meldung angezeigt. Wenn Sie das Programm ausprobieren, dann beachten Sie, dass K groß geschrieben werden muss.

In der zweiten Version des Spiels wird mit der else-Anweisung bei Eingabe des falschen Buchstabens eine weitere Meldung angezeigt.

```
// Buchstabenratespiel, 2. Version
class Guess2 {
  public static void main(String args[])
    throws java.io.IOException {

    char ch, answer = 'K';

    System.out.println
    ("Ich denke mir einen Buchstaben zwischen A und Z aus.");
    System.out.print("Kannst du ihn raten: ");

    ch = (char) System.in.read(); // Ein Zeichen einlesen

    if(ch == answer) System.out.println("** Richtig **");
    else System.out.println("Leider falsch geraten!!!");
  }
}
```

Geschachtelte if-Anweisungen

Bei einer *geschachtelten* if-Anweisung ist eine andere if- oder else-Anweisung das Ziel. Geschachtelte if-Anweisungen werden sehr häufig programmiert. Bei diesen Schachtelungen müssen Sie in Java berücksichtigen, dass sich eine else-Anweisung immer auf die am nächsten gelegene if-Anweisung innerhalb des gleichen Blocks der else-Anweisung bezieht. Ein Beispiel:

```
if(i == 10) {
  if(j < 20) a = b;
  if(k > 100) c = d;
  else a = c; // Dies bezieht sich auf if(k > 100)
}
else a = d; // Dies bezieht sich auf if(i == 10)
```

Wie die Kommentare deutlich machen, steht die letzte else-Anweisung nicht in Zusammenhang mit if(j < 20), weil sie sich nicht im gleichen Block befindet (wenngleich es sich auch um das nächstgelegene if ohne else handelt). Stattdessen bezieht sich das letzte else auf if(i == 10). Das innere else bezieht sich auf if(k > 100), weil es das nächstliegende if im gleichen Block ist.

Das Ratespiel kann mit geschachtelten if-Anweisungen weiter verbessert werden. Mit diesem Zusatz erhält der Spieler bei einer falschen Antwort einen Tipp.

```
// Buchstabenratespiel, 3. Version.
class Guess3 {
  public static void main(String args[])
    throws java.io.IOException {

    char ch, answer = 'K';

    System.out.println
      ("Ich denke mir einen Buchstaben zwischen A und Z aus.");
    System.out.print("Kannst du ihn raten: ");

    ch = (char) System.in.read(); // Ein Zeichen einlesen

    if(ch == answer) System.out.println("** Richtig **");
    else {
      System.out.print("...Leider liegst du ");

      // Ein geschachteltes if
```

```
        if(ch < answer) System.out.println("zu niedrig");
            else System.out.println("zu hoch");
      }
    }
}
```

So sieht die Programmausführung aus:

```
Ich denke mir einen Buchstaben zwischen A und Z aus.
Kannst du ihn raten: Z
...Leider liegst du zu hoch
```

Die if-else-if-Leiter

Die `if-else-if`-*Leiter* ist ein gängiges Programmierkonstrukt, das auf der geschachtelten `if`-Anweisung basiert:

```
if(Bedingung)
    Anweisung;
else if(Bedingung)
    Anweisung;
else if(Bedingung)
    Anweisung;
.
.
.
else
    Anweisung;
```

Die Bedingungsausdrücke werden von oben nach unten ausgewertet.
 Liefert eine Bedingung den Wert **true**, dann wird die damit verbundene Anweisung ausgeführt und der Rest der Leiter übergangen. Hat keine Bedingung den Wert **true**, wird die letzte `else`-Anweisung ausgeführt. Diese Anweisung dient häufig als Standardbedingung, die ausgeführt wird, wenn alle anderen Bedingungen nicht erfüllt sind. Wird diese Standardbedingung nicht angegeben und alle übrigen Bedingungen sind nicht erfüllt, wird nichts durchgeführt.
 Das folgende Programm veranschaulicht die `if-else-if`-Leiter:

```
// Beispiel für eine if-else-if-Leiter
class Ladder {
  public static void main(String args[]) {
    int x;
```

```
for(x=0; x<6; x++) {
  if(x==1)
    System.out.println("x ist eins");
  else if(x==2)
    System.out.println("x ist zwei");
  else if(x==3)
    System.out.println("x ist drei");
  else if(x==4)
    System.out.println("x ist vier");
  else
    System.out.println("x liegt nicht zwischen 1 und 4");
  }
 }
}
```

Dies ist die Standardanweisung.

Das Programm erzeugt folgende Ausgabe:

```
x liegt nicht zwischen 1 und 4
x ist eins
x ist zwei
x ist drei
x ist vier
x liegt nicht zwischen 1 und 4
```

Die standardmäßige else-Anweisung wird nur dann ausgeführt, wenn keine der Bedingungen für die if-Anweisungen erfüllt ist.

1-Minuten-Test

- Welchen Typ muss die Bedingung für die if-Anweisung haben?
- Auf welche if-Anweisung bezieht sich eine else-Anweisung?
- Was ist eine if-else-if-Leiter?

- Die Bedingung zur Steuerung der if-Anweisung muss vom Typ boolean sein
- Eine else-Anweisung bezieht sich immer auf die nächstliegende if-Anweisung im gleichen Block, die noch nicht mit einer else-Anweisung verbunden ist.
- Eine if-else-if-Leiter ist eine Folge geschachtelter eine if-else-Anweisungen.

Die switch-Anweisung

Die zweite Auswahlanweisung von Java ist die **switch**-Anweisung. Sie besitzt mehrere Verzweigungen. Auf diese Weise stehen im Programm mehrere Alternativen zur Verfügung. Geschachtelte **if**-Anweisungen können zwar auch mehrere Überprüfungen durchführen, in vielen Situationen ist die **switch**-Anweisung jedoch effektiver. Sie funktioniert wie folgt: Der Wert eines Ausdrucks wird nacheinander mit einer Reihe Konstanten verglichen. Wird eine Übereinstimmung gefunden, dann wird die entsprechende Anweisung ausgeführt. Die allgemeine Form der **switch**-Anweisung sieht folgendermaßen aus:

```
switch(Ausdruck) {
   case Konstante1:
      Anweisungen
      break;
   case Konstante2:
        Anweisungen
        break;
   case Konstante3:
        Anweisungen
        break;
   .
   .
   .
   default:
        Anweisungen
}
```

Der **switch**-Ausdruck muss vom Typ **char**, **byte**, **short** oder **int** sein. (Gleitkommawerte sind unzulässig.) Häufig ist der steuernde Ausdruck der **switch**-Anweisung einfach eine Variable. Die **case**-Konstanten müssen Literale sein, deren Typ mit dem Ausdruck kompatibel ist. Zwei **case**-Konstanten der gleichen **switch**-Anweisung dürfen nicht identisch sein.

Die **default**-Anweisungen werden ausgeführt, wenn keine **case**-Konstante mit dem Ausdruck übereinstimmt. Sie sind optional. Sind keine **default**-Anweisungen vorhanden, wird nichts ausgeführt, falls keine Übereinstimmung gefunden wurde. Gibt es eine Übereinstimmung, dann werden die entsprechenden Anweisungen für diesen Fall bis zur **break**-Anweisung beziehungsweise im Fall der letzten **case**- oder der **default**-Anweisung bis zum Ende der **switch**-Anweisung ausgeführt.

Das folgende Programm veranschaulicht die **switch**-Anweisung:

```
// Beispiel für die switch-Anweisung
class SwitchDemo {
  public static void main(String args[]) {
    int i;

    for(i=0; i<10; i++)
      switch(i) {
        case 0:
          System.out.println("i ist null");
          break;
        case 1:
          System.out.println("i ist eins");
          break;
        case 2:
          System.out.println("i ist zwei");
          break;
        case 3:
          System.out.println("i ist drei");
          break;
        case 4:
          System.out.println("i ist vier");
          break;
        default:
          System.out.println("i ist fünf oder größer");
      }

  }
}
```

Das Programm erzeugt folgende Ausgabe:

```
i ist null
i ist eins
i ist zwei
i ist drei
i ist vier
i ist fünf oder größer
i ist fünf oder größer
i ist fünf oder größer
i ist fünf oder größer
i ist fünf oder größer
```

Bei jedem Schleifendurchlauf werden die mit der mit i übereinstimmenden **case**-Konstanten verknüpften Anweisungen ausgeführt. Alle übrigen Anweisungen werden übergangen. Wenn i gleich 5 oder größer ist, trifft keine case-Bedingung zu und die default-Anweisung wird ausgeführt.

Technisch betrachtet ist die break-Anweisung optional, obwohl sie in den meisten Fällen verwendet wird. Bei einer break-Anweisung innerhalb einer Anweisungsfolge wird die case-Anweisung verlassen und zur nächsten Anweisung im Programmablauf übergegangen. Beendet jedoch keine break-Anweisung die mit case verbundene Anweisungsfolge, dann werden *alle Anweisungen für die Übereinstimmung sowie die darauf folgenden Anweisungen* bis zu einer break-Anweisung oder dem Ende der switch-Anweisung ausgeführt.

Untersuchen Sie das folgende Programm sorgfältig. Können Sie sich vorstellen, wie die Ausgabe ausschaut, bevor Sie einen Blick darauf werfen?

```java
// Beispiel für die switch-Anweisung ohne break-Anweisungen
class NoBreak {
  public static void main(String args[]) {
    int i;

    for(i=0; i<=5; i++) {
      switch(i) {
        case 0:
          System.out.println("i ist kleiner als eins");
        case 1:
          System.out.println("i ist kleiner als zwei");
        case 2:
          System.out.println("i ist kleiner als drei");
        case 3:
          System.out.println("i ist kleiner als vier");
        case 4:
          System.out.println("i ist kleiner als fünf");
      }
      System.out.println();
    }
  }
}
```

Diese case-Anweisungen werden ausgelassen.

Dieses Programm liefert folgende Ausgabe:

```
i ist kleiner als eins
i ist kleiner als zwei
i ist kleiner als drei
i ist kleiner als vier
i ist kleiner als fünf

i ist kleiner als zwei
```

```
i ist kleiner als drei
i ist kleiner als vier
i ist kleiner als fünf

i ist kleiner als drei
i ist kleiner als vier
i ist kleiner als fünf

i ist kleiner als vier
i ist kleiner als fünf

i ist kleiner als fünf
```

Das Programm zeigt, dass die Ausführung bis zur nächsten case-Anweisung fortgesetzt wird, wenn keine break-Anweisung vorhanden ist.

Wie im folgenden Beispiel zu sehen ist, sind auch leere case-Anweisungen möglich:

```
switch(i) {
  case 1:
  case 2:
  case 3: System.out.println("i ist 1, 2 oder 3");
    break;
  case 4: System.out.println("i ist 4");
    break;
}
```

In diesem Codefragment wird die erste println()-Anweisung ausgeführt, wenn i den Wert 1, 2 oder 3 hat. Hat i den Wert 4, wird die zweite println()-Anweisung ausgeführt. Das Aneinanderreihen von case-Anweisungen wie in diesem Beispiel wird gerne dann verwendet, wenn für mehrere Fallunterscheidungen der gleiche Code benötigt wird.

Geschachtelte switch-Anweisungen

Eine switch-Anweisung kann Bestandteil einer Folge von Anweisungen einer äußeren switch-Anweisung sein. Man spricht dann von einer geschachtelten switch-Anweisung. Selbst wenn die case-Konstanten der inneren und der äußeren switch-Anweisung gleiche Werte enthalten, kommt es nicht zu Konflikten. Das folgende Codefragment ist durchaus zulässig:

```
switch(ch1) {
  case 'A': System.out.println
      ("Dies A ist Teil der äußeren switch-Anweisung.");
    switch(ch2) {
      case 'A':
        System.out.println
         ("Dies A ist Teil der inneren switch-Anweisung.");
        break;
      case 'B': // ...
    } // Ende der inneren switch-Anweisung
    break;
  case 'B': // ...
```

1-Minuten-Test

- Welchen Typ muss der Ausdruck zur Steuerung einer switch-Anweisung haben?
- Was geschieht, wenn der switch-Ausdruck mit einer case-Konstanten übereinstimmt?
- Was geschieht, wenn die Anweisungsfolge einer case-Anweisung nicht mit einer break-Anweisung endet?

Projekt 3.1: Aufbau einer Java-Hilfe

In diesem Projekt wird ein einfaches Hilfssystem aufgebaut, das die Syntax der Kontrollanweisungen von Java anzeigt. Das Programm zeigt ein Menü mit den Kontrollanweisungen an und wartet auf die Auswahl des Benutzers. Nach der Auswahl wird die Syntax der Anweisung angezeigt. In der ersten Version des Programms steht nur für die if- und switch-Anweisung Hilfe zur Verfügung. Die übrigen Kontrollanweisungen werden in den nachfolgenden Projekten hinzugefügt.

Schritt für Schritt

1. Erstellen Sie eine Datei mit der Bezeichnung Hilfe.java.

2. Zu Beginn zeigt das Programm das folgende Menü an:

- Der Ausdruck muss bei der Auswertung den Typ char, short, int oder byte ergeben.
- Wenn der switch-Ausdruck mit einer case-Konstanten übereinstimmt, wird die mit der case-Anweisung verknüpfte Anweisungsfolge ausgeführt.
- Wenn die Anweisungsfolge einer case-Anweisung nicht mit einer break-Anweisung endet, wird die Ausführung bis zur nächsten case-Anweisung fortgesetzt, falls eine solche vorhanden ist.

```
Hilfe zu:
  1. if
  2. switch
Wählen Sie:
```

Dies geschieht mit den folgenden Anweisungen:

```
System.out.println("Hilfe zu:");
System.out.println("  1. if");
System.out.println("  2. switch");
System.out.print("Wählen Sie: ");
```

3. Mit dem Aufruf `System.in.read()` übernimmt das Programm die Benutzereingabe:

```
choice = (char) System.in.read();
```

4. Nachdem die Eingabe gelesen wurde, zeigt das Programm mithilfe der `switch`-Anweisung die Syntax der gewählten Anweisung an.

```
switch(choice) {
  case '1':
    System.out.println("if:\n");
    System.out.println("if(Bedingung) Anweisung;");
    System.out.println("else Anweisung;");
    break;
  case '2':
    System.out.println("switch:\n");
    System.out.println("switch(Ausdruck) {");
    System.out.println("  case Konstante:");
    System.out.println("    Anweisungen");
    System.out.println("    break;");
    System.out.println("  // ...");
    System.out.println("}");
    break;
  default:
    System.out.print("Auswahl nicht gefunden.");
}
```

Die `default`-Klausel fängt eine ungültige Auswahl ab. Gibt der Benutzer beispielsweise 3 ein, dann stimmt die Eingabe mit keiner `case`-Konstanten überein und die `default`-Anweisung wird ausgeführt.

5. Es folgt das vollständige Listing des Programms `Hilfe.java`:

```
/*
   Projekt 3.1

   Eine Java-Hilfe
*/
class Hilfe {
  public static void main(String args[])
    throws java.io.IOException {
    char choice;

    System.out.println("Hilfe zu:");
    System.out.println("  1. if");
    System.out.println("  2. switch");
    System.out.print("Wählen Sie: ");
    choice = (char) System.in.read();

    System.out.println("\n");

    switch(choice) {
      case '1':
        System.out.println("if:\n");
        System.out.println("if(Bedingung) Anweisung;");
        System.out.println("else Anweisung;");
        break;
      case '2':
        System.out.println("switch:\n");
        System.out.println("switch(Ausdruck) {");
        System.out.println("  case-Konstante:");
        System.out.println("    Anweisungen");
        System.out.println("    break;");
        System.out.println("  // ...");
        System.out.println("}");
        break;
      default:
        System.out.print("Auswahl nicht gefunden.");
    }
  }
}
```

6. Ein Beispiel für die Ausführung:

```
Hilfe zu:
  1. if
  2. switch
Wählen Sie: 1

if:

if(Bedingung) Anweisung;
else Anweisung;
```

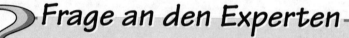

Frage an den Experten

Frage: Wann sollte eine `if-else-if`-Leiter bei der Codierung einer Verzweigung einer `switch`-Anweisung vorgezogen werden?
Antwort: Im Allgemeinen wird eine `if-else-if`-Leiter verwendet, wenn die den Auswahlvorgang bestimmenden Bedingungen nicht auf einem einzigen Wert basieren. Zum Beispiel:

```
if(x < 10) //...
else if(y != 0) //...
else if(!done) //...
```

Diese Sequenz kann nicht als `switch`-Anweisung codiert werden, weil die drei Bedingungen unterschiedliche Variablen und unterschiedliche Typen verwenden. Welche Variable sollte die `switch`-Anweisung steuern? Eine `if-else-if`-Leiter wird außerdem benötigt, wenn Gleitkommawerte oder andere Objekte geprüft werden, die keinen für einen `switch`-Ausdruck gültigen Typ besitzen.

Die for-Schleife

Eine einfache Form der for-Schleife wurde bereits im ersten Kapitel verwendet. Die Leistungsfähigkeit und Flexibilität der for-Schleife sind erstaunlich. Betrachten wir zuerst die Grundlagen und die traditionelle Form der for-Schleife.

Die allgemeine Form der for-Schleife für die Wiederholung einzelner Anweisungen sieht wie folgt aus:

```
for(Initialisierung; Bedingung; Iteration) Anweisung;
```

Für die Wiederholung eines Anweisungsblocks hat sie folgende allgemeine Form:

```
for(Initialisierung; Bedingung; Iteration)
{
    Anweisungen
}
```

Die *Initialisierung* ist gewöhnlich eine Zuweisung eines Anfangswertes für die *Schleifenkontrollvariable*, die als Zähler die Schleife steuert. Die *Bedingung* ist ein Boole'scher Ausdruck, der festlegt, ob die Schleife wiederholt wird. Der *Iterationsausdruck* gibt den Betrag an, um den die Schleifenkontrollvariable bei jedem Schleifendurchlauf verändert wird. Diese drei Hauptabschnitte der Schleife müssen durch Semikolons voneinander getrennt werden. Die **for**-Schleife wird so lange ausgeführt, wie die Bedingung erfüllt ist (den Wert **true** hat). Hat die Bedingung den Wert **false**, wird die Schleife verlassen und die Programmausführung mit den auf die **for**-Schleife folgenden Anweisungen fortgesetzt.

Das folgende Programm verwendet eine **for**-Schleife, um die Quadratwurzeln der Zahlen von 1 bis 99 anzuzeigen. Außerdem gibt es den Rundungsfehler für jede Quadratwurzel aus.

```java
// Quadratwurzeln von 1 bis 99 und Rundungsfehler
class SqrRoot {
  public static void main(String args[]) {
    double num, sroot, rerr;

    for(num = 1.0; num < 100.0; num++) {
      sroot = Math.sqrt(num);
      System.out.println("Die Wurzel von " + num +
                         " ist " + sroot);

      // Rundungsfehler berechnen
      rerr = num - (sroot * sroot);
      System.out.println("Der Rundungsfehler beträgt " +
                         rerr);
      System.out.println();
    }
  }
}
```

Der Rundungsfehler wird berechnet, indem die Wurzel jeder Zahl gezogen wird. Das Ergebnis wird dann von der ursprünglichen Zahl abgezogen und liefert so den Rundungsfehler.

Die **for**-Schleife kann über positive oder negative Werte gesteuert werden, wobei die Schleifenkontrollvariable einen beliebigen Wert haben kann. Das folgende Programm gibt die Zahlen von 100 bis -100 in Fünferschritten aus.

```java
// Eine negative for-Schleife.
class DecrFor {
  public static void main(String args[]) {
    int x;
```

```
   for(x = 100; x > -100; x -= 5)
      System.out.println(x);
   }
}
```

Ein wichtiger Punkt bei den for-Schleifen ist die Tatsache, dass der Bedingungsausdruck immer zu Beginn der Schleife geprüft wird. Daraus folgt, dass der Code innerhalb der Schleife möglicherweise gar nicht ausgeführt wird, wenn die Bedingung zu Beginn nicht zutrifft. Ein Beispiel:

```
for(count=10; count < 5; count++)
   x += count; // Diese Anweisung wird nicht ausgeführt
```

Diese Schleife wird niemals ausgeführt, weil die Kontrollvariable count größer als 5 ist, wenn die Schleifenbedingung überprüft wird. Der Ausdruck count < 5 liefert das Ergebnis false, so dass kein Schleifendurchlauf stattfindet.

Einige Varianten der for-Schleife

Die for-Schleife ist eine der vielseitigsten Anweisungen der Programmiersprache Java, weil sie sehr viele Variationen zulässt. Beispielsweise können mehrere Kontrollvariablen verwendet werden. Betrachten Sie das folgende Codefragment:

```
// Kommata in einer for-Anweisung verwenden
class Comma {
   public static void main(String args[]) {
      int i, j;

      for(i=0, j=10; i < j; i++, j--)     ← Zwei Schleifenkontrollvariablen
         System.out.println("i und j: " + i + " " + j);


   }
}
```

Das Programm liefert folgende Ausgabe:

```
i und j: 0 10
i und j: 1 9
i und j: 2 8
i und j: 3 7
i und j: 4 6
```

Die Kommata trennen zwei Initialisierungsanweisungen und die beiden Iterationsausdrücke. Zu Beginn der Schleife werden `i` und `j` initialisiert. Bei jeder Schleifenwiederholung wird `i` erhöht und `j` herabgesetzt. Mehrere Schleifenkontrollvariablen sind praktisch und können bestimmte Algorithmen vereinfachen. Eine beliebige Anzahl von Initialisierungs- und Iterationsanweisungen ist möglich; in der Praxis machen mehr als zwei oder drei Anweisungen die `for`-Schleife allerdings schwerfällig.

Die die Schleife steuernde Bedingung kann ein gültiger Boole'scher Ausdruck sein. Die Schleifenkontrollvariable muss nicht vorhanden sein. Im nächsten Beispiel wird die Schleife so lange ausgeführt, bis der Benutzer den Buchstaben S über die Tastatur eingibt.

```
// Schleifenabbruch durch Eingabe des Buchstaben S
class ForTest {
  public static void main(String args[])
    throws java.io.IOException {

    int i;

    System.out.println("Geben Sie S zum Beenden ein.");

    for(i = 0; (char) System.in.read() != 'S'; i++)
      System.out.println("Durchlauf #" + i);
  }
}
```

Fehlende Teile

Einige interessante `for`-Schleifenvarianten können durch Weglassen von Elementen der Schleifendefinition erzeugt werden. In Java können die einzelnen oder alle Elemente der Initialisierung, der Bedingung oder der Iteration der `for`-Schleife weggelassen werden. Betrachten Sie das folgende Programm als Beispiel:

```
// Teile der Schleifendefinition auslassen
class Empty {
  public static void main(String args[]) {
    int i;

    for(i = 0; i < 10; ) {          ← Der Iterationsausdruck fehlt.
      System.out.println("Durchgang #" + i);
      i++; // Erhöhen der Schleifenkontrollvariable
    }
  }
}
```

Hier wurde der Iterationsausdruck fortgelassen. Die Schleifenkontrollvariable i wird stattdessen innerhalb der Schleife hochgesetzt. Das bedeutet, dass i bei jedem Schleifendurchlauf überprüft wird, um festzustellen, ob der Wert gleich zehn ist. Weitere Aktionen werden nicht durchgeführt. Da i innerhalb der Schleife hochgesetzt wird, wird die Schleife normal ausgeführt und erzeugt folgende Ausgabe:

```
Durchgang #0
Durchgang #1
Durchgang #2
Durchgang #3
Durchgang #4
Durchgang #5
Durchgang #6
Durchgang #7
Durchgang #8
Durchgang #9
```

Im folgenden Beispiel wird auch der Initialisierungsteil der for-Schleife ausgelassen.

```
// Weitere Teile der for-Schleife fortlassen
class Empty2 {
  public static void main(String args[]) {
    int i;
    // Die Initialisierung erfolgt außerhalb der Schleife:
    i = 0;
    for(; i < 10; ) {
      System.out.println("Durchgang #" + i);
      i++; // Die Schleifenkontrollvariable erhöhen
    }
  }
}
```

> Die Initialisierung erfolgt außerhalb der Schleife.

In dieser Version wird i vor und nicht innerhalb der for-Schleife initialisiert. Normalerweise wird die Schleifenkontrollvariable innerhalb der Schleife initialisiert. Eine Initialisierung außerhalb der Schleife erfolgt im Allgemeinen nur, wenn der Anfangswert mit einem umfangreichen Prozess ermittelt wird, der sich in der for-Anweisung nicht unterbringen lässt.

Die Endlosschleife

Mit der for-Anweisung können Sie eine *Endlosschleife* erzeugen, wenn Sie die Bedingung weglassen. Das folgende Fragment zeigt, wie die meisten Java-Programmierer eine Endlosschleife erzeugen:

```
for(;;) // Eine beabsichtigte Endlosschleife
{
  //...
}
```

Diese Schleife endet niemals. Für einige Programmieraufgaben werden zwar Endlosschleifen benötigt (beispielsweise für Befehlsprozessoren des Betriebssystems), die meisten Endlosschleifen sind jedoch einfach nur Schleifen mit speziellen Abbruchbedingungen. Am Ende dieses Kapitels erfahren Sie, wie eine solche Schleife angehalten wird. (Hinweis: Es geschieht mit Hilfe einer break-Anweisung.)

Schleifen ohne Rumpf

In Java kann der Rumpf der for-Schleife (oder anderer Schleifen) leer sein. Das ist möglich, weil eine *Nullanweisung* syntaktisch zulässig ist. Schleifen ohne Rumpf können durchaus nützlich sein. Das folgende Programm verwendet dieses Konstrukt, um die Zahlen von 1 bis 5 zu addieren.

```
// Der Schleifenrumpf kann leer sein
class Empty3 {
  public static void main(String args[]) {
    int i;
    int sum = 0;

    // Addieren der Zahlen 1 bis 5
    for(i = 1; i <= 5; sum += i++) ;    ← Die Schleife besitzt keinen Rumpf.

    System.out.println("Die Summe beträgt " + sum);
  }
}
```

Das Programm liefert folgende Ausgabe:

```
Die Summe beträgt 15
```

Das Summieren findet vollständig in der for-Anweisung statt, so dass kein Rumpf erforderlich ist. Achten Sie besonders auf den Iterationsausdruck:

```
sum += i++
```

Lassen Sie sich durch solche Anweisungen nicht einschüchtern. In professionell geschriebenen Java-Programmen sind sie üblich und sie sind leicht verständlich, wenn Sie sie in ihre Einzelteile zerlegen. Anders ausgedrückt sagt diese Anweisung, »addiere zu sum den Wert von sum plus i und erhöhe i.« Das ist identisch mit der Anweisungsfolge:

```
sum = sum + i;
i++;
```

Schleifenkontrollvariablen innerhalb der for-Schleife deklarieren

Die Variable, die eine for-Schleife steuert, wird häufig nur für die Schleife und für nichts anderes benötigt. In diesem Fall kann die Variable innerhalb des Initialisierungsteils von for deklariert werden. Das folgende Programm berechnet die Summe und das Produkt der Zahlen von 1 bis 5. Die Schleifenkontrollvariable i wird in der for-Anweisung deklariert.

```
// Die Schleifenkontrollvariable
// in der for-Anweisung deklarieren
class ForVar {
  public static void main(String args[]) {
    int sum = 0;
    int fact = 1;

    // Das Produkt der Zahlen von 1 bis 5 berechnen
    for(int i = 1; i <= 5; i++) {
      sum += i;  // i ist innerhalb der Schleife bekannt
      fact *= i;
    }

    // Außerhalb der Schleife ist i unbekannt.

    System.out.println("Die Summe beträgt " + sum);
    System.out.println("Das Produkt ist " + fact);
  }
}
```

Die Variable i wird in der for-Schleife deklariert.

Wird eine Variable innerhalb einer for-Schleife deklariert, dann ist dabei ein wichtiger Punkt zu beachteten: Der Gültigkeitsbereich dieser Variablen endet mit der for-Anweisung. (Der Gültigkeitsbereich der Variablen ist auf die for-Schleife beschränkt.) Außerhalb der for-Schleife existiert die Variable nicht. Im oben angeführten Beispiel kann außerhalb der for-Schleife nicht auf i zugegriffen werden. Wenn Sie die Schleifenkontrollvariable an anderer Stelle im Programm benötigen, dann dürfen Sie sie nicht innerhalb der for-Schleife deklarieren.

Bevor wir fortfahren, sollten Sie selbst Varianten der for-Schleife ausprobieren. Sie werden feststellen, dass sie eine faszinierende Schleife ist.

1-Minuten-Test

- Können Teile der for-Anweisung weggelassen werden?
- Wie wird mit der for-Anweisung eine Endlosschleife erstellt?
- Wo liegt der Gültigkeitsbereich einer innerhalb der for-Anweisung deklarierten Variablen?

Die while-Schleife

Ein weiterer Schleifentyp von Java ist die while-Schleife. Sie hat die allgemeine Form:

```
while(Bedingung) Anweisung;
```

Bei der *Anweisung* kann es sich um eine einzelne Anweisung oder um einen Anweisungsblock handeln. Die *Bedingung* steuert die Schleife. Sie kann aus einem gültigen Boole'schen Ausdruck bestehen. Die Schleife wird so lange wiederholt, wie die Bedingung den Wert true hat. Hat die Bedingung den Wert false, wird die Kontrolle des Programms an die auf die Schleife folgende Zeile übergeben.

Das folgende einfache Beispiel gibt mit Hilfe der while-Schleife das Alphabet aus:

```
// Beispiel für die while-Schleife
class WhileDemo {
  public static void main(String args[]) {
```

- Ja. Alle drei Teile (Initialisierung, Bedingung und Iteration) können weggelassen werden.
- For(;;)
- Der Gültigkeitsbereich einer innerhalb der for-Anweisung deklarierten Variablen ist auf die Schleife beschränkt. Außerhalb der Schleife ist sie unbekannt.

```
    char ch;

    // Das Alphabet mit einer while-Schleife ausgeben
    ch = 'a';
    while(ch <= 'z') {
      System.out.print(ch);
      ch++;
    }
  }
}
```

ch wird mit dem Buchstaben a initialisiert. Bei jedem Schleifendurchlauf wird ch ausgegeben und um eins erhöht. Dieser Ablauf setzt sich fort, bis ch den Wert z erreicht.

Wie die for-Schleife so überprüft auch while den Bedingungsausdruck zu Beginn der Schleife, was bedeutet, dass der Schleifencode möglicherweise gar nicht ausgeführt wird. Daher muss vor Beginn der Schleife kein gesonderter Test durchgeführt werden. Das folgende Programm veranschaulicht die Eigenschaften der while-Schleife. Es berechnet die ganzzahligen Zweierpotenzen von 0 bis 9.

```
// Ganzzahlige Zweierpotenzen
class Power {
  public static void main(String args[]) {
    int e;
    int result;

    for(int i=0; i < 10; i++) {
      result = 1;
      e = i;
      while(e > 0) {
        result *= 2;
        e--;
      }

      System.out.println("2 hoch " + i +
                         " ergibt " + result);
    }
  }
}
```

Das Programm liefert folgende Ausgabe:

```
2 hoch 0 ergibt 1
2 hoch 1 ergibt 2
```

```
2 hoch 2 ergibt 4
2 hoch 3 ergibt 8
2 hoch 4 ergibt 16
2 hoch 5 ergibt 32
2 hoch 6 ergibt 64
2 hoch 7 ergibt 128
2 hoch 8 ergibt 256
2 hoch 9 ergibt 512
```

Diese while-Schleife wird nur ausgeführt, wenn e größer als 0 ist. Ist e gleich 0, wird die while-Schleife genau wie eine for-Schleife bei der ersten Iteration übersprungen.

Die do-while-Schleife

Die letzte der Java-Schleifen ist do-while. Anders als die for- und while-Schleifen, bei denen die Bedingung zu Beginn der Schleife getestet wird, wird bei der do-while-Schleife die Bedingung am Ende der Schleife getestet. Deshalb wird eine do-while-Schleife mindestens einmal ausgeführt. Die allgemeine Form der do-while-Schleife lautet:

```
do {
    Anweisungen;
} while(Bedingung);
```

Frage an den Experten

Frage: Nach welchen Kriterien wird bei der allen Java-Schleifen eigenen Flexibilität eine Schleifenart ausgewählt? Welches ist die richtige Schleife für welche Aufgabe?

Antwort: Verwenden Sie für eine bekannte Anzahl von Durchläufen die for-Schleife. Wählen Sie die do-while-Schleife, wenn die Schleife mindestens einmal durchlaufen werden soll. while eignet sich am besten, wenn es eine unbekannte Anzahl von Schleifendurchläufen gibt.

Die geschweiften Klammern müssen nicht gesetzt werden, wenn nur eine Anweisung vorhanden ist. Häufig verbessern sie lediglich die Lesbarkeit der do-while-Schleife und vermeiden so eine Verwechslung mit der while-Schleife. Die do-while-Schleife wird so lange ausgeführt, wie der Bedingungsausdruck den Wert true hat.

Das folgende Programm durchläuft die Schleife so lange, bis der Benutzer den Buchstaben q eingibt.

```java
// Beispiel für die do-while-Schleife
class DWDemo {
  public static void main(String args[])
    throws java.io.IOException {

    char ch;

    do {
      System.out.print
      ("Drücken Sie einen Buchstaben und die Eingabetaste:");
       // Ein Zeichen einlesen:
      ch = (char) System.in.read();
    } while(ch != 'q');
  }
}
```

Mit einer do-while-Schleife kann das bereits vorgestellte Ratespiel weiter verbessert werden. Jetzt durchläuft das Programm die Schleife so lange, bis der Buchstabe geraten wurde.

```java
// Buchstabenratespiel, Version 4
class Guess4 {
  public static void main(String args[])
    throws java.io.IOException {

    char ch, answer = 'K';

    do {
      System.out.println("Ich denke mir einen Buchstaben
                          zwischen A und Z aus.");
      System.out.print("Kannst du ihn raten: ");

      // Einen Buchstaben einlesen und dabei
      // die Wagenrücklauftaste und den Zeilenvorschub
      // übergehen
      do {
         ch = (char) System.in.read(); // Ein Zeichen einlesen
      } while(ch == '\n' | ch == '\r');

      if(ch == answer) System.out.println("** Richtig **");
      else {
```

```
            System.out.print("...Leider liegst du ");
            if(ch < answer) System.out.println("zu niedrig");
            else System.out.println("zu hoch");
            System.out.println("Versuch's noch einmal!\n");
         }
      } while(answer != ch);
   }
}
```

Ein Beispiel für die Programmausführung:

```
Ich denke mir einen Buchstaben zwischen A und Z aus.
Kannst du ihn raten: A
...Leider liegst du zu niedrig
Versuch's noch einmal!

Ich denke mir einen Buchstaben zwischen A und Z aus.
Kannst du ihn raten: Z
...Leider liegst du zu hoch
Versuch's noch einmal!

Ich denke mir einen Buchstaben zwischen A und Z aus.
Kannst du ihn raten: K
** Richtig **
```

In diesem Programm überspringt die den Buchstaben einlesende **do-while**-Schleife im Eingabestrom die Eingabe der Wagenrücklauftaste und eines Zeilenvorschubs:

```
      // Einen Buchstaben einlesen und dabei
      // die Wagenrücklauftaste und den Zeilenvorschub
      // übergehen
      do {
         ch = (char) System.in.read(); // Ein Zeichen einlesen
      } while(ch == '\n' | ch == '\r');
```

Diese Schleife ist erforderlich, weil `System.in` zeilengepuffert ist. Sie müssen über die Wagenrücklauftaste und den Zeilenvorschub dafür sorgen, dass das gesendet Zeichen gelesen wird. Diese Zeichen im Eingabepuffer bleiben aber unberücksichtigt. Die Schleife sortiert sie beim Einlesen aus.

1-Minuten-Test
- Welches ist der Hauptunterschied zwischen der while- und der do-while-Schleife?
- Die Bedingung für die Steuerung der while-Schleife kann jeden Typ haben. Richtig oder falsch?

Hilfe2.java

Projekt 3.2: Die Java-Hilfe verbessern

In diesem Projekt wird das Java-Hilfssystem aus Projekt 3.1 erweitert. Diese Version enthält die Syntax der Schleifen for, while und do-while. Sie überprüft die Auswahl des Benutzers in einer Schleife, die erst bei einer gültigen Eingabe verlassen wird.

Schritt für Schritt

1. Kopieren Sie die Datei Hilfe.java mit der Bezeichnung Hilfe2.java in eine neue Datei.
2. Ändern Sie den Programmabschnitt mit den Auswahlmöglichkeiten so, dass er folgende Schleife enthält:

```
do {
  System.out.println("Hilfe zu:");
  System.out.println("  1. if");
  System.out.println("  2. switch");
  System.out.println("  3. for");
  System.out.println("  4. while");
  System.out.println("  5. do-while\n");
  System.out.print("Wählen Sie: ");
  do {
     choice = (char) System.in.read();
  } while(choice == '\n' | choice == '\r');
} while( choice < '1' | choice > '5');
```

Mit einer geschachtelten do-while-Schleife werden überflüssige Eingabetasten oder Zeilenvorschübe aus dem Eingabestrom entfernt. Nach dieser Änderung verweilt das Programm in der Schleife und zeigt das Auswahlmenü so lange an, bis der Benutzer eine Zahl zwischen 1 und 5 eingibt.

- Die while-Schleife überprüft die Bedingung zu Beginn der Schleife. Die do-while-Schleife überprüft die Bedingung am Ende der Schleife. Die do-while-Schleife wird daher mindestens einmal ausgeführt.
- Falsch. Die Bedingung muss vom Typ boolean sein.

3. Fügen Sie in die `switch`-Anweisung die `for`-, `while`- und `do-while`-Schleife ein:

```
switch(choice) {
  case '1':
    System.out.println("if:\n");
    System.out.println("if(Bedingung) Anweisung;");
    System.out.println("else Anweisung;");
    break;
  case '2':
    System.out.println("switch:\n");
    System.out.println("switch(Ausdruck) {");
    System.out.println("  case-Konstante:");
    System.out.println("    Anweisungen");
    System.out.println("    break;");
    System.out.println("  // ...");
    System.out.println("}");
    break;
  case '3':
    System.out.println("for:\n");
    System.out.print("for(Initialisierung; Bedingung; Iteration)");
    System.out.println(" Anweisung;");
    break;
  case '4':
    System.out.println("while:\n");
    System.out.println("while(Bedingung) Anweisung;");
    break;
  case '5':
    System.out.println("do-while:\n");
    System.out.println("do {");
    System.out.println("  Anweisung;");
    System.out.println("} while (Bedingung);");
    break;
}
```

Beachten Sie, dass in dieser Version keine `default`-Anweisung verwendet wird. Sie ist nicht mehr erforderlich, da die Menüschleife für die Eingabe einer gültigen Antwort sorgt.

4. So sieht das vollständige Listing für das Programm `Hilfe2.java` aus:

```
/*
  Projekt 3.2

  Ein verbessertes Hilfesystem mit einer
  do-while-Schleife für die Menüauswahl.
*/
```

```java
class Hilfe2 {
  public static void main(String args[])
    throws java.io.IOException {
    char choice;

    do {
      System.out.println("Hilfe zu:");
      System.out.println("  1. if");
      System.out.println("  2. switch");
      System.out.println("  3. for");
      System.out.println("  4. while");
      System.out.println("  5. do-while\n");
      System.out.print("Wählen Sie: ");
      do {
        choice = (char) System.in.read();
      } while(choice == '\n' | choice == '\r');
    } while( choice < '1' | choice > '5');

    System.out.println("\n");

    switch(choice) {
      case '1':
        System.out.println("if:\n");
        System.out.println("if(Bedingung) Anweisung;");
        System.out.println("else Anweisung;");
        break;
      case '2':
        System.out.println("switch:\n");
        System.out.println("switch(Ausdruck) {");
        System.out.println("  case-Konstante:");
        System.out.println("    Anweisungen");
        System.out.println("    break;");
        System.out.println("  // ...");
        System.out.println("}");
        break;
      case '3':
        System.out.println("for:\n");
        System.out.print("for(Initialisierung; Bedingung; Iteration)");
        System.out.println(" Anweisung;");
        break;
      case '4':
        System.out.println("The while:\n");
        System.out.println("while(Bedingung) Anweisung;");
        break;
      case '5':
        System.out.println("do-while:\n");
        System.out.println("do {");
        System.out.println("  Anweisung;");
```

```
      System.out.println("} while (Bedingung);");
      break;
    }
  }
}
```

Mit break eine Schleife verlassen

Mit der **break**-Anweisung kann eine Schleife sofort verlassen und der übrige Code der Schleife sowie die Überprüfung der Schleifenbedingung ausgelassen werden. Mit einer **break**-Anweisung innerhalb einer Schleife wird diese abgebrochen und die Steuerung des Programms an die auf die Schleife folgende Anweisung übergeben. Ein einfaches Beispiel:

```
// break zum Verlassen einer Schleife
class BreakDemo {
  public static void main(String args[]) {
    int num;

    num = 100;

    // Schleife so lange durchlaufen, wie i zum Quadrat
    // kleiner als num ist
    for(int i=0; i < num; i++) {
      if(i*i >= num) break; // Schleife beenden,
                            // wenn i*i >= 100
      System.out.print(i + " ");
    }
    System.out.println("Schleife beendet.");
  }
}
```

Dieses Programm zeigt folgende Ausgabe an:

```
0 1 2 3 4 5 6 7 8 9 Schleife beendet.
```

Obwohl diese **for**-Schleife von 0 bis **num** (in diesem Fall 100) durchlaufen werden soll, wird sie durch die **break**-Anweisung vorzeitig beendet, wenn i zum Quadrat größer oder gleich **num** ist.

Die **break**-Anweisung kann in jeder Java-Schleife und auch in den beabsichtigten Endlosschleifen eingesetzt werden. Das folgende Programm liest beispielsweise so lange ein, bis der Benutzer den Buchstaben **q** eingibt.

```
// Die Eingabe bis zum Buchstaben q einlesen
class Break2 {
  public static void main(String args[])
    throws java.io.IOException {

    char ch;

    for( ; ; ) {
      ch = (char) System.in.read(); // Ein Zeichen einlesen
      if(ch == 'q') break;
    }
    System.out.println("Sie haben q gedrückt!");
  }
}
```

Die »Endlosschleife« wird mit **break** beendet.

Innerhalb einer Reihe geschachtelter Schleifen bricht die **break**-Anweisung nur die innerste Schleife ab. Zum Beispiel:

```
// break in geschachtelten Schleifen
class Break3 {
  public static void main(String args[]) {

    for(int i=0; i<3; i++) {
      System.out.println("Äußerer Schleifenzähler: " + i);
      System.out.print("   Innerer Schleifenzähler: ");

      int t = 0;
      while(t < 100) {
        if(t == 10) break; // Schleife beenden,
                           // wenn t gleich 10 ist
        System.out.print(t + " ");
        t++;
      }
      System.out.println();
    }
    System.out.println("Schleifen beendet.");
  }
}
```

Dieses Programm zeigt folgende Ausgabe an:

```
Äußerer Schleifenzähler: 0
   Innerer Schleifenzähler: 0 1 2 3 4 5 6 7 8 9
Äußerer Schleifenzähler: 1
```

```
    Innerer Schleifenzähler: 0 1 2 3 4 5 6 7 8 9
Äußerer Schleifenzähler: 2
    Innerer Schleifenzähler: 0 1 2 3 4 5 6 7 8 9
Schleifen beendet.
```

Die **break**-Anweisung der inneren Schleife beendet nur diese Schleife. Die äußere Schleife ist nicht davon betroffen.

Zwei Punkte sind bei der **break**-Anweisung zu beachten: Zum einen kann eine Schleife mehr als eine **break**-Anweisung enthalten. Dabei ist jedoch Vorsicht geboten, weil zu viele **break**-Anweisungen den Code unübersichtlich machen. Zum anderen betrifft die **break**-Anweisung einer **switch**-Anweisung nur diese **switch**-Anweisung und nicht die übrigen eingeschlossen Schleifen.

reak als Variante von goto

Die **break**-Anweisung kann nicht nur in Verbindung mit der **switch**-Anweisung und den Schleifen eingesetzt werden, sondern auch eigenständig als »gemäßigte« Form der **goto**-Anweisung. Java besitzt keine **goto**-Anweisung, weil dies eine unstrukturierte Änderung des Programmablaufs ist. Programme, die ausgiebigen Gebrauch von **goto** machen, sind normalerweise schwer verständlich und schwierig zu warten. In einigen wenigen Situationen kann **goto** jedoch angebracht und sinnvoll sein. **goto** kann beispielsweise beim Verlassen einer tief verschachtelten Kette von Schleifen hilfreich sein. Für solche Situationen definiert Java eine erweiterte Form der **break**-Anweisung. Mit ihr können ein oder mehrere Codeblöcke verlassen werden. Diese Blöcke müssen nicht Bestandteil einer Schleife oder einer **switch**-Anweisung sein, es kann sich vielmehr um einen beliebigen Block handeln. Außerdem können Sie genau festlegen, wo die Ausführung beendet wird, weil bei dieser Form von **break** keine Sprungmarke erforderlich ist. **break** bietet die Vorteile von **goto**, ist aber nicht mit dessen Nachteilen behaftet.

Die allgemeine Form einer **break**-Anweisung mit Sprungmarke lautet:

```
break Sprungmarke;
```

Die *Sprungmarke* bezeichnet einen Codeblock. Wird diese Form von **break** ausgeführt, wird die Steuerung aus dem Codeblock verlagert. Er muss die **break**-Anweisung enthalten, muss aber nicht der unmittelbar eingeschlossene Block sein. Das bedeutet, dass Sie mit einer **break**-Anweisung mit Sprungmarke eine Reihe geschachtelter Blöcke verlassen können. Sie können mit **break** jedoch nicht die Steuerung an einen Codeblock übergeben, der die **break**-Anweisung nicht enthält.

Um einen Block zu benennen, wird eine Sprungmarke an seinen Beginn gesetzt. Der angegebene Block kann ein einzelner Block oder eine Anweisung mit einem Block als Ziel sein.

Eine *Sprungmarke* ist ein zulässiger Java-Bezeichner gefolgt von einem Doppelpunkt. Wurde ein Block mit einer Sprungmarke gekennzeichnet, dann kann diese Sprungmarke als Ziel einer **break**-Anweisung dienen. Auf diese Weise wird die Ausführung am *Ende* des gekennzeichneten Blocks beendet. Das folgende Programm enthält beispielsweise drei geschachtelte Blöcke.

```java
// break mit Sprungmarke
class Break4 {
  public static void main(String args[]) {
    int i;

    for(i=1; i<4; i++) {
one:   {
two:     {
three:     {
           System.out.println("\ni ist " + i);
           if(i==1) break one;        // break mit Sprungmarke
           if(i==2) break two;
           if(i==3) break three;

           // wird niemals erreicht
           System.out.println("Wird nicht ausgegeben");
         }
         System.out.println("Nach Block drei.");
       }
       System.out.println("Nach Block zwei.");
     }
     System.out.println("Nach Block eins.");
    }
    System.out.println("Nach for.");

  }
}
```

Das Programm liefert folgende Ausgabe:

```
i ist 1
Nach Block eins.

i ist 2
Nach Block zwei.
```

```
Nach Block eins.

i ist 3
Nach Block drei.
Nach Block zwei.
Nach Block eins.
Nach for.
```

Betrachten wir das Programm etwas genauer, um zu verstehen, warum es zu dieser Ausgabe kommt. Wenn i den Wert 1 hat, wird die erste if-Anweisung ausgeführt und löst am Ende des Codeblocks eine Unterbrechung mit der Sprungmarke eins aus. Das führt zur Ausgabe Nach Block eins. Hat i den Wert 2, wird die zweite if-Anweisung ausgeführt und die Steuerung an das Blockende mit der Sprungmarke zwei übergeben. Dies führt zur Ausgabe von Nach Block zwei und Nach Block eins in dieser Reihenfolge. Hat i den Wert 3, wird die dritte if-Anweisung ausgeführt und die Steuerung der Sprungmarke drei am Ende des Blocks übergeben. Jetzt werden alle drei Meldungen angezeigt.

Es folgt ein weiteres Beispiel. Diesmal wird mit break aus einer Reihe geschachtelter for-Schleifen herausgesprungen. Wenn die break-Anweisung in der inneren Schleife ausgeführt wird, springt die Programmsteuerung an das Ende des außerhalb der for-Schleife definierten Blocks mit der Sprungmarke done. Das führt dazu, dass die übrigen drei Schleifen übergangen werden.

```java
// Ein weiteres Beispiel für break mit Sprungmarke
class Break5 {
  public static void main(String args[]) {

done:
    for(int i=0; i<10; i++) {
      for(int j=0; j<10; j++) {
        for(int k=0; k<10; k++) {
          System.out.println(k + " ");
          if(k == 5) break done; // Sprung zu done
        }
        System.out.println("Nach der k-Schleife"); // Wird nicht ausgeführt
      }
      System.out.println("Nach der j-Schleife"); // Wird nicht ausgeführt
    }
    System.out.println("Nach der i-Schleife");
  }
}
```

Das Programm liefert folgende Ausgabe:

```
0
1
2
3
4
5
Nach der i-Schleife
```

Die genaue Positionierung der Sprungmarke ist insbesondere beim Umgang mit Schleifen sehr wichtig. Betrachten Sie beispielsweise das folgende Programm:

```java
// Die Position der Sprungmarke ist wichtig.
class Break6 {
  public static void main(String args[]) {
    int x=0, y=0;

// Die Sprungmarke steht vor der for-Anweisung.
stop1: for(x=0; x < 5; x++) {
        for(y = 0; y < 5; y++) {
           if(y == 2) break stop1;
           System.out.println("x und y: " + x + " " + y);
        }
      }

      System.out.println();

// Die nächste Sprungmarke steht unmittelbar vor der
// geschweiften Klammer {
      for(x=0; x < 5; x++)
stop2: {
         for(y = 0; y < 5; y++) {
            if(y == 2) break stop2;
            System.out.println("x und y: " + x + " " + y);
         }
       }

   }
}
```

Das Programm gibt Folgendes aus:

```
x und y: 0 0
x und y: 0 1
```

```
x und y: 0 0
x und y: 0 1
x und y: 1 0
x und y: 1 1
x und y: 2 0
x und y: 2 1
x und y: 3 0
x und y: 3 1
x und y: 4 0
x und y: 4 1
```

Die geschachtelten Schleifen des Programms unterscheiden sich nur in einem Punkt. Im ersten Fall steht die Sprungmarke vor der äußeren for-Schleife. Dies führt dazu, dass bei der Ausführung von break die Steuerung an das Ende des gesamten for-Blocks übergeben wird und der verbleibende Teil der äußeren Schleifendurchläufe ausfällt. Im zweiten Fall steht die Sprungmarke vor der öffnenden geschweiften Klammer von for. Wenn break stop2 ausgeführt wird, geht die Steuerung daher an das Ende des äußeren for-Blocks über, was zum nächsten Schleifendurchlauf führt.

Beachten Sie, dass Sie mit break keine Marke anspringen können, die nicht für einen einschließenden Block definiert wurde. Das folgende Programm ist daher unzulässig und wird nicht kompiliert.

```java
// Dieses Programm enthält einen Fehler.
class BreakErr {
  public static void main(String args[]) {

    eins: for(int i=0; i<3; i++) {
      System.out.print("Durchgang " + i + ": ");
    }

    for(int j=0; j<100; j++) {
      if(j == 10) break eins; // FALSCH
      System.out.print(j + " ");
    }
  }
}
```

Da die Schleife mit der Sprungmarke eins die break-Anweisung nicht enthält, kann die Steuerung diesem Block nicht übergeben werden.

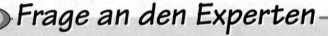

> **Frage an den Experten**
>
> **Frage:** Es wurde festgestellt, dass goto unstrukturiert ist und das break mit Sprungmarke eine bessere Lösung sei. Aber ist eine break-Anweisung mit einer Sprungmarke, die viele Codezeilen und Verschachtelungsstufen von der break-Anweisung entfernt liegen kann, nicht ebenfalls unstrukturiert?
>
> **Antwort:** Kurz und bündig: Ja. Aber in manchen Situationen, in denen ein Wechsel des Programmablaufs erforderlich ist, bewahrt eine break-Anweisung mit Sprungmarke die Strukturen in gewisser Weise, was für goto nicht zutrifft.

continue

Es ist möglich, eine vorzeitige Wiederholung einer Schleife zu erzwingen und so die normale Kontrollstruktur zu verlassen. Dies geschieht mit continue. Diese Anweisung erzwingt die nächste Wiederholung der Schleife und überspringt allen Code bis zur nächsten Überprüfung der Schleifenbedingung. In diesem Sinne ist continue seinem Wesen nach das Gegenstück zu break. Im folgenden Programm werden mit continue die geraden Zahlen zwischen 0 und 100 ausgegeben.

```java
// Beispiel für continue.
class ContDemo {
  public static void main(String args[]) {
    int i;

    // Die geraden Zahlen zwischen 0 und 100 ausgeben
    for(i = 0; i<=100; i++) {
      if((i%2) != 0) continue; // wiederholen
      System.out.println(i);
    }
  }
}
```

Es werden nur die geraden Zahlen ausgegeben, weil sie eine vorzeitige Schleifenwiederholung auslösen und der Aufruf von println() umgangen wird.

In der while und do-while-Schleife übergibt die continue-Anweisung die Steuerung direkt an die Bedingung und setzt anschließend die Schleife fort. Bei der for-Schleife wird der Iterationsausdruck der Schleife ausgewertet, der Bedingungsausdruck ausgeführt und dann die Schleife fortgesetzt.

Wie bei der break-Anweisung kann für continue eine Sprungmarke angegeben werden, um anzugeben, welche einschließende Schleife fortgesetzt werden soll. Das folgende Beispiel verwendet continue mit einer Sprungmarke:

```
// continue mit Sprungmarke
class ContToLabel {
  public static void main(String args[]) {

außenschleife:
    for(int i=1; i < 10; i++) {
      System.out.print("\nÄußerer Schleifendurchgang " + i +
                  ", Innere Schleife: ");
      for(int j = 1; j < 10; j++) {
        if(j == 5) continue außenschleife; // Fortsetzung der
                                            // äußeren Schleife
        System.out.print(j);
      }
    }
  }
}
```

Das Programm liefert folgende Ausgabe:

```
Äußerer Schleifendurchgang 1, Innere Schleife: 1234
Äußerer Schleifendurchgang 2, Innere Schleife: 1234
Äußerer Schleifendurchgang 3, Innere Schleife: 1234
Äußerer Schleifendurchgang 4, Innere Schleife: 1234
Äußerer Schleifendurchgang 5, Innere Schleife: 1234
Äußerer Schleifendurchgang 6, Innere Schleife: 1234
Äußerer Schleifendurchgang 7, Innere Schleife: 1234
Äußerer Schleifendurchgang 8, Innere Schleife: 1234
Äußerer Schleifendurchgang 9, Innere Schleife: 1234
```

Die Ausgabe zeigt, dass bei der Ausführung von continue die Steuerung an die äußere Schleife übergeht und der Rest der inneren Schleife ausgelassen wird.

Sinnvolle Verwendungen von continue sind selten. Ein Grund dafür ist die Tatsache, dass Java sehr viele Schleifenanweisungen für fast alle Situationen anbietet. In speziellen Situationen, in denen eine vorzeitige Wiederholung erforderlich ist, ist die continue-Anweisung eine entsprechend strukturierte Lösung.

1-Minuten-Test
- Was geschieht innerhalb einer Schleife, wenn eine **break**-Anweisung ohne Sprungmarke ausgeführt wird?
- Was geschieht, wenn eine **break**-Anweisung mit Sprungmarke ausgeführt wird?
- Was bewirkt **continue**?

Hilfe3.java

Projekt 3.3: Die Java-Hilfe fertig stellen

In diesem Projekt erhält die in den vorangegangenen Projekten entwickelte Java-Hilfe ihren letzten Schliff. Mit dieser Version kommt die Syntax von **break** und **continue** hinzu. Der Benutzer kann außerdem die Syntax mehrerer Anweisungen abfragen. Dies geschieht mit Hilfe einer äußeren Schleife, die so lange ausgeführt wird, bis der Benutzer die Menüauswahl **q** eingibt.

Schritt für Schritt

1. Kopieren Sie die Datei `Hilfe2.java` in eine neue Datei mit der Bezeichnung `Hilfe3.java`.
2. Umgeben Sie den gesamten Programmcode mit einer **for**-Endlosschleife. Verlassen Sie diese Schleife mit einer **break**-Anweisung, wenn der Buchstabe **q** eingegeben wird. Da diese Schleife den gesamten Code umgibt, wird das Programm dadurch beendet.
3. Ändern Sie die Menüschleife wie folgt:

```
do {
  System.out.println("Hilfe zu:");
  System.out.println("  1. if");
  System.out.println("  2. switch");
  System.out.println("  3. for");
  System.out.println("  4. while");
  System.out.println("  5. do-while");
  System.out.println("  6. break");
  System.out.println("  7. continue\n");
```

- Wenn innerhalb einer Schleife eine break-Anweisung ohne Sprungmarke ausgeführt wird, wird die Schleife sofort beendet. Die Programmausführung wird mit der ersten Codezeile nach der Schleife fortgesetzt.
- Wenn eine break-Anweisung mit Sprungmarke ausgeführt wird, wird die Programmausführung am Ende des gekennzeichneten Blocks fortgesetzt.
- Die continue-Anweisung bewirkt, dass eine Schleife sofort wiederholt und der verbleibende Code umgangen wird. Besitzt die continue-Anweisung eine Sprungmarke, wird die gekennzeichnete Schleife fortgesetzt.

```
   System.out.print("Wählen Sie (q zum Beenden): ");
   do {
     choice = (char) System.in.read();
   } while(choice == '\n' | choice == '\r');
} while( choice < '1' | choice > '7' & choice != 'q');
```

Diese Schleife enthält jetzt die **break**- und die **continue**-Anweisung. Ferner wird der Buchstabe **q** als gültige Auswahl akzeptiert.

4. Erweitern Sie die **switch**-Anweisung mit die **break**- und **continue**-Anweisung:

```
case '6':
  System.out.println("break:\n");
  System.out.println("break; oder break Sprungmarke;");
  break;
case '7':
  System.out.println("continue:\n");
  System.out.println("continue; oder continue Sprungmarke;");
  break;
```

5. Sie sieht das vollständige Listing des Programms **Help3.Java** aus:

```
/*
   Projekt 3.3

   Die fertige Java-Hilfe, bei der
   mehrere Abfragen möglich sind.
*/
class Hilfe3 {
  public static void main(String args[])
    throws java.io.IOException {
    char choice;

    for(;;) {
      do {
        System.out.println("Hilfe zu:");
        System.out.println("  1. if");
        System.out.println("  2. switch");
        System.out.println("  3. for");
        System.out.println("  4. while");
        System.out.println("  5. do-while");
        System.out.println("  6. break");
        System.out.println("  7. continue\n");
        System.out.print("Wählen Sie (q zum Beenden): ");
        do {
          choice = (char) System.in.read();
        } while(choice == '\n' | choice == '\r');
      } while( choice < '1' | choice > '7' & choice != 'q');
```

```java
      if(choice == 'q') break;

      System.out.println("\n");

      switch(choice) {
        case '1':
          System.out.println("if:\n");
          System.out.println("if(Bedingung) Anweisung;");
          System.out.println("else Anweisung;");
          break;
        case '2':
          System.out.println("switch:\n");
          System.out.println("switch(Ausdruck) {");
          System.out.println("  case-Konstante:");
          System.out.println("    Anweisungen");
          System.out.println("    break;");
          System.out.println("  // ...");
          System.out.println("}");
          break;
        case '3':
          System.out.println("for:\n");
          System.out.print("for(Initialisierung; Bedingung; "
                           + "Iteration)");
          System.out.println(" Anweisung;");
          break;
        case '4':
          System.out.println("while:\n");
          System.out.println("while(Bedingung) Anweisung;");
          break;
        case '5':
          System.out.println("do-while:\n");
          System.out.println("do {");
          System.out.println("  Anweisung;");
          System.out.println("} while (Bedingung);");
          break;
        case '6':
          System.out.println("break:\n");
          System.out.println("break; oder break "
                             + "Sprungmarke;");
          break;
        case '7':
          System.out.println("continue:\n");
          System.out.println("continue; oder continue "
                             + "Sprungmarke;");
          break;
      }
      System.out.println();
    }
  }
}
```

6. Ein Beispiel für die Programmausführung:

```
Hilfe zu:
  1. if
  2. switch
  3. for
  4. while
  5. do-while
  6. break
  7. continue

Wählen Sie (q zum Beenden):

if:

if(Bedingung) Anweisung;
else Anweisung;

Hilfe zu:
  1. if
  2. switch
  3. for
  4. while
  5. do-while
  6. break
  7. continue

Wählen Sie (q zum Beenden): Hilfe zu: Wählen Sie (q to quit): 6

break:

break; oder break Sprungmarke;

Hilfe zu:
  1. if
  2. switch
  3. for
  4. while
  5. do-while
  6. break
  7. continue

Wählen Sie (q to quit): q
```

Geschachtelte Schleifen

In einigen der bisher vorgestellten Beispiele waren Schleifen ineinander verschachtelt. Geschachtelte Schleifen werden zur Lösung einer Vielzahl von Programmieraufgaben eingesetzt und sind ein wichtiger Bestandteil von Programmen. Bevor wir das Thema der Schleifenanweisungen abschließen, wird noch ein weiteres Beispiel für geschachtelte Schleifen vorgestellt. Das folgende Programm ermittelt mit einer geschachtelten for-Schleife die Faktoren der Zahlen von 2 bis 100.

```java
/*
   Die Faktoren der Zahlen von 2 bis 100
   mit geschachtelten Schleifen ermitteln
*/
class FindFac {
  public static void main(String args[]) {

    for(int i=2; i <= 100; i++) {
      System.out.print("Faktoren von " + i + ": ");
      for(int j = 2; j < i; j++)
        if((i%j) == 0) System.out.print(j + " ");
      System.out.println();
    }
  }
}
```

Es folgt ein Auszug der Ausgabe dieses Programms:

```
Faktoren von 2:
Faktoren von 3:
Faktoren von 4: 2
Faktoren von 5:
Faktoren von 6: 2 3
Faktoren von 7:
Faktoren von 8: 2 4
Faktoren von 9: 3
Faktoren von 10: 2 5
Faktoren von 11:
Faktoren von 12: 2 3 4 6
Faktoren von 13:
Faktoren von 14: 2 7
Faktoren von 15: 3 5
Faktoren von 16: 2 4 8
```

```
Faktoren von 17:
Faktoren von 18: 2 3 6 9
Faktoren von 19:
Faktoren von 20: 2 4 5 10
```

In diesem Programm wird die äußere Schleife mit i gleich 2 bis 100 ausgeführt. Die innere Schleife testet nacheinander alle Zahlen von 2 bis i und gibt diejenigen aus, durch die i teilbar ist. Zusatzaufgabe: Diese Programm kann noch effizienter gestaltet werden. Erkennen Sie wie? (Hinweis: Die Anzahl der Wiederholungen der inneren Schleife kann verringert werden.)

Übungsaufgaben

1. Schreiben Sie ein Programm, das so lange Zeichen von der Tastatur einliest, bis ein Punkt eingegeben wird. Lassen Sie das Programm die Anzahl der Leerzeichen zählen. Geben Sie am Ende des Programms die Gesamtzahl aus.
2. Wie sieht die allgemeine Form der if-else-if-Leiter aus?
3. Gegeben ist folgendes Codefragment:

```
if(x < 10)
  if(y > 100) {
    if(!done) x = z;
    else y = z;
  }
else System.out.println("Fehler"); // Welches if?
```

Auf welches if bezieht sich die letzte else-Anweisung?
4. Wie lautet die for-Anweisung für eine Schleife, die in Zweierschritten von 1000 bis 0 zählt?
5. Ist das folgende Fragment zulässig?

```
For(int i = 0; i < num; i++)
  Sum += i;

Count = i;
```

6. Was bewirkt die **break**-Anweisung? Beschreiben Sie beide Verwendungsformen.

7. Was wird beim folgenden Codefragment nach der Ausführung der **break**-Anweisung ausgegeben?

```
for(i = 0; i < 10; i++) {
  while(running){
    if(x<y) break;
      // ...
  }
  System.out.println("nach while");
}
System.out.println("Nach for");
```

8. Was gibt das folgende Codefragment aus?

```
For(int i = 0; i<10; i++ {
  System.out.print(i + " ");
  If((i%2) == 0) continue;
  System.out.println();
}
```

9. Der Iterationsausdruck einer **for**-Schleife muss nicht immer die Schleifenkontrollvariable um einen festen Betrag ändern, sie kann vielmehr beliebig verändert werden. Schreiben Sie unter Berücksichtigung dieser Tatsache ein Programm, das mit einer **for**-Schleife die Reihe 1, 2, 4, 8, 16, 32 und so weiter ausgibt.

10. Die Kleinbuchstaben des ASCII-Zeichensatzes liegen 32 Positionen hinter den Großbuchstaben. Um Großbuchstaben in Kleinbuchstaben umzuwandeln, muss daher der Wert 32 abgezogen werden. Berücksichtigen Sie diesen Hinweis und schreiben Sie ein Programm, das Zeichen von der Tastatur einliest und dabei Großbuchstaben in Kleinbuchstaben und umgekehrt umwandelt und das Ergebnis anzeigt. Andere Zeichen sollen nicht verändert werden. Wenn der Benutzer einen Punkt eingibt, soll das Programm abgebrochen werden. Das Programm soll am Ende anzeigen, wie oft die Schreibweise geändert wurde.

Kapitel 4

Klassen, Objekte und Methoden – Einführung

Lernziele

- Die Grundlagen der Klasse
- Wie Objekte erzeugt werden
- Eine Methode erstellen
- Einer Methode Parameter hinzufügen
- Einen Wert mit einer Methode zurückgeben
- Konstruktoren verwenden
- new und die Garbage Collection
- Das Schlüsselwort this

Bevor Sie mit Ihrem Java-Studium fortfahren können, müssen Sie etwas über die Klasse erfahren. Die Klasse ist der Kern von Java. Sie bildet die Grundlage für die gesamte Programmiersprache Java, weil die Klasse ein Objekt definiert. Insofern bildet die Klasse die Basis der objektorientierten Java-Programmierung. Innerhalb einer Klasse werden Daten und Code definiert, der die Daten manipuliert. Der Code ist in Methoden enthalten. Da Klassen, Objekte und Methoden von fundamentaler Bedeutung für Java sind, werden sie in diesem Kapitel vorgestellt. Mit einem Grundwissen über diese Eigenschaften sind Sie in der Lage, raffiniertere Programme zu schreiben und die Schlüsselelemente von Java aus den folgenden Kapiteln besser zu verstehen.

Grundlagen der Klasse

Da alle Aktivitäten eines Java-Programms innerhalb einer Klasse stattfinden, werden Klassen bereits seit Beginn des Buches verwendet. Dabei wurden nur äußerst einfache Klassen benutzt und die Mehrzahl ihrer Eigenschaften blieb ungenutzt. Wie Sie sehen werden, sind Klassen jedoch wesentlich leistungsfähiger als in den eingeschränkten Beispielen deutlich wurde.

Beginnen wir mit den Grundlagen. Eine Klasse ist eine Vorlage, die die Form eines Objekts definiert. Sie legt sowohl die Daten als auch den Code fest, der die Daten manipuliert. Java bildet mit einer Klassenspezifikation *Objekte*. Objekte sind *Instanzen* einer Klasse. Daher ist eine Klasse im Wesentlichen eine Reihe von Plänen, die festlegen, wie ein Objekt aufgebaut ist. Dabei muss ein Punkt ganz klar sein: Eine Klasse ist eine logische Abstraktion. Sie existiert erst dann, wenn ein Objekt der Klasse erzeugt wurde, das als physische Repräsentation der Klasse im Speicher vorhanden ist.

Die Methoden und Variablen, die eine Klasse bilden, werden *Elemente* der Klasse genannt. Die Attribute werden auch als *Instanzvariablen* bezeichnet.

Die allgemeine Form einer Klasse

Wenn Sie eine Klasse definieren, dann deklarieren Sie ihre genaue Form und Art. Hierfür legen Sie die enthaltenen Instanzvariablen und die darauf angewendeten Methoden fest. Sehr einfache Klassen enthalten ausschließlich Methoden oder Instanzvariablen; in der Praxis enthalten die Klassen jedoch meist beides.

Eine Klasse wird mit dem Schlüsselwort `class` deklariert. Die allgemeine Form einer Klassendefinition sieht wie folgt aus:

```
class Klassenname {
    // Deklaration der Instanzvariablen
    Typ var1;
```

```
    Typ var2;
    // ...
    Typ varN;

    // Methodendeklaration
    Typ Methode1(Parameter) {
        // Methodenrumpf
    }
    Typ Methode2(Parameter) {
        // Methodenrumpf
    }
        // ...
    Typ MethodeN(Parameter) {
        // Methodenrumpf
    }
}
```

Eine gut aufgebaute Klasse sollte nur eine einzige logische Einheit definieren, wenngleich auch keine syntaktische Regel dies vorschreibt. Eine Klasse, die Namen und Telefonnummern speichert, enthält normalerweise nicht gleichzeitig Informationen über Aktienkurse, durchschnittliche Niederschlagsmengen oder andere zusammenhanglose Informationen. Ein gut aufgebaute Klasse fasst nur logisch miteinander in Beziehung stehende Informationen zusammen. Das Zusammenstellen nicht aufeinander bezogener Informationen innerhalb einer Klasse zerstört sehr schnell die Codestruktur.

Die bisher verwendeten Klassen besaßen nur die Methode `main()`. Sie erfahren bald, wie andere Methoden erstellt werden. Beachten Sie aber, dass die allgemeine Form einer Klasse keine `main()`-Methode vorschreibt. Eine `main()`-Methode ist nur für die Klasse erforderlich, mit der das Programm beginnt. Selbst Applets benötigen `main()` nicht.

Eine Klasse definieren

Zur Veranschaulichung der Klassen wird eine Klasse entwickelt, die Informationen über Kraftfahrzeuge wie PKWs, Lieferwagen und LKWs einkapselt. Diese Klasse wird `Kfz` genannt und enthält drei Informationen über ein Kraftfahrzeug: die Anzahl der Sitzplätze, den Tankinhalt und den durchschnittlichen Benzinverbrauch (in Litern pro 100 Kilometer).

Der erste Version von `Kfz` definiert drei Instanzvariablen: `sitze`, `tankinhalt` und `verbrauch`. Beachten Sie, dass `Kfz` keine Methoden enthält und daher zurzeit eine datenlose Klasse ist. (Die Methoden werden in späteren Abschnitten hinzugefügt.)

```
class Kfz {
  int sitze; // Anzahl der Sitze
  int tankinhalt;    // Tankinhalt in Litern
  int verbrauch;        // Verbrauch in 1/100 km
}
```

Eine Klassendefinition erzeugt einen neuen Datentyp. In diesem Fall heißt der neue Datentyp Kfz. Mit diesem Namen werden Objekte vom Typ Kfz deklariert. Eine Klassendeklaration ist lediglich eine Typbeschreibung, mit der kein tatsächliches Objekt erzeugt wird. Der obige Code erzeugt keine realen Objekte vom Typ Kfz.

Um tatsächlich ein Kfz-Objekt zu erstellen, müssen Sie eine Anweisung wie die folgende verwenden:

```
Kfz minivan = new Kfz(); // Ein Kfz-Objekt mit der
                         // Bezeichnung minivan erzeugen
```

Nach Ausführung dieser Anweisung, ist minivan eine Instanz von Kfz und somit »physisch« vorhanden. Die Einzelheiten dieser Anweisung sind im Augenblick nicht weiter von Interesse.

Jedes Mal, wenn Sie eine Instanz einer Klasse erzeugen, erstellen Sie ein Objekt, das eine eigene Kopie der von der Klasse definierten Instanzvariablen enthält. Jedes Kfz-Objekt enthält also eigene Kopien der Instanzvariablen sitze, tankinhalt und verbrauch. Um auf diese Variablen zuzugreifen, müssen Sie den *Punktoperator* (.) verwenden. Er verknüpft den Namen eines Objekts mit dem Namen eines Klassen-Elements. Die allgemeine Form des Punktoperators sieht folgendermaßen aus:

```
Objekt.Element
```

Das Objekt wird links und das Klassen-Element rechts angegeben. Um beispielsweise der Variablen tankinhalt von minivan den Wert 60 zuzuweisen, benutzen Sie folgende Anweisung:

```
minivan.tankinhalt = 60;
```

Im Allgemeinen kann mit dem Punktoperator sowohl auf Instanzvariablen als auch auf Methoden zugegriffen werden.

Es folgt das vollständige Programm, das die Kfz Klasse verwendet:

```
/* Ein Programm, das die Klasse Kfz verwendet.
```

```
    Nennen Sie diese Datei KfzDemo.java
*/
class Kfz {
  int sitze; // Anzahl der Sitze
  int tankinhalt;    // Tankinhalt in Litern
  int verbrauch;         // Verbrauch in Liter pro 100 km
}

// Diese Klasse deklatiert ein Objekt vom Typ Kfz.
class KfzDemo {
  public static void main(String args[]) {
    Kfz minivan = new Kfz();
    int reichweite;

    // Den Feldern in minivan Werte zuweisen
    minivan.sitze = 7;
    minivan.tankinhalt = 60;       ◄──── Beachten Sie die Verwendung des Punktoperators für den Zugriff auf das Element.
    minivan.verbrauch = 14;

    // Die Reichweite für einen vollen Tank berechnen
    reichweite = (minivan.tankinhalt / minivan.verbrauch) * 100;

    System.out.println("Im Minivan haben " + minivan.sitze +
    " Personen Platz.\nDie Reichweite beträgt " + reichweite
      + " Kilometer.");
  }
}
```

Die Programmdatei muss den Namen `KfzDemo.java` erhalten, weil die `main()`-Methode sich in der Klasse `KfzDemo` und nicht in der Klasse `Kfz` befindet. Wenn Sie das Programm kompilieren, werden die zwei `.class`-Dateien erzeugt, eine für `Kfz` und eine für `KfzDemo`. Der Java-Compiler legte jede Klasse automatisch in einer eigenen `.class`-Datei ab. Die Klassen `Kfz` und `KfzDemo` müssen sich nicht in der gleichen Quelldatei befinden. Sie sollten jede Klasse in einer eigenen Datei mit der Bezeichnung `Kfz.java` beziehungsweise `KfzDemo.java` speichern.

Um dieses Programm zu starten, müssen Sie `KfzDemo.class` ausführen. Folgende Ausgabe wird angezeigt:

```
Im Minivan haben 7 Personen Platz.
Die Reichweite beträgt 400 Kilometer.
```

Bevor wir fortfahren, fassen wir die Grundprinzipien noch einmal zusammen: Jedes Objekt verfügt über eigene Kopien der von der Klasse definierten Instanzvariablen. Der Inhalt der Variablen eines Objekts kann sich daher vom Inhalt der Variablen eines anderen Objekts unterscheiden. Zwischen den beiden Objekten gibt es außer der Tatsache, dass beide Objekte vom gleichen Typ sind, keine weiteren Gemeinsamkeiten. Zwei Kfz-Objekte besitzen jeweils eigene Kopien der Variablen sitze, tankinhalt und verbrauch, deren Inhalte für beide Objekte unterschiedlich sein können. Das folgende Programm veranschaulicht diesen Umstand. (Beachten Sie, dass die Klasse mit main() jetzt ZweiKfz heißt.)

```java
// Dies Programm erzeugt zwei Kfz-Objekte.

class Kfz {
  int sitze;       // Anzahl der Sitze
  int tankinhalt;  // Tankinhalt in Litern
  int verbrauch;   // Verbrauch auf 100 km in Litern
}

// Diese Klasse deklariert ein Objekt vom Typ Kfz.
class ZweiKfz {
  public static void main(String args[]) {
    Kfz minivan = new Kfz();
    Kfz sportwagen= new Kfz();

    int reichweite1, reichweite2;

    // Den Feldern in minivan Werte zuweisen
    minivan.sitze = 7;
    minivan.tankinhalt = 60;
    minivan.verbrauch = 14;

    // Den Feldern in sportwagen Werte zuweisen
    sportwagen.sitze = 2;
    sportwagen.tankinhalt = 45;
    sportwagen.verbrauch = 9;

    // Die Reichweiten bei vollem Tankinhalt berechnen
    reichweite1 = (minivan.tankinhalt / minivan.verbrauch) * 100;
    reichweite2 = (sportwagen.tankinhalt / sportwagen.verbrauch) * 100;

    System.out.println("Im Minivan haben " + minivan.sitze +
    " Personen Platz.\nDie Reichweite beträgt " + reichweite1 + " km.");

    System.out.println("Im Sportwagen haben " + sportwagen.sitze +
    " Personen Platz.\nDie Reichweite beträgt " + reichweite2 + " km.");
  }
}
```

Beachten Sie, dass minivan und sportwagen sich auf unterschiedliche Objekte beziehen.

Kapitel 4: Klassen, Objekte und Methoden – Einführung

Das Programm erzeugt folgende Ausgabe:

```
Im Minivan haben 7 Personen Platz.
Die Reichweite beträgt 400 km.
Im Sportwagen haben 2 Personen Platz.
Die Reichweite beträgt 500 km.
```

Wie zu erkennen ist, unterscheiden sich die Daten in **minivan** völlig von denen in **sportwagen**. Die folgende Abbildung veranschaulicht diese Situation.

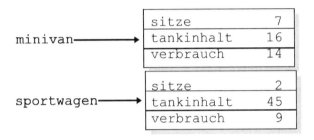

1-Minuten-Test

- Welche beiden Dinge enthält eine Klasse ?
- Welcher Operator wird für den Zugriff eines Objekts auf die Elemente einer Klasse verwendet?
- Jedes Objekt besitzt eigene Kopien der _____ der Klasse.

Wie Objekte erzeugt werden

In letzten Programm wurde mit der folgenden Zeile ein Objekt vom Typ **Kfz** deklariert:

```
Kfz minivan = new Kfz();
```

Diese Deklaration erfüllt zwei Aufgaben. Zum einen deklariert sie eine Variable vom Klassentyp **Kfz** mit der Bezeichnung **minivan**. Diese Variable definiert kein Objekt. Es handelt sich vielmehr um eine einfache Variable, die auf ein Objekt _verweisen_ kann. Zum anderen erzeugt die Deklaration eine physische Kopie des

---

- Code und Daten. In Java bedeutet dies Methoden und Instanzvariablen.
- Der Punktoperator.
- Instanzvariablen.

Objekts und weist `minivan` einen Verweis auf dieses Objekt zu. Dies geschieht mit dem Operator `new`.

Der `new`-Operator weist einem Objekt dynamisch (während der Laufzeit) Speicher zu und gibt einen Verweis darauf zurück. Bei dem Verweis handelt es sich mehr oder weniger um die Speicheradresse des Objekts, die mit `new` zugewiesen wurde. Dieser Verweis wird in einer Variablen gespeichert. Daher müssen in Java alle Klassenobjekte dynamisch zugewiesen werden.

Die beiden in der letzten Anweisung kombinierten Schritte können auch anders geschrieben werden, um die einzelnen Anweisungen zu verdeutlichen:

```
Kfz minivan; // Einen Verweis auf das Objekt deklarieren
minivan = new Kfz(); // Ein Kfz-Objekt zuweisen
```

Die erste Zeile deklariert `minivan` als Verweis auf ein Objekt vom Typ `Kfz`. `minivan` ist somit eine Variable, die auf ein Objekt verweisen kann, ohne selbst ein Objekt zu sein. An diesem Punkt enthält `minivan` den Wert `null` und verweist daher auf kein Objekt. Die nächste Zeile erzeugt ein neues `Kfz`-Objekt und weist `minivan` einen Verweis darauf zu. `minivan` ist jetzt mit einem Objekt verknüpft.

Verweisvariablen und Zuweisung

Bei einer Zuweisungsoperation verhalten sich Objektverweisvariablen anders als Variablen einfachen Typs wie beispielsweise eine `int`-Variable. Wenn Sie eine Variable einfachen Typs einer anderen Variablen zuweisen, ist die Situation ganz einfach. Die Variable auf der linken Seite erhält eine *Kopie* des Werts der Variablen auf der rechten Seite. Weisen Sie eine Objektverweisvariable einer anderen Objektverweisvariablen zu, dann ist die Situation etwas komplizierter, weil das Objekt verändert wird, auf welches die Verweisvariable verweist. Dieser Unterschied kann zu unerwarteten Ergebnissen führen. Betrachten Sie beispielsweise das folgende Codefragment:

```
Kfz auto1 = new Kfz();
Kfz auto2 = auto1;
```

Auf den ersten Blick drängt sich die Vermutung auf, dass `auto1` und `auto2` sich auf unterschiedliche Objekte beziehen, was jedoch nicht der Fall ist. `auto1` und `auto2` beziehen sich vielmehr beide auf das *gleiche* Objekt. Die Zuweisung von `auto1` zu `auto2` führt einfach dazu, dass `auto2` auf das gleiche Objekt verweist wie `auto1`. Auf das Objekt kann daher entweder über `auto1` oder über `auto2` zugegriffen werden. Führen Sie zum Beispiel nach der Zuweisung

```
auto1.verbrauch = 26;
```

die beiden folgenden `println()`-Anweisungen aus:

```
System.out.println(auto1.verbrauch);
System.out.println(auto2.verbrauch);
```

Beide Anweisungen geben den Wert 26 aus.
 Obwohl sich `auto1` und `auto2` beide auf das gleiche Objekt beziehen, sind sie nicht weiter miteinander verknüpft. Eine nachfolgende Zuweisung für `auto2` ändert einfach nur das Objekt, auf welches `auto2` verweist. Zum Beispiel:

```
Kfz auto1 = new Kfz();
Kfz auto2 = auto1;
Kfz auto3 = new Kfz();

auto2 = auto3; // auto2 und auto3 verweisen jetzt auf das
               // gleiche Objekt.
```

Nach Ausführung dieser Sequenz verweist `auto2` auf das gleiche Objekt wie `auto3`. Das Objekt, auf welches `auto1` verweist, bleibt unverändert.

1-Minuten-Test
- Erklären Sie, was geschieht, wenn eine Objektverweisvariable einer anderen zugewiesen wird.
- Zeigen Sie, wie ein Objekt `ob` für eine Klasse mit der Bezeichnung `MeineKlasse` erzeugt wird.

Methoden

Instanzvariablen und Methoden sind die Grundelemente der Klassen. Bisher enthält die `Kfz`-Klasse nur Daten, aber noch keine Methoden. Reine Datenklassen sind zwar zulässig, die meisten Klassen verfügen jedoch über Methoden. Methoden sind Unterroutinen, die die von der Klasse definierten Daten manipulieren und in vielen Fällen auch Zugriff auf die Daten gewähren. Meist interagieren die übrigen Programmteile mit einer Klasse über deren Methoden.

- Wenn eine Objektverweisvariable einer anderen zugewiesen wird, verweisen beide Variablen auf das gleiche Objekt. Eine Kopie des Objekts wird *nicht* angelegt.
- `MeineKlasse ob = new MeineKlasse();`

Eine Methode enthält eine oder mehr Anweisungen. In gut geschriebenem Java-Code führt jede Methode nur eine Aufgabe durch. Sie hat einen Namen, über den sie aufgerufen wird. Der Name einer Methode kann in der Regel frei gewählt werden. Beachten Sie jedoch, dass `main()` für die Methode reserviert ist, mit der die Programmausführung beginnt. Die Java-Schlüsselwörter dürfen ebenfalls nicht als Methodennamen verwendet werden.

Bei der Schreibweise der Methoden im Text hält sich dieses Buch an eine allgemein gebräuchliche Java-Konvention: Nach dem Methodennamen folgt immer eine geschlossene Klammer. Trägt eine Methode beispielsweise die Bezeichnung `getval`, dann wird dieser Name im Text als `getval()` geschrieben. Auf diese Weise können Variablen und Methode im Text unterschieden werden.

Die allgemeine Form einer Methode sieht wie folgt aus:

```
ret-Typ Name(Parameterliste ) {
    // Methodenrumpf
}
```

ret-Typ gibt den von der Methode zurückgegebenen Datentyp an. Dies kann jeder gültige Typ einschließlich selbst erstellter Klassentypen sein. Gibt die Methode keinen Wert zurück, dann hat sie den Rückgabetyp `void`. Der Methodename wird mit *Name* angegeben. Dabei kann es sich um einen gültigen Bezeichner handeln, der sich von den Bezeichnern für andere Elemente des aktuellen Gültigkeitsbereichs unterscheiden muss. Die *Parameterliste* ist eine Sequenz von Typ- und Bezeichnerpaaren, die durch Kommata voneinander getrennt werden. Parameter sind Variablen, deren Werte den der Methode beim Aufruf übergebenen *Argumenten* entsprechen. Besitzt die Methode keine Parameter, dann ist die Parameterliste leer.

Der Kfz-Klasse eine Methode hinzufügen

Wie gerade ausgeführt wurde, manipulieren die Methoden einer Klasse normalerweise die Daten der Klasse und bieten Zugriff auf diese Daten. Betrachten Sie vor diesem Hintergrund noch einmal das vorangegangene Beispiel: Die `main()`-Methode berechnete die Reichweite eines `Kfz`-Objekts durch Division des Tankinhalts mit dem Verbrauch pro 100 Kilometer multipliziert mit 100. Rein theoretisch ist diese Berechnung zwar korrekt, sie ist jedoch nicht die beste Lösung. Die Berechnung der Reichweite eine KFZ wird am besten von der `Kfz`-Klasse selbst durchgeführt. Die Begründung hierfür ist leicht nachzuvollziehen: Die Reichweite eines KFZ hängt vom Tankinhalt sowie vom Verbrauch ab. Diese beiden Mengen sind in `Kfz` eingekapselt. Die objektorientierte Struktur des Programms wird verbessert, wenn `Kfz` eine Methode zur Berechnung der Reichweite hinzugefügt wird.

Kfz kann in der Kfz-Deklaration eine Methode hinzugefügt werden. Die folgende Version von Kfz enthält beispielsweise eine Methode mit dem Namen reichweite(), die die Reichweite eines Autos anzeigt.

```
// Die Reichweite in Kfz berechnen

class Kfz {
  int sitze; // Anzahl der Sitze
  int tankinhalt;   // Tankinhalt in Litern
  int verbrauch;    // Verbrauch auf 100 km in Litern

  // Ausgabe der Reichweite.
  void reichweite() {
    System.out.println("Die Reichweite beträgt " + (tankin-
                      halt / verbrauch) * 100 + " km.");
  }
}

class AddMeth {
  public static void main(String args[]) {
    Kfz minivan = new Kfz();
    Kfz sportwagen= new Kfz();

    int reichweite1, reichweite2;

    // Den Feldern in minivan Werte zuweisen
    minivan.sitze = 7;
    minivan.tankinhalt = 60;
    minivan.verbrauch = 14;

    // Den Feldern in sportwagen Werte zuweisen
    sportwagen.sitze = 2;
    sportwagen.tankinhalt = 45;
    sportwagen.verbrauch = 9;

    System.out.print("Im Minivan haben " + minivan.sitze +
                " Personen Platz. ");

    minivan.reichweite(); // Ausgabe der Reichweite des
                          // Minivan

    System.out.print("Im Sportwagen haben " + sportwa-
                gen.sitze + " Personen Platz. ");
```

> Die Methode reichweite() ist in der Klasse Kfz enthalten.

> Beachten Sie, dass tankinhalt und verbrauch ohne den Punktoperator verwendet werden.

```
        sportwagen.reichweite(); // Ausgabe der Reichweite des
                                 // Sportwagens
    }
}
```

Dieses Programm zeigt folgende Ausgabe an:

```
Im Minivan haben 7 Personen Platz.
Die Reichweite beträgt 400 km.
Im Sportwagen haben 2 Personen Platz.
Die Reichweite beträgt 500 km.
```

Betrachten wir die Hauptelemente dieses Programms beginnend mit der Methode `reichweite()`. Die erste Zeile der Methode lautet:

```
void reichweite() {
```

Mit dieser Zeile wird eine Methode mit dem Namen `reichweite` deklariert, die keine Parameter übernimmt. Der Rückgabetyp ist `void`. `reichweite()` liefert dem Aufrufer also keinen Wert zurück. Die Zeile endet mit der öffnenden geschweiften Klammer des Methodenrumpfs.

Der Rumpf von `reichweite()` besteht aus einer einzigen Zeile:

```
    System.out.println("Die Reichweite beträgt " + (tankinhalt / verbrauch) * 100 + " km.");
```

Diese Anweisung zeigt die Reichweite eine Autos an und dividiert hierfür den Tankinhalt durch den Verbrauch und multipliziert ihn mit 100. Da jedes Objekt vom Typ `Kfz` eine eigene Kopie von `tankinhalt` und `verbrauch` besitzt, werden beim Aufruf von `reichweite()` die Kopien der Variablen dieser Objekte für die Berechnung verwendet.

Die Methode `reichweite()` endet mit der schließenden geschweiften Klammer. Damit wird die Programmsteuerung an den Aufrufer zurückgegeben.

Betrachten wir als Nächstes die erste Zeile von `main()` etwas genauer:

```
minivan.reichweite();
```

Mit dieser Anweisung wird die Methode `reichweite()` für `minivan` aufgerufen. `reichweite()` wird mit den Objektnamen und dem Punktoperator relativ zum `minivan`-Objekt aufgerufen. Bei einem Methodenaufruf wird die Programmsteuerung der Methode übergeben. Nach Beendigung der Methode geht die

Steuerung wieder an den Aufrufer zurück und die Programmausführung wird mit der auf den Aufruf der Methode folgenden Codezeile fortgesetzt.

In diesem Fall zeigt der Aufruf von `minivan.reichweite()` die Reichweite eines Fahrzeugs vom Typ `minivan` an. Der Aufruf von `sportwagen.reichweite()` zeigt auf die gleiche Weise die Reichweite eines in `Kfz` definierten `sportwagen`-Objekts an. Bei jedem Aufruf von `reichweite()` wird die Reichweite des angegebenen Objekts angezeigt.

Innerhalb der Methode `reichweite()` ist ein wichtiger Punkt zu beachten: Die Instanzvariablen `tankinhalt` und `verbrauch` werden direkt ohne Voranstellung eines Objektnamens oder des Punktoperators angesprochen. Wenn eine Methode eine von der eigenen Klasse definierte Instanzvariable verwendet, geschieht dies direkt ohne einen expliziten Verweis auf ein Objekt und ohne Verwendung des Punktoperators. Wenn man einmal darüber nachdenkt, dann leuchtet das sehr schnell ein. Eine Methode wird immer relativ zu einem Objekt seiner Klasse aufgerufen. Nach diesem Aufruf ist das Objekt bekannt. Innerhalb einer Methode besteht also keine Notwendigkeit, das Objekt ein zweites Mal anzugeben. `tankinhalt` und `verbrauch` beziehen sich innerhalb von `reichweite()` implizit auf die Kopien dieser Variablen, die im `reichweite()` aufrufenden Objekt zu finden sind

Die Rückkehr von einer Methode

Im Allgemeinen gibt es zwei Bedingungen, die zur Rückkehr von einer Methode führen. Zum einen kann sie wie im vorangegangenen Beispiel für die Methode `reichweite()` durch die schließende geschweifte Klammer ausgelöst werden. Sie kann aber auch durch Ausführen einer `return`-Anweisung ausgelöst werden. Diese Anweisung besitzt zwei Formen, von denen eine für `void`-Methoden (Methoden ohne Rückgabewert) und die andere für Rückgabewerte verwendet wird. An dieser Stelle soll die erste Form untersucht werden. Im anschließenden Abschnitt wird dann erklärt, wie Werte zurückgegeben werden.

In einer `void`-Methode kann die unmittelbare Beendigung einer Methode mit dieser Form der `return`-Anweisung erreicht werden:

```
return ;
```

Nach Ausführung dieser Anweisung wird die Programmsteuerung an den Aufrufer zurückgegeben. Zum Beispiel:

```
void meineMeth() {
  int i;

  for(i=0; i<10; i++) {
```

```
   if(i == 5) return; // Stopp bei 5
   System.out.println();
  }
}
```

In diesem Beispiel wird die for-Schleife nur von 0 bis 5 ausgeführt. Wenn i gleich 5 ist, kehrt die Methode zurück.

Eine Methode kann mehrere return-Anweisungen enthalten, insbesondere wenn sie über zwei oder mehr Wege verlassen werden kann:

```
void meineMeth() {
  // ...
  if(done) return;
  // ...
  if(error) return;
}
```

Diese Methode wird nach der Ausführung oder beim Auftreten eines Fehlers verlassen. Zu viele oder willkürliche Ausstiegsmöglichkeiten aus einer Methode sollten Sie jedoch vermeiden, weil dies die Struktur des Codes beeinträchtigt. Eine gut aufgebaute Methode besitzt normalerweise korrekt definierte Ausstiegspunkte.

Zusammenfassung: Eine void-Methode kann auf zwei Arten zurückkehren, einmal durch Erreichen der schließenden geschweiften Klammer oder durch Ausführung einer return-Anweisung.

Einen Wert zurückliefern

Methoden mit dem Rückgabetyp void werden zwar auch häufig verwendet, die meisten Methoden liefern jedoch einen Wert zurück. Die Möglichkeit, einen Wert zurückzugeben, ist eine der nützlichsten Eigenschaften der Methoden. Ein Beispiel für einen Rückgabewert haben Sie bereits bei der Funktion sqrt() kennen gelernt.

Rückgabewerte werden für eine Reihe von Programmieraufgaben verwendet. In einigen Fällen wie beispielsweise bei der Funktion sqrt() liefert der Rückgabewert das Ergebnis von Berechnungen. In anderen Fällen gibt er lediglich Auskunft über Erfolg oder Misserfolg einer Methode. Er kann auch einen Statuscode liefern. Unabhängig vom Verwendungszweck sind die Rückgabewerte von Methoden ein integraler Bestandteil der Java-Programmierung.

Methoden geben der aufrufenden Routine einen Wert in folgender Form zurück:

Kapitel 4: Klassen, Objekte und Methoden – Einführung

```
return Wert;
```

Der angegebene *Wert* wird zurückgeliefert.

Die Implementierung der Methode `reichweite()` kann mit einem Rückgabewert verbessert werden. Anstatt die Reichweite anzuzeigen, ist es günstiger, wenn `reichweite()` die Berechnung durchführt und das Ergebnis zurückgibt. Das bietet unter anderem den Vorteil, dass der Wert für andere Berechnungen zur Verfügung steht. Im folgenden Beispiel wird `reichweite()` so verändert, dass die Reichweite nicht angezeigt, sondern zurückgegeben wird.

```
// Verwendung eines Rückgabewertes

class Kfz {
  int sitze;      // Anzahl der Sitze
  int tankinhalt;    // Tankinhalt in Litern
  int verbrauch;     // Verbrauch auf 100 km in Litern

  // Rückgabe der reichweite
  int reichweite() {
    return ((tankinhalt / verbrauch) * 100);    // Rückgabe der Reichweite
  }                                              // des angegebenen KFZ.
}

class RetMeth {
  public static void main(String args[]) {
    Kfz minivan = new Kfz();
    Kfz sportwagen= new Kfz();

    int reichweite1, reichweite2;

    // Den Feldern in minivan Werte zuweisen
    minivan.sitze = 7;
    minivan.tankinhalt = 60;
    minivan.verbrauch = 14;

    // Den Feldern in sportwagen Werte zuweisen
    sportwagen.sitze = 2;
    sportwagen.tankinhalt = 45;
    sportwagen.verbrauch = 9;

    // Die Reichweiten holen
    reichweite1 = minivan.reichweite();       // Den Rückgabe-
    reichweite2 = sportwagen.reichweite();    // wert einer Variab-
                                              // len zuweisen.
```

```
        System.out.println("Im Minivan haben " + minivan.sitze +
                    " Personen Platz.\nDie Reichweite beträgt
                    " + reichweite1 + " Kilometer.");

        System.out.println("Im Sportwagen haben " + sportwagen.
                    sitze + " Personen Platz.\nDie Reich-
                    weite beträgt " + reichweite2 + "
                    Kilometer.");

    }
}
```

Folgende Ausgabe liefert das Programm:

```
Im Minivan haben 7 Personen Platz.
Die Reichweite beträgt 400 Kilometer.
Im Sportwagen haben 2 Personen Platz.
Die Reichweite beträgt 500 Kilometer.
```

In diesem Programm steht `reichweite()` beim Aufruf der Methode auf der rechten Seite einer Zuweisung. Links wird eine Variable angegeben, die den von `reichweite()` zurückgegebenen Wert erhält. Nach der Ausführung von

```
reichweite1 = minivan.reichweite();
```

wird die Reichweite des `minivan`-Objekts daher in `reichweite1` gespeichert.

`reichweite()` hat den Rückgabetyp `int`. Das führt dazu, dass durch die Rückgabe eines ganzzahligen Werts an den Aufrufer die Nachkommstellen wegfallen. Der Rückgabetyp einer Methode ist wichtig, weil der von der Methode zurückgelieferte Datentyp mit dem in der Methode angegebenen Rückgabetyp übereinstimmen muss. Soll eine Methode Daten vom Typ **double** zurückliefern, muss der Rückgabetyp auch vom Typ **double** sein.

Das vorgestellte Programm ist zwar korrekt, es ist jedoch nicht sehr effizient. Die Variablen `reichweite1` oder `reichweite2` sind beispielsweise nicht erforderlich. Ein Aufruf von `reichweite()` könnte direkt in die `println()`-Anweisung gesetzt werden:

```
System.out.println("Im Minivan haben " + minivan.sitze +
            " Personen Platz.\nDie Reichweite beträgt "
            + minivan.reichweite() + " Kilometer.");
```

Bei der Ausführung von `println()` wird `minivan.reichweite()` automatisch aufgerufen und der Wert an `println()` übergeben. Ein Aufruf von `reichweite()` kann immer dann erfolgen, wenn die Reichweite eines `Kfz`-Objekts benötigt wird. Mit der folgenden Anweisung werden beispielsweise die Reichweiten zweier Fahrzeuge miteinander verglichen:

```
if(v1.reichweite() > v2.reichweite()) System.out.println("v1
hat eine größere Reichweite.");
```

Parameter verwenden

Beim Aufruf können einer Methode ein oder mehrere Werte übergeben werden. Diese einer Methode übergebenen Werte werden *Argumente* genannt. Die Variable, die innerhalb der Methode das Argument übernimmt, heißt *Parameter*. Parameter werden innerhalb der Klammern gefolgt vom Methodennamen deklariert. Die Syntax der Parameterdeklaration ist die gleiche wie bei der Deklaration von Variablen. Ein Parameter liegt innerhalb des Gültigkeitsbereichs der Methode. Neben der speziellen Aufgabe, ein Argument zu übernehmen, verhält er sich wie jede andere Variable.

Im folgenden einfachen Beispiel wird ein Parameter verwendet. Innerhalb der `ChkNum`-Klasse gibt die Methode `isEven()` den Wert `true` zurück, wenn der übergebene Wert gerade ist, andernfalls wird `false` zurückgegeben. Der Typ des Rückgabewerts von `isEven()` ist daher vom Typ `boolean`.

```
// Ein Beispiel für die Verwendung von Parametern

class ChkNum {
  // Wenn x gerade ist, wird true zurückgegeben.
  boolean isEven(int x) {        ← x ist ein int-Parameter
    if((x%2) == 0) return true;       von isEven().
    else return false;
  }
}

class ParmDemo {
  public static void main(String args[]) {
    ChkNum e = new ChkNum();

    if(e.isEven(10)) System.out.println("10 ist gerade.");

    if(e.isEven(9)) System.out.println("9 ist gerade.");

    if(e.isEven(8)) System.out.println("8 ist gerade.");
```

}

Das Programm liefert die Ausgabe:

```
10 ist gerade.
8 ist gerade.
```

Im Programm wird dreimal `isEven()` aufgerufen und jedes Mal ein anderer Wert übergeben. Untersuchen wir diesen Vorgang etwas genauer. Beachten Sie zuerst, wie `isEven()` aufgerufen wird. Das Argument wird in der Klammer angegeben. Beim ersten Aufruf von `isEven()` wird der Wert 10 übergeben. Zu Beginn der Ausführung von `isEven()` erhält daher der Parameter x den Wert 10. Beim zweiten Aufruf ist das Argument 9 und auch x hat den Wert 9. Beim dritten Aufruf hat das Argument den Wert 8 und auch x erhält diesen Wert. Der springende Punkt ist, dass der beim Aufruf von `isEven()` als Argument übergebene Wert vom Parameter x übernommen wird.

Eine Methode kann mehr als einen Parameter besitzen. Sie deklarieren die einzelnen Parameter, indem Sie sie durch Kommata voneinander trennen. Die Klasse **Faktor** definiert beispielsweise die Methode `isFaktor()`, die feststellt, ob es sich beim ersten Parameter um einen Faktor des zweiten Parameters handelt.

```java
class Faktor {
  boolean isFaktor(int a, int b) {
    if( (b % a) == 0) return true;
    else return false;
  }
}
class IsFakt {
  public static void main(String args[]) {
    Faktor x = new Faktor();

    if(x.isFaktor(2, 20)) System.out.println("2 ist ein
      Faktor");
    if(x.isFaktor(3, 20)) System.out.println("wird nicht
      angezeigt");

  }
}
```

Auch beim Aufruf von `isFaktor()` werden die Argumente durch Kommata voneinander getrennt.

Kapitel 4: Klassen, Objekte und Methoden – Einführung | **159**

Werden mehrere Parameter verwendet, dann spezifiziert jeder Parameter seinen eigenen Typ, der sich von anderen unterscheiden kann. Folgendes Fragment ist beispielsweise zulässig:

```
int meineMeth(int a, double b, float c) {
// ...
```

Kfz eine parametrisierte Methode hinzufügen

Mit einer parametrisierten Methode können Sie der Klasse Kfz eine neue Eigenschaft hinzufügen, nämlich die Möglichkeit, die benötigte Spritmenge für eine bestimmte Entfernung zu berechnen. Die neue Methode heißt spritverbrauch(). Sie übernimmt die Länge der zu fahrenden Strecke in Kilometer und gibt die Literzahl zurück. Die Methode spritverbrauch() wird wie folgt definiert:

```
double spritverbrauch(int kilometer) {
   return (double) (kilometer / 100) * verbrauch;
}
```

Diese Methode gibt einen Wert vom Typ double zurück. Dies ist sinnvoll, da die benötigte Spritmenge für eine angegebene Entfernung möglicherweise keine gerade Zahl ist.

Es folgt die vollständige Kfz-Klasse mit der Methode spritverbrauch():

```
/*
   Eine parametrisierte Methode zur Berechnung
   der benötigten Spritmenge für eine bestimmte
   Entfernung hinzufügen.
*/

class Kfz {
  int sitze; // Anzahl der Sitze
  int tankinhalt;    // Tankinhalt in Litern
  int verbrauch;     // Verbrauch auf 100 km in Litern

  // Rückgabe der Reichweite.
  int reichweite() {
    return (( tankinhalt / verbrauch) * 100) ;
  }

  // Die Spritmenge für eine bestimmte Distanz berechnen.
  double spritverbrauch(int kilometer) {
```

```
      return (double) ((kilometer / 100) * verbrauch);
  }
}

class SpritVergleich {
  public static void main(String args[]) {
    Kfz minivan = new Kfz();
    Kfz sportwagen= new Kfz();
    double liter;
    int dist = 252;

    // Den Feldern in minivan Werte zuweisen
    minivan.sitze = 7;
    minivan.tankinhalt = 60;
    minivan.verbrauch = 14;

    // Den Feldern in sportwagen Werte zuweisen
    sportwagen.sitze = 2;
    sportwagen.tankinhalt = 45;
    sportwagen.verbrauch = 11;

    liter = minivan.spritverbrauch(dist);

    System.out.println("Für " + dist + " Kilometer benötigt
                       der Minivan " + liter + " Liter
                       Benzin.");

    liter = sportwagen.spritverbrauch(dist);

    System.out.println("Für " + dist + " Kilometer benötigt
                       der Sportwagen " + liter + " Liter
                       Benzin.");

  }
}
```

Das Programm liefert folgende Ausgabe:

```
Für 252 Kilometer benötigt der Minivan 28.0 Liter Benzin.
Für 252 Kilometer benötigt der Sportwagen 22.0 Liter Benzin.
```

1-Minuten-Test

- Wann muss auf eine Instanzvariable oder Methode über einen Objektverweis mit dem Punktoperator zugegriffen werden? Wann kann eine Variable oder Methode direkt verwendet werden?
- Erklären Sie den Unterschied zwischen einem Argument und einem Parameter.
- Nennen Sie zwei Möglichkeiten, wie eine Methode zum Aufrufer zurückkehren kann.

Class-
java

Projekt 4.1: Eine Hilfe-Klasse einrichten

Müsste man die Quintessenz der Klasse in einem Satz zusammenfassen, dann könnte dieser lauten: Ein Klasse kapselt Funktionalität ein. Manchmal ist es allerdings eine Kunst zu wissen, wo eine »Funktionalität« endet und eine andere beginnt. Als allgemeine Regel gilt, dass die Klassen die Grundsteine einer größeren Anwendung bilden müssen. Um dies zu erreichen, muss jede Klasse eine einzige funktionale Einheit darstellen, die klar umrissene Aktionen durchführt. Die Klassen sollten daher so klein wie möglich aber auch auf keinen Fall kleiner als erforderlich sein. Klassen, die nicht dazugehörende Funktionen enthalten, verwirren und stören die Codestruktur, wohingegen Klassen mit zu geringer Funktionalität fragmentiert sind. Wie findet man das Gleichgewicht? Dies ist der Punkt, wo die *Wissenschaft* des Programmierens zur *Kunst* des Programmierens wird. Glücklicherweise stellen die meisten Programmierer fest, dass dieser Balanceakt mit zunehmender Erfahrung einfacher wird.

Um Erfahrungen sammeln zu können, wird das Hilfesystem aus dem Projekt 3.3 des vorangegangenen Kapitels in eine Hilfe-Klasse umgewandelt. Warum ist das sinnvoll? Zum einen bildet das Hilfesystem eine logische Einheit. Es zeigt einfach die Syntax der Java-Steueranweisungen an. Die Funktionalität ist daher kompakt und gut definiert. Zum anderen ist die Unterbringung der Hilfe in einer Klasse eine ästhetisch ansprechende Vorge-

---

- Wenn im Code auf eine Instanzvariable zugegriffen wird, der nicht zur Klasse gehört, in der die Instanzvariable definiert wird, muss dies über ein Objekt und den Punktoperator geschehen. Wird auf eine Instanzvariable von Code der gleichen Klasse zugegriffen, kann der Zugriff unmittelbar erfolgen. Das Gleiche gilt für Methoden.
- Ein *Argument* ist ein beim Aufruf einer Methode übergebener Wert. Ein *Parameter* ist eine von einer Methode definierte Variable, die den Wert eines Arguments übernimmt.
- Eine Methode kann mit einer return-Anweisung zur Rückkehr veranlasst werden. Besitzt die Methode den Rückgabetyp void, dann kehrt sie auch beim Erreichen der schließenden geschweiften Klammer zurück. Eine Methode, die nicht vom Typ void ist, muss einen Wert zurückliefern, so dass das Erreichen der schließenden geschweiften Klammer keine Möglichkeit zur Rückkehr ist.

hensweise. Wann immer Sie einem Benutzer das Hilfesystem anbieten möchten, müssen Sie lediglich eine Instanz des `Hilfe`-Objekts einrichten. Außerdem kann die Hilfe ohne unerwünschte Nebeneffekte für die die Hilfe verwendenden Programme aktualisiert werden, weil sie eingekapselt ist.

Schritt für Schritt

1. Erstellen Sie eine neue Datei mit der Bezeichnung `HilfeClassDemo.java`. Um sich etwas Tipperei zu ersparen, können Sie die Datei `Hilfe3.java` aus dem Projekt 3.3 in die Datei `HilfeClassDemo.java` kopieren.

2. Um die Hilfe in eine Klasse umwandeln zu können, müssen Sie zuerst ermitteln, woraus die Hilfe genau besteht. Die Datei `Hilfe3.java` enthält beispielsweise Code zur Anzeige eines Menüs, zur Eingabe der Benutzerauswahl, zur Überprüfung gültiger Antworten und zur Anzeige der Informationen zum gewählten Menüpunkt. Außerdem durchläuft das Programm so lange eine Schleife, bis der Buchstabe q gedrückt wird. Bei genauerer Betrachtung wird sehr schnell klar, dass das Menü, die Gültigkeitsprüfung der Eingaben und die Anzeige der Informationen integrale Bestandteile der Hilfe sind. Für die Entgegennahme der Benutzereingabe und für die Frage, ob wiederholte Anfragen verarbeitet werden sollen, trifft dies nicht zu. Daher wird jeweils eine Klasse eingerichtet, die die Hilfeinformationen ausgibt, das Menü anzeigt und eine, die die Gültigkeitsprüfung der Eingaben vornimmt. Die Methoden werden `hilfezu()`, `menueanzeige()` und `isgueltig()` genannt.

3. Erstellen Sie die folgende `hilfezu()`-Methode:

```java
void hilfezu(int was) {
  switch(was) {
    case '1':
      System.out.println("if:\n");
      System.out.println("if(Bedingung) Anweisung;");
      System.out.println("else Anweisung;");
      break;
    case '2':
      System.out.println("switch:\n");
      System.out.println("switch(Ausdruck) {");
      System.out.println("  case-Konstante:");
      System.out.println("    Anweisungen");
      System.out.println("    break;");
      System.out.println("  // ...");
      System.out.println("}");
      break;
    case '3':
```

```java
      System.out.println("for:\n");
      System.out.print("for(Initialisierung;
                        Bedingung; Iteration)");
      System.out.println(" Anweisung;");
      break;
    case '4':
      System.out.println("while:\n");
      System.out.println("while(Bedingung)
                        Anweisung;");
      break;
    case '5':
      System.out.println("do-while:\n");
      System.out.println("do {");
      System.out.println("  Anweisung;");
      System.out.println("} while (Bedingung);");
      break;
    case '6':
      System.out.println("break:\n");
      System.out.println("break; oder break
                        Sprungmarke;");
      break;
    case '7':
      System.out.println("continue:\n");
      System.out.println("continue; oder continue
                        Sprungmarke;");
      break;
  }
  System.out.println();
}
```

4. Erstellen Sie als Nächstes die Methode `menueanzeige()`:

```java
void menueanzeige() {
  System.out.println("Hilfe zu:");
  System.out.println("  1. if");
  System.out.println("  2. switch");
  System.out.println("  3. for");
  System.out.println("  4. while");
  System.out.println("  5. do-while");
  System.out.println("  6. break");
  System.out.println("  7. continue\n");
  System.out.print("Wählen Sie (q zum Beenden): ");
}
```

5. Erstellen Sie die folgende `isgueltig()`-Methode:

```java
boolean isgueltig(int ch) {
  if(ch < '1' | ch > '7' & ch != 'q') return false;
  else return true;
}
```

6. Fassen Sie die oben aufgeführten Methoden in der `Hilfe`-Klasse zusammen:

```java
class Hilfe {
  void hilfezu(int was) {
    switch(was) {
      case '1':
        System.out.println("if:\n");
        System.out.println("if(Bedingung) Anweisung;");
        System.out.println("else Anweisung;");
        break;
      case '2':
        System.out.println("switch:\n");
        System.out.println("switch(Ausdruck) {");
        System.out.println("  case-Konstante:");
        System.out.println("    Anweisungen");
        System.out.println("    break;");
        System.out.println("  // ...");
        System.out.println("}");
        break;
      case '3':
        System.out.println("for:\n");
        System.out.print("for(Initialisierung;
                      Bedingung; Iteration)");
        System.out.println(" Anweisung;");
        break;
      case '4':
        System.out.println("while:\n");
        System.out.println("while(Bedingung)
                      Anweisung;");
        break;
      case '5':
        System.out.println("do-while:\n");
        System.out.println("do {");
        System.out.println("  Anweisung;");
        System.out.println("} while (Bedingung);");
        break;
      case '6':
```

```
        System.out.println("break:\n");
        System.out.println("break; oder break
                             Sprungmarke;");
        break;
      case '7':
        System.out.println("continue:\n");
        System.out.println("continue; oder continue
                             Sprungmarke;");
        break;
    }
    System.out.println();
  }

  void menueanzeige() {
    System.out.println("Hilfe zu:");
    System.out.println("   1. if");
    System.out.println("   2. switch");
    System.out.println("   3. for");
    System.out.println("   4. while");
    System.out.println("   5. do-while");
    System.out.println("   6. break");
    System.out.println("   7. continue\n");
    System.out.print("Wählen Sie (q zum Beenden): ");
  }

  boolean isgueltig(int ch) {
    if(ch < '1' | ch > '7' & ch != 'q') return false;
    else return true;
  }
}
```

7. Schreiben Sie die main()-Methode aus Projekt 3.3 so um, dass sie jetzt die neue Hilfe-Klasse verwendet. Nennen Sie diese Klasse HilfeClassDemo.java. So sieht das vollständige Listing von HilfeClassDemo.java aus:

```
/*
   Projekt 4.1

   Das Hilfesystem aus Projekt 3.3 in
   eine Hilfe-Klasse umwandeln.
*/

class Hilfe {
  void hilfezu(int was) {
```

```
      switch(was) {
        case '1':
          System.out.println("if:\n");
          System.out.println("if(Bedingung) Anweisung;");
          System.out.println("else Anweisung;");
          break;
        case '2':
          System.out.println("switch:\n");
          System.out.println("switch(Ausdruck) {");
          System.out.println("  case-Konstante:");
          System.out.println("    Anweisungen");
          System.out.println("    break;");
          System.out.println("  // ...");
          System.out.println("}");
          break;
        case '3':
          System.out.println("for:\n");
          System.out.print("for(Initialisierung; Bedingung; Iteration)");
          System.out.println(" Anweisung;");
          break;
        case '4':
          System.out.println("while:\n");
          System.out.println("while(Bedingung) Anweisung;");
          break;
        case '5':
          System.out.println("do-while:\n");
          System.out.println("do {");
          System.out.println("  Anweisung;");
          System.out.println("} while (Bedingung);");
          break;
        case '6':
          System.out.println("break:\n");
          System.out.println("break; oder break Sprungmarke;");
          break;
        case '7':
          System.out.println("continue:\n");
          System.out.println("continue; oder continue Sprungmarke;");
          break;
      }
    System.out.println();
  }
```

```java
  void menueanzeige() {
    System.out.println("Hilfe zu:");
    System.out.println("  1. if");
    System.out.println("  2. switch");
    System.out.println("  3. for");
    System.out.println("  4. while");
    System.out.println("  5. do-while");
    System.out.println("  6. break");
    System.out.println("  7. continue\n");
    System.out.print("Wählen Sie (q zum Beenden): ");
  }

  boolean isgueltig(int ch) {
    if(ch < '1' | ch > '7' & ch != 'q') return false;
    else return true;
  }

}

class HilfeClassDemo {
  public static void main(String args[])
    throws java.io.IOException {
    char choice;
    Hilfe hlpobj = new Hilfe();

    for(;;) {
      do {
        hlpobj.menueanzeige();
        do {
          choice = (char) System.in.read();
        } while(choice == '\n' | choice == '\r');

      } while( !hlpobj.isgueltig(choice) );

      if(choice == 'q') break;

      System.out.println("\n");

      hlpobj.hilfezu(choice);
    }
  }
}
```

Wenn Sie das Programm ausprobieren, werden Sie feststellen, dass es die gleiche Funktionalität wie zuvor besitzt. Der Vorteil dieser Vorgehensweise liegt darin, dass Sie jetzt über eine Hilfe verfügen, die Sie bei Bedarf immer wieder verwenden können.

Konstruktoren

In den vorangegangenen Beispielen mussten die Instanzvariablen jedes Kfz-Objekts mit einer Reihe von Anweisungen manuell gesetzt werden, beispielsweise so:

```
minivan.sitze = 7;
minivan.tankinhalt = 60;
minivan.verbrauch = 14;
```

In einem professionell geschriebenem Java-Programm werden Sie so etwas niemals finden. Neben der Fehleranfälligkeit (möglicherweise wird vergessen, eines der Felder zu setzen) gibt es ganz einfach bessere Lösungen für diese Aufgabe, nämlich die Verwendung eines Konstruktors.

Ein *Konstruktor* initialisiert ein Objekt, wenn es erzeugt wird. Er hat den gleichen Namen wie die Klasse und ist syntaktisch mit einer Methode vergleichbar. Konstruktoren besitzen jedoch keinen expliziten Rückgabetyp. Üblicherweise werden den von der Klasse definierten Instanzvariablen mit den Konstruktoren Anfangswerte zugewiesen oder andere erforderliche Startprozeduren durchgeführt, um ein vollwertiges Objekt zu erzeugen.

Alle Klassen besitzen Konstruktoren, ob sie definiert werden oder nicht, denn Java stellt automatisch einen Standardkonstruktor zur Verfügung, der alle Member-Variablen mit dem Wert 0 initialisiert. Definieren Sie einen eigenen Konstruktor, dann ist der Standardkonstruktor nicht mehr gültig.

Das folgende einfache Beispiel zeigt die Verwendung eines Konstruktors:

```
// Ein einfacher Konstruktor.

class MeineKlasse {
  int x;

  MeineKlasse() {
    x = 10;
  }
}
```

Kapitel 4: Klassen, Objekte und Methoden – Einführung | **169**

```
class ConsDemo {
  public static void main(String args[]) {
    MeineKlasse t1 = new MeineKlasse();
    MeineKlasse t2 = new MeineKlasse();

    System.out.println(t1.x + " " + t2.x);
  }
}
```

In diesem Beispiel ist

```
MeineKlasse() {
  x = 10;
}
```

der Konstruktor für `MeineKlasse`. Er weist der Instanzvariablen `x` von `MeineKlasse` den Wert 10 zu. Dieser Konstruktor wird von `new` aufgerufen, wenn ein Objekt erzeugt wird. In der Zeile

```
MeineKlasse t1 = new MeineKlasse();
```

wird beispielsweise der Konstruktor `MeineKlasse()` für das Objekt `t1` aufgerufen und weist `t1.x` den Wert 10 zu. Das Gleiche geschieht für `t2`. Anschließend hat `t2.x` den Wert 10. Die Ausgabe des Programms sieht daher wie folgt aus:

```
10 10
```

Parametrisierte Konstruktoren

Im letzten Beispiel wurde ein Konstruktor ohne Parameter verwendet. In manchen Situationen ist das zwar praktikabel, meist wird jedoch ein Konstruktor benötigt, der einen oder mehrere Parameter übernimmt. Parameter werden einem Konstruktor auf die gleiche Weise hinzugefügt wie einer Methode: Sie deklarieren sie in der Klammer hinter dem Namen des Konstruktors. Im folgenden Beispiel erhält `MeineKlasse` einen parametrisierten Konstruktor:

```
// Ein parametrisierter Konstruktor

class MeineKlasse {
  int x;

  MeineKlasse(int i) {
    x = i;
```

```
  }
}

class ParmConsDemo {
  public static void main(String args[]) {
    MeineKlasse t1 = new MeineKlasse(10);
    MeineKlasse t2 = new MeineKlasse(88);

    System.out.println(t1.x + " " + t2.x);
  }
}
```

Das Programm gibt aus:

```
10 88
```

In dieser Version des Programms definiert der MeineKlasse()-Konstruktor einen Parameter mit der Bezeichnung i, mit dem die Instanzvariable x initialisiert wird. Wenn die Zeile

```
MeineKlasse t1 = new MeineKlasse(10);
```

ausgeführt wird, wird der Wert 10 an i übergeben und anschließend x zugewiesen.

Der Kfz-Klasse einen Konstruktor hinzufügen

Die Kfz-Klasse kann durch Hinzufügen eines Konstruktors verbessert werden, der automatisch die Felder sitze, tankinhalt und verbrauch initialisiert, wenn ein Objekt eingerichtet wird. Achten Sie darauf, wie Kfz-Objekte erzeugt werden.

```
// Einen Konstruktor hinzufügen

class Kfz {
  int sitze;          // Anzahl der Sitze
  int tankinhalt;     // Tankinhalt in Litern
  int verbrauch;      // Verbrauch auf 100 km in Litern

  // Dies ist ein Konstruktor für Kfz
  Kfz(int p, int f, int m) {
    sitze = p;
    tankinhalt = f;
    verbrauch = m;
  }
```

```
  // Rückgabe der Reichweite.
  int reichweite() {
    return (( tankinhalt / verbrauch) * 100) ;
  }

  // Die Spritmenge für eine bestimmte Distanz berechnen.
  double spritverbrauch(int kilometer) {
    return (double) ((kilometer / 100) * verbrauch);
  }
}

class KfzConsDemo {
  public static void main(String args[]) {

    // Vollständige Kfz-Objekte einrichten
    Kfz minivan = new Kfz(7, 60, 14);
    Kfz sportwagen= new Kfz(2, 45, 11);
    double liter;
    int dist = 440;

    liter = minivan.spritverbrauch(dist);

    System.out.println("Für " + dist + " Kilometer benötigt der Minivan " +
                       liter + " Liter Benzin.");

    liter = sportwagen.spritverbrauch(dist);

    System.out.println("Für " + dist + " Kilometer benötigt der Sportwagen " +
                       liter + " Liter Benzin.");

  }
}
```

Sowohl minivan als auch sportwagen wurden vom Kfz()-Konstruktor initialisiert, als sie erzeugt wurden. Jedes Objekt wird wie mit den Parametern für den Konstruktor angegeben initialisiert. In der Zeile

```
    Kfz minivan = new Kfz(7, 60, 14);
```

werden die Werte 7, 60 und 14 an den Kfz()-Konstruktor übergeben, wenn new das Objekt erzeugt. Die Kopien von sitze, tankinhalt und verbrauch von minivan enthalten dann die Werte 7, 60 und 14. Die Ausgabe des Programms unterscheidet sich nicht von der vorherigen Version.

1-Minuten-Test
- Was ist ein Konstruktor und wann wird er ausgeführt?
- Besitzt ein Konstruktor einen Rückgabetyp?

Der new-Operator

Nachdem Sie mehr über Klassen und ihre Konstruktoren erfahren haben, wird der new-Operator nun noch einmal detaillierter erläutert. Er besitzt die allgemeine Form:

```
Klassen-var = new Klassenname();
```

Klassen-var ist eine Variable des zu erzeugenden Klassentyps. *Klassenname* ist der Name der Klasse, von der eine Instanz eingerichtet wird. Der Klassenname gefolgt von einer Klammer ist der Konstruktor der Klasse. Definiert eine Klasse keinen eigenen Konstruktor, dann verwendet new den Standardkonstruktor von Java. Daher kann mit new ein Objekt jedes Klassentyps erzeugt werden.

Da nicht unbegrenzt Speicher zur Verfügung steht, ist new möglicherweise nicht in der Lage, Speicher für ein Objekt zu reservieren, wenn der Speicher nicht mehr ausreicht. In diesem Fall kommt es zu einer Laufzeitausnahme. (Mehr zum Umgang mit dieser und anderen Ausnahmen erfahren Sie in Kapitel 9.) Bei den Beispielprogrammen in diesem Buch ist nicht zu befürchten, dass der Speicher nicht ausreicht, bei Programmen für den praktischen Einsatz muss diese Möglichkeit jedoch in Betracht gezogen werden.

Frage an den Experten

Frage: Warum wird new nicht für Variablen einfachen Typs wie int oder float verwendet?

Antwort: Die einfachen Java-Typen sind nicht als Objekte implementiert. Aus Gründen der Effizienz werden sie als normale Variablen implementiert. Eine Variable einfachen Typs enthält tatsächlich den Wert, den Sie ihr zuweisen. Wie bereits ausgeführt wurde, enthalten Objektvariablen dagegen einen Verweis auf das Objekt. Dieser Umweg (sowie weitere Objekteigenschaften) belastet ein Objekt zusätzlich und wird daher bei den einfachen Datentypen vermieden.

- Ein Konstruktor ist eine Methode, die ausgeführt wird, wenn eine Instanz eines Objekts der Konstruktorklasse erzeugt wird. Er initialisiert das zu erzeugende Objekt.
- Nein.

Garbage Collection und Finalisierungen

Objekten wird mit dem **new**-Operator aus einem Pool freien Speicherplatzes dynamisch Speicher zugewiesen. Da nicht unbegrenzt Speicher zur Verfügung steht, ist es möglich, dass der freie Speicherplatz irgendwann erschöpft ist. Der **new**-Operator kann somit fehlschlagen, wenn nicht genügend freier Speicherplatz zum Erzeugen des gewünschten Objekts zur Verfügung steht.

Aus diesem Grund ist eine Schlüsselkomponente jeder dynamischen Speicherzuweisung die Freigabe des Speicherplatzes nicht mehr genutzter Objekte, der dann für weitere Zuweisungen wieder zur Verfügung steht. In vielen Programmiersprachen wird die Freigabe zuvor allokierten Speicherplatzes manuell durchgeführt. In C++ wird Speicherplatz beispielsweise mit dem Operator **delete** wieder freigegeben. Java verwendet ein anderes, problemloseres Verfahren, nämlich die so genannte *Garbage Collection*.

Das System der Garbage Collection entfernt Objekte automatisch und unsichtbar im Hintergrund, ohne eine Intervention des Programmierers. Sie funktioniert folgendermaßen: Wenn keine Verweise auf ein Objekt mehr vorhanden sind, wird davon ausgegangen, dass das Objekt nicht mehr länger benötigt wird und der von diesem Objekt belegte Speicher wird freigegeben. Dieser wiedergewonnene Speicherplatz kann für weitere Zuweisungen verwendet werden.

Die Garbage Collection wird während der Programmausführung sporadisch durchgeführt. Sie findet nicht statt, nur weil ein oder mehrere nicht mehr benötigte Objekte vorhanden sind. Aus Gründen der Effizienz wird sie normalerweise nur dann ausgeführt, wenn zwei Bedingungen erfüllt sind: Es sind überflüssige Objekte vorhanden und es gibt einen Grund, sie zu entfernen. Da dieser Vorgang Zeit beansprucht, führt das Java-Laufzeitsystem ihn nur bei Bedarf durch. Deshalb ist nicht vorhersehbar, wann genau die Garbage Collection stattfindet.

Die finalize()-Methode

Es ist möglich, eine Methode zu definieren, die kurz vor der endgültigen Zerstörung eines Objekts durch die Garbage Collection aufgerufen wird. Dies ist die Methode `finalize()`, die sicherstellt, dass ein Objekt korrekt beendet wird. Sie können beispielsweise mit `finalize()` dafür sorgen, dass eine von diesem Objekt geöffnete Datei geschlossen wird.

Um eine Finalisierung einer Klasse zu ermöglichen, wird einfach die `finalize()`-Methode definiert. Das Java-Laufzeitsystem ruft diese immer dann auf, wenn ein Objekt der Klasse aufgegeben wird. Innerhalb der `finalize()`-

Methode werden die Aktionen angegeben, die vor der Zerstörung eines Objekts durchgeführt werden müssen.

Die finalize() Methode hat die allgemeine Form:

```
protected void finalize()
{
  // Code für die Beendigung
}
```

Das Schlüsselwort protected ist in diesem Fall eine Spezifikation, die den Zugriff durch Code außerhalb der Klasse auf die finalize()-Methode verhindert. Diese und die übrigen Zugriffsspezifikationen werden in Kapitel 6 erörtert.

Es ist wichtig zu beachten, dass die finalize()-Methode kurz vor der Garbage Collection aufgerufen wird. Sie wird beispielsweise nicht aufgerufen, wenn ein Objekt seinen Gültigkeitsbereich verlässt. Das bedeutet, dass Sie nicht wissen, wann und ob die finalize()-Methode ausgeführt wird. Endet ein Programm zum Beispiel vor der Garbage Collection, wird finalize() nicht ausgeführt. Deshalb sollte die Methode als »Sicherungsprozedur« betrachtet werden, die den korrekten Umgang mit bestimmten Ressourcen ermöglicht, oder für spezielle Anwendungen, aber nicht als eine normale Programmoperation.

❓ Frage an den Experten

Frage: C++ definiert die so genannten *Destruktoren*, die automatisch ausgeführt werden, wenn ein Objekt zerstört wird. Ist die finalize()-Methode mit einem Destruktor vergleichbar?

Antwort: Java besitzt keine Destruktoren. Die finalize()-Methode erfüllt zwar eine mit dem Destruktor vergleichbare Aufgabe, dennoch gibt es Unterschiede. Der Destruktor von C++ wird unmittelbar vor dem Verlassen des Gültigkeitsbereiches aufgerufen, bei finalize() wissen Sie dagegen nicht, wann die Methode für ein bestimmtes Objekt aufgerufen wird. Offengestanden besteht aufgrund der von Java durchgeführten Garbage Collection auch kein Bedarf für einen Destruktor.

Projekt 4.2: Beispiel für die Finalisierung

Da die Garbage Collection sporadisch im Hintergrund durchgeführt wird, ist es nicht einfach, die `finalize()`-Methode zu demonstrieren. `finalize()` wird aufgerufen, wenn ein Objekt aufgegeben wird. Objekte werden aber nicht sofort wieder freigegeben, wenn sie nicht mehr benötigt werden. Die Garbage Collection wartet vielmehr, bis sich das Einsammeln nicht mehr benötigter Objekte lohnt, was gewöhnlich erst dann der Fall ist, wenn mehrere ungenutzte Objekte vorhanden sind. Um die `finalize()`-Methode demonstrieren zu können, muss daher in der Regel eine große Anzahl von Objekten erzeugt und zerstört werden, und genau das soll in diesem Projekt durchgeführt werden.

Schritt für Schritt

1. Erstellen Sie eine neue Datei mit der Bezeichnung `Finalize.java`.

2. Erstellen Sie folgende Fdemo-Klasse:

```
class FDemo {
  int x;

  FDemo(int i) {
    x = i;
  }

  // Wird aufgerufen, wenn das Objekt aufgegeben wird
  protected void finalize() {
    System.out.println("Beendigung von " + x);
  }

  // Erzeugt ein Objekt, das sofort zerstört wird
  void generator(int i) {
    FDemo o = new FDemo(i);
  }

}
```

Der Konstruktor setzt die Instanzvariable x auf einen bekannten Wert. In diesem Beispiel dient x als Objekt-ID. Die `finalize()`-Methode zeigt den Wert von x an, wenn ein Objekt aufgegeben wird. Besonders interessant ist `generator()`. Diese Methode erzeugt und zerstört unmittelbar anschließend ein Fdemo-Objekt. Im nächsten Schritt wird deutlich, wie die Methode verwendet wird.

3. Richten Sie die Finalize-Klasse ein:

```
class Finalize {
  public static void main(String args[]) {
    int count;

    FDemo ob = new FDemo(0);

    /* Jetzt wird eine große Anzahl von Objekten
       erzeugt. Zu irgendeinem Zeitpunkt wird die
       Garbage Collection durchgeführt.
       Hinweis: Möglicherweise müssen Sie die Anzahl
       der erzeugten Objekte erhöhen, um die
       Garbage Collection zu erzwingen. */

    for(count=1; count < 100000; count++)
      ob.generator(count);
  }
}
```

Diese Klasse erzeugt ein Fdemo-Anfangsobjekt mit der Bezeichnung ob. Anschließend werden mit ob über den Aufruf von generator() für ob 100.000 Objekte erzeugt und sofort wieder zerstört. Mitten in diesem Ablauf wird an verschiedenen Punkten die Garbage Collection durchgeführt. Wann genau und wie oft dies der Fall ist, hängt von verschiedenen Faktoren ab, beispielsweise von dem zu Beginn zur Verfügung stehenden freien Speicherplatz und vom Betriebssystem. Ab einem bestimmten Punkt werden aber dann die von finalize() erzeugten Meldungen angezeigt. Wenn Sie die Meldungen nicht sehen, dann erhöhen Sie die Anzahl der erzeugten Objekte, indem Sie den Zähler der for-Schleife hochsetzen.

4. Es folgt der Code für das vollständige Programm Finalize.Java:

```
/*
   Projekt 4.2
   Demonstration der finalize()-Methode
*/

class FDemo {
  int x;

  FDemo(int i) {
    x = i;
  }
```

```
    // Wird aufgerufen, wenn ein Objekt aufgegeben wird
    protected void finalize() {
      System.out.println("Beenden von " + x);
    }

    // Erzeugt ein Objekt, das sofort wieder zerstört wird
    void generator(int i) {
      FDemo o = new FDemo(i);
    }

}

class Finalize {
  public static void main(String args[]) {
    int count;

    FDemo ob = new FDemo(0);

    /* Jetzt wird eine große Anzahl von Objekten
       erzeugt. Zu irgendeinem Zeitpunkt wird die
       Garbage Collection durchgeführt.
       Hinweis: Möglicherweise müssen Sie die Anzahl
       der erzeugten Objekte erhöhen, um die
       Garbage Collection zu erzwingen. */

    for(count=1; count < 100000; count++)
      ob.generator(count);
  }
}
```

Das Schlüsselwort this

Zum Abschluss dieses Kapitels wird das Schlüsselwort **this** vorgestellt. Beim Aufruf einer Methode wird ihr automatisch ein implizites Argument übergeben, das ein Verweis auf das aufrufende Objekt ist (auf das Objekt, für welches die Methode aufgerufen wird). Dieser Verweis wird **this** genannt. Das folgende Programm, das die Klasse Pwr erzeugt, mit der die Potenz einer ganzen Zahl errechnet wird, soll **this** veranschaulichen:

```
class Pwr {
  double b;
  int e;
```

```
  double val;

  Pwr(double base, int exp) {
    b = base;
    e = exp;

    val = 1;
    if(exp==0) return;
    for( ; exp>0; exp--) val = val * base;
  }

  double get_pwr() {
    return val;
  }
}

class DemoPwr {
  public static void main(String args[]) {
    Pwr x = new Pwr(4.0, 2);
    Pwr y = new Pwr(2.5, 1);
    Pwr z = new Pwr(5.7, 0);

    System.out.println(x.b + " hoch " + x.e +
                       " ergibt " + x.get_pwr());
    System.out.println(y.b + " hoch " + y.e +
                       " ergibt " + y.get_pwr());
    System.out.println(z.b + " hoch " + z.e +
                       " ergibt " + z.get_pwr());
  }
}
```

Wie Sie wissen, kann innerhalb einer Methode auf alle Attribute und Methoden einer Klasse direkt und ohne Angabe eines Objekts oder einer Klasse zugegriffen werden. Innerhalb von **get_pwr()** wird daher mit der Anweisung

```
return val;
```

eine Kopie von **val** zurückgegeben, die mit dem aufrufenden Objekt verknüpft ist. Die gleiche Anweisung könnte auch wie folgt geschrieben werden:

```
return this.val;
```

this bezieht sich hier auf das Objekt, für das **get_pwr()** aufgerufen wurde. **this.val** bezieht sich somit auf die Kopie von **val** dieses Objekts. Würde beispielsweise `get_pwr()` für x aufgerufen, dann hätte sich `this` in der vorangegangenen Anweisung auf x bezogen. Die Schreibweise der Anweisung ohne `this` ist lediglich eine Kurzform.

Ohne den `this`-Verweis sieht die Klasse `Pwr` Klasse wie folgt aus:

```
class Pwr {
  double b;
  int e;
  double val;

  Pwr(double base, int exp) {
    this.b = base;
    this.e = exp;

    this.val = 1;
    if(exp==0) return;
    for( ; exp>0; exp--) this.val = this.val * base;
  }

  double get_pwr() {
    return this.val;
  }
}
```

Kein Java-Programmierer würde `Pwr` so schreiben, weil damit nichts gewonnen wäre und die Standardform einfacher ist. Für `this` gibt es jedoch einige wichtige Verwendungen. Die Java-Syntax erlaubt beispielsweise, dass der Name eines Parameters oder einer lokalen Variable mit dem Namen einer Instanzvariablen übereinstimmen kann. In diesem Fall *verbirgt* der lokale Name die Instanzvariable. Über einen Verweis mit `this` haben Sie Zugriff auf diese verborgene Instanzvariable. Wenngleich es auch nicht dem besten Stil entspricht, wäre der Konstruktor `Pwr()` wie folgt syntaktisch völlig korrekt formuliert:

```
Pwr(double b, int e) {
  this.b = b;      ← Dieser Verweis bezieht sich auf die
                     Instanzvariable b, nicht auf den Parameter.
  this.e = e;

  val = 1;
  if(e==0) return;
  for( ; e>0; e--) val = val * b;
}
```

In dieser Version stimmen die Namen der Parameter mit den Namen der Instanzvariablen überein und verbergen sie dadurch. Mit `this` wird diese Eigenschaft der Instanzvariablen außer Kraft gesetzt.

✓ Übungsaufgaben

1. Was ist der Unterschied zwischen einer Klasse und einem Objekt?
2. Wie wird eine Klasse definiert?
3. Wovon besitzt jedes Objekt eine Kopie?
4. Zeigen Sie, wie mit zwei Anweisungen ein Objekt einer Klasse `MeinZaehler` mit der Bezeichnung `Zaehler` erzeugt wird.
5. Zeigen Sie, wie eine Methode mit dem Namen `meineMeth()` und mit dem Rückgabetyp `double` sowie den beiden `int`-Parametern `a` and `b` deklariert wird.
6. Wie muss eine Methode zurückkehren, wenn sie einen Wert zurückliefert?
7. Welchen Namen besitzt ein Konstruktor?
8. Was bewirkt `new`?
9. Was ist die Garbage Collection und wie funktioniert Sie? Wozu dient die Methode `finalize()`?
10. Wozu dient `this`?

Kapitel 5

Weitere Datentypen und Operatoren

Lernziele

- Arrays verstehen
- String-Objekte
- Verwendung von Befehlszeilenargumenten
- Bitweise Operatoren
- Der ?-Operator

Dieses Kapitel befasst sich noch einmal mit den Datentypen und Operatoren von Java. Er behandelt die Arrays, den String-Typ, die bitweisen Operatoren und den ternären Operator?. Außerdem werden die Befehlszeilenargumente erörtert.

Arrays

Ein Array ist eine Sammlung von Variablen gleichen Typs, die über einen gemeinsamen Namen angesprochen werden. Java-Arrays können eine oder mehrere Dimensionen besitzen, meist wird jedoch das eindimensionale Array verwendet. Arrays werden für viele Zwecke benutzt, weil sie eine bequeme Möglichkeit bieten, ähnliche Variablen zu Gruppen zusammenzufassen. In einem Array können Sie beispielsweise die Tageshöchsttemperaturen eines Monats, eine Liste der Durchschnittkurse von Aktien oder eine Liste Ihrer Bücher zum Thema Programmierung speichern.

Der Hauptvorteil eines Array besteht darin, dass die Daten so gegliedert sind, dass sie leicht bearbeitet werden können. Bei einem Array, das das Durchschnittseinkommen einer ausgewählten Gruppe von Haushalten enthält, kann zum Beispiel mit einem einfachen Durchlauf das Durchschnittseinkommen berechnet werden. Außerdem gliedern Arrays die Daten so, dass sie einfach zu sortieren sind.

Java-Arrays können zwar wie Arrays in anderen Programmiersprachen verwendet werden, sie besitzen jedoch ein spezielles Attribut: Sie werden als Objekte implementiert. Diese Tatsache ist ein Grund dafür, warum die Arrays nach der Einführung der Objekte behandelt werden. Die Implementierung der Arrays als Objekte bietet mehrere wichtige Vorteile, nicht zu letzt den, dass nicht mehr genutzte Arrays von der Garbage Collection entfernt werden.

Eindimensionale Arrays

Ein eindimensionales Array enthält eine Reihe ähnlicher Variablen. Solche Listen tauchen häufig in Programmen auf. Sie können in einem eindimensionalen Array beispielsweise die Kontonummern aller aktiven Netzwerkbenutzer speichern. Ein anderes Array könnte das durchschnittliche Torverhältnis einer Fußballmannschaft speichern.

Die allgemeine Form der Deklaration eines eindimensionalen Array sieht wie folgt aus:

```
Typ Array-Name[ ] = new Typ[Größe];
```

Typ deklariert den Grundtyp des Array. Der Grundtyp legt den Datentyp jedes im Array enthaltenen Elements fest. Die Anzahl der Elemente, die das Array aufnimmt, wird mit *Größe* angegeben. Da Arrays als Objekte implementiert werden, wird ein Array in zwei Schritten erzeugt. Zuerst deklarieren Sie eine Array-Verweisvariable. Im zweiten Schritt reservieren Sie Speicherplatz für dieses Array, indem Sie der Array-Variablen einen Verweis auf diesen Speicherplatz zuweisen. In Java wird also allen Arrays mit dem **new**-Operator dynamisch Speicher zugewiesen.

Im folgenden Beispiel wird ein **int**-Array mit 10 Elementen erzeugt und mit der Array-Verweisvariablen **sample** verknüpft.

```
int sample[] = new int[10];
```

Diese Deklaration funktioniert wie eine Objektdeklaration. Die Variable **sample** enthält einen Verweis auf den mit **new** zugewiesenen Speicherplatz. Dieser Speicherplatz ist groß genug, um 10 Elemente vom Typ **int** aufzunehmen.

Wie bei den Objekten kann die obige Deklaration auch in zwei Zeilen erfolgen:

```
int sample[];
sample = new int[10];
```

In diesem Fall hat **sample** zuerst den Wert **null**, weil es noch keinen Verweis auf ein physisches Objekt gibt. Nach Ausführung der zweiten Anweisung ist **sample** mit einem Array verknüpft.

Auf ein einzelnes Element innerhalb eines Array wird über einen Index zugegriffen. Ein *Index* beschreibt die Position eines Elements innerhalb des Array. In Java hat das erste Element immer den Array-Index 0. Da **sample** 10 Elemente enthält, gehen die Indexwerte von 0 bis 9. Um ein Array zu indizieren, wird die Anzahl der Elemente in eckigen Klammern angegeben. Das erste Element in **sample** ist also **sample[0]** und das letzte Element **sample[9]**. Das folgende Programm füllt **sample** mit den Zahlen von 0 bis einschließlich 9.

```
// Beispiel für ein eindimensionales Array
class ArrayDemo {
  public static void main(String args[]) {
    int sample[] = new int[10];
    int i;

    for(i = 0; i < 10; i = i+1)
      sample[i] = i;

    for(i = 0; i < 10; i = i+1)
```

Der Array-Index beginnt mit 0.

```
            System.out.println("Dies ist sample[" + i + "]: " +
                               sample[i]);
    }
}
```

Das Programm liefert folgende Ausgabe:

```
Dies ist sample[0]: 0
Dies ist sample[1]: 1
Dies ist sample[2]: 2
Dies ist sample[3]: 3
Dies ist sample[4]: 4
Dies ist sample[5]: 5
Dies ist sample[6]: 6
Dies ist sample[7]: 7
Dies ist sample[8]: 8
Dies ist sample[9]: 9
```

Grafisch dargestellt sieht das **sample**-Array wie folgt aus:

0	1	2	3	4	5	6	7	8	9
Sample [0]	Sample [1]	Sample [2]	Sample [3]	Sample [4]	Sample [5]	Sample [6]	Sample [7]	Sample [8]	Sample [9]

Arrays werden in der Programmierung häufig verwendet, weil sie einen bequemen Umgang mit einer großen Anzahl von Variablen ermöglichen. Das folgende Programm ermittelt zum Beispiel den Minimal- und Maximalwert des Array **nums**, indem das Array mit einer **for**-Schleife durchlaufen wird.

```java
// Die Minimal- und Maximalwerte eines Array ermitteln
class MinMax {
  public static void main(String args[]) {
    int nums[] = new int[10];
    int min, max;

    nums[0] = 99;
    nums[1] = -10;
    nums[2] = 100123;
    nums[3] = 18;
    nums[4] = -978;
    nums[5] = 5623;
```

```
    nums[6] = 463;
    nums[7] = -9;
    nums[8] = 287;
    nums[9] = 49;

    min = max = nums[0];
    for(int i=1; i < 10; i++) {
      if(nums[i] < min) min = nums[i];
      if(nums[i] > max) max = nums[i];
    }
    System.out.println("Minimum und Maximum sind: "
                       + min + " " + max);
  }
}
```

Das Programm liefert folgende Ausgabe:

```
Minimum und Maximum sind: -978 100123
```

In diesem Programm wurden dem Array nums die Werte mit zehn einzelnen Anweisungen von Hand zugewiesen. Das ist zwar völlig korrekt, kann aber auch auf einfachere Weise geschehen. Arrays können beim Erzeugen initialisiert werden. Die allgemeine Form der Initialisierung eines Array sieht folgendermaßen aus:

```
Typ Array-Name[ ] = { Wert1, Wert2, Wert3, ... , WertN };
```

Die Anfangswerte werden mit *Wert1* bis *WertN* angegeben. Sie werden in der Indexreihenfolge von links nach recht zugewiesen. Java weist dem Array automatisch genügend Speicherplatz für die angegebenen Anfangswerte zu, dies muss nicht explizit mit dem new-Operator geschehen. Der folgende Code zeigt eine bessere Variante des Programms MinMax:

```
// Array-Initialisierung
class MinMax2 {
  public static void main(String args[]) {
    int nums[] = { 99, -10, 100123, 18, -978,
                   5623, 463, -9, 287, 49 };
    int min, max;

    min = max = nums[0];
    for(int i=1; i < 10; i++) {
      if(nums[i] < min) min = nums[i];
      if(nums[i] > max) max = nums[i];
```

```
        }
        System.out.println("Minimum und Maximum sind: "
                           + min + " " + max);
    }
}
```

Array-Grenzen müssen in Java strikt eingehalten werden. Es führt zu einem Laufzeitfehler, wenn das Array-Ende über- oder unterschritten wird. Wenn Sie das einmal ausprobieren möchten, dann testen Sie das folgende Programm, das ein Array absichtlich überschreitet.

```
// Ein Array-Überlauf
class ArrayErr {
    public static void main(String args[]) {
        int sample[] = new int[10];
        int i;

        // Einen Array-Überlauf veranlassen
        for(i = 0; i < 100; i = i+1)
            sample[i] = i;
    }
}
```

Sobald i den Wert 10 erreicht, wird die Ausnahme `ArrayIndexOutOfBoundsException` ausgelöst und das Programm beendet.

1-Minuten-Test

- Auf Arrays wird über einen _____ zugegriffen.
- Wie wird ein Array mit zehn Elementen vom Typ **char** deklariert?
- Java überprüft während der Laufzeit nicht, ob ein Array überläuft. Richtig oder nicht?

Bubble.java

Projekt 5.1: Ein Array sortieren

Da ein eindimensionales Array mit einem Index linear gegliedert ist, eignet sich diese Datenstruktur hervorragend für das Sortieren. In diesem Projekt erfahren Sie, wie Sie ein Array auf einfache Weise sortieren können. Wie Sie vielleicht wissen, gibt es eine Reihe unterschiedlicher Sortieralgorithmen. Es

---

- Index
- char a[] = new char[10]
- Falsch. Java lässt keinen Array-Überlauf während der Laufzeit zu.

gibt die Schnellsortierung, das Streuverfahren und das Shell-Verfahren, um nur drei Möglichkeiten zu nennen. Das bekannteste, simpelste und am einfachsten zu verstehende Verfahren ist jedoch die so genannte Bubble-Sortierung. Dieses Sortierverfahren ist zwar nicht sehr effizient und zum Sortieren großer Arrays nicht geeignet, kleinere Arrays lassen sich damit aber sehr effektiv sortieren.

Schritt für Schritt

1. Erstellen Sie eine Datei mit der Bezeichnung Bubble.java.
2. Die Bubble-Sortierung trägt diese Bezeichnung (englisch *to bubble = Blasen bilden*) aufgrund der Art und Weise, in der sortiert wird. Es werden wiederholt Vergleiche durchgeführt und bei Bedarf aufeinander folgende Elemente des Array ausgetauscht. Bei diesem Vorgang wandern kleine Werte in die eine und große Werte in die andere Richtung. Dieser Ablauf ist mit dem Bild eines Wassertanks zu vergleichen, in dem größer werdende Blasen aufsteigen. Während des Sortierens wird das Array wiederholt durchlaufen und nicht richtig platzierte Elemente werden ausgetauscht. Die Anzahl der für eine korrekte Sortierung erforderlichen Durchläufe ist um eins kleiner als die Anzahl der Array-Elemente.

   Der folgende Code führt die eigentliche Bubble-Sortierung durch. Das zu sortierende Array trägt die Bezeichnung nums.

```
// Bubble-Sortierung
for(a=1; a < size; a++)
   for(b=size-1; b >= a; b--) {
      if(nums[b-1] > nums[b]) { // Wenn nicht in der Reihenfolge,
         // Elemente austauschen.
         t = nums[b-1];
         nums[b-1] = nums[b];
         nums[b] = t;
      }
   }
```

Beachten Sie, dass die Sortierung auf zwei **for**-Schleifen basiert. Die innere Schleife überprüft aufeinander folgende Elemente des Array und sucht nach Elementen, die nicht in der richtigen Reihenfolge stehen. Werden solche Elementpaare gefunden, dann werden sie ausgetauscht. Mit jedem Durchlauf wird das kleinere der verbleibenden Elemente an die richtige Position verschoben. Die äußere Schleife wiederholt diesen Vorgang so lange, bis das gesamte Array sortiert ist.

3. Es folgt der Quellcode des vollständigen Programms **Bubble**:

```
/*
   Projekt 5.1
   Bubble-Sortierung
*/

class Bubble {
  public static void main(String args[]) {
    int nums[] = { 99, -10, 100123, 18, -978,
                   5623, 463, -9, 287, 49 };
    int a, b, t;
    int size;

    size = 10; // Anzahl der zu sortierenden Elemente
    // Anzeige des Ausgangs-Array
    System.out.print("Das ursprüngliche Array:");
    for(int i=0; i < size; i++)
      System.out.print(" " + nums[i]);
    System.out.println();

    // Bubble-Sortierung
    for(a=1; a < size; a++)
      for(b=size-1; b >= a; b--) {
        if(nums[b-1] > nums[b]) { // Wenn nicht in der Reihenfolge,
          // Elemente austauschen.
          t = nums[b-1];
          nums[b-1] = nums[b];
          nums[b] = t;
        }
      }

    // Das sortierte Array anzeigen
    System.out.print("Das sortierte Array:");
    for(int i=0; i < size; i++)
      System.out.print(" " + nums[i]);
    System.out.println();
  }
}
```

Das Programm liefert folgende Ausgabe:

```
Das ursprüngliche Array: 99 -10 100123 18 -978 5623 463 -9 287 49
Das sortierte Array: -978 -10 -9 18 49 99 287 463 5623 100123
```

4. Die Bubble-Sortierung eignet sich nur für kleinere Arrays. Der beste, allgemein verwendbare Sortieralgorithmus ist der QuickSort , die allerdings auf Java-Eigenschaften basiert, die Sie noch nicht kennen.

Mehrdimensionale Arrays

Das eindimensionale Array wird bei der Programmierung zwar am häufigsten verwendet, mehrdimensionale Arrays (Arrays mit zwei oder mehr Dimensionen) sind aber auch nicht selten anzutreffen. Ein mehrdimensionales Java-Array ist ein Array aus Arrays.

Zweidimensionale Arrays

Die einfachste Form eines mehrdimensionalen Arrays ist das zweidimensionale Array. Ein zweidimensionales Array ist im Wesentlichen eine Liste eindimensionaler Arrays. Um ein zweidimensionales int-Array mit dem Namen tabelle und der Größe 10, 20 zu deklarieren, schreiben Sie:

```
int tabelle[][] = new int[10][20];
```

Betrachten Sie diese Deklaration genau. Anders als andere Programmiersprachen, die die Dimensionen des Array durch Kommata trennen, setzt Java jede Dimension in eigene Klammern. Um auf die Position 3, 5 des Array tabelle zuzugreifen, muss dementsprechend tabelle[3][5] angegeben werden.

Im nächsten Beispiel wird ein zweidimensionales Array mit den Zahlen von 1 bis 12 geladen.

```java
// Beispiel für ein zweidimensionales Array
class TwoD {
  public static void main(String args[]) {
    int t, i;
    int table[][] = new int[3][4];

    for(t=0; t < 3; ++t) {
      for(i=0; i < 4; ++i) {
        table[t][i] = (t*4)+i+1;
        System.out.print(table[t][i] + " ");
      }
      System.out.println();
    }
  }
}
```

In diesem Beispiel hat table[0][0] den Wert 1, table[0][1] den Wert 2, table[0][2] den Wert 3 und so weiter. Der Wert von table[2][3] ist 12. Das Array lässt sich wie in Abbildung 5.1 gezeigt grafisch darstellen.

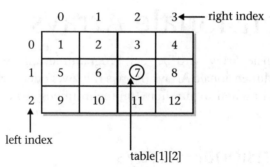

Abbildung 5.1 Grafische Darstellung des vom Programm TwoD erzeugten Tabellen-Array.

Irreguläre Arrays

Wenn Sie Speicher für ein mehrdimensionales Array zuweisen, dann müssen Sie nur den Speicher für die erste (linke) Dimension angeben. Die übrigen Dimensionen können gesondert angegeben werden. Das folgende Codefragment weist beispielsweise bei der Deklaration die erste Dimension von **table** zu. Die zweite Dimension wird manuell zugewiesen.

```
int table[][] = new int[3][];
table[0] = new int[4];
table[1] = new int[4];
table[2] = new int[4];
```

Die gesonderte Zuweisung der zweiten Array-Dimension bietet in dieser Situation zwar keinerlei Vorteile, in anderen Situation kann dies aber der Fall sein. Wenn Sie Dimensionen manuell zuweisen, dann müssen Sie beispielsweise nicht jeder Dimension die gleiche Anzahl von Elementen zuweisen. Da mehrdimensionale Arrays als Arrays aus Arrays implementiert werden, behalten Sie die Länge jedes Array unter Kontrolle. Angenommen, Sie schreiben ein Programm, das die Anzahl der Passagiere in einem Flughafen-Shuttle speichert. Wenn das Shuttle während der Woche täglich zehnmal und sonnabends und sonntags täglich zweimal eingesetzt wird, dann könnten Sie diese Informationen in dem Array **riders** des folgenden Programms speichern. Beachten Sie, dass die Länge der zweiten Dimension für die ersten fünf Dimensionen **10** und für die beiden letzten Dimensionen **2** beträgt.

```
// Unterschiedliche Größen der
// zweiten Dimension manuell zuweisen
class Ragged {
  public static void main(String args[]) {
    int riders[][] = new int[7][];
```

```
riders[0] = new int[10];
riders[1] = new int[10];
riders[2] = new int[10];
riders[3] = new int[10];
riders[4] = new int[10];
riders[5] = new int[2];
riders[6] = new int[2];

int i, j;

// Testdaten erzeugen
for(i=0; i < 5; i++)
  for(j=0; j < 10; j++)
    riders[i][j] = i + j + 10;
for(i=5; i < 7; i++)
  for(j=0; j < 2; j++)
    riders[i][j] = i + j + 10;

System.out.println("Passagiere pro Fahrt unter der
                    Woche:");
for(i=0; i < 5; i++) {
  for(j=0; j < 10; j++)
    System.out.print(riders[i][j] + " ");
  System.out.println();
}
System.out.println();

System.out.println("Passagiere pro Fahrt am
                    Wochenende:");
for(i=5; i < 7; i++) {
  for(j=0; j < 2; j++)
    System.out.print(riders[i][j] + " ");
  System.out.println();
  }
 }
}
```

> Hier ist die zweite Dimension 10 Elemente lang.

> Hier ist sie nur 2 Elemente lang.

Zur Verwendung irregulärer mehrdimensionaler Arrays ist in den meisten Fällen nicht zu raten, weil sie eigentlich dem widersprechen, was man gemeinhin unter einem mehrdimensionalen Array versteht. In manchen Situationen ist der Einsatz irregulärer Arrays jedoch sinnvoll. Wenn Sie beispielsweise ein sehr großes zweidimensionales Array benötigen, das nur wenig gefüllt wird (von dem nicht alle Elemente genutzt werden), dann kann ein irreguläres Array die richtige Lösung sein.

Arrays mit drei oder mehr Dimensionen

Java lässt auch Arrays mit mehr als zwei Dimensionen zu. Die allgemeine Form für die Deklaration eines mehrdimensionalen Array lautet:

```
Typ Name[ ][ ]...[ ] = new Typ[Größe1][Größe2]...[GrößeN];
```

Die folgende Deklaration erzeugt zum Beispiel ein dreidimensionales int-Array in der Größe 4 x 10 x 3.

```
int multidim[][][] = new int[4][10][3];
```

Mehrdimensionale Arrays initialisieren

Um ein mehrdimensionales Array zu initialisieren, werden die Initialisierungslisten jeder Dimension in geschweifte Klammern gesetzt. Die allgemeine Form der Initialisierung eines zweidimensionalen Array sieht folgendermaßen aus:

```
Typspezifikation Array_Name[ ] [ ] = {
    { Wert, Wert, Wert, ..., Wert },
    { Wert, Wert, Wert, ..., Wert },
    .
    .
    .
    { Wert, Wert, Wert, ..., Wert }
};
```

Wert gibt den Initialisierungswert an. Jeder innere Block bezieht sich auf eine Zeile. Innerhalb jeder Zeile wird der erste Wert an der ersten Position des Array, der zweite Wert an der zweiten Position und so weiter gespeichert. Beachten Sie, dass Initialisierungsblöcke durch Kommata voneinander getrennt werden und dass auf die schließende geschweifte Klammer ein Semikolon folgt.

Das folgende Beispielprogramm initialisiert das Array sqrs mit den Zahlen von 1 bis 10 und mit den Quadraten.

```
// Initialisieren eines zweidimensionalen Array
class Squares {
  public static void main(String args[]) {
    int sqrs[][] = {
      { 1, 1 },
      { 2, 4 },
      { 3, 9 },
      { 4, 16 },
```

```
      { 5, 25 },
      { 6, 36 },
      { 7, 49 },
      { 8, 64 },
      { 9, 81 },
      { 10, 100 }
    };
    int i, j;

    for(i=0; i < 10; i++) {
      for(j=0; j < 2; j++)
        System.out.print(sqrs[i][j] + " ");
      System.out.println();
    }
  }
}
```

So sieht die Ausgabe des Programms aus:

```
1 1
2 4
3 9
4 16
5 25
6 36
7 49
8 64
9 81
10 100
```

1-Minuten-Test
- Wie werden die Dimensionen eines mehrdimensionalen Array angegeben?
- Ein zweidimensionales Array ist ein Array von Arrays. Kann sich die Länge der einzelnen Arrays unterscheiden?
- Wie werden mehrdimensionale Arrays initialisiert?

- Jede Dimension wird in eigenen eckigen Klammern angegeben.
- Ja.
- Mehrdimensionale Arrays werden durch Angabe der Initialisier der einzelnen Arrays in eigenen geschweiften Klammern initialisiert.

Alternative Syntax für die Array-Deklaration

Für die Deklaration eines Array kann noch eine zweite allgemeine Form verwendet werden:

```
Typ[ ] Variablenname;
```

Hierbei folgt auf die eckige Klammer die Typspezifikation und nicht der Name der Array-Variablen. Die beiden folgenden Deklarationen sind daher gleichwertig:

```
int counter[] = new int[3];
int[] counter = new int[3];
```

Auch die beiden folgenden Deklarationen sind äquivalent:

```
char table[][] = new char[3][4];
char[][] table = new char[3][4];
```

Diese alternative Deklarationsform wird von vielen Java-Programmierer verwendet und Sie sollten Sie deshalb kennen.

Array-Verweise zuweisen

Wie bei anderen Objekten wird bei der Zuweisung einer Array-Verweisvariablen zu einer anderen einfach der Verweis auf das Objekt ausgetauscht, auf welches diese Variable verweist. Es wird keine Kopie des Array angelegt und auch nicht der Inhalt eines Array in ein anderes kopiert. Betrachten Sie folgendes Beispielprogramm:

```java
// Array-Verweisvariablen zuweisen
class AssignARef {
  public static void main(String args[]) {
    int i;

    int nums1[] = new int[10];
    int nums2[] = new int[10];

    for(i=0; i < 10; i++)
```

```
      nums1[i] = i;

   for(i=0; i < 10; i++)
      nums2[i] = -i;

   System.out.print("Dies ist nums1: ");
   for(i=0; i < 10; i++)
      System.out.print(nums1[i] + " ");
   System.out.println();

   System.out.print("Dies ist nums2: ");
   for(i=0; i < 10; i++)
      System.out.print(nums2[i] + " ");
   System.out.println();

   nums2 = nums1; // nums2 verweist jetzt auf nums1

   System.out.print("nums2 nach der Zuweisung: ");
   for(i=0; i < 10; i++)
      System.out.print(nums2[i] + " ");
   System.out.println();

   // Das Array nums1 über nums2 bearbeiten
   nums2[3] = 99;

   System.out.print("nums1 nach Veränderung über nums2: ");
   for(i=0; i < 10; i++)
      System.out.print(nums1[i] + " ");
   System.out.println();
   }
}
```

Das Programm liefert folgende Ausgabe:

```
Dies ist nums1: 0 1 2 3 4 5 6 7 8 9
Dies ist nums2: 0 -1 -2 -3 -4 -5 -6 -7 -8 -9
nums2 nach der Zuweisung: 0 1 2 3 4 5 6 7 8 9
nums1 nach Veränderung über nums2: 0 1 2 99 4 5 6 7 8 9
```

Die Ausgabe zeigt, dass nach der Zuweisung von **nums1** zu **nums2** beide Array-Verweisvariablen auf das gleiche Objekt verweisen.

Das Attribut length verwenden

Weil Arrays wie Objekte implementiert werden, gibt es für jedes Array eine Instanzvariable **length**, die die Anzahl der Elemente des Array enthält. Das folgende Programm veranschaulicht diese Eigenschaft:

```java
// Das Array-Attribut length verwenden
class LengthDemo {
  public static void main(String args[]) {
    int list[] = new int[10];
    int nums[] = { 1, 2, 3 };
    int table[][] = { // Eine Tabelle variabler Länge
      {1, 2, 3},
      {4, 5},
      {6, 7, 8, 9}
    };

    System.out.println("Die Länge von list beträgt " + list.length);
    System.out.println("Die Länge von nums beträgt " + nums.length);
    System.out.println("Die Länge von table beträgt " + table.length);
    System.out.println("Die Länge von table[0] beträgt " + table[0].length);
    System.out.println("Die Länge von table[1] beträgt " + table[1].length);
    System.out.println("Die Länge von table[2] beträgt " + table[2].length);
    System.out.println();

    // list mit length initialisieren
    for(int i=0; i < list.length; i++)
      list[i] = i * i;

    System.out.print("Dies ist list: ");
    // jetzt wird mit length list angezeigt
    for(int i=0; i < list.length; i++)
      System.out.print(list[i] + " ");
    System.out.println();
  }
}
```

Dieses Programm liefert folgende Ausgabe:

```
Die Länge von list beträgt 10
Die Länge von nums beträgt 3
Die Länge von table beträgt 3
Die Länge von table[0] beträgt 3
Die Länge von table[1] beträgt 2
Die Länge von table[2] beträgt 4

Dies ist list: 0 1 4 9 16 25 36 49 64 81
```

Beachten Sie besonders, wie **length** in Verbindung mit dem zweidimensionalen Array **table** verwendet wird! Wie erläutert wurde, ist ein zweidimensionales Array ein Array von Arrays. Der Ausdruck

`table.length`

gibt die Anzahl der in **table** gespeicherten *Arrays* an, in diesem Fall also drei. Um die Größe eines einzelnen Array von **table** zu ermitteln, kann folgender Ausdruck benutzt werden:

`table[0].length`

Er liefert die Länge des ersten Array.

Außerdem ist beachtenswert, wie in **LengthDemo** der Ausdruck **list.length** in den **for**-Schleifen verwendet wird, um die Anzahl der Schleifendurchläufe zu steuern. Da jedes Array eine eigene Länge besitzt, wird diese Information genutzt, anstatt die Array-Länge manuell zu verfolgen. Denken Sie daran, dass der Wert von **length** nichts mit der tatsächlichen Anzahl der Elemente zu tun hat. Er gibt lediglich die maximale Anzahl der Elemente an, die das Array aufnehmen kann.

Die Nutzung des Attributs **length** vereinfacht viele Algorithmen dadurch, dass bestimmte Array-Operationen leichter und auch sicherer durchzuführen sind. Das folgende Programm benutzt **length** beispielsweise, um ein Array in ein anderes zu kopieren und verhindert dabei einen Array-Überlauf und den entsprechenden Laufzeitfehler.

```java
// Mit Hilfe von length ein Array kopieren
class ACopy {
  public static void main(String args[]) {
    int i;
    int nums1[] = new int[10];
    int nums2[] = new int[10];

    for(i=0; i < nums1.length; i++)
      nums1[i] = i;

    // nums1 in nums2 kopieren
    if(nums2.length >= nums1.length)
      for(i = 0; i < nums2.length; i++)
        nums2[i] = nums1[i];

    for(i=0; i < nums2.length; i++)
      System.out.print(nums2[i] + " ");
```

```
    }
}
```

length hilft hier bei der Durchführung zweier wichtiger Funktionen. Zum einen wird mit length sichergestellt, dass das Ziel-Array groß genug für den Inhalt des Quell-Array ist. Zum anderen liefert es die Abbruchbedingung für die for-Schleife, die das Kopieren durchführt. In diesem einfachen Beispiel sind die Array-Größen leicht zu ermitteln, aber das gleiche Verfahren kann auch in einer Reihe viel schwierigerer Situationen eingesetzt werden.

1-Minuten-Test

- Wie kann der folgende Code umgeschrieben werden?

  int x[] = new int[10];

- Wenn eine Array-Verweisvariable einer anderen zugewiesen wird, wird das erste in das zweite Array kopiert. Richtig oder falsch?

- Was bedeutet length für ein Array?

QDemo.java

Projekt 5.2: Eine Queue-Klasse

Daten werden mit Hilfe von Datenstrukturen gegliedert. Die einfachste Datenstruktur ist ein Array, bei dem es sich um eine lineare Liste handelt, die einen wahlfreien Zugriff auf die Elemente zulässt. Arrays sind sehr häufig die Grundlage viel raffinierterer Datenstrukturen wie etwa Stapel oder Warteschlangen. Ein *Stapel* oder *Stack* ist eine Liste, in der auf das zuerst abgelegte Element als letztes zugegriffen werden kann (FILO-Stapel für englisch first-in, last-out). Eine *Warteschlange* oder *Queue* ist eine Liste, in der auf das zuerst abgelegte Element zuerst zugegriffen werden kann (FIFO-Stapel für englisch first-in, first-out). Ein Stack ist mit einem Tellerstapel vergleichbar, dessen unterster Teller als letzter benutzt wird. Eine Queue ist vergleichbar mit einer Warteschlange, in der der als erster Anstehende zuerst bedient wird.

Was Datenstrukturen wie Stapel oder Warteschlangen so interessant macht, ist die Tatsache, dass sie die gespeicherten Informationen mit Zugriffsmethoden auf diese Informationen kombinieren. Stacks und Queues sind daher so genannte *Datenmaschinen*, bei denen der Speicher und der Zugriff von der Datenstruktur selbst und nicht manuell über das Programm zur Verfügung

- int [] x = new int[10];
- Falsch. Nur der Verweis ändert sich.
- length ist eine Instanzvariable, die alle Arrays besitzen. Sie gibt die Anzahl der Elemente an, die ein Array aufnehmen kann.

stehen. Eine solche Kombination ist offensichtlich ein hervorragender Kandidat für eine Klasse. In diesem Projekt wird eine einfache **Queue**-Klasse erstellt.

Ganz allgemein unterstützen Warteschlangen zwei Grundoperationen: das Ablegen und das Abholen von Elementen. Bei jeder Ablage wird ein neues Element am Ende der Warteschlange abgelegt. Beim Abholen wird jeweils das nächste Element vom Anfang der Warteschlange genommen. Elemente können nur einmal aus der Warteschlange entnommen werden, danach stehen sie dort nicht mehr zur Verfügung. Eine Warteschlange ist voll, wenn sie keine weiteren Elemente mehr aufnehmen kann. Sie ist leer, wenn alle Elemente daraus entfernt wurden.

Bei den Warteschlangen werden zwei Grundtypen unterschieden: zirkuläre und nicht zirkuläre Warteschlangen. Eine *zirkuläre Warteschlange* verwendet die Positionen im zugrunde liegenden Array wieder, wenn Elemente entfernt werden. Eine *nicht zirkuläre* Warteschlange verwendet diese Positionen nicht wieder und kann daher irgendwann verbraucht sein. Der Einfachheit halber wird in diesem Beispiel eine nicht zirkuläre Warteschlange erstellt, aber mit etwas Überlegung und ein bisschen Aufwand können Sie das Beispiel leicht in eine zirkuläre Warteschlange umwandeln.

Schritt für Schritt

1. Erstellen Sie eine Datei mit der Bezeichnung **QDemo.java**.
2. Warteschlangen können zwar auch auf andere Weise eingerichtet werden, dieses Beispiel baut sie jedoch auf einem Array auf. Das bedeutet, dass das Array den Speicherplatz für die in die Warteschlange gestellten Elemente zur Verfügung stellt. Auf das Array wird über zwei Indizes zugegriffen. Der *put*-Index legt fest, wo das nächste Datenelement gespeichert wird. Der *get*-Index gibt an, wo das nächste Datenelement abgeholt wird. Beachten Sie, dass ein Element nur einmal abgeholt werden kann. Die in diesem Beispiel eingerichtete Warteschlange speichert Buchstaben, mit Hilfe der gleichen Logik kann aber auch jeder andere Objekttyp gespeichert werden. Mit den folgenden Zeilen beginnt die Klasse **Queue**:

```
class Queue {
  char q[]; // Dieses Array enthält die Warteschlange
  int putloc, getloc; // Die put- und get-Indizes
```

3. Der Konstruktor der **Queue**-Klasse erzeugt eine Warteschlange in der angegebenen Größe:

```
Queue(int size) {
  q = new char[size+1]; // Speicher für die
                        // Warteschlange zuweisen
```

```
  putloc = getloc = 0;
}
```

Die Warteschlange wird um eins größer angelegt, als mit `size` angegeben. Infolge der Implementierung des Algorithmus für die Warteschlange bleibt eine Array-Position ungenutzt, so dass das Array um eine Position größer als angegeben sein muss. Die `put`- und `get`-Indizes werden mit 0 initialisiert.

4. Diese `put()`-Methode speichert die Elemente:

```
// Ein Zeichen in die Warteschlange stellen
void put(char ch) {
  if(putloc==q.length-1) {
    System.out.println("Die Warteschlange ist voll.");
    return;
  }

  putloc++;
  q[putloc] = ch;
}
```

Die Methode überprüft zuerst, ob die Warteschlange voll ist. Wenn `putloc` mit der letzten Position des Array `q` übereinstimmt, können keine weiteren Elemente mehr gespeichert werden. Andernfalls wird `putloc` erhöht und das neue Element an dieser Position gespeichert. `putloc` enthält also immer den Index des zuletzt gespeicherten Elements.

5. Mit der `get()`-Methode werden Elemente abgeholt:

```
// Ein Zeichen aus der Warteschlange holen
char get() {
  if(getloc == putloc) {
    System.out.println("Die Warteschlange ist leer.");
    return (char) 0;
  }

  getloc++;
  return q[getloc];
}
```

Zuerst wird überprüft, ob die Warteschlange leer ist. Wenn der Index von `getloc` und `putloc` auf das gleiche Element verweist, wird davon ausgegangen, dass die Warteschlange leer ist. Daher werden `getloc` und `putloc` vom Queue-Konstruktor mit null initialisiert. Anschließend wird `getloc` um eins erhöht und das Element zurückgegeben. `getloc` gibt also immer die Position des letzten zurückgegebenen Elements an.

6. Es folgt der vollständige Quellcode des Programms `QDemo.Java`:

```java
/*
   Projekt 5.2

   Eine Queue-Klasse für Buchstaben
*/

class Queue {
  char q[]; // Dieses Array enthält die Warteschlange
  int putloc, getloc; // Die put- und get-Indizes

  Queue(int size) {
    q = new char[size+1]; // Speicher für die
                          // Warteschlange zuweisen
    putloc = getloc = 0;
  }

  // Ein Zeichen in die Warteschlange stellen
  void put(char ch) {
    if(putloc==q.length-1) {
      System.out.println(" Die Warteschlange ist
                          voll.");
      return;
    }

    putloc++;
    q[putloc] = ch;
  }

  // Ein Zeichen aus der Warteschlange holen
  char get() {
    if(getloc == putloc) {
      System.out.println(" Die Warteschlange ist
                          leer.");
      return (char) 0;
    }

    getloc++;
    return q[getloc];
  }
}
```

```java
// Die Queue class demonstrieren
class QDemo {
  public static void main(String args[]) {
    Queue bigQ = new Queue(100);
    Queue smallQ = new Queue(4);
    char ch;
    int i;

    System.out.println("In bigQ das Alphabet
                        speichern.");
    // Einige Zahlen in bigQ schreiben
    for(i=0; i < 26; i++)
      bigQ.put((char) ('A' + i));

    // Die Elemente von bigQ holen und anzeigen
    System.out.print("Inhalt von bigQ: ");
    for(i=0; i < 26; i++) {
      ch = bigQ.get();
      if(ch != (char) 0) System.out.print(ch);
    }

    System.out.println("\n");


    System.out.println("Mit smallQ Fehler erzeugen.");
    // Jetzt werden mit smallQ einige Fehler erzeugt
    for(i=0; i < 5; i++) {
      System.out.print("Es wird versucht, " +
                       (char) ('Z' - i) + " zu
                       speichern.");

      smallQ.put((char) ('Z' - i));

      System.out.println();
    }
    System.out.println();

    // Keine Fehler für smallQ
    System.out.print("Inhalt von smallQ: ");
    for(i=0; i < 5; i++) {
      ch = smallQ.get();

      if(ch != (char) 0) System.out.print(ch);
    }
```

      }
    }

7. Das Programm liefert folgende Ausgabe:

   ```
   In bigQ das Alphabet speichern.
   Inhalt von bigQ: ABCDEFGHIJKLMNOPQRSTUVWXYZ

   Mit smallQ Fehler erzeugen.
   Es wird versucht, Z zu speichern.
   Es wird versucht, Y zu speichern.
   Es wird versucht, X zu speichern.
   Es wird versucht, W zu speichern.
   Es wird versucht, V zu speichern. Die Warteschlange ist
   voll.


   Inhalt von smallQ: ZYXW Die Warteschlange ist leer.
   ```

8. Verändern Sie Queue so, dass andere Objekttypen gespeichert werden können. Lassen Sie beispielsweise int- oder double-Werte speichern.

trings

Für die alltägliche Programmierung ist der Typ String der wichtigste Datentyp von Java. String definiert und unterstützt Zeichenfolgen. In vielen anderen Programmiersprachen ist eine Zeichenfolge ein Zeichen-Array. Für Java gilt dies nicht, hier sind Zeichenfolgen Objekte.

Bereits seit dem ersten Kapitel verwenden Sie, ohne es zu wissen, die String-Klasse. Wenn Sie ein string-Literal erzeugen, dann erstellen Sie eigentlich ein String-Objekt. In der Anweisung

```
System.out.println("In Java sind Zeichenfolgen Objekte.");
```

wird die Zeichenfolge »In Java sind Zeichenfolgen Objekte.« von Java automatisch in ein String-Objekt umgewandelt. Die Verwendung der String-Klasse erfolgte also in den vorangegangenen Programmen »unter der Oberfläche«. In den folgenden Abschnitten lernen Sie, wie Sie diese Klasse explizit verwenden. Sie müssen sich aber darüber im Klaren sein, dass die String-Klasse sehr groß ist und an dieser Stelle nicht erschöpfend behandelt werden kann. Sie sollten diese Klasse selbst erforschen.

Zeichenfolgen bilden

Ein `String`-Objekt wird genau wie jeder andere Objekttyp mit `new` und dem Aufruf des `String`-Konstruktors erzeugt:

```
String str = new String("Hallo");
```

Hiermit wird das `String`-Objekt `str` mit der Zeichenfolge »Hallo« erzeugt. Ein `String`-Objekt kann auch aus einem anderen `String`-Objekt erzeugt werden. Zum Beispiel:

```
String str = new String("Hallo");
String str2 = new String(str);
```

Nach Ausführung dieser Anweisungsfolge enthält `str2` ebenfalls die Zeichenfolge »Hallo«.

Auch auf die folgende einfache Weise kann ein `String` erzeugt werden:

```
String str = "Java-Strings sind leistungsfähig.";
```

In diesem Beispiel wird `str` mit der Zeichenfolge »Java-Strings sind leistungsfähig.« initialisiert.

Nachdem Sie ein `String`-Objekt erzeugt haben, können Sie es überall dort verwenden, wo Zeichenfolgen in Anführungszeichen zulässig sind. Sie können ein `String`-Objekt beispielsweise als Argument für `println()` verwenden, wie dies das folgende Beispiel zeigt:

```java
// String-Beispiele
class StringDemo {
  public static void main(String args[]) {
    // Zeichenfolgen auf unterschiedliche Arten erzeugen
    String str1 = new String("Java-Zeichenfolgen sind Objekte.");
    String str2 = "Sie werden auf unterschiedliche Arten erstellt.";
    String str3 = new String(str2);

    System.out.println(str1);
    System.out.println(str2);
    System.out.println(str3);
  }
}
```

Das Programm liefert folgende Ausgabe:

```
Java-Zeichenfolgen sind Objekte.
Sie werden auf unterschiedliche Arten erstellt.
Sie werden auf unterschiedliche Arten erstellt.
```

String-Operationen

Die String-Klasse enthält zahlreiche Methoden für die Bearbeitung von Zeichenfolgen. Hier seien nur einige genannt:

boolean equals(String *str*)	Gibt den Wert true zurück, wenn das aufrufende String-Objekt die gleiche Zeichenfolge wie *str* enthält.
int length()	Gibt die Länge einer Zeichenfolge zurück.
char charAt(int *Index*)	Gibt das Zeichen an der mit *Index* angegebenen Position zurück.
int compareTo(String *str*)	Gibt kleiner als null zurück, wenn die aufrufende Zeichenfolge kleiner als *str* ist, beziehungsweise größer als null, wenn die aufrufende Zeichenfolge größer als *str* ist. Sind beide Zeichenfolgen gleich, wird null zurückgegeben.
int indexOf(String *str*)	Sucht die aufrufende Zeichenfolge in der mit *str* angegebenen Unterzeichenfolge. Gibt den Index der ersten Übereinstimmung oder bei nicht Übereinstimmung -1 zurück.
int lastIndexOf(String *str*)	Sucht die aufrufende Zeichenfolge in der mit *str* angegebenen Unterzeichenfolgen. Gibt den Index der letzten Übereinstimmung oder bei nicht Übereinstimmung -1 zurück.

Dieses Programm veranschaulicht diese Methoden:

```
// Einige String-Operationen
class StrOps {
  public static void main(String args[]) {
    String str1 =
      "Für die Web-Programmierung ist Java die Nummer eins.";
    String str2 = new String(str1);
    String str3 = "Java-Strings sind leistungsfähig.";
    int result, idx;
    char ch;

    System.out.println("Länge von str1: " +
                str1.length());

    // str1 Zeichen für Zeichen anzeigen.
```

```
    for(int i=0; i < str1.length(); i++)
      System.out.print(str1.charAt(i));
    System.out.println();

    if(str1.equals(str2))
      System.out.println("str1 == str2");
    else
      System.out.println("str1 != str2");

    if(str1.equals(str3))
      System.out.println("str1 == str3");
    else
      System.out.println("str1 != str3");

    result = str1.compareTo(str3);
    if(result == 0)
      System.out.println("str1 und str3 sind gleich");
    else if(result < 0)
      System.out.println("str1 ist kleiner als str3");
    else
      System.out.println("str1 ist größer als str3");

    // str2 eine neue Zeichenfolge zuweisen
    str2 = "Eins Zwei Drei Eins";

    idx = str2.indexOf("Eins");
    System.out.println("Index des ersten Auftretens von Eins: " + idx);
    idx = str2.lastIndexOf("One");
    System.out.println("Index des letzten Auftretens von Eins: " + idx);

  }
}
```

Das Programm zeigt folgende Ausgabe an:

```
Länge von str1: 52
Für die Web-Programmierung ist Java die Nummer eins.
str1 == str2
str1 != str3
str1 ist kleiner als str3
Index des ersten Auftretens von Eins: 0
Index des letzten Auftretens von Eins: 15
```

Sie können zwei Zeichenfolgen mit dem +-Operator auch miteinander *verketten*. Die Anweisungsfolge

```
String str1 = "Eins";
String str2 = "Zwei";
```

```
String str3 = "Drei";
String str4 = str1 + str2 + str3;
```

initialisiert `str4` mit der Zeichenfolge »EinsZweiDrei«.

> **Frage an den Experten**
>
> **Frage:** Warum definiert String die Methode equals()? Warum wird nicht der Operator == verwendet?
>
> **Antwort:** Die Methode equals() untersucht die Zeichen zweier Zeichenfolgen auf Gleichheit. Der Operator == stellt bei zwei String-Verweisen lediglich fest, ob beide auf das gleiche Objekt verweisen.

Zeichenfolgen-Arrays

Zeichenfolgen können wie jeder andere Datentyp in Arrays zusammengefasst werden. Ein Beispiel:

```java
// Beispiel für String-Arrays
class StringArrays {
  public static void main(String args[]) {
    String str[] = { "Dies", "ist", "ein", "Test." };

    System.out.println("Ursprüngliches Array: ");
    for(int i=0; i < str.length; i++)
      System.out.print(str[i] + " ");
    System.out.println("\n");

    // Eine Zeichenfolge ändern
    str[1] = "war auch";
    str[3] = "ein Test!";

    System.out.println("Verändertes Array: ");
    for(int i=0; i < str.length; i++)
      System.out.print(str[i] + " ");
  }
}
```

Ein Zeichenfolgen-Array.

Das Programm gibt aus:

```
Ursprüngliches Array:
Dies ist ein Test.
```

```
Verändertes Array:
Dies war auch ein Test!
```

Strings sind unveränderlich

Der Inhalt eines `String`-Objekts ist unveränderlich. Wurde es einmal erzeugt, dann kann die enthaltene Zeichenfolge nicht mehr geändert werden. Diese Einschränkung erlaubt Java eine effizientere Implementierung der Zeichenfolgen. Auch wenn das wie ein ernster Nachteil erscheinen mag, so trifft dies trotzdem nicht zu. Wenn Sie eine Zeichenfolge benötigen, die eine Variation einer anderen bereits vorhandenen Zeichenfolge ist, dann erzeugen Sie einfach ein neues `String`-Objekt, das die gewünschten Änderungen enthält. Da nicht mehr genutzte `String`-Objekte bei der Garbage Collection automatisch entfernt werden, müssen Sie sich nicht einmal darum kümmern, was mit den nicht mehr benötigten Zeichenfolge geschieht.

Dabei muss jedoch klar sein, dass eine `String`-Verweisvariable selbstverständlich das Objekt wechseln kann, auf das es verweist. Lediglich der Inhalt eines bestimmten `String`-Objekts kann nach dem Erstellen nicht mehr verändert werden.

Damit völlig deutlich wird, dass unveränderliche Zeichenfolgen kein Hindernis sind, stellen wir einige weitere `String`-Methoden vor. Die Methode `substring()` gibt ein neues `String`-Objekt zurück, das einen genannten Abschnitt der aufrufenden Zeichenfolge enthält. Da ein neues `String`-Objekt mit der Unterzeichenfolge erzeugt wird, bleibt die ursprüngliche Zeichenfolge unverändert und die Regel der Unveränderbarkeit wird nicht durchbrochen. Folgende Form von `substring()` wird hier verwendet:

```
String substring(int Startindex, int Endindex)
```

Startindex gibt den Anfangsindex und *Endindex* die Endposition an.

Das folgende Programm veranschaulicht `substring()` und das Prinzip der Unveränderbarkeit der Zeichenfolgen:

```java
// substring() verwenden
class SubStr {
  public static void main(String args[]) {
    String orgstr = "Java verändert das Web.";

    // Eine Unterzeichenfolge konstruieren
    String substr = orgstr.substring(5, 22);
```

```
    System.out.println("orgstr: " + orgstr);
    System.out.println("substr: " + substr);

  }
}
```

So sieht die Ausgabe des Programms aus:

```
orgstr: Java verändert das Web.
substr: verändert das Web
```

Die ursprüngliche Zeichenfolge `orgstr` bleibt unverändert und `substr` enthält die Unterzeichenfolge.

> ### Frage an den Experten
>
> **Frage:** Ein einmal erzeugtes String-Objekt kann nicht verändert werden. In der Regel ist das keine ernste Einschränkung. Was ist aber, wenn eine veränderbare Zeichenfolge benötigt wird?
>
> **Antwort:** Glücklicherweise stellt Java hierfür die Klasse `StringBuffer` zur Verfügung, die veränderbare String-Objekte erzeugt. Neben der Methode `charAt()`, die die Zeichen an einer bestimmten Position ermittelt, definiert `StringBuffer` noch die Methode `setCharAt()`, mit der die Zeichen innerhalb der Zeichenfolge gesetzt werden können. In den meisten Situationen wird jedoch `String` und nicht `StringBuffer` verwendet.

Befehlszeilenargumente verwenden

Nachdem Sie die Klasse `String` kennen gelernt haben, können Sie auch den Parameter `args` der Methode `main()` verstehen, der bisher in jedem Programm verwendet wurde. Viele Programme akzeptieren so genannte *Befehlszeilenargumente*. Ein Befehlszeilenargument ist eine Informationen, die direkt nach dem Programmnamen angegeben wird. Der Zugriff auf die Befehlszeilenargumente innerhalb eines Java-Programms ist ganz einfach, da sie der `main()`-Methode als `String`-Array übergeben werden. Das folgende Programm zeigt alle Befehlszeilenargumente an, die beim Aufruf übergeben wurden:

```
// Alle Argumente aus der Befehlszeile anzeigen
class CLDemo {
  public static void main(String args[]) {
    System.out.println("Es wurden " + args.length +
                " Befehlszeilenargumente übergeben.");
```

```
      System.out.println("Und zwar: ");
      for(int i=0; i<args.length; i++)
        System.out.println(args[i]);
   }
}
```

Wenn CLDemo wie folgt ausgeführt mit dem Aufruf java CLDemo eins zwei drei ausgeführt wird, dann erhalten Sie folgende Ausgabe:

```
Es wurden 3 Befehlszeilenargumente übergeben.
Und zwar:
eins
zwei
drei
```

Betrachten Sie das nächste Programm, um eine Vorstellung von den Verwendungsmöglichkeiten für die Argumente aus der Befehlszeile zu erhalten. Es übernimmt mit der Befehlszeile ein Argument, das den Namen einer Person angibt. Anschließend wird das zweidimensionales String-Array nach diesem Namen durchsucht. Wird eine Überstimmung gefunden, dann wird die Telefonnummer dieser Person angezeigt.

```
// Ein einfaches automatisches Telefonverzeichnis
class Phone {
  public static void main(String args[]) {
    String numbers[][] = {
      { "Finn", "555-3322" },
      { "Bruno", "555-8976" },
      { "Uta", "555-1037" },
      { "Hiltrud", "555-1400" }
    };
    int i;

    if(args.length != 1)
      System.out.println("Verwendung: java Phone <Name>");
    else {
      for(i=0; i<numbers.length; i++) {
        if(numbers[i][0].equals(args[0])) {
          System.out.println(numbers[i][0] + ": " +
                             numbers[i][1]);
          break;
        }
      }
```

> Um das Programm benutzen zu können, muss in der Befehlszeile ein Argument übergeben werden.

```
        if(i == numbers.length)
            System.out.println("Name nicht gefunden.");
    }
  }
}
```

Ein Beispiel für die Programmausführung:

```
C>java Phone Bruno
Bruno: 555-8976
```

1-Minuten-Test

- In Java sind alle Zeichenfolgen Objekte. Richtig oder falsch?
- Wie können Sie die Länge einer Zeichenfolge ermitteln?
- Was sind Befehlszeilenargumente?

Die bitweisen Operatoren

Im zweiten Kapitel haben Sie etwas über die arithmetischen, relationalen und logischen Operatoren von Java gelernt. Dies sind zwar die gebräuchlichsten Operatoren, Java stellt aber noch weitere Operatoren für andere Problemfelder zur Verfügung, nämlich die so genannten bitweisen Operatoren. Die bitweisen Operatoren wirken direkt auf die Bits in den Integer-Typen, `long`, `int`, `short`, `char` und `byte` ein. Bitweise Operationen können nicht in Verbindung mit den Typen `boolean`, `float`, `double` oder den Klassentypen angewandt werden. Sie heißen *bitweise* Operatoren, weil mit ihnen Bits eines Integer-Werts getestet, gesetzt oder verschoben werden können. Bitweise Operationen sind wichtig für eine Reihe von Programmieraufgaben auf Systemebene, bei denen die Statusinformationen eines Geräts abgefragt oder gesetzt werden müssen. Tabelle 5.1 führt die bitweisen Operatoren auf.

Operator	Ergebnis
&	Bitweises UND
|	Bitweises ODER

Tabelle 5.1 Die bitweisen Operatoren

- Richtig.
- Die Länge einer Zeichenfolge kann mit der Methode `length()` ermittelt werden.
- Befehlszeilenargumente werden beim Programmaufruf in der Befehlszeile angegeben. Sie werden als Zeichenfolgen dem `args`-Parameter von `main()` übergeben.

Operator	Ergebnis
^	Bitweises exklusives ODER
>>	Rechtsverschiebung
>>>	Rechtsverschiebung mit Auffüllen von Nullen
<<	Linksverschiebung
~	Bitweise unäres NICHT

Tabelle 5.1 Die bitweisen Operatoren

Die bitweisen UND, ODER, XOR und NOT-Operatoren

Die bitweisen Operatoren UND, ODER, XOR und NOT sind &, |, ^ und ~. Sie führen die gleichen Operationen durch wie ihre Boole'schen Äquivalente, die im zweiten Baustein beschrieben wurden. Der Unterschied besteht darin, dass die bitweisen Operatoren Bit für Bit vorgehen. Die folgende Tabelle zeigt das Ergebnis jeder Operation mit 1 und 0.

a	b	a & b	a | b	a ^ b	~a
0	0	0	0	0	1
1	0	0	1	1	0
0	1	0	1	1	1
1	1	1	1	0	0

Bei der gebräuchlichsten Verwendung wirkt das bitweise UND wie das Ausschalten von Bits. Jedes Bit mit dem Wert 0 im Operanden führt dazu, dass das Ergebnis des Bit 0 ist 0. Ein Beispiel:

```
      1 1 0 1  0 0 1 1
      1 0 1 0  1 0 1 0
  &  --------------------
      1 0 0 0  0 0 1 0
```

Das folgende Programm demonstriert den &-Operator und wandelt einen Kleinbuchstaben in einen Großbuchstaben um, indem das sechste Bit auf 0 gesetzt wird. Beim Unicode- und ASCII-Zeichensatz unterscheiden sich Groß- und Kleinbuchstaben dadurch, dass die Werte der Kleinbuchstaben um 32 höher liegen. Um eine Umwandlung von Klein- in Großschreibung vorzunehmen muss daher nur das sechste Bit auf 0 gesetzt werden, was das folgende Programm demonstriert.

```
// Großbuchstaben
class UpCase {
  public static void main(String args[]) {
    char ch;

    for(int i=0; i < 10; i++) {
      ch = (char) ('a' + i);
      System.out.print(ch);

      // Diese Anweisung setzt das sechste Bit auf 0
      ch = (char) ((int) ch & 65503);
// ch ist jetzt ein Großbuchstabe

      System.out.print(ch + " ");
    }
  }
}
```

Das Programm gibt aus:

`aA bB cC dD eE fF gG hH iI jJ`

Der Wert 65.503 in der UND-Anweisung entspricht der Binärzahl 1111 1111 1101 1111. Deshalb lässt die UND-Operation alle Bits in **ch** mit Ausnahme des sechsten unverändert. Das sechste Bit wird auf den Wert 0 gesetzt.

Mit dem UND-Operator lässt sich auch feststellen, ob ein Bit gesetzt ist oder nicht. Die folgende Anweisung ermittelt beispielsweise, ob das Bit 4 in der Variablen **status** gesetzt ist:

`if(status & 8) System.out.println("Bit 4 ist gesetzt");`

Die Zahl 8 wird verwendet, weil beim entsprechenden Binärwert nur das vierte Bit gesetzt ist. Deshalb wird die **if**-Anweisung nur ausgeführt, wenn das vierte Bit in **status** ebenfalls gesetzt ist. Eine interessante Verwendungsmöglichkeit dieses Konzepts ist die Anzeige der Bits eines **byte**-Werts in binärer Form.

```
// Die Bits eines Byte anzeigen
class ShowBits {
  public static void main(String args[]) {
    int t;
    byte val;

    val = 123;
```

```
    for(t=128; t > 0; t = t/2) {
      if((val & t) != 0) System.out.print("1 ");
      else System.out.print("0 ");
    }
  }
}
```

Das Programm liefert folgende Ausgabe:

```
0 1 1 1 1 0 1 1
```

Die for-Schleife testet nacheinander jedes Bit in val und verwendet hierfür das bitweise UND, um festzustellen, ob ein Bit gesetzt ist oder nicht. Ist das Bit gesetzt, wird die Zahl 1, andernfalls wird 0 angezeigt. In Projekt 5.3 werden Sie erfahren, wie dieses Grundkonzept erweitert werden kann, um eine Klasse zu erzeugen, die die Bits eines beliebigen Integer-Typs anzeigt.

Das bitweise ODER ist das Gegenteil von UND. Mit ihm können Bits gesetzt werden. Jedes Bit, das in einem der Operanden 1 ist, führt dazu, dass das entsprechende Bit in der Variablen ebenfalls auf 1 gesetzt wird. Zum Beispiel:

```
    1 1 0 1   0 0 1 1
    1 0 1 0   1 0 1 0
|   ------------------
    1 1 1 1   1 0 1 1
```

Mit ODER kann das Programm für die Umschreibung in Großbuchstaben so umgewandelt werden, dass eine Umwandlung in Kleinschreibung stattfindet:

```
// Kleinbuchstaben
class LowCase {
  public static void main(String args[]) {
    char ch;

    for(int i=0; i < 10; i++) {
      ch = (char) ('A' + i);
      System.out.print(ch);

      // Diese Anweisung setzt das sechste Bit
      ch = (char) ((int) ch | 32);
      // ch enthält jetzt Kleinbuchstaben.

      System.out.print(ch + " ");
    }
```

```
    }
}
```

Das Programm gibt aus:

```
Aa Bb Cc Dd Ee Ff Gg Hh Ii Jj
```

Das Programm führt für jedes Zeichen eine ODER-Verknüpfung mit dem Wert 32 durch, der der Binärzahl 0000 0000 0010 0000 entspricht. Der Binärwert von 32 ist also eine Binärzahl, in der nur das sechste Bit gesetzt ist. Bei einer ODER-Verknüpfung dieses Wertes mit einem anderen Wert wird das sechste Bit gesetzt, während die übrigen unverändert bleiben. Wie bereits erklärt wurde, bedeutet dies für Buchstaben, dass die Großschreibung in Kleinschreibung umgewandelt wird.

Ein exklusives ODER, das gewöhnlich mit XOR abgekürzt wird, setzt ein Bit dann (und nur dann), wenn die verglichenen Bits sich unterscheiden:

```
      0 1 1 1 1 1 1
      1 0 1 1 1 0 0 1
^     -----------------------
      1 1 0 0 0 1 1 0
```

Der XOR-Operator eignet sich für eine einfache Verschlüsselung einer Nachricht. Wenn ein Wert X mit dem XOR-Operator mit einem Wert Y verglichen und anschließend das Ergebnis wieder mit XOR mit Y verglichen wird, dann wird wieder das X erzeugt. Betrachten Sie die folgende Anweisungsfolge:

```
R1 = X ^ Y;
R2 = R1 ^ Y;
```

R2 hat den gleichen Wert wie X. Das Ergebnis der beiden XOR-Verknüpfungen mit dem gleichen Wert liefert daher den ursprünglichen Wert.

Nach diesem Prinzip kann ein einfaches Chiffrierprogramm erstellt werden, in dem eine ganze Zahl der Schlüssel für die Ver- und Entschlüsselung der Zeichen einer Nachricht über eine XOR-Verknüpfung ist. Die XOR-Operation wird zuerst für die Verschlüsselung verwendet und erzeugt einen chiffrierten Text. Für die Entschlüsselung wird XOR ein zweites Mal verwendet und liefert den Klartext. Das folgende einfache Beispiel verwendet dieses Verfahren zum Ver- und Entschlüsseln einen kurzen Nachricht:

```
// Mit XOR eine Nachricht ver- und entschlüsseln
class Encode {
```

```java
public static void main(String args[]) {
  String msg = "Dies ist ein Test";
  String encmsg = "";
  String decmsg = "";
  int key = 88;

  System.out.print("Ursprüngliche Nachricht: ");
  System.out.println(msg);

  // Verschlüsseln der Nachricht
  for(int i=0; i < msg.length(); i++)
    encmsg = encmsg + (char) (msg.charAt(i) ^ key);

  System.out.print("Verschlüsselte Nachricht: ");
  System.out.println(encmsg);

  // Entschlüsseln der Nachricht
  for(int i=0; i < msg.length(); i++)
    decmsg = decmsg + (char) (encmsg.charAt(i) ^ key);

  System.out.print("Entschlüsselte Nachricht: ");
  System.out.println(decmsg);
  }
}
```

> Hier wird die verschlüssel Zeichenfolge erzeugt.

> Hier wird die Zeichenfolg dechiffriert.

Das Programm liefert folgende Ausgabe:

```
Ursprüngliche Nachricht: Dies ist ein Test
Verschlüsselte Nachricht: _1=+x1+,x=16x=+,
Entschlüsselte Nachricht: Dies ist ein Test
```

Die zwei XOR-Operationen mit dem gleichen Schlüssel liefern wieder die entschlüsselte Nachricht.

Das unäre Komplement des NOT-Operators kehrt den Zustand aller Bits des Operanden um. Hat eine int-Variable A beispielsweise das Bitmuster 1001 0110, dann erzeugt ~A als Ergebnis das Bitmuster 0110 1001.

Im folgenden Programm wird mit dem NOT-Operator eine Zahl und ihr Komplement binär angezeigt.

```java
// Beispiel für bitweises NOT
class NotDemo {
  public static void main(String args[]) {
    byte b = -34;
```

```
    for(int t=128; t > 0; t = t/2) {
      if((b & t) != 0) System.out.print("1 ");
      else System.out.print("0 ");
    }
    System.out.println();

    // Alle Bits umkehren
    b = (byte) ~b;

    for(int t=128; t > 0; t = t/2) {
      if((b & t) != 0) System.out.print("1 ");
      else System.out.print("0 ");
    }
   }
  }
}
```

So sieht die Ausgabe des Programms aus:

```
1 1 0 1 1 1 1 0
0 0 1 0 0 0 0 1
```

Die Verschiebeoperatoren

In Java können die Bits eines Wertes um eine angegebene Anzahl von Positionen nach links oder rechts verschoben werden. Java definiert drei Operatoren für die Bitverschiebung:

<<	Linksverschiebung
>>	Rechtsverschiebung
>>>	Rechtsverschiebung ohne Vorzeichen

Die allgemeinen Formen dieser Operatoren lauten:

```
Wert << Anzahl-Bits
Wert >> Anzahl-Bits
Wert >>> Anzahl-Bits
```

Der *Wert* wird um die mit *Anzahl-Bits* angegebenen Positionen verschoben.

Jede Linksverschiebung führt dazu, dass alle Bits des angegebenen Wertes um eine Position nach links verschoben und 0-Bit rechts angefügt werden. Bei jeder Rechtsverschiebung werden alle Bits um eine Position nach rechts verschoben und das Vorzeichenbit beibehalten. Wie Sie vielleicht wissen, wird bei negativen Zahlen normalerweise das höchstwertige Bit eines ganzzahligen Wertes auf eins gesetzt. Wenn der zu verschiebende Wert negativ ist, wird daher bei der Rechtsverschiebung der linke Wert auf 1 gesetzt. Ist der Wert positiv, wird bei jeder Rechtsverschiebung links eine Null gesetzt.

Neben dem Vorzeichenbit muss bei der Rechtsverschiebung noch etwas anderes beachtet werden. Heutzutage verwenden die meisten Computer das *Zweierkomplement* für negative Werte. Bei diesem Verfahren werden bei negativen Werten die Bits des Wertes umgekehrt und anschließend 1 addiert. Der Bytewert von -1 beträgt daher binär 1111 1111. Eine Rechtsverschiebung dieses Wertes liefert immer das Ergebnis -1.

Soll das Vorzeichen bei der Rechtsverschiebung nicht erhalten bleiben, dann können Sie eine vorzeichenlose Rechtsverschiebung durchführen (>>>), bei der immer eine Null auf der linken Seite steht. Die vorzeichenlose Rechtsverschiebung wird für das Verschieben von Bitmustern wie etwa Statuscodes verwendet, die keinen ganzzahligen Wert darstellen.

Bei allen Verschiebungen gehen die hinausgeschobenen Bits verloren. Bei einer wechselseitigen Verschiebung lässt sich deshalb das hinausgeschobene Bit nicht wiederherstellen.

Das nächste Programm veranschaulicht die Auswirkungen einer Links- und Rechtsverschiebung grafisch. Eine ganze Zahl erhält den Anfangswert 1, was bedeutet, dass das niederwertige Bit gesetzt ist. Mit dieser ganzen Zahl werden acht Verschiebungen durchgeführt. Nach jeder Verschiebung werden die acht niedrigen Bits des Wertes angezeigt. Anschließend wird der Vorgang wiederholt, wobei eine Eins an die achte Position gesetzt und eine Rechtsverschiebung durchgeführt wird.

```java
// Die Verschiebeoperatoren << und >>
class ShiftDemo {
  public static void main(String args[]) {
    int val = 1;

    for(int i = 0; i < 8; i++) {
      for(int t=128; t > 0; t = t/2) {
        if((val & t) != 0) System.out.print("1 ");
        else System.out.print("0 ");
      }
      System.out.println();
      val = val << 1; // Linksverschiebung
    }
    System.out.println();

    val = 128;
    for(int i = 0; i < 8; i++) {
      for(int t=128; t > 0; t = t/2) {
```

```
      if((val & t) != 0) System.out.print("1 ");
      else System.out.print("0 ");
    }
    System.out.println();
    val = val >> 1; // Rechtsverschiebung
  }
 }
}
```

Das Programm liefert folgende Ausgabe:

```
0 0 0 0 0 0 0 1
0 0 0 0 0 0 1 0
0 0 0 0 0 1 0 0
0 0 0 0 1 0 0 0
0 0 0 1 0 0 0 0
0 0 1 0 0 0 0 0
0 1 0 0 0 0 0 0
1 0 0 0 0 0 0 0

1 0 0 0 0 0 0 0
0 1 0 0 0 0 0 0
0 0 1 0 0 0 0 0
0 0 0 1 0 0 0 0
0 0 0 0 1 0 0 0
0 0 0 0 0 1 0 0
0 0 0 0 0 0 1 0
0 0 0 0 0 0 0 1
```

Beim Verschieben von **byte**- und **short**-Werten müssen Sie vorsichtig sein, weil Java diese Werte bei der Auswertung eines Ausdrucks automatisch in **int**-Typen umwandelt. Verschieben Sie beispielsweise einen **byte**-Wert nach rechts, dann wird er zuerst in den Typ **int** umgewandelt und anschließend verschoben. Das Ergebnis der Verschiebung hat den Typ **int**. Diese Umwandlung bleibt häufig folgenlos, verschieben Sie jedoch einen negativen **byte**- oder **short**-Wert, dann findet eine Vorzeichenerweiterung bei der Umwandlung in den Typ **int** statt. Die höherwertigen Bits des resultierenden **int**-Wertes werden dabei mit Nullen aufgefüllt. Das ist bei einer normalen Rechtsverschiebung in Ordnung, bei einer vorzeichenlosen Rechtsverschiebung müssen aber zuerst 24 Einsen verschoben werden, bevor der **byte**-Wert Nullen sieht.

Frage an den Experten

Frage: Können die Verschiebeoperatoren als eine Kurzform für die Multiplikation oder Division einer ganzen Zahl mit oder durch zwei verwendet werden, da die Binärzahlen ja auf Zweierpotenzen basieren?

Antwort: Ja. Die Operatoren für die Bitverschiebung können sehr schnelle Multiplikationen mit zwei oder Divisionen durch zwei durchführen. Eine Linksverschiebung verdoppelt den Wert und eine Rechtverschiebung halbiert ihn. Das funktioniert allerdings nur dann, wenn die Bits nicht von einem zum anderen Ende verschoben werden.

Bitweise Kurzzuweisungen

Für alle binären bitweisen Operatoren gibt es Kurzformen, die eine Zuweisung mit einer bitweisen Operation verknüpfen. Die folgenden zwei Anweisungen weisen x das Ergebnis einer XOR-Operation von x mit dem Wert 127 zu.

```
x = x ^ 127;
x ^= 127;
```

ShowBits-
Demo.java

Projekt 5.3: Eine ShowBits-Klasse

In diesem Projekt wird eine Klasse mit der Bezeichnung ShowBits erzeugt, mit der das binäre Bitmuster einer ganzen Zahl angezeigt werden kann. Eine solche Klasse kann für die Programmierung sehr nützlich sein. Wenn Sie zum Beispiel einen Fehler im Code eines Gerätetreibers suchen, dann ist eine Überwachung des binären Datenstroms häufig sehr hilfreich.

Schritt für Schritt

1. Erstellen Sie eine Datei mit der Bezeichnung ShowBitsDemo.java.
2. Beginnen Sie die ShowBits-Klasse wie folgt:

```java
class ShowBits {
  int numbits;

  ShowBits(int n) {
    numbits = n;
  }
}
```

ShowBits erzeugt Objekte, die eine angegebene Zahl in Bits anzeigen. Um zum Beispiel ein Objekt zu erzeugen, das die acht niederwertigen Bits eines Wertes anzeigt, verwenden Sie die Anweisung:

```
ShowBits byteval = new ShowBits(8)
```

Die Anzahl der Bits wird in numbits gespeichert.

3. Zum Anzeigen des eigentlichen Bitmusters verwendet ShowBits die Methode show():

```
void show(long val) {
  long mask = 1;

  // Linksverschiebung um 1 in die richtige Position
  mask <<= numbits-1;

  int spacer = 0;
  for(; mask != 0; mask >>>= 1) {
    if((val & mask) != 0) System.out.print("1");
    else System.out.print("0");
    spacer++;
    if((spacer % 8) == 0) {
      System.out.print(" ");
      spacer = 0;
    }
  }
  System.out.println();
}
```

show() definiert einen long-Parameter. Das bedeutet aber nicht, dass Sie show() immer einen long-Wert übergeben müssen. Weil Java eine automatische Typumwandlung durchführt, kann jeder Integer-Typ an show() übergeben werden. Die Anzahl der angezeigten Bits wird von dem in numbits gespeicherten Wert festgelegt. Nach jeder Gruppe von acht Bits gibt show() ein Leerzeichen aus. Dadurch sind die Binärwerte eines langen Bitmusters besser lesbar.

Es folgt der vollständige Code des Programms ShowBitsDemo:

```
/*
   Projekt 5.3

   Eine Klasse, die die Binärdarstellung eines Wertes
   anzeigt
*/
```

```java
class ShowBits {
  int numbits;

  ShowBits(int n) {
    numbits = n;
  }

  void show(long val) {
    long mask = 1;

    // Linksverschiebung um 1 in die richtige Position
    mask <<= numbits-1;

    int spacer = 0;
    for(; mask != 0; mask >>>= 1) {
      if((val & mask) != 0) System.out.print("1");
      else System.out.print("0");
      spacer++;
      if((spacer % 8) == 0) {
        System.out.print(" ");
        spacer = 0;
      }
    }
    System.out.println();
  }
}

// Demonstration von ShowBits
class ShowBitsDemo {
  public static void main(String args[]) {
    ShowBits b = new ShowBits(8);
    ShowBits i = new ShowBits(32);
    ShowBits li = new ShowBits(64);

    System.out.println("123 binär: ");
    b.show(123);

    System.out.println("\n87987 binär: ");
    i.show(87987);

    System.out.println("\n237658768 binär: ");
    li.show(237658768);
```

```
        // Sie können auch die niederwertigen
        // Bits einer ganzen Zahl anzeigen lassen.
        System.out.println("\nDie acht niederwertigen Bits
von 87987 binär: ");
        b.show(87987);
    }
}
```

4. ShowBitsDemo liefert folgende Ausgabe:

```
123 binär:
01111011

87987 binär:
00000000 00000001 01010111 10110011

237658768 binär:
00000000 00000000 00000000 00000000 00001110 00101010
01100010 10010000

Die acht niederwertigen Bits von 87987 binär:
10110011
```

1-Minuten-Test
- Für welche Typen können die bitweisen Operatoren angewendet werden?
- Was bewirkt der Operator >>>?

Der ?-Operator

Einer der faszinierendsten Java-Operatoren ist das Fragezeichen. Der ?-Operator ersetzt häufig if-else-Anweisungen und hat die allgemeine Form:

```
if (Bedingung)
    var = Ausdruck1;
else
    var = Ausdruck2;
```

- byte, short, int, long und char.
- >>> führt eine vorzeichenlose Rechtsverschiebung durch. Dadurch wird in die äußerste linke Position eine Null geschoben. Bei der >>-Operation bleibt das Vorzeichen dagegen erhalten.

Der *var* zugewiesene Wert hängt von der die `if`-Anweisung steuernden Bedingung ab.

Der ?-Operator wird auch als *ternärer Operator* bezeichnet, weil er drei Operanden benötigt.

Die allgemeine Form lautet:

```
Ausdruck1 ? Ausdruck2 : Ausdruck3;
```

Ausdruck1 ist ein Boole'scher Ausdruck und *Ausdruck2* und *Ausdruck3* sind Ausdrücke beliebigen Typs, mit Ausnahme des Typs `void`. *Ausdruck2* und *Ausdruck3* müssen allerdings die gleichen Typen verwenden. Beachten Sie die Verwendung und Platzierung des Semikolons.

Der Wert eines ?-Ausdrucks wird wie folgt ermittelt: *Ausdruck1* wird zuerst ausgewertet. Hat er den Wert `true`, wird *Ausdruck2* ausgewertet und erhält den Wert des gesamten ?-Ausdrucks. Hat *Ausdruck1* den Wert `false`, dann wird *Ausdruck3* ausgewertet und dessen Wert wird zum Wert des gesamten Ausdrucks. Betrachten Sie dieses Beispiel, in dem `absval` der absolute Wert von `val` zugewiesen wird:

```
absval = val < 0 ? -val : val; // Den absoluten Wert von val
                               // ermitteln
```

`absval` erhält den Wert von `val`, wenn `val` gleich 0 oder größer ist. Ist `val` negativ, erhält `absval` den negativen Wert, was zu einem positiven Wert führt. Mit einer `if-else`-Struktur sähe der gleiche Code folgendermaßen aus:

```
if(val < 0) absval  = -val;
else absval = val;
```

Es folgt ein weiteres Beispiel für den ?-Operator. Dieses Programm dividiert zwei Zahlen, lässt jedoch keine Division durch null zu.

```
// Eine Division durch null mit dem ?-Operator verhindern
class NoZeroDiv {
  public static void main(String args[]) {
    int result;

    for(int i = -5; i < 6; i++) {
      result = i != 0 ? 100 / i : 0;
      if(i != 0)
        System.out.println("100 / " + i + " beträgt " +
                                result);
```

```
      }
    }
}
```

Das Programm liefert folgende Ausgabe:

```
100 / -5 ergibt -20
100 / -4 ergibt -25
100 / -3 ergibt -33
100 / -2 ergibt -50
100 / -1 ergibt -100
100 / 1 ergibt 100
100 / 2 ergibt 50
100 / 3 ergibt 33
100 / 4 ergibt 25
100 / 5 ergibt 20
```

Achten Sie besonders auf die folgende Programmzeile:

```
result = i != 0 ? 100 / i : 0;
```

result wird das Ergebnis der Division 100 durch i zugewiesen. Diese Division wird aber nur durchgeführt, wenn i ungleich null ist. Ist i gleich null, wird result ein Platzhalter zugewiesen.

Der von der ?-Operation erzeugte Wert muss eigentlich keiner Variablen zugewiesen werden. Er könnte beispielsweise als Argument bei einem Methodenaufruf dienen. Sind die Ausdrücke alle vom Typ **boolean**, kann die ?-Operation auch als Bedingungsausdruck für eine Schleife oder if-Anweisung verwendet werden. Im nächsten Beispiel wurde das letzte Programm umgeschrieben und etwas effizienter gestaltet. Es liefert die gleiche Ausgabe wie zuvor.

```
// Eine Division durch null mit dem ?-Operator verhindern
class NoZeroDiv2 {
  public static void main(String args[]) {

    for(int i = -5; i < 6; i++)
      if(i != 0 ? true : false)
        System.out.println("100 / " + i +
                           " ergibt " + 100 / i);
  }
}
```

Beachten Sie die `if`-Anweisung. Ist `i` gleich null, ergibt die Auswertung der `if`-Bedingung den Wert `false`, was eine Division durch null verhindert und kein Ergebnis angezeigt. Andernfalls wird die Division durchgeführt.

☑ Übungsaufgaben

1. Zeigen Sie zwei Möglichkeiten, ein eindimensionales Array mit zwölf `double`-Werten zu deklarieren.
2. Demonstrieren Sie, wie ein eindimensionales Array mit den ganzen Zahlen von 1 bis 5 initialisiert wird.
3. Schreiben Sie ein Programm, das mit Hilfe eines Array den Durchschnittswert von zehn `double`-Werten ermittelt. Verwenden Sie zehn beliebige Werte.
4. Verändern Sie den Sortiervorgang aus Projekt 5.1 so, dass ein `String`-Array sortiert wird. Beschreiben Sie, wie es funktioniert.
5. Was ist der Unterschied zwischen den `String`-Methoden `indexOf()` und `lastIndexOf()`?
6. Alle Zeichenfolgen sind Objekte vom Typ `String`. Zeigen Sie, wie Sie die Methoden `length()` und `charAt()` für das Literal `"Ich mag Java."` aufrufen können.
7. Erweitern Sie die Chiffrierklasse `Encode` so, dass sie eine acht Zeichen lange Zeichenfolge als Schlüssel verwendet.
8. Können bitweise Operatoren für den Typ `double` angewendet werden?
9. Wie kann die folgende Anweisungsfolge mit Hilfe des ?-Operators umgeschrieben werden?

    ```
    if(x < 0) y = 10;
    else y = 20;
    ```

10. Ist & im folgenden Codefragment ein bitweiser oder ein logischer Operator? Begründen Sie Ihre Antwort.

    ```
    boolean a, b;
    // ...
    if(a & b) ...
    ```

Kapitel 6

Eine genauere Betrachtung der Methoden und Klassen

Lernziele

- Zugriffskontrolle für Klassen-Elemente
- Objekte an eine Methode übergeben
- Rückgabeobjekte einer Methode
- Methoden überladen
- Konstruktoren überladen
- Rekursionen
- static anwenden
- Innere Klassen

In diesem Kapitel wird die Erörterung der Klassen und Methoden wieder aufgenommen. Zu Beginn wird beschrieben, wie der Zugriff auf die Attribute und Methoden einer Klasse kontrolliert wird. Anschließend wird die Übergabe und Rückgabe von Objekten, das Überladen von Methoden, die Rekursion und die Verwendung des Schlüsselworts `static` erläutert. Ferner wird eine der neueren Eigenschaften von Java beschrieben, nämlich die geschachtelten Klassen.

Zugriffskontrolle für Klassen-Elemente

Mit der Kapselung bieten die Klassen zwei wichtige Vorteile: Zum einen werden die Daten mit dem Code verknüpft, der die Daten bearbeitet. Die Vorteile dieses Aspekts nutzen Sie bereits seit dem vierten Kapitel. Zum anderen gibt es Möglichkeiten, den Zugriff auf Attribute und Methoden zu kontrollieren. Diese Eigenschaft soll hier untersucht werden.

Obwohl die Herangehensweise von Java etwas ausgeklügelter ist, werden bei den Elementen einer Klasse im Wesentlichen zwei Grundtypen unterschieden: öffentliche und private (`public` und `private`). Auf ein öffentliches Element kann von Code, der außerhalb der Klasse definiert wurde, frei zugegriffen werden. Dieser Typ von Klassen-Element wurde bisher verwendet. Auf ein privates Element können nur die von der Klasse definierten Methoden zugreifen. Der Zugriff wird mit den privaten Methoden kontrolliert.

Die Zugriffsbeschränkung auf die Attribute und Methoden einer Klasse ist ein fundamentaler Bestandteil der objektorientierten Programmierung, weil er hilft, den Missbrauch von Objekten zu verhindern. Wenn nur eine Reihe gut durchdachter Methoden Zugriff auf private Daten erhält, dann können Sie verhindern, dass diesen Daten nicht korrekte Werte zugewiesen werden, indem Sie beispielsweise eine Gütigkeitsprüfung vornehmen. Code außerhalb der Klasse kann den Wert einer privaten Instanzvariablen nicht direkt setzen. Außerdem können Sie genau steuern, wie und wann die Daten eines Objekts verwendet werden. Eine korrekt implementierte Klasse erzeugt eine »Black Box«, die zwar verwendet werden kann, deren innere Abläufe von außen jedoch nicht verändert werden können.

Bisher mussten Sie sich nicht um die Zugriffskontrolle kümmern, weil Java Standardeinstellungen für den Zugriff anwendet, bei denen die Elemente einer Klasse dem übrigen Programmcode zur freien Verfügung stehen. (Die Standardeinstellung für den Zugriff ist in der Regel `public`.) Bei einfachen Klassen (und den bisher vorgestellten Beispielprogrammen) sind diese Standardeinstellungen zwar bequem, für den Einsatz in realen Situationen sind sie jedoch unangemessen. Im Folgenden werden die Möglichkeiten der Zugriffskontrolle in Java beschrieben.

Die Zugriffsangaben von Java

Die Zugriffskontrolle auf ein Klassen-Element wird über die drei *Zugriffsangaben* `public`, `private` und `protected` gesteuert. Wird keine Zugriffsangabe gemacht, gelten die Standardeinstellungen für den Zugriff. In diesem Kapitel befassen wir uns mit den Zugriffsangaben `public` und `private`. Die Zugriffsangabe `protected` betrifft nur die Vererbung und wird in Kapitel 7 beschrieben.

Erhält ein Element einer Klasse die Zugriffsangabe `public`, dann kann der gesamte übrige Programmcode auf das Element zugreifen. Dies gilt auch für außerhalb der Klasse definierte Methoden.

Besitzt ein Element einer Klasse die Zugriffsangabe `private`, dann können nur die Methoden der eigenen Klasse darauf zugreifen. Methoden anderer Klassen können daher nicht auf ein `private` Attribute oder Methoden einer anderen Klasse zugreifen.

Die standardmäßige Zugriffseinstellung (bei der keine Zugriffsangabe gemacht wird) entspricht `public`, es sei denn, das Programm ist in Programmpakete unterteilt. Ein *Paket* besteht aus einer Gruppe von Klassen. Pakete betreffen sowohl die Organisation als auch die Zugriffskontrolle, sie werden jedoch erst im Kapitel 7 behandelt. Für die Programme aus den bisherigen Kapiteln und den letzten Kapitel entsprach die Zugriffsangabe `public` dem Standardzugriff.

Die Zugriffsangabe wird den übrigen Spezifikationen vorangestellt. Sie beginnt also eine Anweisung mit einer Element-Deklaration. Es folgen einige Beispiele:

```
public String errMsg;
private accountBalance bal;

private boolean isError(byte status) { // ...
```

Das folgende Programm illustriert die Auswirkungen von `public` und `private`:

```
// Öffentlicher und privater Zugriff
class MeineKlasse {
  private int alpha; // privater Zugriff
  public int beta; // öffentlicher Zugriff
  int gamma; // Standardzugriff (hauptsächlich public)

  /* Zugriffsmethoden für alpha. Eine Methode einer
     Klasse kann auf ein privates Attribut
     der gleichen Klasse zugreifen.
  */
  void setAlpha(int a) {
```

```
    alpha = a;
  }

  int getAlpha() {
    return alpha;
  }
}

class AccessDemo {
  public static void main(String args[]) {
    MeineKlasse ob = new MeineKlasse();

    /* Der Zugriff auf alpha darf nur über
       die Zugriffsmethoden erfolgen. */
    ob.setAlpha(-99);
    System.out.println("ob.alpha ist " + ob.getAlpha());

    // Sie können nicht wie folgt auf alpha zugreifen:
 // ob.alpha = 10;  // Falsch! alpha ist privat!         Falsch! alpha
                                                         ist privat!

    // Dies ist OK, weil beta und gamma öffentlich sind.
    ob.beta = 88;
    ob.gamma = 99;             OK, weil beide öffentlich sind.
  }
}
```

Innerhalb der Klasse **MeineKlasse** wird **alpha** als **private** deklariert. **beta** wird explizit als **public** angegeben, während **gamma** den Standardzugriff gewährt, was in diesem Fall mit der Angabe von **public** übereinstimmt. Da **alpha** privat ist, kann kein Code außerhalb dieser Klasse darauf zugreifen. Innerhalb der Klasse **AccessDemo** kann **alpha** daher nicht direkt benutzt werden. Der Zugriff muss über die öffentlichen Zugriffsmethoden **setAlpha()** und **getAlpha()** erfolgen. Wenn Sie aus der Programmzeile

```
// ob.alpha = 10;  // Falsch! alpha ist privat!
```

das Kommentarzeichen entfernen würden, dann würde das Programm aufgrund der Zugriffsverletzung nicht kompiliert. Code außerhalb der Klasse **MeineKlasse** darf zwar nicht auf **alpha** zugreifen, innerhalb von **MeineKlasse** definierte Methoden können wie die Methoden **setAlpha()** und **getAlpha()** frei zugreifen.

Der Kernpunkt ist: Ein privates Attribut oder eine private Methode kann von anderen Methoden der eigenen Klasse uneingeschränkt benutzt werden, Code außerhalb der Klasse darf dies nicht.

Das folgende Programm soll den Einsatz der Zugriffskontrolle an einem etwas praktischerem Beispiel veranschaulichen. Das Programm implementiert ein geschütztes int-Array, bei dem Grenzüberschreitungen vermieden und somit eine Laufzeitausnahme verhindert wird. Dies geschieht durch Einkapseln des Array als privates Member einer Klasse, die nur über Methoden auf das Array zugreifen kann. Mit diesem Verfahren kann jeder Versuch, außerhalb der zulässigen Grenzen auf das Array zuzugreifen, verhindert bzw. bereits der Versuch abgefangen werden. (Das Resultat ist eine »weiche« Landung und kein »Absturz«.) Das Array wird von der Klasse FailSoftArray implementiert:

```
/* Diese Klasse implementiert ein gesichertes Array,
   das Laufzeitfehler verhindert.
*/
class FailSoftArray {
  private int a[]; // Verweis auf das Array
  private int errval; // Rückgabewert, wenn get() fehlschlägt

  public int length; // length ist öffentlich

  /* Ein Array mit der angegebenen Größe und
     dem Rückgabewert für den Fall,
     dass get fehlschlägt, erzeugen.*/
  public FailSoftArray(int size, int errv) {
    a = new int[size];
    errval = errv;
    length = size;
  }

  /* Den Wert an der angegebenen
     Indexposition zurückliefern */
  public int get(int index) {
    if(ok(index)) return a[index];   // Einen außerhalb der Grenzen liegenden Index abfangen.
    return errval;
  }

  /* Einen Wert an der Indexposition setzen.
     Beim Fehlschlagen wird false zurückgegeben. */
  public boolean put(int index, int val) {
    if(ok(index)) {
      a[index] = val;
      return true;
    }
    return false;
  }
```

```
    /* Liegt der index innerhalb der Grenzen,
       wird true zurückgegeben. */
    private boolean ok(int index) {
      if(index >= 0 & index < length) return true;
      return false;
    }
}

// Das Array demonstrieren
class FSDemo {
  public static void main(String args[]) {
    FailSoftArray fs = new FailSoftArray(5, -1);
    int x;

    // Stille Fehler anzeigen
    System.out.println("Stiller Fehler.");
    for(int i=0; i < (fs.length * 2); i++)
      fs.put(i, i*10);         ◄─────────────── Der Zugriff auf
                                                das Array muss
    for(int i=0; i < (fs.length * 2); i++) {    über die Zugriffs-
      x = fs.get(i);           ◄─────────────── methoden erfol-
      if(x != -1) System.out.print(x + " ");    gen.
    }
    System.out.println("");

    // Fehlerbehandlung
    System.out.println("\nFehler mit Fehlerberichten.");
    for(int i=0; i < (fs.length * 2); i++)
      if(!fs.put(i, i*10))
        System.out.println("Index " + i +
                           " außerhalb der Grenzen");

    for(int i=0; i < (fs.length * 2); i++) {
      x = fs.get(i);
      if(x != -1) System.out.print(x + " ");
      else
        System.out.println("Index " + i +
                           " außerhalb der Grenzen");
    }
  }
}
```

Das Programm liefert folgende Ausgabe:

```
Stiller Fehler.
0 10 20 30 40

Fehler mit Fehlerberichten.
Index 5 außerhalb der Grenzen
Index 6 außerhalb der Grenzen
Index 7 außerhalb der Grenzen
Index 8 außerhalb der Grenzen
Index 9 außerhalb der Grenzen
0 10 20 30 40 Index 5 außerhalb der Grenzen
Index 6 außerhalb der Grenzen
Index 7 außerhalb der Grenzen
Index 8 außerhalb der Grenzen
Index 9 außerhalb der Grenzen
```

Betrachten wir dieses Beispiel etwas genauer. Innerhalb von `FailSoftArray` werden drei Klassen-Elemente als `private` definiert. Das erste speichert einen Verweis auf das Array, das die eigentlichen Informationen enthält. Das zweite ist `errval`, also der Wert, der zurückgegeben wird, wenn `get()` fehlschlägt. Das dritte ist die private Methode `ok()`, die feststellt, ob ein Index außerhalb der Grenzen liegt. Diese drei Elemente können nur von anderen Methoden der Klasse `FailSoftArray` benutzt werden. Im Einzelnen bedeutet das, dass `a` und `errval` nur von anderen Methoden dieser Klasse benutzt werden können und dass `ok()` von einer anderen Methode aus `FailSoftArray` aufgerufen werden kann. Die übrigen Elemente der Klasse sind öffentlich, so dass der übrige Programmcode, der `FailSoftArray` verwendet, darauf zugreifen kann.

Wenn ein `FailSoftArray`-Objekt eingerichtet wird, müssen die Größe des Array und der Rückgabewert beim Fehlschlagen von `get()` angegeben werden. Der Fehlerwert muss ein Wert sein, der sonst nicht im Array gespeichert wird. Auf das fertige Array wird mit `a` verwiesen und auf den in `errval` gespeicherten Fehlerwert kann der Benutzer des `FailSoftArray`-Objekts nicht zugreifen. Sie stehen also für eine unerwünschte Benutzung nicht zur Verfügung. Der Benutzer könnte beispielsweise versuchen, `a` direkt zu indizieren und dabei möglicherweise die Grenzen überschreiten. Der Zugriff ist aber nur über die Methoden `get()` und `put()` möglich.

Die `ok()`-Methode ist eigentlich nur aus Gründen der Anschaulichkeit privat. Sie könnte bedenkenlos als `public` deklariert werden, da sie das Objekt nicht verändert. Da sie aber von der Klasse `FailSoftArray` intern verwendet wird, kann sie auch privat sein.

Beachten Sie, dass die Instanzvariable `length` als `public` deklariert wird. Das steht im Einklang mit der Art und Weise, mit der Java Arrays implementiert. Die

Länge eines `FailSoftArray`-Objekts können Sie einfach mit dem `length`-Attribut ermitteln.

Um das `FailSoftArray` nutzen zu können, wird `put()` zum Speichern eines Werts an einer bestimmten Indexposition aufgerufen. Mit `get()` wird ein Wert von einer bestimmten Indexposition geholt. Liegt der Index außerhalb der Grenzen, liefert `put()` den Werte `false` und `get()` `errval` zurück.

Wegen der Bequemlichkeit wird in der Mehrzahl der Beispiele in diesem Buch weiterhin der Standardzugriff für die Klassen-Elemente gewählt. Denken Sie aber daran, dass in der Praxis ein eingeschränkter Zugriff auf die Klassen-Elemente, insbesondere auf die Instanzvariablen, ein wichtiger Bestandteil erfolgreicher objektorientierter Programmierung ist. In Kapitel 7 werden Sie noch erfahren, dass Zugriffskontrolle in Verbindung mit der Vererbung noch interessanter ist.

1-Minuten-Test

- Nennen Sie die Zugriffsangaben von Java.
- Erklären Sie, was `private` bewirkt.

Queue.java

Projekt 6.1: Die Queue-Klasse verbessern

Mit der Zugriffsangabe `private` können Sie an der im Projekt 5.2 aus Kapitel 5 entwickelten `Queue`-Klasse eine sehr wichtige Verbesserung durchführen. In dieser Version verwenden alle Attribute und Methoden der `Queue`-Klasse den Standardzugriff, was tatsächlich der Deklaration `public` entspricht. Das bedeutet, dass ein Programm, welches `Queue` verwendet, direkt auf das zugrunde liegende Array zugreifen kann, was möglicherweise nicht in der richtigen Reihenfolge geschieht. Da eine Warteschlange vollständig darauf aufbaut, dass das zuerst abgelegte Element auch als erstes wieder herausgenommen wird, wäre ein Zugriff außerhalb der Reihenfolge nicht wünschenswert. Ein böswilliger Programmierer könnte die in `putloc` und `getloc` gespeicherten Indexwerte verändern und so die Warteschlange beschädigen. Solche Probleme lassen sich mit der Zugriffsangabe `private` jedoch leicht verhindern.

Schritt für Schritt

1. Kopieren Sie die `Queue`-Klasse aus Projekt 5.2 in eine neue Datei mit der Bezeichnung `Queue.java`.

- private, public und protected. Ferner steht ein Standardzugriff zur Verfügung.
- Wird ein Member als private deklariert, dann können nur die Member der gleichen Klasse darauf zugreifen.

Kapitel 6: Eine genauere Betrachtung der Methoden und Klassen | **235**

2. Fügen Sie in der **Queue**-Klasse die Zugriffsangabe **private** für das Array **q** und die Indizes **putloc** und **getloc** hinzu:

```
// Eine verbesserte Queue-Klasse für Zeichen
class Queue {
  // Diese Variablen sind jetzt private
  private char q[]; // Dieses Array enthält die Warteschlange
  private int putloc, getloc; // Die put- und get-Indizes

  Queue(int size) {
    q = new char[size+1]; // Speicher für die Warteschlange
                          // zuweisen
    putloc = getloc = 0;
  }

  // Ein Zeichen in die Schlange einfügen
  void put(char ch) {
    if(putloc==q.length-1) {
      System.out.println(" - Die Warteschlange ist voll.");
      return;
    }

    putloc++;
    q[putloc] = ch;
  }

  // Ein Zeichen aus der Warteschlange holen.
  char get() {
    if(getloc == putloc) {
      System.out.println(" - Die Warteschlange ist leer.");
      return (char) 0;
    }

    getloc++;
    return q[getloc];
  }
}
```

3. Die Zugriffsangabe **private** anstelle des Standardzugriffs für **q**, **putloc** und **getloc** wirkt sich nicht auf ein Programm aus, wenn **Queue** korrekt verwendet wird. Die Klasse funktioniert beispielsweise mit der **Qdemo**-Klasse aus Projekt 5.2 weiterhin problemlos. Es verhindert jedoch eine nicht korrekte Verwendung eines **Queue**-Objekts. Die folgenden Anweisungen sind nicht zulässig:

```
Queue test = new Queue(10);

test.q[0] = 99; // Falsch!
test.putloc = -100; // Funktioniert nicht!
```

4. Da q, putloc und getloc jetzt privat sind, realisiert die **Queue**-Klasse konsequent das Prinzip einer Warteschlange, bei der das zuerst abgelegte Element auch als erstes wieder herausgegeben wird.

Objekte an Methoden übergeben

Bisher wurden in den Beispielen immer einfache Typen als Parameter an Methoden übergeben. Es ist aber genauso zulässig und üblich, Objekte an Methoden zu übergeben. Betrachten Sie das folgende einfache Beispielprogramm, dass die Maße eines dreidimensionalen Blocks speichert:

```
// Objekte können an Methoden übergeben werden.
class Block {
  int a, b, c;
  int volume;

  Block(int i, int j, int k) {
    a = i;
    b = j;
    c = k;
    volume = a * b * c;
  }

  /* Wenn ob den gleichen Block definiert,
     wird true zurückgegeben. */
  boolean sameBlock(Block ob) {
    if((ob.a == a) & (ob.b == b) & (ob.c == c)) return true;
    else return false;
  }

  /* Wenn ob das gleiche Volumen hat,
     wird true zurückgegeben. */
  boolean sameVolume(Block ob) {
    if(ob.volume == volume) return true;
    else return false;
  }
}

class PassOb {
```

```
public static void main(String args[]) {
  Block ob1 = new Block(10, 2, 5);
  Block ob2 = new Block(10, 2, 5);
  Block ob3 = new Block(4, 5, 5);

  System.out.println("ob1 hat die gleichen Maße wie ob2: " +
                     ob1.sameBlock(ob2));
  System.out.println("ob1 hat die gleichen Maße wie ob3: " +
                     ob1.sameBlock(ob3));
  System.out.println("ob1 hat das gleiche Volumen wie ob3: " +
                     ob1.sameVolume(ob3));
  }
}
```

Dieses Programm zeigt folgende Ausgabe an::

```
ob1 hat die gleichen Maße wie ob2: true
ob1 hat die gleichen Maße wie ob3: false
ob1 hat das gleiche Volumen wie ob3: true
```

Die Methoden `sameBlock()` und `sameVolume()` vergleichen das als Parameter übergebene Objekt mit dem aufrufenden Objekt. Mit `sameBlock()` werden die Maße der Objekte verglichen. `true` wird nur dann zurückgegeben, wenn zwei Blöcke gleich sind. Mit `sameVolume()` wird festgestellt, ob zwei Blöcke das gleiche Volumen haben. In beiden Fällen gibt der Parameter `ob` den Typ `Block` an. Obwohl `Block` ein vom Programm erzeugter Klassentyp ist, wird er genauso verwendet wie die integrierten Java-Typen.

rgumente übergeben

Das vorangegangene Beispiel hat gezeigt, dass ein Objekt einer Methode auf einfache Weise übergeben werden kann. Einige Feinheiten bei der Übergabe eines Objekts hat dieses Beispiel aber nicht deutlich gemacht. In bestimmten Fällen unterscheiden sich die Auswirkungen einer Objektübergabe von denen der Übergabe von Argumenten, bei denen es sich nicht um Objekte handelt. Um zu erkennen, warum das so ist, müssen Sie wissen, auf welche zwei Arten Argumente an eine Subroutine übergeben werden können.

Das erste Verfahren ist die Wertübergabe (call-by-value). Dabei wird der Wert eines Arguments in den formalen Parameter der Subroutine kopiert. Änderungen am Parameter der Subroutine beliebem damit ohne Auswirkungen auf das im Aufruf verwendete Argument. Die zweite Möglichkeit ist die Parameterübergabe (call-by-reference). Hierbei wird ein Verweis auf ein Argument (nicht der Wert des Arguments) an den Parameter übergeben. Innerhalb der Subroutine dient dieser Verweis für den Zugriff auf das eigentlich beim Aufruf angegebene Argument. Das führt dazu, dass Änderungen am Parameter sich auf das für den Aufruf der Subroutine verwendete Argument auswirken. Wie Sie noch sehen werden, benutzt Java beide Verfahren, je nachdem, was übergeben wird.

Wenn Sie in Java einen einfachen Datentyp wie **int** oder **double** an eine Methode übergeben, dann erfolgt die Übergabe über den Wert. Was mit dem Parameter geschieht, der das Argument übernimmt, bleibt außerhalb der Methode nebensächlich. Betrachten Sie das folgende Programm:

```java
// Einfache Datentypen werden über den Wert übergeben.
class Test {
  /* Diese Methode verursacht keine Veränderungen an
     für den Aufruf verwendeten Argumenten. */
  void noChange(int i, int j) {
    i = i + j;
    j = -j;
  }
}

class CallByValue {
  public static void main(String args[]) {
    Test ob = new Test();

    int a = 15, b = 20;

    System.out.println("a und b vor dem Aufruf: " +
                       a + " " + b);

    ob.noChange(a, b);

    System.out.println("a und b nach dem Aufruf: " +
                       a + " " + b);
  }
}
```

Das Programm gibt aus:

```
a und b vor dem Aufruf: 15 20
a und b nach dem Aufruf: 15 20
```

Wie Sie erkennen können, wirken sich die Operationen innerhalb von **noChange()** nicht auf die für den Aufruf benutzten Werte von **a** und **b** aus.

Wenn Sie ein Objekt an eine Methode übergeben, ändert sich die Situation ganz entscheidend, weil Objekte über einen Verweis übergeben werden. Bedenken Sie, dass Sie beim Erzeugen einer Variablen eines Klassentyps lediglich einen Verweis auf ein Objekt einrichten. Wird dieser Verweis einer Methode übergeben, dann verweist der Parameter, der den Verweis übernimmt, auf das gleiche Objekt, auf welches auch das Argument verweist. Das führt im Endeffekt dazu, dass Objekte mit einem Aufruf über einen Verweis an Methoden übergeben werden. Änderungen am Objekt innerhalb der Methode *wirken* sich auf das als Argument verwendete Objekt aus, wie auch das folgende Programm zeigt:

```
// Objekte werden über einen Verweis übergeben.
class Test {
  int a, b;

  Test(int i, int j) {
    a = i;
    b = j;
  }
  /* Ein Objekt übergeben. Die im Aufruf verwendeten
     Objekte ob.a und ob.b werden jetzt verändert. */
  void change(Test ob) {
    ob.a = ob.a + ob.b;
    ob.b = -ob.b;
  }
}

class CallByRef {
  public static void main(String args[]) {
    Test ob = new Test(15, 20);

    System.out.println("ob.a und ob.b vor dem Aufruf: " +
                ob.a + " " + ob.b);

    ob.change(ob);

    System.out.println("ob.a und ob.b nach dem Aufruf: " +
                ob.a + " " + ob.b);
  }
}
```

Dieses Programm zeigt folgende Ausgabe an:

```
ob.a und ob.b vor dem Aufruf: 15 20
ob.a und ob.b nach dem Aufruf: 35 -20
```

In diesem Fall wirken sich die Aktionen innerhalb von `change()` auf das als Argument verwendete Objekt aus.

Interessanterweise wird bei der Übergabe eines Objektverweises an eine Methode der Verweis selbst durch einen Aufruf über den Wert übergeben. Da der übergebene Wert sich aber auf ein Objekt bezieht, bezieht sich die Kopie des Werts weiterhin auf das gleiche Objekt, auf welches das entsprechende Argument verweist.

1-Minuten-Test

- Was ist der Unterschied zwischen einem Aufruf nach Wert und einem Aufruf über einen Verweis?
- Wie übergibt Java einfache Datentypen? Wie werden Objekte übergeben?

Frage an den Experten

Frage: Gibt es eine Möglichkeit, einen einfachen Datentyp über einen Verweis zu übergeben?

Antwort: Nicht direkt. Java definiert aber eine Reihe von Klassen, die einfache Datentypen in Objekten *einhüllen*. Dies sind `Double`, `Float`, `Byte`, `Short`, `Integer`, `Long` und `Character`. Neben der Möglichkeit, einfache Datentypen über einen Verweis zu übergeben, definieren diese Wrapper-Klassen zahlreiche Methoden für die Manipulation der Werte. Ein numerischer Typ-Wrapper besitzt beispielsweise Methoden zur Umwandlung vom binären Format in das lesbare `String`-Format und umgekehrt.

- Bei einem Aufruf nach Wert wird eine Kopie des Arguments an die Subroutine übergeben. Bei einem Aufruf über einen Verweis wird ein Verweis als Argument übergeben.
- Java übergibt einfache Datentypen über den Wert und Objekte über einen Verweis.

Objekte zurückliefern

Eine Methode kann jeden Datentyp zurückliefern, auch Klassentypen. Die Klasse ErrorMsg könnte beispielsweise Fehlermeldungen zurückliefern. Die Methode getErrorMsg() der Klasse gibt ein String-Objekt mit einer Fehlerbeschreibung zurück, die auf dem übergebenen Fehlerkode basiert.

```
// Rückgabe eines String-Objekts
class ErrorMsg {
  String msgs[] = {
    "Ausgabefehler",
    "Eingabefehler",
    "Festplatte voll",
    "Index außerhalb der Grenzen"
  };

  // Rückgabe der Fehlermeldung
  String getErrorMsg(int i) {         ← Rückgabe eines
    if(i >=0 & i < msgs.length)          String-Objekts.
      return msgs[i];
    else
      return "Ungültiger Fehlercode";
  }
}

class ErrMsg {
  public static void main(String args[]) {
    ErrorMsg err = new ErrorMsg();

    System.out.println(err.getErrorMsg(2));
    System.out.println(err.getErrorMsg(19));
  }
}
```

Das Programm gibt aus:

```
Festplatte voll
Ungültiger Fehlercode
```

Selbstverständlich können Sie auch Objekte von erzeugten Klassen zurückliefern. Die folgende Version ist eine Überarbeitung des letzten Programms, in der zwei Fehlerklassen eingerichtet werden. Die eine heißt Err und kapselt eine Fehlermeldung sowie einen Kode über den Schweregrad ein. Die zweite heißt

ErrorInfo. Sie definiert die Methode getErrorInfo(), die ein Err-Objekt zurückliefert.

```java
// Ein vom Programmierer definiertes Objekt zurückgeben
class Err {
  String msg; // Fehlermeldung
  int severity; // Kode für den Schweregrad

  Err(String m, int s) {
    msg = m;
    severity  = s;
  }
}

class ErrorInfo {
  String msgs[] = {
    "Ausgabefehler",
    "Eingabefehler",
    "Festplatte voll",
    "Index außerhalb der Grenzen"
  };
  int howbad[] = { 3, 3, 2, 4 };

  Err getErrorInfo(int i) {          ◄──── Ein Objekt vom Typ
    if(i >=0 & i < msgs.length)            Err zurückliefern.
      return new Err(msgs[i], howbad[i]);
    else
      return new Err("Ungültiger Fehlerkode", 0);
  }
}

class ErrInfo {
  public static void main(String args[]) {
    ErrorInfo err = new ErrorInfo();
    Err e;

    e = err.getErrorInfo(2);
    System.out.println(e.msg + " Schweregrad: " +
                    e.severity);

    e = err.getErrorInfo(19);
    System.out.println(e.msg + " Schweregrad: " +
                    e.severity);
  }
}
```

Folgende Ausgabe wird angezeigt:

```
Festplatte voll Schweregrad: 2
Ungültiger Fehlerkode Schweregrad: 0
```

Bei jedem Aufruf von `getErrorInfo()` wird ein neues `Err`-Objekt erzeugt und ein Verweis an die aufrufende Routine zurückgegeben. Dieses Objekt wird anschließend in `main()` benutzt, um die Fehlermeldung und den Kode für den Schweregrad anzuzeigen.

Gibt eine Methode ein Objekt zurück, dann existiert es so lange, bis keine Verweise darauf mehr vorhanden sind und es daher von der Garbage Collection erfasst wird. Ein Objekt wird also nicht deshalb zerstört, weil die Methode, die es erzeugt hat, beendet wurde.

Methoden überladen

In diesem Abschnitt lernen Sie eine der interessantesten Eigenschaften von Java kennen, nämlich das Überladen von Methoden. In Java können zwei oder mehr Methoden einer Klasse die gleiche Bezeichnung tragen, wenn sich die Parameterdeklarationen unterscheiden. In dieser Situation spricht man von *überladenen* Methoden. Der Vorgang selbst wird als *überladen* bezeichnet. Das Überladen von Methoden ist ein Mittel, mit dem Java die Polymorphie implementiert.

Im Allgemeinen werden zum Überladen einer Methode einfach unterschiedliche Versionen deklariert. Der Compiler übernimmt den Rest. Eine wichtige Einschränkung ist dabei jedoch zu beachten: Der Typ und/oder die Anzahl der Parameter jeder überladenen Methode muss unterschiedlich sein. Es reicht nicht aus, wenn sich zwei Methoden nur im Rückgabetyp unterscheiden. (Rückgabetypen liefern Java nicht in allen Fällen genügend Informationen, um entscheiden zu können, welche Methode verwendet werden soll.) Überladene Methoden *können* sich aber auch im Rückgabetyp unterscheiden. Beim Aufruf einer überladenen Methode wird die Version der Methode aufgerufen, deren Parameter mit den Argumenten übereinstimmen.

Das nächste einfache Beispiel zeigt das Überladen einer Methode:

```
// Das Überladen einer Methode
class Overload {
  void ovlDemo() {                    ← Erste Version
    System.out.println("Keine Parameter");
  }
```

```java
    // ovlDemo für einen int-Parameter überladen
    void ovlDemo(int a) {          ←————————————  Zweite Version
      System.out.println("Ein Parameter: " + a);
    }

    // ovlDemo für zwei int-Parameter überladen
    int ovlDemo(int a, int b) {    ←————————————  Dritte Ver
      System.out.println("Zwei Parameter: " + a + " " + b);
      return a + b;
    }

    // ovlDemo für zwei double-Parameter überladen
    double ovlDemo(double a, double b) {  ←——————  Vierte Version
      System.out.println("Zwei double-Parameter: " +
                    a + " "+ b);
      return a + b;
    }
}

class OverloadDemo {
  public static void main(String args[]) {
    Overload ob = new Overload();
    int resI;
    double resD;

    // Alle Versionen von ovlDemo() aufrufen
    ob.ovlDemo();
    System.out.println();

    ob.ovlDemo(2);
    System.out.println();

    resI = ob.ovlDemo(4, 6);
    System.out.println("Ergebnis von ob.ovlDemo(4, 6): " +
                  resI);
    System.out.println();


    resD = ob.ovlDemo(1.1, 2.32);
    System.out.println("Ergebnis von ob.ovlDemo(1.1, 2.2): "
                  + resD);
  }
}
```

Kapitel 6: Eine genauere Betrachtung der Methoden und Klassen | **245**

Dieses Programm zeigt folgende Ausgabe an:

```
Keine Parameter

Ein Parameter: 2

Zwei Parameter: 4 6
Ergebnis von ob.ovlDemo(4, 6): 10

Zwei double-Parameter: 1.1 2.32
Ergebnis von ob.ovlDemo(1.1, 2.2): 3.42
```

ovlDemo() wird viermal überladen. Die erste Version übernimmt keine Parameter, die zweite übernimmt einen int-Parameter, die dritte übernimmt zwei int-Parameter und die vierte zwei double-Parameter. Die beiden ersten Versionen von ovlDemo() geben den Typ void und die beiden anderen einen Wert zurück. Das ist durchaus zulässig, allerdings betrifft das Überladen nicht den Rückgabetyp einer Methode. Deshalb führen die folgenden zwei Versionen von ovlDemo() zu einem Fehler.

```
// Eine ovlDemo(int)-Version ist OK
void ovlDemo(int a) {            ◄──────── Überladene Metho-
  System.out.println("Ein Parameter: " + a);    den können nicht
}                                                über den Rückgabe-
                                                 typ unterschieden
                                                 werden.
/* Fehler! Zweimal ovlDemo(int) ist auch bei
   unterschiedlichen Rückgabetypen nicht zulässig.*/
int ovlDemo(int a) {             ◄────────
  System.out.println("Ein Parameter: " + a);
}
```

Die Kommentare machen deutlich, dass unterschiedliche Rückgabetypen beim Überladen nicht ausreichen.

Im zweiten Kapitel wurde bereits darauf hingewiesen, dass Java bestimmte Typumwandlungen automatisch durchführt. Diese Umwandlungen gelten auch für die Parameter überladener Methoden. Betrachten Sie folgendes Beispiel:

```
/* Die automatische Typumwandlung kann sich auf die
   Auflösung überladener Methoden auswirken.
*/
class Overload2 {
  void f(int x) {
    System.out.println("Innerhalb von f(int): " + x);
```

```
  }

  void f(double x) {
    System.out.println("Innerhalb von f(double): " + x);
  }
}

class TypeConv {
  public static void main(String args[]) {
    Overload2 ob = new Overload2();

    int i = 10;
    double d = 10.1;

    byte b = 99;
    short s = 10;
    float f = 11.5F;

    ob.f(i); // Aufruf von ob.f(int)
    ob.f(d); // Aufruf von ob.f(double)

    ob.f(b); // Aufruf von ob.f(int) -- Typumwandlung
    ob.f(s); // Aufruf von ob.f(int) -- Typumwandlung
    ob.f(f); // Aufruf von ob.f(double) -- Typumwandlung
  }
}
```

Das Programm liefert folgende Ausgabe:

```
Innerhalb von f(int): 10
Innerhalb von f(double): 10.1
Innerhalb von f(int): 99
Innerhalb von f(int): 10
Innerhalb von f(double): 11.5
```

In diesem Beispiel werden nur zwei Versionen von f() definiert. Die eine besitzt einen int-Parameter und die andere einen double-Parameter. f() kann aber ein byte-, short- oder float-Wert übergeben werden. Bei byte- und short-Werten wandelt Java diese Werte automatisch in den Typ int um, weshalb f(int) aufgerufen wird. Ein float-Wert wird in einen double-Wert umgewandelt und anschließend f(double) aufgerufen.

Dabei ist jedoch zu beachten, dass eine automatische Umwandlung nur stattfindet, wenn es keine Übereinstimmung zwischen einem Parameter und einem

Argument gibt. Im folgenden Beispiel wurde dem Programm eine Version von f() hinzugefügt, die einen **byte**-Parameter deklariert:

```
// f(byte) hinzufügen
class Overload2 {
  void f(byte x) {
    System.out.println("Innerhalb von f(byte): " + x);
  }

  void f(int x) {
    System.out.println("Innerhalb von f(int): " + x);
  }

  void f(double x) {
    System.out.println("Innerhalb von f(double): " + x);
  }
}

class TypeConv {
  public static void main(String args[]) {
    Overload2 ob = new Overload2();

    int i = 10;
    double d = 10.1;

    byte b = 99;
    short s = 10;
    float f = 11.5F;

    ob.f(i); // Aufruf von ob.f(int)
    ob.f(d); // Aufruf von ob.f(double)

    ob.f(b); // Aufruf von ob.f(byte) -- keine Typumwandlung

    ob.f(s); // Aufruf von ob.f(int) -- Typumwandlung
    ob.f(f); // Aufruf von ob.f(double) -- Typumwandlung
  }
}
```

Wenn Sie das Programm jetzt ausführen, sehen Sie folgende Ausgabe:

```
Innerhalb von f(int): 10
Innerhalb von f(double): 10.1
Innerhalb von f(byte): 99
```

```
Innerhalb von f(int): 10
Innerhalb von f(double): 11.5
```

Da es eine Version von `f()` gibt, die ein `byte`-Argument übernimmt, wird bei dieser Version beim Aufruf von `f()` mit einem `byte`-Argument `f(byte)` aufgerufen und die automatische Typumwandlung in den Typ `int` findet nicht statt.

Das Überladen von Methoden unterstützt die Polymorphie, weil Java damit das Paradigma »eine Schnittstelle, mehrere Methoden« implementiert. Folgende Erklärung macht deutlich, warum das so ist: In Programmiersprachen, die das Überladen von Methoden nicht unterstützen, muss jede Methode einen eindeutigen Namen haben. Häufig muss jedoch die gleiche Methode für unterschiedliche Datentypen implementiert werden. Nehmen wir zum Beispiel die Funktion für den absoluten Wert. In Sprachen, die das Überladen von Methoden nicht unterstützen, gibt es gewöhnlich drei oder mehr Versionen dieser Funktion, die sich in ihrer Bezeichnung geringfügig unterscheiden. In C beispielsweise die gibt Funktion `abs()` den absoluten Wert einer ganzen Zahl, `labs()` den absoluten Wert eines `long`-Integer und `fabs()` den absoluten Wert eines Gleitkommawerts zurück. Da C das Überladen nicht unterstützt, muss jede Funktion einen eigenen Namen besitzen, obwohl alle drei Funktionen im Wesentlichen das Gleiche tun. Das führt zu mehr Unübersichtlichkeit, als eigentlich erforderlich ist. Allen drei Funktionen liegt das gleiche Konzept zugrunde, Sie müssen sich aber trotzdem drei unterschiedliche Namen merken. In Java gibt es solche Situationen nicht, weil jede Methode zur Ermittlung des absoluten Wertes die gleiche Bezeichnung trägt. Die standardmäßige Klassenbibliothek von Java enthält für den absoluten Wert die Methode `abs()`. Diese Methode wird für die numerischen Typen von der `Math`-Klasse überladen. Welche Version von `abs()` aufgerufen werden muss, ermittelt Java über den Typ des Arguments.

Der Vorteil des Überladens liegt darin, dass auf verwandte Methoden über einen gemeinsamen Namen zugegriffen werden kann. Der Name `abs` steht für die *allgemeine Aktion*, die durchgeführt wird. Es bleibt dem Compiler überlassen, jeweils die richtige Version für eine *spezifische* Situation auszuwählen. Der Programmierer muss nur die allgemeine Operation kennen, die durchgeführt wird. Durch die Polymorphie wurden vielfach mehrere Namen auf einen einzigen reduziert. Dieses Beispiel ist zwar sehr simpel, wenn Sie das Konzept jedoch weiter fassen, dann sehen Sie, wie das Überladen den Umgang mit einer größeren Komplexität erleichtert.

Wenn Sie eine Methode überladen, kann jede Version dieser Methode die gewünschten Aktionen durchführen. Es gibt keine Regel, die vorschreibt, dass überladene Methoden zueinander in Beziehung stehen müssen. Stilistisch betrachtet gibt es beim Überladen jedoch eine Beziehung. Auch wenn Sie nicht zueinander in Beziehung stehende Methoden mit der gleichen Bezeichnung überladen können, so sollten Sie dies trotzdem vermeiden. Sie könnten zum Bei-

Kapitel 6: Eine genauere Betrachtung der Methoden und Klassen

spiel den Namen sqr für Methoden verwenden, die das *Quadrat* einer ganzen Zahl zurückgeben und die die *Wurzel* eines Gleitkommawertes ziehen. Diese beiden Operationen sind jedoch ganz unterschiedlich. Eine solche Verwendung des Überladens von Methoden steht dem ursprünglichen Gedanken völlig entgegen. In der Praxis sollten Sie ausschließlich verwandte Operationen überladen.

Frage an den Experten

Frage: Ich habe im Zusammenhang mit Java den Begriff Signatur gehört. Was bedeutet er?

Antwort: In Java ist eine Signatur der Name einer Methode mit der Parameterliste. Zum Zweck des Überladens können zwei Methoden einer Klasse nicht die gleiche Signatur besitzen. Der Rückgabetyp gehört nicht zur Signatur, da Java ihn bei der Auflösung überladener Methoden nicht verwendet.

1-Minuten-Test

- Welche Bedingung muss erfüllt sein, damit eine Methode überladen werden kann?
- Spielt der Rückgabetyp beim Überladen von Methoden eine Rolle?
- Inwiefern berührt die automatische Typumwandlung von Java das Überladen?

Das Überladen von Konstruktoren

Konstruktoren können genau wie Methoden überladen werden. Auf diese Weise können Sie Objekte auf viele unterschiedliche Arten erzeugen. Ein Beispiel:

```
// Das Überladen eines Konstruktors
class MeineKlasse {
  int x;
```

- Damit eine Methode mit einer anderen überladen werden kann, müssen sich der Typ und/oder die Anzahl der Parameter unterscheiden.
- Nein. Der Rückgabetyp überladener Methoden kann sich unterscheiden, was jedoch keinerlei Auswirkungen auf das Überladen von Methoden hat.
- Wenn es keine direkte Übereinstimmung zwischen einer Reihe von Argumenten und einer Reihe von Parametern gibt, wird die Methode mit der größten Übereinstimmung der Parameter verwendet, wenn die Argumente automatisch in den Parametertyp umgewandelt werden können.

```
  MeineKlasse() {
    System.out.println("Innerhalb von MeineKlasse().");
    x = 0;
  }

  MeineKlasse(int i) {
    System.out.println("Innerhalb von MeineKlasse(int).");
    x = i;
  }

  MeineKlasse(double d) {
    System.out.println("Innerhalb von MeineKlasse(double).");
    x = (int) d;
  }

  MeineKlasse(int i, int j) {
    System.out.println("Innerhalb von MeineKlasse(int, int).");
    x = i * j;
  }
}
class OverloadConsDemo {
  public static void main(String args[]) {
    MeineKlasse t1 = new MeineKlasse();
    MeineKlasse t2 = new MeineKlasse(88);
    MeineKlasse t3 = new MeineKlasse(17.23);
    MeineKlasse t4 = new MeineKlasse(2, 4);

    System.out.println("t1.x: " + t1.x);
    System.out.println("t2.x: " + t2.x);
    System.out.println("t3.x: " + t3.x);
    System.out.println("t4.x: " + t4.x);
  }
}
```

> Objekte auf unterschiedliche Art und Weise erzeugen.

Das Programm liefert folgende Ausgabe:

```
Innerhalb von MeineKlasse().
Innerhalb von MeineKlasse(int).
Innerhalb von MeineKlasse(double).
Innerhalb von MeineKlasse(int, int).
t1.x: 0
t2.x: 88
t3.x: 17
t4.x: 8
```

MeineKlasse() wird viermal überladen und erzeugt jeweils unterschiedliche Objekte. Anhand der Parameter wird der richtige Konstruktor bei der Ausführung von new aufgerufen. Durch Überladen eines Klassenkonstruktors erhält der Benutzer der Klasse eine flexible Möglichkeit, Objekte zu erstellen.

Mit dem Überladen von Konstruktoren soll im Wesentlichen die Möglichkeit geschaffen werden, dass ein Objekt ein anderes initialisieren kann. Das folgende Programm verwendet zum Beispiel die Klasse **Summation**, um die Summierung eines int-Wertes zu berechnen.

```
// Ein Objekt mit einem anderen initialisieren
class Summation {
  int sum;

  // Einen int-Wert erzeugen
  Summation(int num) {
    sum = 0;
    for(int i=1; i <= num; i++)
      sum += i;
  }

  // Konstruktion über ein anderes Objekt
  Summation(Summation ob) {       // Ein Objekt über ein
    sum = ob.sum;                 // anderes einrichten.
  }
}

class SumDemo {
  public static void main(String args[]) {
    Summation s1 = new Summation(5);
    Summation s2 = new Summation(s1);

    System.out.println("s1.sum: " + s1.sum);
    System.out.println("s2.sum: " + s2.sum);
  }
}
```

Folgende Ausgabe liefert das Programm:

```
s1.sum: 15
s2.sum: 15
```

Das Beispiel macht deutlich, dass der Vorteil eines Konstruktors, der ein Objekt für die Initialisierung anderer Objekte verwendet, häufig seine Effizienz ist. In diesem Beispiel muss beim Erzeugen von s2 die Summierung nicht noch einmal durchgeführt werden. Aber auch wenn es nicht um die Effizienz geht, ist es oft nützlich, einen Konstruktor bereitzustellen, der eine Kopie eines Objekts anlegt.

1-Minuten-Test
- Kann ein Konstruktor ein Objekt der eigenen Klasse als Parameter übernehmen?
- Aus welchem Grund können überladene Konstruktoren bereitgestellt werden?

QDemo2.java

Projekt 6.2: Den Queue-Konstruktor überladen

In diesem Projekt wird die Queue-Klasse mit zwei zusätzlichen Konstruktoren erweitert. Der erste erzeugt ein neues Queue-Objekt über ein anderes Queue-Objekt. Der zweite erzeugt ein Queue-Objekt mit Anfangswerten. Diese beiden zusätzlichen Konstruktoren erweitern die Einssatzmöglichkeiten der Queue-Klasse wesentlich.

Schritt für Schritt

1. Erstellen Sie eine Datei mit der Bezeichnung QDemo2.java und kopieren Sie die aktualisierte Queue-Klasse aus Projekt 6.1 hinein.
2. Fügen Sie den folgenden Konstruktor hinzu, der ein Queue-Objekt aus einem anderen Queue-Objekt erzeugt:

```java
// Eine Warteschlange über eine Warteschlange erzeugen
Queue(Queue ob) {
   putloc = ob.putloc;
   getloc = ob.getloc;
   q = new char[ob.q.length];

   // Elemente kopieren
   for(int i=getloc+1; i <= putloc; i++)
     q[i] = ob.q[i];
}
```

- Ja.
- Um dem Benutzer der Klasse Bequemlichkeit und Flexibilität zu gewährleisten.

Betrachten Sie diesen Konstruktor etwas genauer. Er initialisiert `putloc` und `getloc` mit den Werten das `ob`-Parameters. Anschließend wird Speicherplatz für ein neues Warteschlangen-Array zugewiesen und die Elemente aus `ob` werden in das Array kopiert. Die neu erzeugte Warteschlange ist eine exakte Kopie des Originals, es handelt sich jedoch um zwei völlig eigenständige Objekte.

3. Fügen Sie jetzt den Konstruktor hinzu, der eine Warteschlange über ein Zeichen-Array initialisiert:

```
// Eine Warteschlange mit Anfangswerten erzeugen
Queue(char a[]) {
  putloc = 0;
  getloc = 0;
  q = new char[a.length+1];

  for(int i = 0; i < a.length; i++) put(a[i]);
}
```

Dieser Konstruktor erzeugt eine Warteschlange, die die Zeichen aus `a` aufnehmen kann und diese Zeichen in der Warteschlange speichert. Aufgrund der Funktionsweise dieses Algorithmus muss die Warteschlange um eins größer als das Array sein.

4. Es folgt die vollständig aktualisierte `Queue`-Klasse zusammen mit der Klasse `QDemo2`, die diese Klasse vorführt:

```
// Ein Queue-Klasse für Zeichen
class Queue {
  private char q[]; // Dieses Array enthält die Warteschlange
  private int putloc, getloc; // Die put- und get-Indizes

  // Eine leere Warteschlange mit der angegebenen Größe erzeugen
  Queue(int size) {
    q = new char[size+1]; // Speicher für die Warteschlange zuweisen
    putloc = getloc = 0;
  }

  // Eine Warteschlange über eine Warteschlange erzeugen
  Queue(Queue ob) {
    putloc = ob.putloc;
    getloc = ob.getloc;
    q = new char[ob.q.length];

    // Elemente kopieren
```

```java
    for(int i=getloc+1; i <= putloc; i++)
      q[i] = ob.q[i];
  }

  // Eine Warteschlange mit Anfangswerten erzeugen
  Queue(char a[]) {
    putloc = 0;
    getloc = 0;
    q = new char[a.length+1];

    for(int i = 0; i < a.length; i++) put(a[i]);
  }

  // Der Warteschlange ein Zeichen hinzufügen
  void put(char ch) {
    if(putloc==q.length-1) {
      System.out.println(" - Die Warteschlange ist voll.");
      return;
    }

    putloc++;
    q[putloc] = ch;
  }

  // Ein Zeichen aus der Warteschlange holen
  char get() {
    if(getloc == putloc) {
      System.out.println(" - Die Warteschlange ist leer.");
      return (char) 0;
    }

    getloc++;
    return q[getloc];
  }
}

// Die Queue-Klasse demonstrieren
class QDemo2 {
  public static void main(String args[]) {
    // Eine leere Warteschlange für 10 Elemente erzeugen
    Queue q1 = new Queue(10);

    char name[] = {'T', 'o', 'm'};
    // Eine Warteschlange aus dem Array erzeugen
    Queue q2 = new Queue(name);

    char ch;
    int i;
```

```
    // Zeichen in q1 einfügen
    for(i=0; i < 10; i++)
      q1.put((char) ('A' + i));

    // Eine Warteschlange mit einer anderen Warteschlange
       erzeugen
    Queue q3 = new Queue(q1);

    // Die Warteschlangen anzeigen
    System.out.print("Inhalt von q1: ");
    for(i=0; i < 10; i++) {
      ch = q1.get();
      System.out.print(ch);
    }

    System.out.println("\n");

    System.out.print("Inhalt von q2: ");
    for(i=0; i < 3; i++) {
      ch = q2.get();
      System.out.print(ch);
    }

    System.out.println("\n");

    System.out.print("Inhalt von q3: ");
    for(i=0; i < 10; i++) {
      ch = q3.get();
      System.out.print(ch);
    }
  }
}
```

Das Programm liefert folgende Ausgabe:

```
Inhalt von q1: ABCDEFGHIJ

Inhalt von q2: Tom

Inhalt von q3: ABCDEFGHIJ
```

Rekursion

Eine Java-Methode kann sich selbst aufrufen. Dieser Vorgang heißt *Rekursion* und eine Methode, die sich selbst aufruft, wird als *rekursive Methode* bezeichnet. Nach der allgemeinen Definition ist eine Rekursion das Definieren einer Sache mit den eigenen Begriffen und vergleichbar mit einem Zirkelschluss. Das zentrale Element einer rekursiven Methode ist eine Anweisung, die sich selbst aufruft. Rekursionen sind leistungsfähige Kontrollmechanismen.

Das klassische Beispiel für eine Rekursion ist die Berechnung der Fakultät einer Zahl. Die *Fakultät* einer Zahl *N* ist das Produkt aller ganzen Zahlen zwischen 1 und *N*. Die Fakultät von 3 ist beispielsweise 1 x 2 x 3 oder 6. Das folgende Programm zeigt ein rekursives Verfahren zur Berechnung der Fakultät einer Zahl. Zum Vergleich enthält es auch das nicht rekursive Verfahren.

```java
// Ein einfaches Beispiel für eine Rekursion
class Factorial {
  // Dies ist eine rekursive Funktion.
  int factR(int n) {
    int result;

    if(n==1) return 1;
    result = factR(n-1) * n;
    return result;
  }

  // Dies ist das iterative Äquivalent.
  int factI(int n) {
    int t, result;

    result = 1;
    for(t=1; t <= n; t++) result *= t;
    return result;
  }
}

class Recursion {
  public static void main(String args[]) {
    Factorial f = new Factorial();

    System.out.println("Faktorenprodukte mit Rekursion.");
    System.out.println("Die Fakultät von 3 ist " + f.factR(3));
    System.out.println("Die Fakultät von 4 ist " + f.factR(4));
    System.out.println("Die Fakultät von 5 ist " + f.factR(5));
    System.out.println();

    System.out.println("Faktorenprodukte mit dem iterativen Verfahren.");
    System.out.println("Die Fakultät von 3 ist " + f.factI(3));
    System.out.println("Die Fakultät von 4 ist " + f.factI(4));
    System.out.println("Die Fakultät von 5 ist " + f.factI(5));
  }
}
```

Das Programm gibt aus:

```
Faktorenprodukte mit Rekursion.
Das Faktorenprodukt von 3 ist 6
Das Faktorenprodukt von 4 ist 24
Das Faktorenprodukt von 5 ist 120

Faktorenprodukte mit dem iterativen Verfahren.
Das Faktorenprodukt von 3 ist 6
Das Faktorenprodukt von 4 ist 24
Das Faktorenprodukt von 5 ist 120
```

Der Ablauf der nicht rekursiven Methode `factI()` sollte klar sein. Mit einer mit eins beginnenden Schleife wird schrittweise jede Zahl mit dem Produkt multipliziert.

Der Ablauf der rekursiven Methode `factR()` ist etwas komplizierter. Wird `factR()` mit dem Argument 1 aufgerufen, gibt die Methode 1 zurück, andernfalls wird `factR(n-1)*n` zurückgegeben. Um diesen Ausdruck auszuwerten, wird `factR()` mit n-1 aufgerufen. Dieser Vorgang wird wiederholt, bis n gleich 1 ist und die Methodenaufrufe zurückkehren. Bei der Berechnung des Faktorenprodukts von 2 löst der erste Aufruf von `factR()` beispielsweise einen zweiten Aufruf mit dem Argument 1 aus. Dieser Aufruf liefert 1 zurück. Dieser Rückgabewert wird dann mit 2 (dem ursprünglichen Wert von n) multipliziert. Das Ergebnis ist 2. Es ist sehr aufschlussreich, wenn Sie in `factR() println()`-Anweisungen einfügen, die anzeigen, auf welcher Ebene sich der Aufruf befindet und wie das Zwischenergebnis aussieht.

Wenn eine Methode sich selbst aufruft, wird neuen lokalen Variablen und Parametern Speicherplatz im Stack zugewiesen. Der Code der Methode wird mit diesen Variablen neu ausgeführt. Ein rekursiver Aufruf erzeugt keine Kopie der Methode, lediglich die Argumente sind neu. Bei Rückkehr jedes rekursiven Aufrufs werden die alten lokalen Variablen und Parameter aus dem Stack entfernt und die Ausführung am Punkt des Aufrufs innerhalb der Methode beendet. Rekursive Methoden sind bildlich mit einem ein- und ausfahrenden Teleskop vergleichbar.

Die rekursiven Versionen vieler Routinen werden unter Umständen etwas langsamer ausgeführt, als das iterative Äquivalent, da die zusätzlichen Methodenaufrufe eine Belastung bedeuten. Zu viele rekursive Methodeaufrufe können zu einem Stapelüberlauf führen, weil die Parameter und lokalen Variablen im Stapel gespeichert werden und jeder neue Aufruf eine neue Kopie dieser Variablen erzeugt. In diesem Fall löst das Java-Laufzeitsystem eine Ausnahme aus. So lange eine rekursive Methode nicht außer Kontrolle gerät, ist dies in der Regel jedoch nicht zu befürchten.

Der Hauptvorteil der Rekursion liegt darin, dass bestimmte Algorithmen rekursiv deutlicher und einfacher implementiert werden können als iterativ. Der Algorithmus für die QuickSort ist beispielsweise iterativ nur schwierig zu implementieren. Auch andere Probleme, insbesondere im Zusammenhang mit der Ein- und Ausgabe, legen eine rekursive Lösung nahe.

Wenn Sie rekursive Methoden schreiben, benötigen Sie eine Bedingungsanweisung wie `if`, die eine Rückkehr der Methode ohne die Ausführung der Rekursion veranlasst. Ist eine solche Bedingung nicht vorhanden, dann kehrt die einmal aufgerufene Methode niemals zurück. Dieser Fehler ist beim Umgang mit Rekursionen sehr verbreitet. Fügen Sie `println()`-Anweisungen ein, damit Sie überwachen können, was vor sich geht. Brechen Sie die Ausführung ab, wenn Sie einen Fehler bemerken.

static verstehen

In manchen Situationen müssen Klassen-Elemente definiert werden, die unabhängig von anderen Objekten dieser Klasse benutzt werden können. Normalerweise muss auf ein Klassen-Element über ein Objekt der Klasse zugegriffen werden. Sie können aber auch ein Element erzeugen, das sich selbst ohne einen Verweis auf eine bestimmte Instanz verwenden kann. Um ein solches Element einzurichten, stellen Sie der Deklaration das Schlüsselwort `static` voran. Wird ein Element als `static` deklariert, dann kann darauf zugegriffen werden, bevor andere Objekte seiner Klasse erzeugt wurden. Ein Verweis auf ein anderes Objekt ist nicht erforderlich. Sowohl Methoden als auch Variablen können als `static` deklariert werden. Das gängigste Beispiel für eine `static`-Methode ist die Methode `main()`. `main()` wird als `static` deklariert, weil es vom Betriebssystem vor Programmbeginn aufgerufen wird.

Um ein `static`-Element außerhalb der Klasse verwenden zu können, muss lediglich der Name seiner Klasse gefolgt von dem Punktoperator angegeben werden. Es muss kein Objekt erzeugt werden. Möchten Sie beispielsweise der `static`-Variablen `count`, die zur Klasse `Timer` gehört, den Wert 10 zuweisen, dann schreiben Sie folgende Zeile:

```
Timer.count = 10;
```

Dieses Format ist vergleichbar mit dem Format, mit dem auf normale Instanzvariablen über ein Objekt zugegriffen wird. Der einzige Unterschied besteht darin, dass der Klassenname verwendet wird. Eine `static`-Methode wird mit Hilfe des Punktoperators und des Klassennamens auf die gleiche Weise aufgerufen.

Als `static` deklarierte Variablen sind im eigentlichen Sinne globale Variablen. Bei einer Objektdeklaration wird keine Kopie einer `static`-Variablen angelegt. Alle Instanzen der Klasse nutzen die gleiche `static`-Variable gemeinsam. Das folgende Beispiel zeigt die Unterschiede zwischen einer `static`-Variablen und einer Instanzvariablen:

```java
// Eine static-Variable verwenden
class StaticDemo {
  int x; // Eine normale Instanzvariable
  static int y; // Eine static-Variable
}

class SDemo {
  public static void main(String args[]) {
    StaticDemo ob1 = new StaticDemo();
    StaticDemo ob2 = new StaticDemo();

    /* Jedes Objekt besitzt eine eigene Kopie
       der Instanzvariablen. */
    ob1.x = 10;
    ob2.x = 20;
    System.out.println("ob1.x und ob2.x sind " +
                       "unabhängig voneinander.");
    System.out.println("ob1.x: " + ob1.x +
                       "\nob2.x: " + ob2.x);
    System.out.println();

    /* Alle Objekt nutzen eine Kopie
       einer static-Variablen gemeinsam. */
    System.out.println("Die static-Variable y wird gemeinsam genutzt.");
    ob1.y = 19;
    System.out.println("ob1.y: " + ob1.y +
                       "\nob2.y: " + ob2.y);
    System.out.println();

    System.out.println("Auf die static-Variable y kann" +
                       " über die Klasse zugegriffen werden.");
    StaticDemo.y = 11; // Verweis auf y über den Klassennamen
    System.out.println("StaticDemo.y: " + StaticDemo.y +
                       "\nob1.y: " + ob1.y +
                       "\nob2.y: " + ob2.y);
  }
}
```

Es gibt nur eine Kopie von y, die alle Objekte gemeinsam nutzen.

Das Programm liefert folgende Ausgabe:

```
ob1.x und ob2.x sind unabhängig voneinander.
ob1.x: 10
ob2.x: 20

Die static-Variable y wird gemeinsam genutzt.
ob1.y: 19
ob2.y: 19

Auf die static-Variable y kann über die Klasse zugegriffen
werden.
StaticDemo.y: 11
ob1.y: 11
ob2.y: 11
```

Wie zu erkennen ist, wird die static-Variable y von ob1 und ob2 gemeinsam genutzt. Eine Veränderung über eine Instanz bedeutet eine Veränderung für alle Instanzen. Außerdem kann auf y entweder über einen Objektnamen wie in ob2.y, oder über den Klassennamen wie in StaticDemo.y zugegriffen werden.

Der Unterschied zwischen einer static-Methode und einer normalen Methode besteht darin, dass eine static-Methode über ihren Klassennamen aufgerufen werden kann, ohne dass ein Objekt dieser Klasse erzeugt werden muss. Ein Beispiel dafür haben Sie bereits kennen gelernt: Die sqrt()-Methode, die eine static-Methode der Standardklasse Math von Java ist. Es folgt ein Beispiel, in dem eine static-Methode erzeugt wird:

```java
// Eine static-Methode verwenden
class StaticMeth {
  static int val = 1024; // Eine static-Variable

  // Eine static-Methode
  static int valDiv2() {
    return val/2;
  }
}

class SDemo2 {
  public static void main(String args[]) {

    System.out.println("val hat den Wert " + StaticMeth.val);
    System.out.println("StaticMeth.valDiv2(): " +
                  StaticMeth.valDiv2());
```

```
    StaticMeth.val = 4;
    System.out.println("val hat den Wert " + StaticMeth.val);
    System.out.println("StaticMeth.valDiv2(): " +
                    StaticMeth.valDiv2());

  }
}
```

Folgende Ausgabe liefert das Programm:

```
val hat den Wert 1024
StaticMeth.valDiv2(): 512
val hat den Wert 4
StaticMeth.valDiv2(): 2
```

Als `static` deklarierte Methoden unterliegen mehreren Einschränkungen:

- Sie können nur andere `static`-Methoden aufrufen.
- Sie dürfen nur auf `static`-Daten zugreifen.
- Sie besitzen keinen `this`-Verweis.

In der folgenden Klasse ist die `static`-Methode `valDivDenom()` zum Beispiel nicht zulässig.

```
class StaticError {
  int denom = 3; // Eine normale Instanzvariable
  static int val = 1024; // Eine static-Variable

  /* Fehler! Der Zugriff auf eine nicht als static deklarierte
    Variable ist nicht zulässig. */
  static int valDivDenom() {
    return val/denom; // Wird nicht kompiliert!
  }
}
```

`denom` ist eine normale Instanzvariable, auf die innerhalb einer `static`-Methode nicht zugegriffen werden kann.

Static-Blöcke

Manchmal muss eine Klasse in irgendeiner Form initialisiert werden, bevor sie Objekte erzeugen kann. Möglicherweise muss erst eine Verbindung zu einer entfernten Site hergestellt werden. Unter Umständen müssen auch bestimmte static-Variablen initialisiert werden, bevor eine der static-Methoden der Klasse verwendet werden kann. Für den Umgang mit diesen Situationen erlaubt Java die Deklaration eines static-Blocks. Ein static-Block wird beim ersten Laden der Klasse ausgeführt, also noch bevor die Klasse für andere Zwecke verwendet werden kann. Es folgt ein Beispiel für einen static-Block:

```java
// Einen static-Block verwenden
class StaticBlock {
  static double rootOf2;
  static double rootOf3;

  static {    // Dieser Block wird beim Laden der Klasse ausgeführt.
    System.out.println("Innerhalb des static-Blocks.");
    rootOf2 = Math.sqrt(2.0);
    rootOf3 = Math.sqrt(3.0);
  }

  StaticBlock(String msg) {
    System.out.println(msg);
  }
}

class SDemo3 {
  public static void main(String args[]) {
    StaticBlock ob = new StaticBlock("Innerhalb des Konstruktors");

    System.out.println("Wurzel 2 ist " +
                       StaticBlock.rootOf2);
    System.out.println("Wurzel 3 ist " +
                       StaticBlock.rootOf3);

  }
}
```

Folgende Ausgabe liefert das Programm:

```
Innerhalb des static-Blocks.
Innerhalb des Konstruktors
Wurzel 2 ist 1.4142135623730951
Wurzel 3 ist 1.7320508075688772
```

Wie Sie sehen, wird der static-Block ausgeführt, bevor andere Objekte erzeugt werden.

Kapitel 6: Eine genauere Betrachtung der Methoden und Klassen

1-Minuten-Test

- Definieren Sie den Begriff Rekursion.
- Erklären Sie den Unterschied zwischen **static**-Variablen und Instanzvariablen.
- Wann wird ein **static**-Block ausgeführt?

Projekt 6.3: Quicksort

In Kapitel 5 wurde ein einfaches Sortierprogramm mit der Bezeichnung **Bubble** vorgestellt. Es wurde erwähnt, dass es wesentlich bessere Sortierverfahren gibt. In diesem Projekt wird eines der besten Verfahren entwickelt, nämlich Quicksort. Quicksort wurde von C.A.R. Hoare entwickelt und so benannt. Es ist zurzeit der beste allgemein verwendbare Sortieralgorithmus. In Kapitel 5 wurde er nicht vorgestellt, weil Quicksort auf der Rekursion beruht. Die hier entwickelte Version sortiert ein Zeichen-Array. Die verwendete Logik ist aber auf jeden anderen Objekttyp übertragbar.

Quicksort basiert auf Unterteilungen und verläuft so, dass ein Wert genommen wird (der so genannte *Komparand*) und anschließend das Array in zwei Abschnitte unterteilt wird. Alle Elemente, die größer oder gleich dem Wert sind, werden in der einen Abteilung und diejenigen, die kleiner als der Wert sind, werden in der anderen Abteilung abgelegt. Dieser Vorgang wird anschließend für die verbleibenden Abschnitte so lange durchgeführt, bis das Array sortiert ist. Nehmen wir das Array **fedacb** als Beispiel und benutzen wir den Wert **d** als Komparanden. Der erste Durchlauf von Quicksort führt zu folgender Neuanordnung des Array:

Ursprünglich	f e d a c b
Durchgang 1	b c a d e f

Dieser Vorgang wird anschließend für jeden Abschnitt wiederholt, also für **bca** und für **def**. Wie Sie erkennen können, handelt es sich um einen rekursiven Vorgang und die beste Implementierung von Quicksort ist tatsächlich eine rekursive Funktion.

- Eine Rekursion ist der Aufruf einer Methode durch die Methode selbst.
- Jedes Objekt einer Klasse besitzt eine eigene Kopie der von der Klasse definierten Instanzvariablen. Jedes Objekt einer Klasse nutzt gemeinsam mit den anderen eine einzige Kopie der **static**-Variablen.
- Ein **static**-Block wird beim ersten Laden der Klasse vor der ersten Verwendung geladen.

Der Wert des Komparanden kann auf zwei Arten ausgewählt werden. Sie können ihn entweder zufällig auswählen oder den Durchschnittswert einer kleinen Wertemenge aus dem Array berechnen. Für eine optimale Sortierung sollten Sie einen Wert wählen, der genau in der Mitte des Wertebereichs liegt. Bei den meisten Datenreihen ist das allerdings nicht einfach. Im schlimmsten Fall wird ein Extremwert gewählt. Aber auch in diesem Fall wird Quicksort korrekt ausgeführt. Die hier vorgestellte Version von Quicksort wählt das mittlere Element des Array als Komparanden.

Schritt für Schritt

1. Erstellen Sie eine Datei mit der Bezeichnung QSDemo.java.
2. Erstellen Sie zuerst die Klasse Quicksort:

```java
// Eine einfache Version von Quicksort
class Quicksort {

  // Ein Aufruf der eigentlichen Quicksort-Methode
  static void qsort(char items[]) {
    qs(items, 0, items.length-1);
  }

  // Eine rekursive Quicksort-Version für Zeichen
  private static void qs(char items[], int left, int right)
  {
    int i, j;
    char x, y;

    i = left; j = right;
    x = items[(left+right)/2];

    do {
      while((items[i] < x) && (i < right)) i++;
      while((x < items[j]) && (j > left)) j--;

      if(i <= j) {
        y = items[i];
        items[i] = items[j];
        items[j] = y;
        i++; j--;
      }
    } while(i <= j);

    if(left < j) qs(items, left, j);
    if(i < right) qs(items, i, right);
  }
}
```

Um die Schnittstelle zu Quicksort einfach zu halten, stellt die `Quicksort`-Klasse die Methode `qsort()` zur Verfügung, die die eigentliche Quicksort-Methode `qs()` aufruft. Auf diese Weise kann Quicksort mit dem Namen des zu sortierenden Array aufgerufen werden, ohne dass anfangs eine Unterteilung bereitgestellt werden muss. Da `qs()` nur intern verwendet wird, wird die Methode als `private` deklariert.

3. `Quicksort` wird mit einem Aufruf von `Quicksort.qsort()` gestartet. Da `qsort()` als `static` deklariert wird, kann der Aufruf über die Klasse anstatt über das Objekt erfolgen, ohne dass ein `Quicksort`-Objekt erzeugt werden muss. Nach der Rückkehr des Aufrufs ist das Array sortiert. Diese Version eignet sich nur für Zeichen-Arrays, die Logik kann jedoch so angepasst werden, dass jede gewünschte Art von Array sortiert werden kann.

4. Das folgende Programm führt `Quicksort` vor:

```
// Eine einfache Version von Quicksort
class Quicksort {

  // Ein Aufruf der eigentlichen Quicksort-Methode
  static void qsort(char items[]) {
    qs(items, 0, items.length-1);
  }

  // Eine rekursive Quicksort-Version für Zeichen
  private static void qs(char items[], int left, int right)
  {
    int i, j;
    char x, y;

    i = left; j = right;
    x = items[(left+right)/2];

    do {
      while((items[i] < x) && (i < right)) i++;
      while((x < items[j]) && (j > left)) j--;

      if(i <= j) {
        y = items[i];
        items[i] = items[j];
        items[j] = y;
        i++; j--;
      }
    } while(i <= j);
```

```java
      if(left < j) qs(items, left, j);
      if(i < right) qs(items, i, right);
   }
}

class QSDemo {
  public static void main(String args[]) {
    char a[] = { 'd', 'x', 'a', 'r', 'p', 'j', 'i' };
    int i;

    System.out.print("Ursprüngliches Array: ");
    for(i=0; i < a.length; i++)
      System.out.print(a[i]);

    System.out.println();

    // Das Array sortieren
    Quicksort.qsort(a);

    System.out.print("Das sortierte Array: ");
    for(i=0; i < a.length; i++)
      System.out.print(a[i]);
  }
}
```

Verschachtelte und innere Klassen – Einführung

In Java können Sie eine *verschachtelte Klasse* definieren. Dies ist eine innerhalb einer anderen Klasse definierte Klasse. Verschachtelte Klasse sind kein Thema für Anfänger. In der ersten Java-Version waren verschachtelte Klassen noch nicht zugelassen, sie kamen erst mit der Version 1.1 hinzu. Es ist jedoch wichtig zu wissen, was verschachtelte Klassen sind und wie sie verwendet werden, weil sie bei einigen Applets effektiv eingesetzt werden können.

Eine verschachtelte Klasse ist nur der umschließenden Klasse bekannt. Der Gültigkeitsbereich einer geschachtelten Klasse ist auf die sie umgebende Klasse beschränkt. Eine verschachtelte Klasse hat Zugriff auf die Attribute und Methoden, einschließlich der privaten Elemente der Klasse, in die sie eingeschlossen ist. Die einschließende Klasse hat jedoch keinen Zugriff auf die privaten Elemente der verschachtelten Klasse.

Kapitel 6: Eine genauere Betrachtung der Methoden und Klassen | **267**

Zwei Arten von verschachtelten Klassen werden unterschieden: Klassen mit der Deklaration `static` und Klassen ohne diese Deklaration. In diesem Buch wird nur die Variante der nicht als `static` deklarierten verschachtelten Klassen behandelt. Dieser Typ wird auch als *innere Klasse* bezeichnet. Innere Klassen haben Zugriff auf alle Variablen und Methoden der äußeren Klasse und können auf diese genauso wie auf andere nicht als `static` deklarierte Attribute und Methoden der äußeren Klasse zugreifen.

Manchmal stellt eine innere Klasse auch eine Reihe von Diensten bereit, die nur von der umschließenden Klasse in Anspruch genommen werden. Das folgende Beispiel benutzt eine innere Klasse, um für die umschließende Klasse eine Reihe von Werten zu berechen:

```java
// Eine innere Klasse verwenden
class Outer {
  int nums[];

  Outer(int n[]) {
    nums = n;
  }

  void Analyze() {
    Inner inOb = new Inner();

    System.out.println("Minimum: " + inOb.min());
    System.out.println("Maximum: " + inOb.max());
    System.out.println("Durchschnitt: " + inOb.avg());
  }

  // Dies ist eine innere Klasse.
  class Inner {                    ← Eine innere Klasse
    int min() {
      int m = nums[0];
      for(int i=1; i < nums.length; i++)
        if(nums[i] < m) m = nums[i];

      return m;
    }

    int max() {
      int m = nums[0];
      for(int i=1; i < nums.length; i++)
        if(nums[i] > m) m = nums[i];
```

```
      return m;
    }

    int avg() {
      int a = 0;
      for(int i=0; i < nums.length; i++)
        a += nums[i];

      return a / nums.length;
    }
  }
}

class NestedClassDemo {
  public static void main(String args[]) {
    int x[] = { 3, 2, 1, 5, 6, 9, 7, 8 };
    Outer outOb = new Outer(x);

    outOb.Analyze();
  }
}
```

Das Programm liefert folgende Ausgabe:

```
Minimum: 1
Maximum: 9
Durchschnitt: 5
```

In diesem Beispiel berechnet die innere Klasse **Inner** mit Hilfe des Array **nums**, das ein Element der Klasse **Outer** ist, mehrere Werte. Wie bereits erklärt wurde, hat eine verschachtelte Klasse Zugriff auf die Elemente der einschließenden Klasse, so dass die Klasse **Inner** ohne weiteres direkt auf das Array **nums** zugreifen kann. Umgekehrt ist das nicht möglich. Die Methode **analyze()** könnte beispielsweise nicht direkt die **min()**-Methode aufrufen, ohne ein **Inner**-Objekt zu erzeugen.

Eine Klasse kann in jedem Blockgültigkeitsbereich verschachtelt werden. Dadurch wird einfach eine lokale Klasse erzeugt, die außerhalb des Blocks unbekannt ist. Im folgenden Beispiel wird die Klasse **ShowBits** aus Projekt 5.2 für die Verwendung als lokale Klasse angepasst.

```
// ShowBits als lokale Klasse verwenden
class LocalClassDemo {
  public static void main(String args[]) {
```

```
// Eine Version von ShowBits als innere Klasse
class ShowBits {                    ← Eine in einer Methode
  int numbits;                        verschachtelte lokale
                                      Klasse.
  ShowBits(int n) {
    numbits = n;
  }

  void show(long val) {
    long mask = 1;

    /* Eine 1 nach links in die
       richtige Position verschieben. */
    mask <<= numbits-1;

    int spacer = 0;
    for(; mask != 0; mask >>>= 1) {
      if((val & mask) != 0) System.out.print("1");
      else System.out.print("0");
      spacer++;
      if((spacer % 8) == 0) {
        System.out.print(" ");
        spacer = 0;
      }
    }
    System.out.println();
  }
}

for(byte b = 0; b < 10; b++) {
  ShowBits byteval = new ShowBits(8);

  System.out.print(b + " hat den Binärwert: ");
  byteval.show(b);
  }
 }
}
```

Diese Programmversion liefert die Ausgabe:

```
0 hat den Binärwert: 00000000
1 hat den Binärwert: 00000001
```

```
2 hat den Binärwert: 00000010
3 hat den Binärwert: 00000011
4 hat den Binärwert: 00000100
5 hat den Binärwert: 00000101
6 hat den Binärwert: 00000110
7 hat den Binärwert: 00000111
8 hat den Binärwert: 00001000
9 hat den Binärwert: 00001001
```

In diesem Beispiel ist die ShowBits-Klasse außerhalb von main() unbekannt und eine Versuch, mit einer anderen Methode als main() darauf zuzugreifen, führt zu einem Fehler.

Ein letzter Punkt: Sie können eine innere Klasse erzeugen, die keinen Namen besitzt. Man spricht dann von einer *anonymen inneren Klasse*. Die Instanz eines Objekts einer anonymen inneren Klasse wird erzeugt, wenn die Klasse mit new deklariert wird.

Frage an den Experten

Frage: Was unterscheidet eine verschachtelte Klasse vom Typ static von einer nicht als static deklarierten Klasse?

Antwort: Eine verschachtelte Klasse vom Typ static kann nur auf andere Elemente vom Typ static der einschließenden Klasse direkt zugreifen. Auf andere Elemente der äußeren Klasse muss über einen Objektverweis zugegriffen werden.

✓ Übungsaufgaben

1. Das folgende Fragment liegt vor:

```
class X {
  private int count;
```

Ist das nächste Fragment korrekt?

```
class Y {
  public static void main(String args[]) {
    X ob = new X();
    ob.count = 10;
```

2. Eine Zugriffsangabe muss der Deklaration eines Elements _____.
3. Das Gegenstück zu einer Warteschlange ist der Stapel. Dabei wird das zuerst abgelegte Element als erstes Element wieder herausgegeben. Dieses Konstrukt kann mit einem Tellerstapel verglichen werden, dessen unterster Teller als letzter benutzt wird. Erzeugen Sie eine Klasse für einen Stapel mit der Bezeichnung Stack, der Zeichen aufnehmen kann. Nennen Sie die Methoden für den Stapelzugriff push() und pop(). Ermöglichen Sie dem Benutzer des Stapels, beim Erzeugen des Stapels die Größe anzugeben. Sorgen Sie dafür, dass alle übrigen Elemente der Klasse Stack vom Typ private sind. (Hinweis: Sie können die Queue-Klasse als Modell verwenden. Ändern Sie nur die Art und Weise, wie auf Daten zugegriffen wird.)
4. Die folgende Klasse ist gegeben:

```
class Test {
  int a;
  Test(int i) { a = i; }
}
```

Schreiben Sie eine Methode mit der Bezeichnung swap(), die die Inhalte der Objekte austauscht, auf die mit zwei Test-Objekten verwiesen wird.
5. Ist das folgende Fragment korrekt?

```
class X {
  int meth(int a, int b) { ... }
  String meth(int a, int b) { ... }
```

6. Schreiben Sie eine rekursive Methode, die den Inhalt einer Zeichenfolge rückwärts anzeigt.
7. Wie müssen Sie eine Variable deklarieren, die von allen Objekten einer Klasse gemeinsam benutzt werden soll?
8. Wann können Sie einen static-Block verwenden?
9. Was ist eine innere Klasse?

Kapitel 7

Vererbung

Lernzieles

- Grundlagen der Vererbung
- Superklassenkonstruktoren aufrufen
- super verwenden
- Eine mehrstufige Klassenhierarchie einrichten
- Superklassenverweise als Unterklassenobjekte verstehen
- Methoden überschreiben
- Mit überschriebenen Methoden die Polymorphie unterstützen
- Abstrakte Klassen verwenden
- final verwenden
- Die Object-Klasse

Die Vererbung ist eines der drei Grundprinzipien der objektorientierten Programmierung, weil mit ihr hierarchische Klassifikationen eingerichtet werden können. Mit Hilfe der Vererbung können Sie eine allgemeine Klasse erzeugen, die die gemeinsamen Grundzüge für eine Reihe verwandter Elemente definiert. Diese Klasse kann dann an andere, spezifischere Klassen vererbt werden, die die Dinge hinzufügen, die für sie kennzeichnend sind.

Die vererbende Java-Klasse heißt *Superklasse*. Die erbende Klasse wird als *Unterklasse* bezeichnet. Eine Unterklasse ist eine spezielle Version einer Superklasse. Sie erbt alle von der Superklasse definierten Variablen und Methoden und fügt eigene, einmalige Elemente hinzu.

Grundlagen der Vererbung

Java unterstützt die Vererbung dadurch, dass eine Klasse eine andere Klasse in die Deklaration miteinschließen kann. Dies geschieht über das Schlüsselwort **extends**. Die Unterklasse erweitert die Superklasse.

Beginnen wir mit einem kurzen Beispiel, das einige der Haupteigenschaften der Vererbung veranschaulicht. Das folgende Programm erzeugt die Superklasse **TwoDShape**, die Breite und Höhe eines zweidimensionalen Objekts sowie die Unterklasse **Triangle** speichert. Beachten Sie, wie das Schlüsselwort **extends** zum Erzeugen einer Unterklasse verwendet wird.

```
// Eine einfache Klassenhierarchie

// Eine Klasse für zweidimensionale Objekte
class TwoDShape {
  double width;
  double height;

  void showDim() {
    System.out.println("Breite und Höhe sind " +
                       width + " und " + height);
  }
}

// Eine Unterklasse von TwoDShape für Dreiecke
class Triangle extends TwoDShape {
  String style;

  double area() {
    return width * height / 2;
  }
}
```

Triangle erbt TwoDShape.

Triangle kann auf die Instanzvariablen TwoDShape so verweisen, als seien T von Triangle.

```
  void showStyle() {
    System.out.println("Das Dreieck ist " + style);
  }
}

class Shapes {
  public static void main(String args[]) {
    Triangle t1 = new Triangle();
    Triangle t2 = new Triangle();

    t1.width = 4.0;
    t1.height = 4.0;
    t1.style = "gleichschenklig";

    t2.width = 8.0;
    t2.height = 12.0;
    t2.style = "rechtwinklig";

    System.out.println("Informationen über t1: ");
    t1.showStyle();
    t1.showDim();
    System.out.println("Die Fläche beträgt " + t1.area());

    System.out.println();

    System.out.println("Informationen über t2: ");
    t2.showStyle();
    t2.showDim();
    System.out.println("Die Fläche beträgt " + t2.area());
  }
}
```

> Alle Instanzvariablen von Triangle stehen den Triangle-Objekten zur Verfügung, auch die von TwoDShape ererbten.

Das Programm gibt aus:

```
Informationen über t1:
Das Dreieck ist gleichschenklig
Breite und Höhe sind 4.0 und 4.0
Die Fläche beträgt 8.0

Informationen über t2:
Das Dreieck ist rechtwinklig
Breite und Höhe sind 8.0 und 12.0
Die Fläche beträgt 48.0
```

TwoDShape definiert die Attribute der »Gattung« der zweidimensionalen Formen wie Quadrat, Rechteck, Dreieck und so weiter. Die Triangle-Klasse erzeugt einen speziellen Typ von TwoDShape, in diesem Fall ein Dreieck. Die Triangle-Klasse umfasst alle TwoDShape-Objekte und fügt das Feld style, die Methode area() und die Methode showStyle() hinzu. Eine Beschreibung des Dreieckstyps wird in style gespeichert. area() berechnet die Dreiecksfläche und gibt sie zurück. showStyle() zeigt die Art des Dreiecks an.

Da Triangle alle Instanzvariablen seiner Superklasse TwoDShape enthält, kann die Klasse auf width und height innerhalb von area() zugreifen. Innerhalb von main() können die Objekte t1 und t2 außerdem direkt auf width und height so verweisen, als wären sie Bestandteil von Triangle. Abbildung 7.1 veranschaulicht das Konzept, nach dem TwoDShape in Triangle eingeschlossen wird.

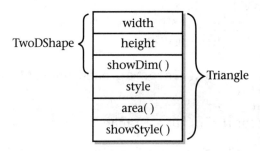

Abbildung 7.1 Das Konzept der Triangle-Klasse

Obwohl TwoDShape eine Superklasse für Triangle ist, ist sie trotzdem eine vollständig unabhängige, einzelne Klasse. Die Superklasse für eine Unterklasse zu sein bedeutet nicht, dass die Superklasse sich nicht selbst benutzen könnte. Das folgende Fragment ist durchaus zulässig:

```
TwoDShape shape = new TwoDShape();

shape.width = 10;
shape.height = 20;

shape.showDim();
```

Ein Objekt von TwoDShape hat selbstverständlich keine Kenntnis von oder Zugriff auf eine der Unterklassen von TwoDShape.

Die allgemeine Form einer Klassendeklaration, bei der eine Superklasse vererbt wird, lautet:

```
class Unterklassenname extends Superklassenname {
  // Rumpf der Klasse
}
```

Beim Erzeugen einer Unterklasse darf nur eine Superklasse angegeben werden. Java unterstützt die Vererbung mehrerer Superklassen an eine einzige Unterklasse nicht. (Dies ist ein Unterschied zu C++, wo von mehreren Klassen geerbt werden kann. Sie müssen diesen Umstand berücksichtigen, wenn Sie C++-Code in Java umwandeln.) Sie können aber eine Vererbungshierarchie einrichten, bei der eine Unterklasse zur Superklasse einer anderen Unterklasse wird. Allerdings kann keine Klasse die eigene Superklasse sein.

Einer der Hauptvorteile der Vererbung liegt darin, das eine einmal erzeugte Superklasse, die die allgemeinen Attribute einer Reihe von Objekten definiert, für das Erzeugen einer beliebigen Anzahl weiterer Unterklassen verwendet werden kann. Jede Unterklasse kann entsprechend der eigenen Klassifikation genau maßgeschneidert werden. Es folgt ein weiteres Beispiel für eine Unterklasse von TwoDShape, die Rechtecke einkapselt.

```
// Eine Unterklasse von TwoDShape für Rechtecke
class Rectangle extends TwoDShape {
  boolean isSquare() {
    if(width == height) return true;
    return false;
  }

  double area() {
    return width * height;
  }
}
```

Die Rectangle-Klasse schließt TwoDShape ein und fügt die Methode isSquare() hinzu, die feststellt, ob es sich um ein Quadrat handelt. Außerdem wird die Methode area() hinzugefügt, die die Fläche des Rechtecks berechnet.

Der Zugriff auf Member und die Vererbung

In Kapitel 6 haben Sie erfahren, dass die Instanzvariable einer Klasse häufig als private deklariert wird, um eine unberechtigte Verwendung oder Einmischung zu verhindern. Beim Vererben einer Klasse wird diese Einschränkung des Zugriffs für private *nicht aufgehoben*. Obwohl eine Unterklasse alle Instanzvariablen und Methoden der Superklasse einschließt, kann sie nicht auf die Instanzvariablen und Methoden der Superklasse zugreifen, die als private deklariert wurden. Wenn wie im folgenden Beispiel width und height in TwoDShape als private deklariert werden, kann Triangle nicht darauf zugreifen.

```java
// Private Elemente werden nicht vererbt.

// Dieses Beispiel lässt sich nicht kompilieren.

// Eine Klasse für zweidimensionale Objekte.
class TwoDShape {
  private double width;  // Beide sind
  private double height; // jetzt privat

  void showDim() {
    System.out.println("Breite und Höhe betragen " +
                  width + " und " + height);
  }
}

// Eine Unterklasse von TwoDShape für Dreiecke
class Triangle extends TwoDShape {
  String style;

  double area() {
    return width * height / 2; // Fehler! Kein Zugriff
  }

  void showStyle() {
    System.out.println("Das Dreieck ist " + style);
  }
}
```

Auf ein private-Instanzvariable der Superklasse kann nicht zugegriffen werden.

Die Triangle-Klasse wird nicht kompiliert, weil der Verweis auf width und height innerhalb der area()-Methode eine Zugriffsverletzung darstellt. Da width und height als private deklariert wurden, können nur die Methoden der eigenen Klasse darauf zugreifen. Unterklassen haben keinen Zugriff.

Das als private deklarierte Attribute und Methoden einer Klasse steht nur der eigenen Klasse zur Verfügung. Code außerhalb dieser Klasse kann nicht darauf zugreifen, was auch für Unterklassen gilt.

Auf den ersten Blick mag die Tatsache, dass Unterklassen keinen Zugriff auf die privaten Attribute und Methoden von Superklassen haben, wie eine ernste Einschränkung erscheinen, die die Verwendung privater Attribute und Methoden in vielen Situationen verhindert. Das trifft jedoch nicht zu. Wie in Kapitel 6 erklärt wurde, ermöglichen Java-Programmierer normalerweise den Zugriff auf die privaten Instanzvariablen einer Klasse über Zugriffsmethoden. Im folgenden

Beispiel wurden die Klassen TwoDShape und Triangle so umgeschrieben, dass über Methoden auf die privaten Instanzvariablen width und height zugegriffen werden kann.

```
// Mit Zugriffsmethoden auf private Instanzvariablen zugreifen

// Eine Klasse für zweidimensionale Objekte.
class TwoDShape {
  private double width;  // Beide sind
  private double height; // privat

  // Zugriffsmethoden für width und height
  double getWidth() { return width; }
  double getHeight() { return height; }
  void setWidth(double w) { width = w; }
  void setHeight(double h) { height = h; }

  void showDim() {
    System.out.println("Breite und Höhe betragen " +
                width + " und " + height);
  }
}

// Eine Unterklasse von TwoDShape für Dreiecke
class Triangle extends TwoDShape {
  String style;

  double area() {
    return getWidth() * getHeight() / 2;
  }

  void showStyle() {
    System.out.println("Das Dreieck ist " + style);
  }
}

class Shapes2 {
  public static void main(String args[]) {
    Triangle t1 = new Triangle();
    Triangle t2 = new Triangle();

    t1.setWidth(4.0);
    t1.setHeight(4.0);
    t1.style = "gleichschenklig";
```

> Zugriffsmethoden für width und height.

> Die Zugriffsmethoden der Superklasse verwenden.

```
       t2.setWidth(8.0);
       t2.setHeight(12.0);
       t2.style = "rechtwinklig";

       System.out.println("Informationen über t1: ");
       t1.showStyle();
       t1.showDim();
       System.out.println("Die Fläche beträgt " + t1.area());

       System.out.println();

       System.out.println("Informationen über t2: ");
       t2.showStyle();
       t2.showDim();
       System.out.println("Die Fläche beträgt " + t2.area());
   }
}
```

Frage an den Experten

Frage: Wann sollte eine Instanzvariable als **private** deklariert werden?

Antwort: Dafür gibt es keine festen Regeln, sondern nur zwei allgemeine Prinzipien. Wird eine Instanzvariable von einer innerhalb einer Klasse definierten Methoden verwendet, dann sollte sie privat sein. Muss eine Instanzvariable innerhalb bestimmter Grenzen zur Verfügung stehen, dann sollte sie ebenfalls privat sein, aber über Zugriffsmethoden zur Verfügung gestellt werden. Auf diese Weise kann die Zuweisung unzulässiger Werte verhindert werden.

1-Minuten-Test

- Welches Schlüsselwort wird verwendet, wenn eine Unterklasse eine Superklasse einschließen soll?
- Schließt eine Unterklasse die Attribute und Methoden seiner Superklasse ein?
- Hat eine Unterklasse Zugriff auf private Attribute und Methoden der Superklasse?

- extends
- Ja.
- Nein.

Konstruktoren und Vererbung

In einer Hierarchie können Superklassen und Unterklassen eigene Konstruktoren besitzen. Das wirft eine interessante Frage auf: Welcher Konstruktor ist für die Einrichtung eines Objekts der Unterklasse zuständig? Der Konstruktor der Superklasse, der der Unterklasse oder beide? Die Antwort lautet: Der Konstruktor der Superklasse erzeugt den Objektteil der Superklasse und der Konstruktor für die Unterklasse erzeugt den Anteil der Unterklasse. Das ist sinnvoll, weil die Superklasse keine Kenntnis und keinen Zugriff auf Elemente der Unterklasse hat. Sie muss also gesondert eingerichtet werden. Die vorangegangenen Beispiele basierten auf dem automatisch von Java erzeugten Standardkonstruktoren, so dass es keine Probleme gab. In der Praxis besitzen die meisten Klassen aber explizite Konstruktoren. Wie damit umgegangen wird, wird in den folgenden Abschnitten beschrieben.

Wenn eine Unterklasse einen Konstruktor definiert, ist der Vorgang ganz einfach: Sie richten einfach das Unterklassenobjekt ein. Der Superklassenanteil des Objekts wird automatisch mit dem Standardkonstruktor eingerichtet. Im folgenden Beispiel wurde die `Triangle`-Version so umgearbeitet, dass sie einen Konstruktor definiert. Außerdem wird `style` als `private` deklariert, weil die Variable jetzt vom Konstruktor gesetzt wird.

```
// Triangle einen Konstruktor hinzufügen

// Eine Klasse für zweidimensionale Objekte.
class TwoDShape {
  private double width;  // beide sind
  private double height; // jetzt privat

  // Zugriffsmethoden für width und height
  double getWidth() { return width; }
  double getHeight() { return height; }
  void setWidth(double w) { width = w; }
  void setHeight(double h) { height = h; }

  void showDim() {
    System.out.println("Breite und Höhe betragen " +
                  width + " und " + height);
  }
}

// Eine Unterklasse von TwoDShape für Dreiecke
class Triangle extends TwoDShape {
  private String style;
```

```java
  // Konstruktor
  Triangle(String s, double w, double h) {
    setWidth(w);
    setHeight(h);

    style = s;
  }

  double area() {
    return getWidth() * getHeight() / 2;
  }

  void showStyle() {
    System.out.println("Das Dreieck ist " + style);
  }
}

class Shapes3 {
  public static void main(String args[]) {
    Triangle t1 = new Triangle("gleichschenklig", 4.0, 4.0);
    Triangle t2 = new Triangle("rechtwinklig", 8.0, 12.0);

    System.out.println("Informationen über t1: ");
    t1.showStyle();
    t1.showDim();
    System.out.println("Die Fläche beträgt " + t1.area());

    System.out.println();

    System.out.println("Informationen über t2: ");
    t2.showStyle();
    t2.showDim();
    System.out.println("Die Fläche beträgt " + t2.area());
  }
}
```

Den TwoDShape-Anteil des Objekts initialisieren.

Der Konstruktor von Triangle initialisiert die von TwoDClass geerbten Attribute und das eigene Feld style.

Wenn Superklasse und Unterklasse Konstruktoren definieren, ist der Ablauf etwas komplizierter, da die Konstruktoren der Superklasse und Unterklasse ausgeführt werden müssen. In diesem Fall müssen Sie das Java-Schlüsselwörter super verwenden, das zwei allgemeine Formen besitzt. Die erste ruft einen Superklassenkonstruktor auf. Mit der zweiten wird auf ein Attribut oder eine Methode der Superklasse zugegriffen, das von einem Member einer Unterklasse verborgen wird. Betrachten wir zuerst die erste Form.

Mit super Superklassenkonstruktoren aufrufen

Eine Unterklasse kann einen von der Superklasse definierten Konstruktor mit der folgenden Form von **super** aufrufen:

super(*Parameterliste*);

Die *Parameterliste* gibt alle vom Konstruktor der Superklasse benötigten Parameter an. **super()** muss immer die erste Anweisung innerhalb eines Unterklassenkonstruktors sein.

Die folgende Version von **TwoDShape** zeigt, wie **super()** verwendet wird. Das Programm definiert einen Konstruktor, der **width** und **height** initialisiert.

```
// TwoDShape-Konstruktoren hinzufügen
class TwoDShape {
  private double width;
  private double height;

  // Parametrisierter Konstruktor
  TwoDShape(double w, double h) {
    width = w;
    height = h;
  }

  // Zugriffsmethoden für width und height
  double getWidth() { return width; }
  double getHeight() { return height; }
  void setWidth(double w) { width = w; }
  void setHeight(double h) { height = h; }

  void showDim() {
    System.out.println("Breite und Höhe betragen " +
                    width + " und " + height);
  }
}

// Eine Unterklasse von TwoDShape für Dreiecke
class Triangle extends TwoDShape {
  private String style;

  Triangle(String s, double w, double h) {
    super(w, h); // Den Superklassenkonstruktor aufrufen

    style = s;
```

Mit **super()** den Konstruktor TwoDShape ausführen.

```
  }

  double area() {
    return getWidth() * getHeight() / 2;
  }

  void showStyle() {
    System.out.println("Das Dreieck ist " + style);
  }
}

class Shapes4 {
  public static void main(String args[]) {
    Triangle t1 = new Triangle("gleichschenklig", 4.0, 4.0);
    Triangle t2 = new Triangle("rechtwinklig", 8.0, 12.0);

    System.out.println("Informationen über t1: ");
    t1.showStyle();
    t1.showDim();
    System.out.println("Die Fläche beträgt " + t1.area());

    System.out.println();

    System.out.println("Informationen über t2: ");
    t2.showStyle();
    t2.showDim();
    System.out.println("Die Fläche beträgt " + t2.area());
  }
}
```

Triangle() ruft super() mit den Parametern w und h auf. Das führt zum Aufruf des TwoDShape()-Konstruktors, der width und height mit diesen Werten initialisiert. Triangle initialisiert diese Werte nicht mehr selbst und muss nur noch den für die Methode einmaligen Wert style initialisieren. TwoDShape kann sein Objekt auf beliebige Art und Weise einrichten. Außerdem kann TwoDShape zusätzliche Funktionen hinzufügen, von denen die vorhandenen Unterklassen nichts wissen, was den vorhandenen Code nicht stört.

Jeder von der Superklasse definierte Konstruktor kann von super() aufgerufen werden. Der ausgeführte Konstruktor ist derjenige, der mit den Argumenten übereinstimmt. Das folgende Beispiel enthält erweiterte Versionen von TwoDShape und Triangle, welche die Standardkonstruktoren und Konstruktoren enthalten, die ein Argument übernehmen.

```java
// TwoDShape weitere Konstruktoren hinzufügen
class TwoDShape {
  private double width;
  private double height;

  // Ein Standardkonstruktor
  TwoDShape() {
    width = height = 0.0;
  }

  // Parametrisierter Konstruktor
  TwoDShape(double w, double h) {
    width = w;
    height = h;
  }

  // Ein Objekt mit gleicher Breite und Höhe konstruieren
  TwoDShape(double x) {
    width = height = x;
  }

  // Zugriffsmethoden für width und height
  double getWidth() { return width; }
  double getHeight() { return height; }
  void setWidth(double w) { width = w; }
  void setHeight(double h) { height = h; }

  void showDim() {
    System.out.println("Breite und Höhe betragen " +
                       width + " und " + height);
  }
}

// Eine Unterklasse von TwoDShape für Dreiecke
class Triangle extends TwoDShape {
  private String style;

  // Ein Standardkonstruktor
  Triangle() {
    super();
    style = "null";
  }

  // Konstruktor
  Triangle(String s, double w, double h) {
```

```
      super(w, h); // Den Superklassenkonstruktor aufrufen

      style = s;
    }

    // Ein gleichschenkliges Dreieck konstruieren
    Triangle(double x) {
      super(x); // Den Superklassenkonstruktor aufrufen

      style = "gleichschenklig";
    }

    double area() {
      return getWidth() * getHeight() / 2;
    }

    void showStyle() {
      System.out.println("Das Dreieck ist " + style);
    }
}

class Shapes5 {
  public static void main(String args[]) {
    Triangle t1 = new Triangle();
    Triangle t2 = new Triangle("rechtwinklig", 8.0, 12.0);
    Triangle t3 = new Triangle(4.0);

    t1 = t2;

    System.out.println("Informationen über t1: ");
    t1.showStyle();
    t1.showDim();
    System.out.println("Die Fläche beträgt " + t1.area());

    System.out.println();

    System.out.println("Informationen über t2: ");
    t2.showStyle();
    t2.showDim();
    System.out.println("Die Fläche beträgt " + t2.area());

    System.out.println();

    System.out.println("Informationen über t3: ");
    t3.showStyle();
```

Mit super() die unterschiedlichen Formen des TwoDShape-Konstruktors aufrufen.

```
        t3.showDim();
        System.out.println("Die Fläche beträgt " + t3.area());

        System.out.println();
    }
}
```

Diese Version liefert folgende Ausgabe:

```
Informationen über t1:
Das Dreieck ist rechtwinklig
Breite und Höhe betragen 8.0 und 12.0
Die Fläche beträgt 48.0

Informationen über t2:
Das Dreieck ist rechtwinklig
Breite und Höhe betragen 8.0 und 12.0
Die Fläche beträgt 48.0

Informationen über t3:
Das Dreieck ist gleichschenklig
Breite und Höhe betragen 4.0 und 4.0
Die Fläche beträgt 8.0
```

Fassen wir die Hauptkonzepte von super() noch einmal zusammen. Wenn eine Unterklasse super() aufruft, wird der Konstruktor der unmittelbaren Superklasse aufgerufen. super() bezieht sich also immer auf die Superklasse unmittelbar oberhalb der aufrufenden Klasse. Das gilt auch bei einer mehrstufigen Hierarchie. Ferner muss super() immer die erste Anweisung sein, die vom Konstruktor einer Unterklasse ausgeführt wird.

1-Minuten-Test

- Wie führt eine Unterklasse den Konstruktor der Superklasse aus?
- Können super() Parameter übergeben werden?
- Darf super() an beliebiger Stelle innerhalb des Konstruktors der Unterklasse stehen?

- Sie ruft super() auf.
- Ja.
- Nein, er muss die erste ausgeführte Anweisung sein.

Mit super auf die Element der Superklasse zugreifen

Es gibt eine zweite Form von **super**, die ähnlich wie **this** funktioniert, allerdings mit dem Unterschied, dass sie sich immer auf die Superklasse der Unterklasse bezieht, in der sie verwendet wird. Diese Verwendung hat folgende allgemeine Form:

```
super.Element
```

Element kann eine Methode oder eine Instanzvariable sein.

Diese Form von **super** eignet sich am besten in Situationen, in denen Elementnamen einer Unterklasse Elemente der Superklasse verbergen, die den gleichen Namen haben. Betrachten Sie folgende einfache Klassenhierarchie:

```java
// Mit super verborgene Namen sichtbar machen
class A {
  int i;
}

// Eine Unterklasse durch Erweiterung der Klasse A erzeugen
class B extends A {
  int i; // Verbirgt i in A

  B(int a, int b) {
    super.i = a; // i in A
    i = b; // i in B
  }

  void show() {
    System.out.println("i in der Superklasse: " + super.i);
    System.out.println("i in der Unterklasse: " + i);
  }
}

class UseSuper {
  public static void main(String args[]) {
    B subOb = new B(1, 2);

    subOb.show();
  }
}
```

> super.i bezieht sich auf i in A.

Dieses Programm liefert die Ausgabe:

```
i in der Superklasse: 1
i in der Unterklasse: 2
```

Obwohl die Instanzvariable i aus B die Variable i in A verbirgt, erlaubt **super** den Zugriff auf die in der Superklasse definierte Variable i. Mit **super** können auch von einer Unterklasse verborgene Methoden aufgerufen werden.

Projekt 7.1: Die Kfz-Klasse erweitern

Um die Möglichkeiten der Vererbung zu veranschaulichen, erweitern wir die in Kapitel 4 entwickelte Kfz-Klasse. Wie Sie sich erinnern werden, kapselt Kfz Informationen über Autos, unter anderem die Anzahl der Sitze, den Tankinhalt und den Benzinverbrauch. Die Kfz-Klasse kann als Ausgangspunkt für weitere speziellere Klassen dienen. Eine weitere Kraftfahrzeugart sind zum Beispiel LKWs. Ein wichtiges Attribut eines LKW ist seine Nutzlast. Um die Klasse Lkw zu erstellen, erweitern wir daher die Klasse Kfz, indem wir eine Instanzvariable für die Nutzlast hinzufügen. Die folgende Version enthält diese Erweiterung. Die Instanzvariablen in Kfz werden als **private** deklariert und zum Setzen und Abfragen der Werte werden Zugriffsmethoden bereitgestellt.

Schritt für Schritt

1. Erstellen Sie eine Datei mit der Bezeichnung LkwDemo.java und kopieren Sie den Inhalt der letzten Implementierung von Kfz aus Kapitel 4 in diese Datei.
2. Erstellen Sie folgende Lkw-Klasse:

```java
// Kfz für Lkw erweitern
class Lkw extends Kfz {
  private int nutzlast; // Nutzlast in Kilogramm

  // Konstruktor für Lkw.
  Lkw(int p, int f, int m, int c) {
    /* Die Kfz-Attribute mit
       dem Kfz-Konstruktor initialisieren. */
    super(p, f, m);

    nutzlast = c;
  }

  // Zugriffsmethoden für nutzlast.
```

```
  int getCargo() { return nutzlast; }
  void putCargo(int c) { nutzlast = c; }
}
```

Lkw erbt Kfz und fügt nutzlast, getCargo() und putCargo() hinzu. Lkw verfügt also über alle allgemeinen, definierten Kfz-Attribute. Es müssen nur die für Klasse speziellen Eigenschaften hinzugefügt werden.

3. Deklarieren Sie die Instanzvariablen von Kfz als private:

```
private int sitze;      // Anzahl der Sitze
private int tankinhalt; // Tankinhalt in Litern
private int verbrauch;  // Verbrauch in Litern pro 100 Km
```

4. Es folgt das vollständige Programm, das die Lkw-Klasse vorführt:

```
// Eine Unterklasse von Kfz für LKWs
class Kfz {
  private int sitze;      // Anzahl der Sitze
  private int tankinhalt; // Tankinhalt in Litern
  private int verbrauch;  // Verbrauch in Litern auf 100 Km

  // Ein Konstruktor für Kfz
  Kfz(int p, int f, int m) {
    sitze = p;
    tankinhalt = f;
    verbrauch = m;
  }

  // Die Reichweite zurückgeben
  int reichweite() {
    return (tankinhalt / verbrauch ) * 100;
  }

  // Benzinverbrauch für eine bestimmte Strecke berechnen
   double spritbedarf(int kilometer) {
     return (double) (kilometer / 100)* verbrauch;
  }

  // Zugriffsmethoden für Instanzvariablen
  int getSitze() { return sitze; }
  void setSitze(int p) { sitze = p; }
  int getTankinhalt() { return tankinhalt; }
  void setTankinhalt(int f) { tankinhalt = f; }
  int getVerbrauch() { return verbrauch; }
  void setVerbrauch(int m) { verbrauch = m; }

}
```

```java
// Kfz für Lkw erweitern
class Lkw extends Kfz {
  private int nutzlast; // Nutzlast in Kilogramm

  // Konstruktor für Lkw.
  Lkw(int p, int f, int m, int c) {
    /* Die Kfz-Attribute mit
       dem Kfz-Konstruktor initialisieren. */
    super(p, f, m);

    nutzlast = c;
  }

  // Zugriffsmethoden für nutzlast.
  int getCargo() { return nutzlast; }
  void putCargo(int c) { nutzlast = c; }
}

class LkwDemo {
  public static void main(String args[]) {

    // Einige Lkws erzeugen
    Lkw semi = new Lkw(2, 80, 18, 7500);
    Lkw pickup = new Lkw(3, 50, 12, 400);
    double liter;
    int dist = 252;

    liter = semi.spritbedarf(dist);

    System.out.println("Kleinlaster: " + semi.getCargo() +
                " Kg Nutzlast.");
    System.out.println("Für " + dist + " Kilometer benötigt
                       der Kleinlaster " + liter + " Liter
                       Benzin.\n");

    liter = pickup.spritbedarf(dist);

    System.out.println("Pickup: " + pickup.getCargo() +
                " Kg Nutzlast.");
    System.out.println("Für " + dist + " kilometer benötigt
                       der Pickup " + liter + " Liter
                       Benzin.");
  }
}
```

5. Das Programm gibt aus:

```
Kleinlaster: 7500 Kg Nutzlast.
Für 252 Kilometer benötigt der Kleinlaster 36.0 Liter Benzin.

Pickup: 400 Kg Nutzlast.
Für 252 kilometer benötigt der Pickup 24.0 Liter Benzin.
```

6. Von `Kfz` können noch viele andere Klassentypen abgeleitet werden. Das folgende Gerüst erzeugt beispielsweise eine `Offroad`-Klasse, die die Bodenfreiheit des Fahrzeugs speichert.

```
// Eine Offroad-Klasse einrichten
class OffRoad extends Kfz {
  private int bodenfreiheit; // Bodenfreiheit in Zentimetern

  // ...
}
```

Wurde eine Superklasse, die die allgemeinen Aspekte eines Objekts definiert, einmal eingerichtet, dann kann diese Superklasse an spezielle Klassen vererbt werden. Jede Unterklasse fügt die für sie spezifischen Eigenschaften hinzu. Das ist die eigentliche Aufgabe der Vererbung.

Eine mehrstufige Hierarchie einrichten

Bisher wurden nur einfache Klassenhierarchien mit nur einer Superklasse und einer Unterklasse eingerichtet. Sie können aber auch Hierarchien mit beliebig vielen Vererbungsstufen einrichten. Eine Unterklasse kann ohne weiteres als Superklasse für eine andere dienen. Bei den drei Klassen A, B und C kann beispielsweise C eine Unterklasse von B sein, die wiederum eine Unterklasse von A ist. In einer solchen Situation erbt jede Unterklasse die Eigenschaften aller Superklassen. C erbt also alle Merkmale von B und A.

Das folgende Programm zeigt, wie nützlich eine mehrstufige Hierarchie sein kann. In diesem Beispiel dient die Unterklasse `Triangle` als Superklasse für die Unterklasse `ColorTriangle`. `ColorTriangle` erbt alle Eigenschaften von `Triangle` und `TwoDShape` und fügt das Feld `color` hinzu, in dem die Farbe des Dreiecks gespeichert wird.

```java
// Eine mehrstufige Hierarchie
class TwoDShape {
  private double width;
  private double height;

  // Ein Standardkonstruktor
  TwoDShape() {
    width = height = 0.0;
  }

  // Parametrisierter Konstruktor
  TwoDShape(double w, double h) {
    width = w;
    height = h;
  }

  // Ein Objekt mit gleicher Breite und Höhe konstruieren
  TwoDShape(double x) {
    width = height = x;
  }

  // Zugriffsmethoden für width und height
  double getWidth() { return width; }
  double getHeight() { return height; }
  void setWidth(double w) { width = w; }
  void setHeight(double h) { height = h; }

  void showDim() {
    System.out.println("Breite und Höhe betragen " +
                       width + " und " + height);
  }
}

// TwoDShape erweitern
class Triangle extends TwoDShape {
  private String style;

  // Ein Standardkonstruktor
  Triangle() {
    super();
    style = "null";
  }

  Triangle(String s, double w, double h) {
    super(w, h); // Den Superklassenkonstruktor aufrufen
```

```
    style = s;
  }

  // Ein gleichschenkliges Dreieck konstruieren
  Triangle(double x) {
    super(x); // Den Superklassenkonstruktor aufrufen

    style = "gleichschenklig";
  }

  double area() {
    return getWidth() * getHeight() / 2;
  }

  void showStyle() {
    System.out.println("Das Dreieck ist " + style);
  }
}

// Triangle erweitern
class ColorTriangle extends Triangle {
  private String color;

  ColorTriangle(String c, String s,
                double w, double h) {
    super(s, w, h);

    color = c;
  }

  String getColor() { return color; }

  void showColor() {
    System.out.println("Die Farbe ist " + color);
  }
}

class Shapes6 {
  public static void main(String args[]) {
    ColorTriangle t1 =
        new ColorTriangle("blau", "rechtwinklig", 8.0,
12.0);
    ColorTriangle t2 =
```

ColorTriangle erbt die von TwoDShape abgeleitete Klasse Triangle und umfasst daher alle Instanzvariablen und Methoden von Triangle und TwoDShape.

```
        new ColorTriangle("rot", "gleichschenklig", 2.0,
                          2.0);

  System.out.println("Informationen über t1: ");
  t1.showStyle();
  t1.showDim();
  t1.showColor();
  System.out.println("Die Fläche beträgt " + t1.area());

  System.out.println();

  System.out.println("Informationen über t2: ");
  t2.showStyle();
  t2.showDim();
  t2.showColor();
  System.out.println("Die Fläche beträgt " + t2.area());
  }
}
```

> Ein ColorTriangle-Objekt kann eigene und von der Superklasse definierte Methoden aufrufen.

Das Programm zeigt folgende Ausgabe:

```
Informationen über t1:
Das Dreieck ist rechtwinklig
Breite und Höhe betragen 8.0 und 12.0
Die Farbe ist blau
Die Fläche beträgt 48.0

Informationen über t2:
Das Dreieck ist gleichschenklig
Breite und Höhe betragen 2.0 und 2.0
Die Farbe ist rot
Die Fläche beträgt 2.0
```

Infolge der Vererbung kann `ColorTriangle` die zuvor definierten Klassen `Triangle` und `TwoDShape` nutzen und muss nur die spezifischen Informationen für den eigenen Bedarf hinzufügen. Der Nutzen der Vererbung liegt darin, dass vorhandener Code mehrfach genutzt werden kann.

Dieses Beispiel zeigt einen weiteren wichtigen Punkt: `super()` bezieht sich immer auf den Konstruktor der am nächsten liegenden Superklasse. `super()` ruft in `ColorTriangle` den Konstruktor aus `Triangle` auf. `super()` in `Triangle` ruft den Konstruktor in `TwoDShape` auf. In einer Klassenhierarchie müssen alle Unterklassen die Parameter »nach oben« weiterreichen, wenn ein Superklassenkonstruktor Parameter benötigt. Dies gilt unabhängig davon, ob eine Unterklasse Parameter benötigt oder nicht.

Wann werden Konstruktoren aufgerufen?

Die vorangegangene Erörterung der Vererbung und der Klassenhierarchien wirft eine wichtige Frage auf: Welcher Konstruktor wird beim Erzeugen eines Unterklassenobjekts zuerst aufgerufen? Der der Unterklasse oder der von der Superklasse definierte Konstruktor? Nehmen wir beispielsweise eine Unterklasse B und eine Superklasse A. Wird der Konstruktor von A vor dem von B aufgerufen oder umgekehrt? Die Antwort lautet: In einer Klassenhierarchie werden die Konstruktoren in der Reihenfolge ihrer Ableitung aufgerufen, ausgehend von der Superklasse bis hin zur Unterklasse. Da super() die erste ausgeführte Anweisung des Konstruktors einer Unterklasse sein muss, bleibt die Reihenfolge gleich, egal, ob super() verwendet wird oder nicht. Wird super() nicht benutzt, dann wird der (parameterlose) Standardkonstruktor jeder Superklasse ausgeführt. Das folgende Programm zeigt, wann Konstruktoren ausgeführt werden:

```java
// Wann Konstruktoren aufgerufen werden

// Eine Superklasse erzeugen
class A {
  A() {
    System.out.println("A einrichten.");
  }
}

// Durch Erweiterung der Klasse A eine Unterklasse einrichten
class B extends A {
  B() {
    System.out.println("B einrichten.");
  }
}

// Eine weitere Unterklasse durch Ereitern von B einrichten
class C extends B {
  C() {
    System.out.println("C einrichten.");
  }
}

class OrderOfConstruction {
  public static void main(String args[]) {
    C c = new C();
  }
}
```

Das Programm liefert folgende Ausgabe:

```
A einrichten.
B einrichten.
C einrichten.
```

Wie zu sehen ist, werden die Konstruktoren in der Reihenfolge ihrer Ableitung aufgerufen.

Eine genauere Überlegung macht deutlich, dass der Aufruf der Konstruktorfunktionen in der Reihenfolge ihrer Ableitung sinnvoll ist. Da eine Superklasse jede Unterklasse kennt, verläuft jede durchzuführende Initialisierung getrennt von den von der Unterklasse durchgeführten Initialisierungen und ist möglicherweise die Voraussetzung für die Initialisierung der Unterklasse. Daher muss sie zuerst durchgeführt werden.

Superklassenverweise und Unterklassenobjekte

Java ist bekanntermaßen eine streng typorientierte Sprache. Neben den Standardumwandlungen und der automatischen Typanpassung für die einfachen Typen ist eine konsequente Typkompatibilität erforderlich. Daher kann eine Verweisvariable eines Klassentyps normalerweise nicht auf ein Objekt eines anderen Klassentyps verweisen. Betrachten Sie das folgende Beispielprogramm:

```
// Dieses Programm wird nicht kompiliert
class X {
  int a;

  X(int i) { a = i; }
}

class Y {
  int a;

  Y(int i) { a = i; }
}

class IncompatibleRef {
  public static void main(String args[]) {
    X x = new X(10);
    X x2;
    Y y = new Y(5);
```

```
    x2 = x; // OK, beide sind vom gleichen Typ

    x2 = y; // Fehler, der Typ unterscheidet sich
  }
}
```

Obwohl die Klassen X und Y physisch identisch sind, kann einem Y-Objekt kein X-Verweis zugewiesen werden, weil beide unterschiedliche Typen besitzen. Im Allgemeinen kann eine Objektverweisvariable nur auf Objekte des gleichen Typs verweisen.

Es gibt jedoch eine wichtige Ausnahme von diesem strikten Typzwang. Einer Verweisvariablen einer Superklasse kann ein Verweis auf jede von dieser Superklasse abgeleiteten Unterklasse zugewiesen werden. Ein Beispiel:

```
/* Ein Superklassenverweis kann sich auf
   ein Objekt einer Unterklasse beziehen. */
class X {
  int a;

  X(int i) { a = i; }
}

class Y extends X {
  int b;

  Y(int i, int j) {
    super(j);
    b = i;
  }
}

class SupSubRef {
  public static void main(String args[]) {
    X x = new X(10);
    X x2;
    Y y = new Y(5, 6);

    x2 = x; // OK, beide sind vom gleichen Typ
    System.out.println("x2.a: " + x2.a);

    x2 = y; // Auch Ok, weil Y X abgeleitet ist
    System.out.println("x2.a: " + x2.a);

    // X-Verweise wissen nur etwas über X-Members
    x2.a = 19; // OK
//    x2.b = 27; // Fehler, X besitzt kein b-Member
  }
}
```

> Das ist möglich, weil Y eine Unterklasse von X ist. x2 darf also auf y verweisen.

In diesem Beispiel wurde Y von X abgeleitet. Deshalb kann x2 ein Verweis auf ein Y-Objekt zugewiesen werden.

Wichtig ist dabei, dass es der Typ der Verweisvariablen und nicht der Typ des Objekts ist, auf den verwiesen wird. Er legt fest, auf welche Elemente zugegriffen werden kann. Wird ein Verweis auf ein Unterklassenobjekt einer Verweisvariablen einer Superklasse zugewiesen, dann erhalten Sie nur Zugriff auf die Teile des Objekts, die von der Superklasse definiert werden. Darum kann x2 nicht auf b zugreifen, selbst wenn auf ein Y-Objekt verwiesen wird. Das ist sinnvoll, da eine Superklasse weiß, was eine Unterklasse hinzufügt. Aus diesem Grund wurde die letzte Codezeile des Programms als Kommentar gesetzt.

Die letzten Ausführungen mögen ein wenig esoterisch erscheinen, sie haben jedoch praktische Gründe. Einer wird gleich beschrieben, auf den anderen wird später in diesem Kapitel noch eingegangen, wenn das Überschreiben von Methoden behandelt wird.

Ein wichtiger Moment, in dem Unterklassenverweise Superklassenvariablen zugewiesen werden, ist der Aufruf der Konstruktoren einer Klassenhierarchie. Üblicherweise definiert eine Klasse einen Konstruktor, der ein Objekt der Klasse als Parameter übernimmt. Auf diese Weise kann die Klasse eine Kopie eines Objekts erzeugen. Unterklassen einer solchen Klasse können diese Möglichkeit nutzen. In der folgenden Version von `TwoDShape` und `Triangle` erhalten beide Klassen Konstruktoren, die ein Objekt als Parameter übernehmen.

```
class TwoDShape {
  private double width;
  private double height;

  // Ein Standardkonstruktor
  TwoDShape() {
    width = height = 0.0;
  }

  // Parametrisierter Konstruktor
  TwoDShape(double w, double h) {
    width = w;
    height = h;
  }

  // Ein Objekt mit gleicher Breite und Höhe konstruieren
  TwoDShape(double x) {
    width = height = x;
  }

  // Ein Objekt aus einem Objekt erzeugen
  TwoDShape(TwoDShape ob) {
    width = ob.width;
    height = ob.height;
  }
```

Ein Objekt wird aus einem Objekt erzeugt.

```java
  // Zugriffsmethoden für width und height
  double getWidth() { return width; }
  double getHeight() { return height; }
  void setWidth(double w) { width = w; }
  void setHeight(double h) { height = h; }

  void showDim() {
    System.out.println("Breite und Höhe betragen " +
                       width + " und " + height);
  }
}

// Eine Unterklasse von TwoDShape für Dreiecke
class Triangle extends TwoDShape {
  private String style;

  // Ein Standardkonstruktor
  Triangle() {
    super();
    style = "null";
  }

  // Konstruktor für Triangle.
  Triangle(String s, double w, double h) {
    super(w, h); // Den Superklassenkonstruktor aufrufen

    style = s;
  }

  // Ein gleichschenkliges Dreieck konstruieren
  Triangle(double x) {
    super(x); // Den Superklassenkonstruktor aufrufen

    style = "gleichschenklig";
  }

  // Ein Objekt aus einem Objekt erzeugen
  Triangle(Triangle ob) {
    super(ob); // Ein Objekt an den TwoDShape-Konstruktor übergeben
    style = ob.style;
  }

  double area() {
    return getWidth() * getHeight() / 2;
  }

  void showStyle() {
    System.out.println("Das Dreieck ist " + style);
```

> Dem TwoDShape-Konstruktor wird ein Verweis auf Triangle übergeben.

```
  }
}

class Shapes7 {
  public static void main(String args[]) {
    Triangle t1 =
        new Triangle("rechtwinklig", 8.0, 12.0);

    // Eine Kopie von t1 erzeugen
    Triangle t2 = new Triangle(t1);

    System.out.println("Informationen über t1: ");
    t1.showStyle();
    t1.showDim();
    System.out.println("Die Fläche beträgt " + t1.area());

    System.out.println();

    System.out.println("Informationen über t2: ");
    t2.showStyle();
    t2.showDim();
    System.out.println("Die Fläche beträgt " + t2.area());
  }
}
```

In diesem Programm wird t2 über t1 erzeugt und ist daher mit t2 identisch. Folgende Ausgabe liefert das Programm:

```
Informationen über t1:
Das Dreieck ist rechtwinklig
Breite und Höhe betragen 8.0 und 12.0
Die Fläche beträgt 48.0

Informationen über t2:
Das Dreieck ist rechtwinklig
Breite und Höhe betragen 8.0 und 12.0
Die Fläche beträgt 48.0
```

Achten Sie besonders auf diesen **Triangle**-Konstruktor:

```
// Ein Objekt aus einem Objekt erzeugen
Triangle(Triangle ob) {
  super(ob); // Ein Objekt an den TwoDShape-Konstruktor übergeben
  style = ob.style;
}
```

Er erhält ein Objekt vom Typ `Triangle` und übergibt dieses Objekt (mit `super`) an diesen `TwoDShape`-Konstruktor:

```
// Ein Objekt aus einem Objekt erzeugen
TwoDShape(TwoDShape ob) {
  width = ob.width;
  height = ob.height;
}
```

Wichtig ist, dass `TwoDShape()` ein `TwoDShape`-Objekt erwartet. `Triangle()` übergibt jedoch ein `Triangle`-Objekt. Das funktioniert, weil ein Superklassenverweis auf ein Unterklassenobjekt verweisen kann. Es ist also durchaus zulässig, `TwoDShape()` einen Verweis auf ein Objekt der von `TwoDShape` abgeleiteten Klasse zu übergeben. Da der `TwoDShape()`-Konstruktor nur die Teile des Unterklassenobjekts initialisiert, die Members von `TwoDShape` sind, kann das Objekt auch andere Members enthalten, die von der abgeleiteten Klasse hinzugefügt wurden.

1-Minuten-Test

- Kann eine Unterklasse als Superklasse für eine andere Unterklasse verwendet werden?
- In welcher Reihenfolge werden die Konstruktoren in einer Klassenhierarchie aufgerufen?
- Angenommen `Jet` erweitert die Klasse `Flugzeug`. Kann ein `Flugzeug` auf ein `Jet`-Objekt verweisen?

Methoden überschreiben

In einer Klassenhierarchie kann eine Methode der Unterklasse eine Methode der Superklasse *überschreiben*, wenn eine Methode der Unterklasse den gleichen Namen und die gleiche Typsignatur wie eine Methode der Superklasse besitzt. Wird eine überschriebene Methode innerhalb einer Unterklasse aufgerufen, dann bezieht sie sich immer auf die Version der Methode, die in der Unterklasse definiert wurde. Die von der Superklasse definierte Version der Methode wird verborgen. Ein Beispiel:

- Ja.
- Konstruktoren werden in der Reihenfolge ihrer Ableitung aufgerufen.
- Ja. Ein Superklassenverweis kann immer auf ein Unterklassenobjekt verweisen, aber nicht umgekehrt.

```java
// Methoden überschreiben
class A {
  int i, j;
  A(int a, int b) {
    i = a;
    j = b;
  }

  // i und j anzeigen
  void show() {
    System.out.println("i und j: " + i + " " + j);
  }
}

class B extends A {
  int k;

  B(int a, int b, int c) {
    super(a, b);
    k = c;
  }

  // k anzeigen - show() in A wird überschrieben
  void show() {
    System.out.println("k: " + k);
  }
}

class Override {
  public static void main(String args[]) {
    B subOb = new B(1, 2, 3);

    subOb.show(); // show() in B wird aufgerufen
  }
}
```

> Die show()-Methode in B überschreibt die in A definierte Methode.

Das Programm erzeugt folgende Ausgabe:

```
k: 3
```

Wird show() für ein Objekt vom Typ B aufgerufen, dann wird die in B definierte Version von show() benutzt. Die Version von show() innerhalb von B überschreibt die in A deklarierte Version.

Wenn Sie auf die Version der Superklasse einer überschriebenen Methode zugreifen möchten, dann können Sie dies mit **super** tun. In der folgenden Version von B wird die **show()**-Version der Superklasse in der Version der Unterklasse aufgerufen. Auf diese Weise können alle Instanzvariablen angezeigt werden.

```
class B extends A {
  int k;

  B(int a, int b, int c) {
    super(a, b);
    k = c;
  }
  void show() {
    super.show(); // show() von A wird aufgerufen
    System.out.println("k: " + k);
  }
}
```

Mit **super** wird die von der Superklasse **A** definierte Version von **show()** aufgerufen.

Wenn Sie diese Version von **show()** in das vorherige Programm einfügen, dann erhalten Sie folgende Ausgabe:

```
i und j: 1 2
k: 3
```

In diesem Fall ruft **super.show()** die Version der Superklasse von **show()** auf.

Methoden werden *nur* dann überschrieben, wenn die Namen und Typsignaturen beider Methoden identisch sind. Ist dies nicht der Fall, werden beide Methoden einfach überladen. In der folgenden Version wurde das vorherige Beispiel modifiziert:

```
/* Methoden mit unterschiedlichen Typsignaturen
   werden überladen und nicht überschrieben. */
class A {
  int i, j;

  A(int a, int b) {
    i = a;
    j = b;
  }

  // i und j anzeigen
  void show() {
```

```
    System.out.println("i und j: " + i + " " + j);
  }
}

// Eine Unterklasse durch Erweiterung der Klasse A erzeugen
class B extends A {
  int k;

  B(int a, int b, int c) {
    super(a, b);
    k = c;
  }

  // show() überladen
  void show(String msg) {
    System.out.println(msg + k);
  }
}

class Overload {
  public static void main(String args[]) {
    B subOb = new B(1, 2, 3);

    subOb.show("Dies ist k: "); // show() in B aufrufen
    subOb.show(); // show() in A aufrufen
  }
}
```

> Da sich die Signaturen unterscheiden, überlädt diese show()-Methode lediglich die show()-Methode der Superklasse A.

Das Programm erzeugt folgende Ausgabe:

```
Dies ist k: 3
i und j: 1 2
```

Die Version von show() aus B übernimmt eine Zeichenfolge als Parameter. Deshalb unterscheidet sich die Signatur von der von A, die keine Parameter übernimmt. Ein Überschreiben (oder Verbergen des Namens) findet nicht statt.

Überschriebene Methoden unterstützen die Polymorphie

Die Beispiele im vorangegangenen Abschnitt zeigen zwar den Mechanismus des Überschreibens von Methoden, sie machen jedoch nicht die eigentliche Stärke dieses Verfahrens deutlich. Wäre das Überschreiben von Methoden nichts weiter als eine Konvention für den Name-Space, dann handelte es sich bestenfalls um eine interessante Kuriosität von geringer Bedeutung. Das ist aber nicht der Fall. Das Überschreiben von Methoden bildet die Grundlage für eines der leistungsfähigsten Konzepte von Java, nämlich für den *dynamischen Methoden-Dispatch*. Mit diesem Mechanismus wird der Aufruf einer überschriebenen Methode während der Laufzeit und nicht beim Kompilieren aufgelöst. Der dynamische Methoden-Dispatch ist wichtig, weil Java auf diese Weise die Laufzeitpolymorphie implementiert.

Fassen wir noch einmal einige wichtige Prinzipien zusammen: Eine Verweisvariable einer Superklasse kann auf ein Unterklassenobjekt verweisen. Java nutzt diese Tatsache, um Aufrufe an überschriebene Methoden während der Laufzeit aufzulösen. Dabei wird eine überschriebene Methode über einen Superklassenverweis aufgerufen. Java ermittelt die auszuführende Version der Methode anhand des Objekttyps, auf den zum Zeitpunkt des Aufrufs verwiesen wird. Diese Ermittlung muss also während der Laufzeit erfolgen. Wird auf andere Objekttypen verwiesen, werden andere Versionen einer überschriebenen Methode aufgerufen. Es ist also *der Objekttyp, auf den verwiesen wird* (nicht der Typ der Verweisvariablen), der festlegt, welche Version einer überschriebenen Methode ausgeführt wird. Enthält eine Superklasse eine von einer Unterklasse überschriebene Methode, dann werden daher beim Verweis mit der Verweisvariablen der Superklasse auf unterschiedliche Objekttypen unterschiedliche Versionen der Methode ausgeführt.

Es folgt ein Beispiel für den dynamischen Methoden-Dispatch:

```java
// Beispiel für den dynamischen Methoden-Dispatch.

class Sup {
  void who() {
    System.out.println("who() in Sup");
  }
}

class Sub1 extends Sup {
  void who() {
    System.out.println("who() in Sub1");
```

```
    }
}

class Sub2 extends Sup {
  void who() {
    System.out.println("who() in Sub2");
  }
}

class DynDispDemo {
  public static void main(String args[]) {
    Sup superOb = new Sup();
    Sub1 subOb1 = new Sub1();
    Sub2 subOb2 = new Sub2();

    Sup supRef;

    supRef = superOb;
    supRef.who();

    supRef = subOb1;
    supRef.who();

    supRef = subOb2;
    supRef.who();
  }
}
```

Die aufzurufende Version von who() wird in jedem Fall während der Laufzeit vom Objekttyp bestimmt, auf den verwiesen wird.

Das Programm liefert folgende Ausgabe:

```
who() in Sup
who() in Sub1
who() in Sub2
```

Dieses Programm erzeugt die Superklasse Sup und leitet von dieser die zwei Unterklassen Sub1 und Sub2 ab. Sup deklariert die Methode who(), die von den Unterklassen überschrieben wird. Innerhalb der main()-Methode werden Objekte vom Typ Sup, Sub1 und Sub2 deklariert. Ferner wird ein Verweis vom Typ Sup mit der Bezeichnung supRef deklariert. Das Programm weist anschließend jedem Objekttyp einen Verweis auf supRef zu und benutzt diesen Verweis für den Aufruf von who(). Die Ausgabe zeigt, dass die auszuführende Version von who() vom Objekttyp festgelegt wird, auf den zum Zeitpunkt des Aufrufs verwiesen wird, und nicht vom Klassentyp von supRef.

Warum Methoden überschrieben werden

Wie bereits erwähnt wurde, unterstützt Java mit den überschriebenen Methoden die Polymorphie während der Laufzeit. Die Polymorphie ist für die objektorientierte Programmierung von essenzieller Bedeutung, weil sie ermöglicht, dass eine allgemeine Klasse Methoden für alle abgeleiteten Klassen deklariert, während die Unterklassen spezifische Implementierungen einiger oder aller dieser Methoden definieren können. Überschriebene Methoden sind eine weitere Möglichkeit, wie Java das Prinzip »eine Schnittstelle, mehrere Methoden« der Polymorphie realisiert.

Frage an den Experten

Frage: Das Überschreiben von Methoden in Java erinnert an die virtuellen Funktionen von C++. Gibt es eine Gemeinsamkeit?
Antwort: Ja. Die Leser, die C++ kennen, werden erkennen, dass das Überschreiben von Methoden in Java dem gleichen Zweck dient und ähnliche Operationen ermöglicht, wie die virtuellen Funktionen in C++.

Ein Schlüssel für die erfolgreiche Nutzung der Polymorphie ist das Wissen über die Superklassen und Unterklassen einer Hierarchie, deren Spezifik von oben nach unten zunimmt. Richtig eingesetzt stellt eine Superklasse alle Elemente zur Verfügung, die eine Unterklasse direkt benutzen kann. Außerdem definiert sie die Methoden, die die abgeleitete Klasse selbst implementieren muss. Das verleiht der Unterklasse die entsprechende Flexibilität für die Definition eigener Methoden und sorgt für eine konsistente Schnittstelle. Durch die Kombination von Vererbung und überschriebenen Methoden kann eine Superklasse die allgemeine Form der Methoden definieren, die von allen Unterklassen verwendet werden.

Methoden in TwoDShape überschreiben

Um die Vorteile des Überschreibens von Methoden zu veranschaulichen, wenden wir es für die TwoDShape-Klasse an. In den vorangegangenen Beispielen definiert jede von TwoDShape abgeleitete Klasse die Methode area(). Das legt den Schluss nahe, dass area() Bestandteil der TwoDShape-Klasse sein sollte. Jede Unterklasse kann diese Methode überschreiben und selbst festlegen, wie die Fläche der Formen berechnet werden soll, die die Klasse einkapselt. Das geschieht im folgenden Programm. Aus Gründen der Bequemlichkeit wird TwoDShape auch das Feld name hinzugefügt. (Dadurch sind Beispielprogramme einfacher zu schreiben.)

```java
// Den dynamischen Methoden-Dispatch verwenden
class TwoDShape {
  private double width;
  private double height;
  private String name;

  // Ein Standardkonstruktor
  TwoDShape() {
    width = height = 0.0;
    name = "null";
  }

  // Parametrisierter Konstruktor
  TwoDShape(double w, double h, String n) {
    width = w;
    height = h;
    name = n;
  }

  // Ein Objekt mit gleicher Breite und Höhe konstruieren
  TwoDShape(double x, String n) {
    width = height = x;
    name = n;
  }

  // Ein Objekt aus einem Objekt erzeugen
  TwoDShape(TwoDShape ob) {
    width = ob.width;
    height = ob.height;
    name = ob.name;
  }

  // Zugriffsmethoden für width und height
  double getWidth() { return width; }
  double getHeight() { return height; }
  void setWidth(double w) { width = w; }
  void setHeight(double h) { height = h; }

  String getName() { return name; }

  void showDim() {
    System.out.println("Breite und Höhe betragen " +
                       width + " und " + height);
  }

  double area() {
    System.out.println("area() muss überschrieben werden.");
    return 0.0;
  }
```

Die von TwoDShape definierte area()-Methode.

```java
}

// Eine Unterklasse von TwoDShape für Dreiecke
class Triangle extends TwoDShape {
  private String style;

  // Ein Standardkonstruktor
  Triangle() {
    super();
    style = "null";
  }

  // Konstruktor für Triangle
  Triangle(String s, double w, double h) {
    super(w, h, "ein Dreieck");

    style = s;
  }

  // Ein gleichschenkliges Dreieck konstruieren
  Triangle(double x) {
    super(x, "ein Dreieck"); // Den Superklassenkonstruktor aufrufen

    style = "gleichschenklig";
  }

  // Ein Objekt aus einem Objekt erzeugen
  Triangle(Triangle ob) {
    super(ob); // Ein Objekt an den TwoDShape-Konstruktor übergeben
    style = ob.style;
  }

  // area() für Triangle überschreiben
  double area() {           ◀────────
    return getWidth() * getHeight() / 2;
  }

  void showStyle() {
    System.out.println("Das Dreieck ist " + style);
  }
}

// Eine Unterklasse von TwoDShape für Rechtecke
class Rectangle extends TwoDShape {
  // Ein Standardkonstruktor
  Rectangle() {
    super();
  }
```

> area() für Triangle überschreiben.

```java
  // Konstruktor für Rectangle.
  Rectangle(double w, double h) {
    super(w, h, "ein Rechteck"); // Den Superklassenkonstruktor
aufrufen
  }

  // Ein Quadrat einrichten
  Rectangle(double x) {
    super(x, "ein Quadrat"); // Den Superklassenkonstruktor aufru-
fen
  }

  // Ein Objekt aus einem Objekt erzeugen
  Rectangle(Rectangle ob) {
    super(ob); // Ein Objekt an den TwoDShape-Konstruktor übergeben
  }

  boolean isSquare() {
    if(getWidth() == getHeight()) return true;
    return false;
  }

  // area() für Rectangle überschreiben
  double area() {                          ◄──── area() für Rectangle
    return getWidth() * getHeight();            überschreiben.
  }
}

class DynShapes {
  public static void main(String args[]) {
    TwoDShape shapes[] = new TwoDShape[5];

    shapes[0] = new Triangle("rechtwinklig", 8.0, 12.0);
    shapes[1] = new Rectangle(10);
    shapes[2] = new Rectangle(10, 4);
    shapes[3] = new Triangle(7.0);
    shapes[4] = new TwoDShape(10, 20, "eine Gattung");

    for(int i=0; i < shapes.length; i++) {
      System.out.println("Das Objekt ist " + shapes[i].getName());
      System.out.println("Die Fläche beträgt " + shapes[i].area()); ◄──

      System.out.println();
    }                                        Für jede Form wird die
  }                                          richtige Version von
}                                            area() aufgerufen.
```

Das Programm liefert folgende Ausgabe:

```
Das Objekt ist ein Dreieck
Die Fläche beträgt 48.0

Das Objekt ist ein Quadrat
Die Fläche beträgt 100.0

Das Objekt ist ein Rechteck
Die Fläche beträgt 40.0

Das Objekt ist ein Dreieck
Die Fläche beträgt 24.5

Das Objekt ist eine Gattung
area() muss überschrieben werden.
Die Fläche beträgt 0.0
```

Untersuchen wir dieses Programm etwas genauer. Wie bereits erklärt wurde, ist area() jetzt Bestandteil der Klasse TwoDShape und wird von Triangle und Rectangle überschrieben. Innerhalb von TwoDShape übernimmt area() nun die Funktion eines Platzhalters, der den Benutzer lediglich darüber informiert, dass die Methode von einer Unterklasse überschrieben werden muss. Jedes Überschreiben von area() stellt eine passende Implementierung für den von der Unterklasse eingekapselten Objekttyp bereit. Würden Sie beispielsweise eine Klasse für eine Ellipse implementieren, dann müsste area() die Fläche einer Ellipse berechnen.

Das Programm besitzt eine weitere interessante Eigenschaft. In main() wird shapes als ein Array von TwoDShape-Objekten deklariert. Die Elemente dieses Array werden Triangle, Rectangle und TwoDShape jedoch als Verweise zugewiesen. Das ist möglich, weil sich ein Superklassenverweis auf ein Unterklassenobjekt beziehen kann. Anschließend durchläuft das Programm das Array und zeigt Informationen zu jedem Objekt an. Diese einfache Beispiel verdeutlicht die Möglichkeiten der Vererbung und des Überschreibens von Methoden sehr gut. Der Objekttyp, auf den die Verweisvariable einer Superklasse verweist, wird während der Laufzeit festgestellt und entsprechend behandelt. Wenn ein Objekt von TwoDShape abgeleitet wird, dann kann dessen Fläche mit area() errechnet werden. Die Schnittstelle für diese Operation bleibt die gleiche, egal, um welche Form es sich handelt.

1-Minuten-Test
- Wann werden Methoden überschrieben?
- Warum ist das Überschreiben von Methoden so wichtig?
- Welche Version einer Methode wird ausgeführt, wenn eine überschriebene Methode über einen Superklassenverweis aufgerufen wird?

Abstrakte Klassen verwenden

Manchmal benötigt man eine Superklasse, die nur eine allgemeine Form definiert, die von allen Unterklassen gemeinsam genutzt wird. Die Einzelheiten werden von den Unterklassen selbst hinzugefügt. Eine solche Klasse bestimmt die Art der Methoden, die die Unterklassen implementieren müssen, stellt selbst jedoch keine Implementierung einer oder mehrerer dieser Methoden bereit. Solche Situationen ergeben sich, wenn eine Superklasse nicht in der Lage ist, sinnvolle Implementierungen einer Methode zu realisieren. Das trifft für die Version von **TwoDShape** im letzten Beispiel zu. Die Definition von **area()** dient einfach nur als Platzhalter. Sie berechnet und zeigt die Fläche eines Objekttyps nicht an.

Beim Einrichten eigener Klassenbibliotheken werden Sie feststellen, dass es nichts Ungewöhnliches ist, wenn eine Methode keine sinnvolle Definition für den Kontext der Superklasse enthält. Darauf können Sie auf zwei Arten reagieren. Einmal können Sie wie im letzten Beispiel einfach eine Warnung ausgeben. In bestimmten Situationen (beispielsweise bei der Fehlersuche) kann diese Vorgehensweise sinnvoll sein, normalerweise ist das jedoch nicht der Fall. Möglicherweise benötigen Sie Methoden, die von der Unterklasse überschrieben werden müssen, damit die Unterklasse überhaupt einen Sinn hat. Betrachten Sie die Klasse **Triangle**. Sie hat keinen Sinn, wenn **area()** nicht definiert ist. In diesem Fall müssen Sie sicherstellen, dass eine Unterklasse tatsächlich alle erforderlichen Methoden überschreibt. Java löst dieses Problem mit der *abstrakten Methode*.

Eine abstrakte Methode wird mit dem Typ **abstract** deklariert. Sie enthält keinen Rumpf und wird daher nicht von der Superklasse implementiert. Deshalb muss eine Unterklasse sie überschreiben und kann nicht einfach die in der Superklasse definierte Version verwenden. Eine abstrakte Methode wird mit der folgenden allgemeinen Form deklariert:

- Zum Überschreiben von Methoden kommt es, wenn eine Unterklasse eine Methode definiert, die die gleiche Signatur besitzt, wie eine Methode der Superklasse.
- Mit Hilfe der überschriebenen Methoden unterstützt Java die Polymorphie während der Laufzeit.
- Welche Version einer überschriebenen Methode ausgeführt wird, bestimmt der Objekttyp, auf den zum Zeitpunkt des Aufrufs verwiesen wird. Die Entscheidung fällt daher während der Laufzeit.

```
abstract Typ Name(Parameterliste);
```

Wie zu erkennen ist, enthält die Methode keinen Rumpf. Der Typ **abstract** kann nur für normale Methoden und nicht für statische Methoden oder Konstruktoren verwendet werden.

Eine Klasse mit einer oder mehreren abstrakten Methoden muss durch Voranstellung von **abstract** in der Klassendeklaration ebenfalls als abstrakt deklariert werden. Da eine abstrakte Klasse keine vollständige Implementierung definiert, kann es keine Objekte einer abstrakten Klasse geben. Der Versuch, ein Objekt einer abstrakten Klasse mit **new** zu erzeugen, führt daher zu einem Compilerfehler.

Wenn eine Unterklasse eine abstrakte Klasse erbt, muss sie alle abstrakten Methoden der Superklasse implementieren. Geschieht dies nicht, muss die Unterklasse gleichfalls als **abstract** deklariert werden. Das Attribut **abstract** wird so lange weiter vererbt, bis es zu einer vollständigen Implementierung kommt.

Die Klasse **TwoDShape** kann mit einer abstrakten Klasse verbessert werden. Da es kein sinnvolles Konzept für eine nicht definierte zweidimensionale Form gibt, deklariert die folgende Version des vorangegangenen Programms **area()** innerhalb von **TwoDShape** als **abstract** und **TwoDShape** selbst auch als **abstract**. Das bedeutet natürlich, dass alle von **TwoDShape** abgeleiteten Klassen **area()** überschreiben müssen.

```
// Eine abstrakte Klasse erzeugen
abstract class TwoDShape {          ◄──── TwoDShape ist jetzt abstrakt.
  private double width;
  private double height;
  private String name;

  // Ein Standardkonstruktor
  TwoDShape() {
    width = height = 0.0;
    name = "null";
  }

  // Parametrisierter Konstruktor
  TwoDShape(double w, double h, String n) {
    width = w;
    height = h;
    name = n;
  }

  // Ein Objekt mit gleicher Breite und Höhe konstruieren
  TwoDShape(double x, String n) {
    width = height = x;
```

```
    name = n;
  }

  // Ein Objekt aus einem Objekt erzeugen
  TwoDShape(TwoDShape ob) {
    width = ob.width;
    height = ob.height;
    name = ob.name;
  }

  // Zugriffsmethoden für width und height
  double getWidth() { return width; }
  double getHeight() { return height; }
  void setWidth(double w) { width = w; }
  void setHeight(double h) { height = h; }

  String getName() { return name; }

  void showDim() {
    System.out.println("Breite und Höhe betragen " +
                       width + " und " + height);
  }

  // area() ist jetzt abstrakt.
  abstract double area();    ◄──────   area() wird zur
}                                      abstrakten Methode.

// Eine Unterklasse von TwoDShape für Dreiecke
class Triangle extends TwoDShape {
  private String style;

  // Ein Standardkonstruktor
  Triangle() {
    super();
    style = "null";
  }

  // Konstruktor für Triangle.
  Triangle(String s, double w, double h) {
    super(w, h, "ein Dreieck");

    style = s;
  }

  // Ein gleichschenkliges Dreieck konstruieren
  Triangle(double x) {
    super(x, "ein Dreieck"); // Den Superklassenkonstruktor aufru-
fen
```

```java
      style = "gleichschenklig";
  }

  // Ein Objekt aus einem Objekt erzeugen
  Triangle(Triangle ob) {
    super(ob); // Ein Objekt an den TwoDShape-Konstruktor übergeben
    style = ob.style;
  }

  double area() {
    return getWidth() * getHeight() / 2;
  }

  void showStyle() {
    System.out.println("Das Dreieck ist " + style);
  }
}

// Eine Unterklasse von TwoDShape für Rechtecke
class Rectangle extends TwoDShape {
  // Ein Standardkonstruktor
  Rectangle() {
    super();
  }

  // Konstruktor für Rectangle.
  Rectangle(double w, double h) {
    super(w, h, "ein Rechteck"); // Den Superklassenkonstruktor
aufrufen
  }

  // Ein Quadrat einrichten
  Rectangle(double x) {
    super(x, "ein Quadrat"); // Den Superklassenkonstruktor aufrufen
  }

  // Ein Objekt aus einem Objekt erzeugen
  Rectangle(Rectangle ob) {
    super(ob); // Ein Objekt an den TwoDShape-Konstruktor übergeben
  }

  boolean isSquare() {
    if(getWidth() == getHeight()) return true;
    return false;
  }

  double area() {
    return getWidth() * getHeight();
```

```
  }
}

class AbsShape {
  public static void main(String args[]) {
    TwoDShape shapes[] = new TwoDShape[4];

    shapes[0] = new Triangle("rechtwinklig", 8.0, 12.0);
    shapes[1] = new Rectangle(10);
    shapes[2] = new Rectangle(10, 4);
    shapes[3] = new Triangle(7.0);

    for(int i=0; i < shapes.length; i++) {
      System.out.println("object is " + shapes[i].getName());
      System.out.println("Die Fläche beträgt " + shapes[i].area());

      System.out.println();
    }
  }
}
```

Das Programm zeigt, dass alle Unterklassen von **TwoDShape** die Methode **area()** überschreiben *müssen*. Wenn Sie das selbst überprüfen möchten, dann versuchen Sie, eine Unterklasse zu erstellen, die **area()** nicht überschreibt. Das Ergebnis wird ein Compilerfehler sein. Sie können aber nach wie vor einen Objektverweis vom Typ **TwoDShape** verwenden, was in diesem Programm auch geschieht. Es dürfen jedoch keine Objekte vom Typ **TwoDShape** mehr deklariert werden. Deshalb wurde in der **main()**-Methode das **shapes**-Array um 4 verkleinert. Außerdem wird ein Gattungsobjekt **TwoDShape** nicht mehr benötigt.

Ein letzter Punkt: Beachten Sie, dass **TwoDShape** immer noch die Methoden **showDim()** und **getName()** enthält, die nicht das Attribut **abstract** erhalten. Es ist durchaus zulässig und allgemein üblich, dass eine abstrakte Klasse konkrete Methoden enthält, die eine Unterklasse nach Belieben nutzen kann. Nur die als **abstract** deklarierten Methoden müssen von den Unterklassen überschrieben werden.

1-Minuten-Test

- Was ist eine abstrakte Methode? Wie wird sie erzeugt?
- Was ist eine abstrakte Klasse?
- Können Sie eine Objektinstanz einer abstrakten Klasse erzeugen?

- Eine abstrakte Methode ist eine Methode ohne Rumpf. Sie besteht aus einem Rückgabetyp, einem Namen und einer Parameterliste. Bei der Deklaration wird das Schlüsselwort **abstract** vorangestellt.
- Eine abstrakte Klasse enthält mindestens eine abstrakte Methode.
- Nein.

final einsetzen

So leistungsfähig und nützlich das Überschreiben von Methoden und die Vererbung auch sein mögen, manchmal müssen diese Vorgänge dennoch verhindert werden. Eine einkapselte Klasse kann beispielsweise ein Gerät steuern. Sie kann dem Benutzer ferner die Möglichkeit bieten, das Gerät mit nicht öffentlichen Informationen zu initialisieren. In diesem Fall dürfen die Benutzer der Klasse nicht in der Lage sein, die Initialisierungsmethode zu überschreiben. In Java kann das Überschreiben einer Methode oder das Vererben einer Klasse ganz einfach mit dem Schlüsselwort final verhindert werden.

final verhindert das Überschreiben

Das Überschreiben einer Methode wird durch Angabe des Schlüsselworts final zu Beginn der Deklaration verhindert. Als final deklarierte Methoden werden nicht überschrieben. Das folgende Fragment zeigt die Verwendung von final:

```
class A {
  final void meth() {
    System.out.println("Dies ist eine final-Methode.");
  }
}

class B extends A {
  void meth() { // FEHLER! Überschreiben nicht möglich
    System.out.println("Unzulässig!");
  }
}
```

Da meth() als final deklariert wurde, kann die Methode in B nicht überschrieben werden. Der Versuch würde zu einem Compilerfehler führen.

final verhindert die Vererbung

Das Vererben einer Klasse verhindern Sie, wenn Sie der Deklaration das Schlüsselwort final voranstellen. Mit der Deklaration einer Klasse als final werden implizit auch alle ihre Methoden als final deklariert. Wie Sie sicher erwartet haben, ist es nicht zulässig, eine Klasse gleichzeitig als abstract und als final zu deklarieren, da eine abstrakte Klasse in sich unvollständig ist und für vollständige Implementierungen auf Unterklassen angewiesen ist.

Das folgende Beispiel zeigt eine final-Klasse:

```
final class A {
  // ...
}
// Die folgende Klasse ist nicht zulässig
class B extends A {
  void meth() { // FEHLER! Keine Unterklasse möglich
// ...
}
```

Wie der Kommentar angibt, kann Klasse B nicht von Klasse A erben, da A als final deklariert wurde.

final in Verbindung mit Instanzvariablen

Neben den gerade vorgestellten Verwendungsmöglichkeiten für final kann das Schlüsselwort auch bei der Variablendeklaration angeben werden, was dazu führt, dass benannte Konstanten erzeugt werden. Stellen Sie dem Namen einer Klassenvariablen das Schlüsselwort final voran, dann kann ihr Wert während der Ausführung des Programms nicht verändert werden. Der Variablen kann aber selbstverständlich ein Anfangswert zugewiesen werden. In Kapitel 6 wurde beispielsweise eine einfache Klasse für die Fehlerbehandlung mit der Bezeichnung ErrorMsg vorgestellt. Diese Klasse wies einem Fehlercode eine erklärende Meldung zu. Im Folgenden wird die ursprüngliche Klasse durch Hinzufügen von final-Konstanten verbessert, die für die einzelnen Fehler stehen. Anstatt getErrorMsg() eine Zahl wie etwa 2 übergeben zu müssen, können Sie jetzt die benannte int-Konstante DISKERR übergeben.

```
// String-Objekt zurückgeben
class ErrorMsg {
  // Fehlercodes
  final int OUTERR   = 0;
  final int INERR    = 1;
  final int DISKERR  = 2;         ← Eine final-Konstante deklarieren
  final int INDEXERR = 3;

  String msgs[] = {
    "Ausgabefehler",
    "Eingabefehler",
    "Festplatte voll",
    "Index außerhalb der Grenzen"
  };

  // Eine Fehlermeldung zurückgeben
```

```
  String getErrorMsg(int i) {
    if(i >=0 & i < msgs.length)
      return msgs[i];
    else
      return "Ungültiger Fehlercode";
  }
}

class FinalD {
  public static void main(String args[]) {
    ErrorMsg err = new ErrorMsg();

    System.out.println(err.getErrorMsg(err.OUTERR));
    System.out.println(err.getErrorMsg(err.DISKERR));
  }
}
```

Beachten Sie, wie die final-Konstanten in main() verwendet werden. Da es sich um Instanzvariablen der Klasse ErrorMsg handelt, muss über ein Objekt dieser Klasse auf sie zugegriffen werden. Sie können auch von Unterklassen geerbt werden und innerhalb dieser Unterklassen kann direkt auf sie zugegriffen werden.

Aus stilistischen Gründen verwenden viele Java-Programmierer wie in diesem Beispiel Großbuchstaben für die Bezeichner der final-Konstanten. Vorgeschrieben ist dies jedoch nicht.

Frage an den Experten

Frage: Können final-Variablen vom Typ static sein?
Antwort: Ja. Auf diese Weise kann über den Klassenname anstatt über ein Objekt auf die Konstante verwiesen werden. Würden die Konstanten in ErrorMsg beispielsweise als static deklariert, dann könnten die println()-Anweisungen in main() wie folgt aussehen:

```
System.out.println(err.getErrorMsg(ErrorMsg.OUTERR));
System.out.println(err.getErrorMsg(ErrorMsg.DISKERR));
```

1-Minuten-Test
- Wie verhindern Sie das Überschreiben einer Methode?
- Kann eine als final deklarierte Klasse vererbt werden?

- Indem in der Dekaration das Schlüsselwort final vorangestellt wird.
- Nein.

Die Object-Klasse

Java definiert eine spezielle Klasse mit der Bezeichnung `Object`, bei der es sich um eine implizite Superklasse aller anderen Klassen handelt. Alle anderen Klassen sind somit Unterklassen von `Object`. Das bedeutet, dass eine Verweisvariable vom Typ `Object` auf ein Objekt einer beliebigen anderen Klasse verweisen kann. Da Arrays als Klassen implementiert werden, kann eine Variable vom Typ `Object` auch auf ein Array verweisen.

`Object` definiert die folgenden Methoden, die jedem Objekt zur Verfügung stehen.

Methode	Zweck
Object clone()	Erzeugt ein neues Objekt, das mit dem geklonten Objekt identisch ist.
boolean equals(Object *Objekt*)	Überprüft, ob ein Objekt einem anderen gleicht.
void finalize()	Wird vor der Rückgabe eines nicht mehr genutzten Objekts aufgerufen.
Class getClass()	Ermittelt während der Laufzeit die Klasse eines Objekts.
int hashCode()	Gibt den Hash-Code des aufrufenden Objekts zurück.
void notify()	Beendet die Ausführung eines auf das aufrufende Objekt wartenden Thread.
void notifyAll()	Beendet die Ausführung aller auf das aufrufende Objekt wartenden Threads.
String toString()	Gibt eine das Objekt beschreibende Zeichenfolge zurück.
void wait() void wait(long *Millisekunden*) void wait(long *Millisekunden*, int *Nanosekunden*)	Wartet auf die Ausführung eines anderen Thread.

Die Methoden `getClass()`, `notify()`, `notifyAll()` und `wait()` sind als `final` deklariert. Die übrigen können überschrieben werden. Einige dieser Methoden werden an anderer Stelle in diesem Buch noch beschrieben. Beachten Sie aber jetzt bereits die beiden Methoden `equals()` und `toString()`. Die `equals()`-Methode vergleicht den Inhalt zweier Objekte. Sie gibt den Wert `true` zurück, wenn die Objekte gleich sind, andernfalls wird `false` zurückgegeben. Die `toString()`-Methode gibt eine Zeichenfolge mit einer Beschreibung des Objekts zurück, für welches es aufgerufen wurde. Diese Methode wird automatisch aufgerufen, wenn ein Objekt `println()` für die Ausgabe verwendet. Viele Klassen überschreiben diese Methode. Auf diese Weise kann eine genaue Beschreibung speziell für die erstellten Objekttypen angegeben werden.

☑ Übungsaufgaben

1. Hat eine Superklasse Zugriff auf die Elemente ihrer Unterklasse? Hat die Unterklasse Zugriff auf die Members der Superklasse?
2. Erstellen Sie eine Unterklasse von TwoDShape mit der Bezeichnung `Circle`. Erstellen Sie außerdem eine `area()`-Methode, die die Kreisfläche berechnet sowie einen Konstruktor, der mit `super` den Anteil von TwoDShape initialisiert.
3. Wie verhindern Sie, dass eine Unterklasse Zugriff auf ein Element einer Superklasse hat?
4. Beschreiben Sie die Aufgabe beider Versionen von `super`.
5. Gegeben ist folgende Hierarchie:

   ```
   class Alpha { ...

   class Beta extends Alpha { ...

   Class Gamma extends Beta { ...
   ```

   In welcher Reihenfolge werden die Konstruktoren dieser Klassen aufgerufen, wenn eine Instanz eines Gamma-Objekts erzeugt wird?
6. Ein Superklassenverweis kann auf ein Objekt einer Unterklasse verweisen. Erklären Sie, warum dies für das Überschreiben von Klassen wichtig ist.
7. Was ist eine abstrakte Klasse?
8. Wie verhindern Sie das Überschreiben einer Methode? Wie verhindern Sie, dass eine Klasse vererbt wird?
9. Erklären Sie, wie die Vererbung, das Überschreiben von Methoden und die abstrakten Klassen die Polymorphie unterstützen.
10. Welche Klasse ist eine Superklasse für alle anderen Klassen?

Kapitel 8

Pakete und Schnittstellen

Lernziele

- Pakete verwenden
- Pakete und der Zugriff auf Klassen
- Pakete importieren
- Java-Standardpakete
- Schnittstellen verwenden
- Schnittstellenverweise
- Schnittstellenvariablen
- Schnittstellen erweitern

Gegenstand dieses Kapitels sind zwei der innovativsten Eigenschaften von Java: Pakete und Schnittstellen. *Pakete* sind Gruppen aufeinander bezogener Klassen. Mit Paketen können Sie Ihren Code gliedern und eine andere Schicht der Einkapselung anlegen. Eine *Schnittstelle* definiert eine Reihe von Methoden, die von einer Klasse implementiert werden. Eine Schnittstelle selbst implementiert keine Methoden. Sie ist ein rein logisches Konstrukt. Pakete und Schnittstellen bieten Ihnen bessere Kontrollmöglichkeiten für die Gliederung Ihrer Programme.

Pakete

Bei der Programmierung ist es oft hilfreich, wenn verwandte Programmteile zusammengefasst werden. In Java geschieht dies mit einem Paket. Ein Paket dient zwei Zwecken. Zum einen stellt es einen Mechanismus zur Verfügung, mit dem verwandte Programmteile als Einheiten zusammengefasst werden können. Auf in einem Paket definierte Klassen muss über den Paketnamen zugegriffen werden. Ein Paket bietet somit die Möglichkeit, eine Sammlung von Klassen zu benennen. Zum anderen unterliegt ein Paket dem Zugriffskontrollemechanismus von Java. In einem Paket definierte Klassen, die als privat deklariert werden, sind dem Code außerhalb des Pakets nicht zugänglich. Auf diese Weise kann ein Paket Klassen einkapseln. Untersuchen wir jede dieser Eigenschaften etwas genauer.

In Allgemeinen wird beim Benennen einer Klasse ein Name für einen *Name-Space* zugewiesen. Ein Name-Space definiert einen deklarativen Bereich. In Java können zwei Klassen im gleichen Name-Space nicht denselben Namen tragen. Innerhalb eines Name-Space muss jeder Klassenname deshalb eindeutig sein. In den Beispielen des letzten Kapitels wurde immer der standardmäßige oder der globale Name-Space verwendet. Für einfache kleine Beispielprogramme funktioniert das wunderbar, mit zunehmender Größe der Programme wird der standardmäßige Name-Space jedoch zu eng. Bei großen Programmen kann es schwierig werden, eindeutige Namen für jede Klasse zu finden. Außerdem müssen Sie eine Namenskollision mit dem von anderen Programmierern geschriebenen Code vermeiden, die am gleichen Projekt arbeiten und die die Java-Bibliotheken verwenden. Die Lösung dieses Problems sind Pakete, weil so der Name-Space aufgeteilt werden kann. Wenn eine Klasse in einem Paket definiert wird, wird der Name diese Pakets an jede Klasse angehängt und so Namenskollisionen mit anderen Klassen vermieden, die die gleiche Bezeichnung tragen, sich aber in anderen Paketen befinden.

Da ein Paket normalerweise verwandte Klassen enthält, definiert Java besondere Zugriffsrechte für den Code in einem Paket. In einem Paket können Sie Code definieren, auf den anderer Code des gleichen Pakets aber nicht der Code außerhalb des Pakets zugreifen kann. So können in sich geschlossene Gruppen verwandter Klassen gebildet werden, deren Operationen privat bleiben.

Ein Paket definieren

Alle Java-Klassen gehören zu irgendeinem Paket. Wie bereits erwähnt wurde, wird das Standardpaket (oder das globale Paket) verwendet, wenn keine **package**-Anweisung angegeben wird. Dieses Standardpaket besitzt darüber hinaus keinen Namen, so dass Standardpakete unsichtbar bleibt. Aus diesem Grund mussten wir uns bisher nicht um Pakete kümmern. Das Standardpaket eignet sich für einfache Beispielprogramme, für tatsächliche Anwendungen ist es jedoch unzureichend. In den meisten Fällen müssen Sie ein oder mehrere Pakete für Ihren Code einrichten.

Um ein Paket einzurichten, wird eine **package**-Anweisung an den Anfang der Java-Quellcodedatei gesetzt. Die innerhalb dieser Datei deklarierten Klassen gehören zum angegebenen Paket. Da ein Paket einen Name-Space definiert, werden die Namen der Klassen dieser Datei Bestandteil des Name-Space des Pakets.

Die allgemeine Form der **package**-Anweisung lautet:

`package pkg;`

pkg gibt den Paketnamen an. Die folgende Anweisung erzeugt beispielsweise ein Paket mit der Bezeichnung `Project1`.

`Package Project1;`

Java verwaltet Pakete mit Hilfe des Dateisystems, in dem jedes Paket in einem eigenen Verzeichnis gespeichert wird. Die `.class`-Dateien aller Klassen, die als Bestandteil von `Project1` deklariert werden, müssen sich im Verzeichnis `Project1` befinden.

Wie in Java üblich wird auch bei den Paketnamen Groß- und Kleinschreibung unterschieden. Das bedeutet, dass das Verzeichnis, in dem sich ein Paket befindet, genau die gleiche Bezeichnung tragen muss wie das Paket. Wenn Sie Probleme mit den Beispielen dieses Kapitels haben, dann überprüfen Sie die Bezeichnungen der Pakete und Verzeichnisse noch einmal genau.

Mit einer **package**-Anweisung können mehrere Dateien angegeben werden. Die **package**-Anweisung gibt einfach an, zu welchem Paket die in einer Datei definierten Klassen gehören. Sie schließt nicht aus, dass andere Klassen aus anderen Dateien Bestandteil des gleichen Pakets sein können. In der Praxis sind die meisten Pakete über viele Dateien verteilt.

Sie können eine Pakethierarchie einrichten. Hierfür trennen Sie die Paketnamen einfach durch einen Punkt voneinander. Die allgemeine Form einer mehrschichtigen Paketanweisung lautet:

```
package pack1.pack2.pack3...packN;
```

Sie müssen selbstverständlich Verzeichnisse anlegen, die der Pakethierarchie entsprechen. Bei der Anweisung

```
package X.Y.Z;
```

müssen die Pakete in den Verzeichnissen .../X/Y/Z gespeichert werden, wobei ... den Verzeichnispfad angibt.

CLASSPATH und das Auffinden von Paketen

Wie gerade erklärt wurde, befinden sich Pakete in entsprechenden Verzeichnissen. Das wirft eine interessante Frage auf: Wie erfährt das Java-Laufzeitsystem, wo es nach den von Ihnen eingerichteten Paketen suchen soll? Auf diese Frage gibt es zwei Antworten. Zuerst verwendet das Java-Laufzeitsystem standardmäßig das aktuelle Verzeichnis als Ausgangspunkt. Befinden sich die class-Dateien im aktuellen Verzeichnis oder in einem Unterverzeichnis des aktuellen Verzeichnisses, dann werden sie gefunden. Zum anderen können Sie mit der Umgebungsvariablen CLASSPATH einen oder mehrere Pfade angeben.

Betrachten Sie zum Beispiel die folgende Paketanweisung:

```
package MeinPaket;
```

Damit ein Programm MeinPaket findet, muss eine von zwei Bedingungen erfüllt sein. Entweder wird das Programm im Verzeichnis unmittelbar über MeinPaket ausgeführt oder der Pfad zu MeinPaket wird mit CLASSPATH angegeben. Die erste Alternative ist die einfachste Lösung (und erfordert keine Änderung der Variablen CLASSPATH), bei der zweiten Variante findet das Programm MeinPaket aber ganz unabhängig davon, in welchem Verzeichnis sich das Programm befindet. Letztlich bleibt die Entscheidung jedoch Ihnen überlassen.

Die einfachste Möglichkeit, die Beispiele aus diesem Buch auszuprobieren, besteht darin, ein Paketverzeichnis unterhalb Ihres Arbeitsverzeichnisses anzulegen, dort die .class-Dateien abzulegen und dann die Programme im Arbeitsverzeichnis auszuführen. Diese Vorgehensweise wird in den Beispielen vorausgesetzt.

Um Verwirrung zu vermeiden ist es am günstigsten, alle `.java` und `.class`-Dateien eines Pakets in eigenen Paketverzeichnissen unterzubringen.

Hinweis

Die Wirkung und das Setzen der Variablen **CLASSPATH** wurde mit jeder Überarbeitung von Java verändert. Die aktuellsten Angaben hierzu finden Sie auf der Web-Site der Firma Sun unter der Adresse `java.sun.com`.

Ein kurzes Package-Beispiel

Probieren Sie vor dem Hintergrund der vorangegangenen Erläuterungen das folgende kurze Paketbeispiel aus. Es richtet eine einfache Bücherdatenbank ein, die sich im Paket **BookPack** befindet.

```java
// Ein kurzes Beispiel für ein Paket
package BookPack;                          // Diese Datei ist Bestandteil
                                           // des Pakets BookPack.

class Book {                               // Book ist daher Bestandteil
  private String title;                    // von BookPack.
  private String author;
  private int pubDate;

  Book(String t, String a, int d) {
    title = t;
    author = a;
    pubDate = d;
  }

  void show() {
    System.out.println(title);
    System.out.println(author);
    System.out.println(pubDate);
    System.out.println();
  }
}

class BookDemo {                           // BookDemo ist auch Bestandteil
  public static void main(String args[]) { // von BookPack.
    Book books[] = new Book[5];

    books[0] = new Book("Java 2 Ent-Packt",
                        "Schildt", 2001);
```

```
        books[1] = new Book("Java 2 Ge-Packt",
                            "Schildt", 2000);
        books[2] = new Book("HTML Ge-Packt",
                            "Dirk Chung, Robert Agular", 1998);
        books[3] = new Book("Red Storm Rising",
                            "Clancy", 1986);
        books[4] = new Book("On the Road",
                            "Kerouac", 1955);

        for(int i=0; i < books.length; i++) books[i].show();
    }
}
```

Nennen Sie diese Datei **BookDemo.java** und legen Sie sie in einem Verzeichnis mit der Bezeichnung **BookPack** ab.

Kompilieren Sie die Datei und achten Sie darauf, dass sich die **.class**-Datei ebenfalls im Verzeichnis **BookPack** befindet. Führen Sie die Klasse mit der folgenden Befehlszeile aus:

```
java BookPack.BookDemo
```

Sie müssen sich dabei im Verzeichnis oberhalb von **BookPack** befinden oder die Umgebungsvariable **CLASSPATH** entsprechend gesetzt haben.

BookDemo und **Book** sind jetzt Bestandteil des Pakets **BookPack**. Das bedeutet, dass **BookDemo** selbst nicht ausgeführt werden kann. Die Befehlszeile:

```
java BookDemo
```

darf nicht verwendet werden, sondern **BookDemo** muss mit dem Paketnamen angegeben werden.

1-Minuten-Test

- Was ist ein Paket?
- Wie wird ein Paket mit der Bezeichnung **ToolPack** deklariert?
- Was ist **CLASSPATH**?

- Ein Paket ist ein Container für Klassen.
- package ToolPack;
- CLASSPATH ist die Umgebungsvariable, die den Pfad zu den Klassen angibt.

Pakete und Zugriff auf Klassen-Elemente

Im letzten Kapitel wurden nur die unvollständigen Grundlagen der Zugriffskontrolle, einschließlich der Schlüsselwörter `private` und `public`, vorgestellt. Der Grund dafür ist die Tatsache, dass Pakete Bestandteil des Zugriffskontrollmechanismus von Java sind und für eine vollständige Erörterung erst die Pakete eingeführt werden mussten.

Die Sichtbarkeit eines Elements wird von den Zugriffsangaben `private`, `public`, `protected` oder der Standardzugriffsangabe und dem Paket festgelegt, in dem es sich befindet. Sie wird also von der Sichtbarkeit innerhalb einer Klasse und der Sichtbarkeit innerhalb eines Pakets bestimmt. Diese Mehrschichtigkeit bei der Zugriffskontrolle unterstützt ein reiches Sortiment an Zugriffsrechten. Tabelle 8.1 fasst die unterschiedlichen Stufen der Zugriffsrechte zusammen. Jede dieser Möglichkeiten wird hier einzeln untersucht.

Wenn ein Element einer Klasse keine explizite Zugriffsangabe besitzt, dann ist es nur innerhalb des Pakets sichtbar. Daher wird die Standardzugriffsabgabe für alle Elemente gewählt, die für ein Paket privat aber innerhalb des Pakets öffentlich sein sollen.

Explizit als `public` deklarierte Elemente sind überall sichtbar, auch für andere Klassen und andere Pakete. Für ihre Verwendung und den Zugriff gibt es keine Einschränkungen.

	Private Elemente	Standard-Elemente	Geschützte Elemente	Öffentliche Elemente
Sichtbar innerhalb der gleichen Klasse	Ja	Ja	Ja	Ja
Sichtbar innerhalb des gleichen Pakets für Unterklassen	Nein	Ja	Ja	Ja
Sichtbar innerhalb des gleichen Pakets für Klassen, die keine Unterklassen sind	Nein	Ja	Ja	Ja
Sichtbar innerhalb unterschiedlicher Pakete für Unterklassen	Nein	Nein	Ja	Ja
Sichtbar innerhalb unterschiedlicher Pakete für Klassen, die keine Unterklassen sind	Nein	Nein	Nein	Ja

Tabelle 8.1 Zugriff auf Klassen-Elemente

Auf ein `private`-Element können nur die Methoden der Klasse zugreifen. Ein `private`-Element wird nicht von der Mitgliedschaft in einem Paket berührt.

Auf ein Element mit der Zugriffsangabe **protected** kann innerhalb des Pakets und von Unterklassen einschließlich der Unterklassen anderer Pakete zugegriffen werden.

Tabelle 8.1 gilt nur für Elemente einer Klasse. Eine Klasse hat nur zwei Zugriffsebenen: Standard und öffentlich. Wenn eine Klasse als **public** deklariert wird, kann jeder andere Code auf sie zugreifen. Bei der Standardzugriffsangabe darf nur anderer Code aus demselben Paket zugreifen. Außerdem muss eine als **public** deklarierte Klasse sich in einer Datei mit der gleichen Bezeichnung befinden.

1-Minuten-Test
- Können andere Pakete auf ein Klassen-Element zugreifen, wenn auf das Klasen-Element der Klasse innerhalb eines Pakets standardmäßig zugegriffen werden darf?
- Was bewirkt die Zugriffsangabe **protected**?
- Auf ein privates Element kann innerhalb des Pakets von Unterklassen zugegriffen werden. Falsch oder richtig?

Ein Beispiel für den Paketzugriff

In dem bereits vorgestellten **package**-Beispiel befanden sich **Book** und **BookDemo** im gleichen Paket, so dass es kein Problem war, mit **BookDemo** die Klasse **Book** zu benutzen, weil die Standardzugriffsrechte allen Elementen des gleichen Pakets Zugriff gewähren. Befänden sich **Book** und **BookDemo** jedoch in unterschiedlichen Paketen, dann wäre die Situation anders. In diesem Fall würde der Zugriff auf **Book** verweigert. Um **Book** anderen Paketen zur Verfügung zu stellen, müssen Sie drei Veränderungen vornehmen. Zum einen muss **Book** als **public** deklariert werden. Dadurch wird **Book** außerhalb von **BookPack** sichtbar. Zum anderen müssen der Konstruktor und die **show()**-Methode als **public** deklariert werden. Dann sind sie auch außerhalb von **BookPack** sichtbar. Damit **Book** von anderen Paketen genutzt werden kann, muss der Code wie folgt umgeschrieben werden.

```
// Book umgeschrieben für öffentlichen Zugriff
package BookPack;

public class Book {
  private String title;
```

Book und seine Elemente müssen als **public** deklariert werden, damit andere Pakete darauf zugreifen können.

- Nein.
- Sie macht ein Element für anderen Code innerhalb des Pakets und für alle Unterklassen der Klasse sichtbar, egal in welchem Paket sich die Unterklassen befinden.
- Falsch.

```
    private String author;
    private int pubDate;

    // Öffentlich
    public Book(String t, String a, int d) {
      title = t;
      author = a;
      pubDate = d;
    }

    // Öffentlich
    public void show() {
      System.out.println(title);
      System.out.println(author);
      System.out.println(pubDate);
      System.out.println();
    }
  }
}
```

Um Book von anderen Paketen aus nutzen zu können, müssen Sie entweder die import-Anweisung verwenden, die im nächsten Abschnitt beschrieben wird, oder Sie müssen bei der Paketangabe den vollständigen Pfad angeben. In diesem Beispiel wird die Klasse UseBook aus dem Paket BookPackB verwendet. Book wird vollständig angegeben, damit es verwendet werden kann.

```
// Diese Klasse befindet sich im Paket BookPackB.
package BookPackB;

// Die Book-Klasss aus BookPack verwenden.
class UseBook {
  public static void main(String args[]) {
    BookPack.Book books[] = new BookPack.Book[5];

    books[0] = new BookPack.Book("Java 2 Ent-Packt",
                "Schildt", 2001);
    books[1] = new BookPack.Book("Java 2 Ge-Packt",
                "Schildt", 2000);
    books[2] = new BookPack.Book("HTML Ge-Packt",
                "Dirk Chung, Robert Agular", 1998);
    books[3] = new BookPack.Book("Red Storm Rising",
                "Clancy", 1986);
    books[4] = new BookPack.Book("On the Road",
                "Kerouac", 1955);
```

> Book wird mit dem Paketnamen BookPack angegeben.

```
        for(int i=0; i < books.length; i++) books[i].show();
    }
}
```

Bei jedem Zugriff auf **Book** wird die Angabe **BookPack** vorangestellt. Ohne diese Angabe würde **Book** beim Kompilieren von **UseBook** nicht gefunden.

protected-Elemente verstehen

Java-Einsteiger verwirrt manchmal die Bedeutung und Verwendung von **protected**. Wie bereits erklärt wurde, wird mit der Zugriffsangabe **protected** ein innerhalb des Pakets sichtbares Element erzeugt, auf welches Unterklassen anderer Pakete zugreifen können. Ein geschütztes Element steht damit allen Unterklassen zur Verfügung, ist aber dennoch vor willkürlichem Zugriff von Code außerhalb des Pakets geschützt.

Das folgende Beispiel soll die Auswirkungen der Zugriffsangabe **protected** verdeutlichen. Ändern Sie zuerst die **Book**-Klasse so, dass die Instanzvariablen als **protected** deklariert werden:

```
// Die Instanzvariablen in Book als protected deklarieren
package BookPack;

public class Book {
  // Die Variablen sind jetzt geschützt.
  protected String title;              ⎫
  protected String author;             ⎬  Die Instanzvariablen
  protected int pubDate;               ⎭  sind jetzt geschützt.

  public Book(String t, String a, int d) {
    title = t;
    author = a;
    pubDate = d;
  }

   public void show() {
    System.out.println(title);
    System.out.println(author);
    System.out.println(pubDate);
    System.out.println();
  }
}
```

Erstellen Sie anschließend von **Book** die Unterklasse **ExtBook** und die Klasse **ProtectDemo**, die **ExtBook** verwendet. **ExtBook** fügt ein Feld zum Speichern des

Herausgebers sowie mehrere Zugriffsmethoden hinzu. Beide Klassen befinden sich in dem eigenen Paket **BookPackB**.

```java
// Beispiel für protected
package BookPackB;

class ExtBook extends BookPack.Book {
  private String publisher;

  public ExtBook(String t, String a, int d, String p) {
    super(t, a, d);
    publisher = p;
  }

  public void show() {
    super.show();
    System.out.println(publisher);
    System.out.println();
  }

  public String getPublisher() { return publisher; }
  public void setPublisher(String p) { publisher = p; }

  /* OK, weil die Unterklassen auf
     ein geschütztes Element zugreifen können. */
  public String getTitle() { return title; }
  public void setTitle(String t) { title = t; }
  public String getAuthor() { return author; }
  public void setAuthor(String a) { author = a; }
  public int getPubDate() { return pubDate; }
  public void setPubDate(int d) { pubDate = d; }
}

class ProtectDemo {
  public static void main(String args[]) {
    ExtBook books[] = new ExtBook[5];

    books[0] = new ExtBook("Java 2 Ent-Packt",
                "Schildt", 2001, "MITP-Verlag GmbH");
    books[1] = new ExtBook("Java 2 Ge-Packt",
                "Schildt", 2000, "MITP-Verlag GmbH");
    books[2] = new ExtBook("HTML Ge-Packt",
                "Dirk Chung, Robert Agular", 1998,
                "MITP-Verlag GmbH");
    books[3] = new ExtBook("Red Storm Rising",
```

> Der Zugriff auf Book-Element ist für Unterklassen erlaubt.

```
                    "Clancy", 1986, "Putnam");
    books[4] = new ExtBook("On the Road",
                    "Kerouac", 1955, "Viking");

    for(int i=0; i < books.length; i++) books[i].show();

    // Bücher nach dem Autor suchen
    System.out.println("Alle Bücher von Herbert Schildt .");
    for(int i=0; i < books.length; i++)
      if(books[i].getAuthor() == "Schildt")
        System.out.println(books[i].getTitle());

//    books[0].title = "test title"; // Fehler - kein Zugriff
  }
}
```

Der Zugriff auf Book-Elemente ist für Unterklassen erlaubt.

Betrachten Sie zuerst den Code von ExtBook. Da ExtBook die Klasse Book erweitert, hat sie Zugriff auf die protected-Elemente von Book, wenngleich sich ExtBook auch in einem anderen Paket befindet. Auf title, author und pubDate kann also direkt zugegriffen werden, wie dies in den für diese Variablen eingerichteten Zugriffsmethoden geschieht. In ProtectDemo wird der Zugriff auf diese Variablen jedoch verweigert, weil ProtectDemo keine Unterklasse von Book ist. Wenn Sie das Kommentarzeichen in der folgenden Zeile entfernen, wird das Programm nicht kompiliert.

```
//    books[0].title = "test title"; // Fehler - kein Zugriff
```

Frage an den Experten

Frage: Ist die Zugriffsangabe protected von C++ vergleichbar mit protected in Java?

Antwort: Ähnlichkeiten gibt es, aber sie sind nicht gleich. Die Zugriffsangabe protected erzeugt in C++ ein Klassen-Element, auf das Unterklassen zugreifen können, das aber selbst private ist. In Java erzeugt protected ein Klassen-Element, auf welches zwar der gesamte Code des Pakets, aber nur die Unterklassen außerhalb des Pakets zugreifen können. Diesen Unterschied müssen Sie beachten, wenn Sie C++-Code in Java umschreiben.

Pakete importieren

Wenn Sie eine Klasse aus einem anderen Paket verwenden, dann können Sie als vollständigen Namen den Klassennamen zusammen mit dem Paketnamen angeben, wie dies im letzten Beispiel geschehen ist. Das kann jedoch insbesondere dann sehr umständlich und unbequem sein, wenn die Klassen tief in einer Pakethierarchie verschachtelt sind. Da Java von Programmierern für Programmierer entwickelt wurde und Programmierer keine umständlichen Konstrukte mögen, ist es nicht weiter erstaunlich, dass es eine bequemere Methode für die Verwendung des Inhalts von Paketen gibt, nämlich die import-Anweisung. Mit import können Sie ein oder mehrere Klassen eines Pakets sichtbar machen. Diese Klassen können Sie dann direkt benutzen, ohne explizit das Paket angeben zu müssen.

Die allgemeine Form der import-Anweisung lautet:

```
import pkg.Klassenname;
```

pkg ist der Name des Pakets, mit dem der vollständige Pfad angegeben werden kann, und *Klassenname* ist der Name der importierten Klasse. Wenn Sie den gesamten Inhalt eines Pakets importieren möchten, dann verwenden Sie an Stelle des Klassennamens ein Sternchen (*). Es folgt ein Beispiel für beide Formen:

```
import MeinPaket.MeineKlasse;
import MeinPaket.*;
```

Im ersten Fall wird die Klasse MeineKlasse aus MeinPaket importiert. Im zweiten Fall werden alle Klassen aus MeinPaket importiert. Die import-Anweisungen folgen in einer Java-Quelldatei unmittelbar auf die package-Anweisung (falls vorhanden) und stehen noch vor den Klassendefinitionen.

Mit der import-Anweisung können Sie das BookPack-Paket sichtbar machen, so dass die Book-Klasse ohne zusätzliche Angaben verwendet werden kann. Hierfür fügen Sie einfach die folgende import-Anweisung am Beginn jeder Datei ein, in der die Klasse Book verwendet wird.

```
import BookPack.*;
```

Im folgenden Beispiel wurde die UseBook-Klasse umcodiert und import verwendet.

```
// Beispiel für import
package BookPackB;
import BookPack.*;          ◄─────────  BookPack importieren.
```

```
// Die Book-Klasse aus BookPack verwenden
class UseBook {
  public static void main(String args[]) {
    Book books[] = new Book[5];

    books[0] = new Book("Java 2 Ent-Packt",
                "Schildt", 2001);
    books[1] = new Book("Java 2 Ge-Packt",
                "Schildt", 2000);
    books[2] = new Book("HTML Ge-Packt",
                "Dirk Chung, Robert Agular", 1998);
    books[3] = new Book("Red Storm Rising",
                "Clancy", 1986);
    books[4] = new Book("On the Road",
                "Kerouac", 1955);

    for(int i=0; i < books.length; i++) books[i].show();
  }
}
```

> Jetzt können Sie ohne zusätzliche Angaben direkt auf Book verweisen.

Book muss jetzt nicht mehr mit dem Paketnamen angegeben werden.

❓ Frage an den Experten

Frage: Hat das Importieren von Paketen einen Einfluss auf die Geschwindigkeit der Programmausführung?
Antwort: Ja und nein. Das Importieren eines Pakets führt zu einer geringen zusätzlichen Belastung beim Kompilieren, hat aber keinen Einfluss auf die Ausführungsgeschwindigkeit.

Die Klassenbibliothek von Java befindet sich in Paketen

Es wurde bereits darauf hingewiesen, dass Java sehr viele Standardklassen definiert, die allen Programmen zur Verfügung stehen. Diese Klassenbibliothek wird häufig auch als Java-API (Schnittstelle für die Anwendungsprogrammierung) bezeichnet und ist in Paketen gespeichert. An der Spitze dieser Hierarchie steht das Paket java. Unterhalb von java gibt es zahlreiche Unterpakete, zu denen unter anderem die folgenden gehören:

Unterpaket	Beschreibung
java.lang	Enthält eine Vielzahl von Klassen für allgemeine Verwendungszwecke.
java.io	Enthält die Ein- und Ausgabeklassen.
java.net	Enthält die Klassen für die Netzwerkunterstützung.
java.applet	Enthält die Klassen zur Unterstützung von Applets.
java.awt	Enthält die Klassen, die das Abstract Window-Toolkit unterstützen.

Die Bibliothek java.lang benutzen Sie bereits seit Beginn des Buches. Sie enthält unter anderem die System-Klasse, die Sie für die Ausgabe mit der println()-Anweisung verwendet haben. Das java.lang-Paket ist insofern einmalig, als es automatisch in jedes Java-Programm importiert wird. Deshalb mussten Sie java.lang in den Beispielprogrammen nicht importieren. Andere Pakete müssen Sie jedoch explizit importieren. In den folgenden Kapiteln werden verschiedene Pakete vorgestellt.

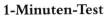

1-Minuten-Test

- Wie binden Sie ein anderes Paket in eine Quelldatei ein?
- Zeigen Sie, wie alle Klassen des Pakets ToolPack eingebunden werden.
- Muss die Bibliothek java.lang explizit angegeben werden?

chnittstellen

In der objektorientierten Programmierung ist es manchmal hilfreich, zu definieren, was eine Klasse tut und nicht wie sie es tut. Die abstrakte Methode als Beispiel für ein solches Vorgehen haben Sie bereits kennen gelernt. Eine abstrakte Methode definiert die Signatur einer Methode, stellt jedoch keine Implementierung zur Verfügung. Eine Unterklasse muss die von einer Superklasse definierte abstrakte Methode selbst implementieren. Eine abstrakte Methode bildet somit die *Schnittstelle* einer Methode aber nicht die *Implementierung*. Abstrakte Klassen und Methoden sind nützliche Konstrukte, das Konzept kann aber noch erweitert werden. In Java können Sie die Schnittstelle einer Klasse mit dem Schlüsselwort interface vollständig von der Implementierung trennen.

- Mit der import-Anweisung.
- import ToolPack.*;
- Nein.

Schnittstellen sind syntaktisch mit abstrakten Klassen vergleichbar. Bei einer Schnittstelle besitzt jedoch keine Methode einen Rumpf. Eine Schnittstelle stellt somit keine Implementierung zur Verfügung. Sie gibt an, was geschehen muss, aber nicht wie es geschehen muss. Eine einmal definierte Schnittstelle kann von einer beliebigen Anzahl von Klassen implementiert werden und eine Klasse kann eine beliebige Anzahl von Schnittstellen implementieren.

Um eine Schnittstelle zu implementieren, muss eine Klasse die Rümpfe der Methoden (die Implementierungen) der Schnittstelle bereitstellen. Jede Klasse kann die Einzelheiten ihrer Implementierung selbst festlegen. Daher können zwei Klassen die gleiche Schnittstelle unterschiedlich implementieren, wobei jede Klasse trotzdem die gleichen Methoden unterstützt. Code, dem die Schnittstelle bekannt ist, kann Objekte beider Klassen verwenden, da die Schnittstelle für diese Objekte die gleiche ist. Mit dem Schlüsselwort `interface` realisiert Java das Konzept der Polymorphie »eine Schnittstelle, mehrere Methoden«.

Die allgemeine Form einer Schnittstelle lautet:

```
Zugriffsangabe interface Name {
  Rückgabetyp Methodenname1(Parameterliste);
  Rückgabetyp Methodenname2(Parameterliste);
  Typ var1 = Wert;
  Typ var2 = Wert;
  // ...
  Rückgabetyp MethodennameN(Parameterliste);
  Typ varN = Wert;
}
```

Die *Zugriffsangabe* ist `public` oder sie wird weggelassen. Wird keine Zugriffsangabe gemacht, tritt der Standardzugriff in Kraft und die Schnittstelle steht nur den Klassen des Pakets zur Verfügung. Wird `public` angegeben, dann kann jeder andere Code auf die Schnittstelle zugreifen. (Wenn eine Schnittstelle als `public` deklariert wird, dann muss sie sich in einer Datei mit demselben Namen befinden.) *Methodenname* ist der Name der Schnittstelle und kann ein beliebiger, gültiger Bezeichner sein.

Methoden werden nur mit ihrem Rückgabetyp und der Signatur deklariert. Sie sind ihrem Wesen nach abstrakte Methoden. Wie bereits ausgeführt wurde, besitzt keine Methode einer Schnittstelle eine Implementierung. Daher muss jede mit `interface` deklarierte Klasse alle Methoden selbst implementieren. Die Methoden einer Schnittstelle sind implizit vom Typ `public`.

Die Variablen einer Schnittstelle sind keine Instanzvariablen. Sie sind implizit vom Typ `public`, `final` oder `static` und müssen initialisiert werden. Sie sind somit eigentlich Konstanten.

Es folgt ein Beispiel für eine `interface`-Definition. Diese Definition spezifiziert die Schnittstelle einer Klasse, die Zahlenreihen erzeugt.

```
public interface Series {
  int getNext(); // Rückgabe der nächsten Zahl der Reihe
  void reset(); // Neustart
  void setStart(int x); // Den Anfangswert setzen
}
```

Diese Schnittstelle wird als `public` deklariert, so dass sie von Code aus beliebigen Paketen implementiert werden kann

Schnittstellen implementieren

Wurde eine Schnittstelle einmal implementiert, dann können eine oder mehrere Klassen ihrerseits diese Schnittstelle implementieren. Um eine Schnittstelle zu implementieren, wird der Klassendefinition die `implements`-Klausel hinzugefügt. Anschließend werden die von der Schnittstelle definierten Methoden erzeugt. Die allgemeine Form einer Klasse mit der `implements`-Klausel sieht wie folgt aus:

```
Zugriffsangabe class Klassenname extends Superklasse implements Schnittstelle {
    // Klassenrumpf
}
```

Die *Zugriffsangabe* lautet entweder `public` oder sie wird weggelassen. Die Klausel `extends` ist selbstverständlich optional. Werden mehrere Schnittstellen implementiert, dann werden diese durch ein Komma voneinander getrennt.

Die Methoden, die eine Schnittstelle implementieren, müssen als `public` deklariert werden. Außerdem muss der Signaturtyp der implementierenden Methode genau mit dem Signaturtyp der Schnittstellendefinition übereinstimmen.

Es folgt ein Beispiel, in dem die bereits vorgestellte Schnittstelle `Series` implementiert wird. Es wird die Klasse `ByTwos` eingerichtet, die eine Zahlenreihe erzeugt, bei der die aufeinander folgenden Zahlen jeweils um zwei größer sind.

```
// Series implementieren
class ByTwos implements Series {    ← Die Schnittstelle Series
  int start;                          wird implementiert.
  int val;
```

```
  ByTwos() {
    start = 0;
    val = 0;
  }

  public int getNext() {
    val += 2;
    return val;
  }

  public void reset() {
    start = 0;
    val = 0;
  }

  public void setStart(int x) {
    start = x;
    val = x;
  }
}
```

Beachten Sie, dass die Methoden getNext(), reset() und setStart() mit der Zugriffsangabe public deklariert werden. Das muss geschehen, weil bei der Implementierung einer von einer Schnittstelle definierten Methode immer die Zugriffsangabe public verwendet werden muss, weil alle Members einer Schnittstelle immer implizit public sind.

Die folgende Klasse führt ByTwos vor.

```
class SeriesDemo {
  public static void main(String args[]) {
    ByTwos ob = new ByTwos();

    for(int i=0; i < 5; i++)
      System.out.println("Der nächste Wert ist " +
                         ob.getNext());

    System.out.println("\nZurücksetzen");
    ob.reset();
    for(int i=0; i < 5; i++)
      System.out.println("Der nächste Wert ist " +
                         ob.getNext());

    System.out.println("\nBeginnen mit 100");
    ob.setStart(100);
    for(int i=0; i < 5; i++)
```

```
    System.out.println("Der nächste Wert ist " +
                       ob.getNext());
  }
}
```

Das Programm gibt aus:

```
Der nächste Wert ist 2
Der nächste Wert ist 4
Der nächste Wert ist 6
Der nächste Wert ist 8
Der nächste Wert ist 10

Zurücksetzen
Der nächste Wert ist 2
Der nächste Wert ist 4
Der nächste Wert ist 6
Der nächste Wert ist 8
Der nächste Wert ist 10

Beginnen mit 100
Der nächste Wert ist 102
Der nächste Wert ist 104
Der nächste Wert ist 106
Der nächste Wert ist 108
Der nächste Wert ist 110
```

Es ist durchaus zulässig und auch üblich, dass Klassen, die Schnittstellen implementieren, ebenfalls Members definieren. In der folgenden Version von ByTwos wird beispielsweise die Methode getPrevious() hinzugefügt, die den vorherigen Wert zurückgibt.

```
// Implementiert Series und fügt getPrevious() hinzu
class ByTwos implements Series {
  int start;
  int val;
  int prev;

  ByTwos() {
    start = 0;
    val = 0;
    prev = -2;
  }
```

```java
  public int getNext() {
    prev = val;
    val += 2;
    return val;
  }

  public void reset() {
    start = 0;
    val = 0;
    prev = -2;
  }

  public void setStart(int x) {
    start = x;
    val = x;
    prev = x - 2;
  }

  int getPrevious() {        // Eine nicht von Series
    return prev;             // definierte Methode wird
  }                          // hinzugefügt.
}
```

Das Hinzufügen von `getPrevious()` macht eine Änderung der Implementierungen der von Series definierten Methoden erforderlich. Da die Schnittstelle für diese Methoden jedoch die gleiche bleibt, fällt die Änderung nicht ins Gewicht und stört den vorhandenen Code nicht. Dies ist einer der Vorteile der Schnittstellen.

Wie bereits erwähnt wurde, kann eine beliebige Anzahl von Klassen eine Schnittstelle implementieren. Die folgende Klasse ByThrees erzeugt beispielsweise eine Reihe, deren Zahlen ein Vielfaches von drei sind.

```java
// Implementierung von Series
class ByThrees implements Series {   // Series wird auf eine
  int start;                          // andere Weise imple-
  int val;                            // mentiert.

  ByThrees() {
    start = 0;
    val = 0;
  }

  public int getNext() {
    val += 3;
```

```
    return val;
  }

  public void reset() {
    start = 0;
    val = 0;
  }

  public void setStart(int x) {
    start = x;
    val = x;
  }
}
```

Ein letzter Punkt: Wenn eine Klasse eine Schnittstelle enthält, die Methoden dieser Schnittstelle aber nicht vollständig implementiert, dann muss diese Klasse als **abstract** deklariert werden. Von einer solchen Klasse können keine Objekte erzeugt werden, sie kann jedoch als abstrakte Superklasse dienen, wobei die Unterklassen die vollständige Implementierung übernehmen.

Schnittstellenverweise verwenden

Es mag ein wenig erstaunen, dass für einen Schnittstellentyp eine Verweisvariable deklariert werden kann. Sie können also anders ausgedrückt eine Schnittstellenverweisvariable einrichten. Eine solche Variable kann auf ein beliebiges Objekt verweisen, das die Schnittstelle implementiert. Wird eine Methode für ein Objekt über einen Schnittstellenverweis aufgerufen, dann wird die Version der Methode des Objekts implementiert, das ausgeführt wird. Dieser Vorgang ist vergleichbar mit der Verwendung eines Superklassenverweises für den Zugriff auf ein Unterklassenobjekt, der in Kapitel 7 beschrieben wurde.

Das folgende Beispiel veranschaulicht diesen Prozess. Es verwendet die gleiche Schnittstellenverweisvariable für die für Objekte von **ByTwos** und **ByThrees** aufgerufenen Methoden.

```
// Beispiel für Schnittstellenverweise

class ByTwos implements Series {
  int start;
  int val;

  ByTwos() {
    start = 0;
    val = 0;
```

```java
  }

  public int getNext() {
    val += 2;
    return val;
  }

  public void reset() {
    start = 0;
    val = 0;
  }

  public void setStart(int x) {
    start = x;
    val = x;
  }
}

class ByThrees implements Series {
  int start;
  int val;

  ByThrees() {
    start = 0;
    val = 0;
  }

  public int getNext() {
    val += 3;
    return val;
  }

  public void reset() {
    start = 0;
    val = 0;
  }

  public void setStart(int x) {
    start = x;
    val = x;
  }
}

class SeriesDemo2 {
  public static void main(String args[]) {
```

```
    ByTwos twoOb = new ByTwos();
    ByThrees threeOb = new ByThrees();
    Series ob;

    for(int i=0; i < 5; i++) {
      ob = twoOb;
      System.out.println("Der nächste ByTwos-Wert ist " +
                         ob.getNext());
      ob = threeOb;
      System.out.println("Der nächste ByThrees-Wert ist " +
                         ob.getNext());
    }
  }
}
```

Zugriff auf ein Objekt über einen Schnittstellenverweis.

In main() wird ob als Verweis auf eine Series-Schnittstelle deklariert. Das bedeutet, dass ob einen Verweis auf jedes Objekt speichern kann, das Series implementiert. In diesem Fall dient die Variable zum Verweis auf twoOb und threeOb, die Objekte vom Typ ByTwos beziehungsweise ByThrees sind und jeweils Series implementieren. Eine Schnittstellenverweisvariable kennt nur die mit der Schnittstellendeklaration deklarierten Methoden. Deshalb kann über ob nicht auf andere Variablen oder Methoden zugegriffen werden, die möglicherweise vom Objekt unterstützt werden.

1-Minuten-Test

- Was ist eine Schnittstelle? Mit welchem Schlüsselwort wird sie definiert?
- Wozu dient die Anweisung implements?
- Kann eine Schnittstellenverweisvariable auf ein Objekt verweisen, das diese Schnittstelle implementiert?

Projekt 8.1: Eine Queue-Schnittstelle implementieren

Die Leistungsfähigkeit von Schnittstellen in Aktion soll an einem praktischen Bespiel demonstriert werden. In einem früheren Kapitel wurde die Klasse Queue entwickelt, die eine einfache Warteschlange fester Länge für Zeichen erzeugt. Es gibt aber noch viele andere Möglichkeiten, eine Warteschlange zu

---

- Eine Schnittstelle definiert die Methoden, die eine Klasse implementieren muss, definiert jedoch keine Implementierung für sich selbst. Sie wird mit dem Schlüsselwort interface definiert.
- Zum Implementieren einer Schnittstelle innerhalb einer Klasse.
- Ja.

implementieren. Sie muss keine feste Länge besitzen, sondern kann sich in der Größe auch anpassen. Sie kann linear sein, was bedeutet, dass sie irgendwann voll ist, oder sie kann zirkulär sein, was bedeutet, dass so lange Elemente hinzugefügt werden können, wie auch Elemente entnommen werden. Die Warteschlange kann in einem Array, einer verknüpften Liste, einem binären Baum und so weiter gespeichert werden. Wie auch immer die Warteschlange implementiert wird, die Schnittstelle zur Warteschlange bleibt immer die gleiche und die Methoden `put()` und `get()` definieren die Schnittstelle zur Warteschlange unabhängig von den Details der Implementierung. Da die Schnittstelle zur Warteschlange von der Implementierung getrennt ist, ist es sehr einfach, eine Schnittstelle für eine Warteschlange zu definieren, deren Besonderheiten bei jeder Implementierung festgelegt werden.

In diesem Projekt erstellen Sie eine Schnittstelle für eine Warteschlange für Zeichen und drei Implementierungen. Die drei Implementierungen speichern die Zeichen in einem Array. Bei der einen Warteschlange handelt es sich um die bereits früher entwickelte lineare Warteschlange mit fester Größe. Bei der zweiten handelt es sich um eine zirkuläre Warteschlange. Wird bei einer zirkulären Warteschlange das Ende des zugrunde liegenden Array erreicht, dann wechseln die `get`- und `put`-Indizes automatisch an den Anfang. So lange Elemente wieder herausgenommen werden, können einer zirkulären Warteschlange auch Elemente hinzugefügt werden. Die letzte Implementierung erzeugt eine dynamische Warteschlange, deren Größe bei Bedarf angepasst wird.

Schritt für Schritt

1. Erstellen Sie eine Datei mit der Bezeichnung `ICharQ.java` und setzen Sie die folgende Schnittstellendefinition in diese Datei:

```java
// Eine Schnittstelle für eine Warteschlange für Zeichen
public interface ICharQ {
  // Ein Zeichen in die Warteschlange stellen.
  void put(char ch);

  // Ein Zeichen aus der Warteschlange holen.
  char get();
}
```

Diese Schnittstelle ist ganz einfach aufgebaut und besteht aus nur zwei Methoden. Jede Klasse, die `ICharQ` implementiert, muss diese Methoden implementieren.

2. Erstellen Sie eine Datei mit der Bezeichnung `IQDemo.java`.

3. Fügen Sie der Datei IQDemo.java zuerst die Klasse FixedQueue hinzu:

```java
/* Eine Queue-Klasse fester Größe für
   die Aufnahme von Zeichen */
class FixedQueue implements ICharQ {
  private char q[]; // Dieses Array nimmt die Warteschlange
                    // auf.
  private int putloc, getloc; // Die put- und get-Indizes

  // Eine leere Warteschlange in der angegebenen Größe
  // einrichten
  public FixedQueue(int size) {
    q = new char[size+1]; // Speicher für die Warteschlange
                          // zuweisen
    putloc = getloc = 0;
  }

  // Ein Zeichen in die Warteschlange stellen.
  public void put(char ch) {
    if(putloc==q.length-1) {
      System.out.println(" -- Die Warteschlange ist voll.");
      return;
    }

    putloc++;
    q[putloc] = ch;
  }

  // Ein Zeichen aus der Warteschlange holen.
  public char get() {
    if(getloc == putloc) {
      System.out.println(" -- Die Warteschlange ist leer.");
      return (char) 0;
    }

    getloc++;
    return q[getloc];
  }
}
```

Diese Implementierung von ICharQ lehnt sich an die in Kapitel 5 bereits vorgestellte Queue-Klasse an.

4. Fügen Sie der Datei IQDemo.java die Klasse CircularQueue hinzu. Sie implementiert eine zirkuläre Warteschlange für Zeichen.

```java
// Eine zirkuläre Warteschlange
class CircularQueue implements ICharQ {
```

```java
    private char q[]; // Dieses Array nimmt die Warteschlange
                     // auf.
    private int putloc, getloc; // Die put- und get-Indizes

    // Eine leere Warteschlange in der angegebenen Größe
    // einrichten
    public CircularQueue(int size) {
      q = new char[size+1]; // Speicher für die Warteschlange
                            // zuweisen
      putloc = getloc = 0;
    }

    // Ein Zeichen in die Warteschlange stellen.
    public void put(char ch) {
      /* Die Warteschlange ist voll, wenn entweder putloc um 1
         kleiner als getloc ist oder wenn putloc sich am Ende des
         Array befindet und getloc am Beginn. */
      if(putloc+1==getloc |
        ((putloc==q.length-1) & (getloc==0))) {
        System.out.println(" -- Die Warteschlange ist voll.");
        return;
      }

      putloc++;
      if(putloc==q.length) putloc = 0; // Zurück
      q[putloc] = ch;
    }

    // Ein Zeichen aus der Warteschlange holen.
    public char get() {
      if(getloc == putloc) {
        System.out.println(" -- Die Warteschlange ist leer.");
        return (char) 0;
      }

      getloc++;
      if(getloc==q.length) getloc = 0; // Zurück
      return q[getloc];
    }
}
```

Die zirkuläre Warteschlange arbeitet so, dass sie den Speicherplatz im Array wiederverwendet, wenn Elemente entnommen wurden. So lange Elemente entnommen werden, kann die Warteschlange daher unbegrenzt Elemente aufnehmen. Das Konzept ist zwar ganz einfach (der entsprechende Index muss am Ende des Array lediglich wieder auf null gesetzt werden), die Grenzbedingungen sind auf den ersten Blick jedoch etwas verwirrend. Eine zirkuläre Warteschlange ist nicht bereits dann voll, wenn das Ende des zugrunde liegenden Array erreicht wird, sondern erst, wenn ein nicht entnommenes Element überschrieben wird. `put()` muss deshalb mehrere Bedingungen überprüfen, um feststellen zu können, ob die Warteschlange voll ist. Im Kommentar wird angegeben, dass die Warteschlange dann voll ist, wenn entweder `putloc` um eins kleiner als `getloc` oder wenn `putloc` sich am Ende des Array und `getloc` an dessen Beginn befindet. Wie vorher ist die Warteschlange leer, wenn `getloc` und `putloc` gleich sind.

5. Fügen Sie im nächsten Schritt die Klasse **DynQueue** in die Datei **IQDemo.java** ein. Sie implementiert eine Warteschlange, die vergrößert wird, wenn der freie Platz erschöpft ist.

```
// Eine dynamische Warteschlange
class DynQueue implements ICharQ {
  private char q[]; // Dieses Array nimmt die Warteschlange
                    // auf.
  private int putloc, getloc; // Die put- und get-Indizes

  // Eine leere Warteschlange in der angegebenen Größe
  // einrichten
  public DynQueue(int size) {
    q = new char[size+1]; // Speicher für die Warteschlange
                          // zuweisen
    putloc = getloc = 0;
  }

  // Ein Zeichen in die Warteschlange stellen.
  public void put(char ch) {
    if(putloc==q.length-1) {
      // Die Warteschlange vergrößern
      char t[] = new char[q.length * 2];

      // Elemente in die Warteschlange kopieren
      for(int i=0; i < q.length; i++)
        t[i] = q[i];

      q = t;
    }

    putloc++;
    q[putloc] = ch;
  }

  // Ein Zeichen aus der Warteschlange holen.
  public char get() {
    if(getloc == putloc) {
      System.out.println(" -- Die Warteschlange ist leer.");
```

```
      return (char) 0;
    }

    getloc++;
    return q[getloc];
  }
}
```

Bei dieser Implementierung ist die Warteschlange voll, wenn der Versuch, ein weiteres Element zu speichern, dazu führt, dass ein neues Array in der doppelten Größe des ursprünglichen eingerichtet und der Inhalt der aktuellen Warteschlange in dieses Array kopiert wird. Außerdem wird in der Variablen q ein Verweis auf das neue Array gespeichert.

6. Fügen Sie die folgende Klasse in die Datei **IQDemo.java** ein, um die drei **IcharQ**-Implementierungen auszuführen. Mit einem **IcharQ**-Verweis wird auf alle drei Warteschlangen zugegriffen.

```
// Die IcharQ-Schnittstelle vorführen
class IQDemo {
  public static void main(String args[]) {
    FixedQueue q1 = new FixedQueue(10);
    DynQueue q2 = new DynQueue(5);
    CircularQueue q3 = new CircularQueue(10);

    ICharQ iQ;

    char ch;
    int i;

    iQ = q1;
    // Einige Zeichen in die Warteschlange fester Größe
    // stellen
    for(i=0; i < 10; i++)
      iQ.put((char) ('A' + i));

    // Die Warteschlange anzeigen
    System.out.print("Inhalt der Warteschlange mit fester
                     Größe: ");
    for(i=0; i < 10; i++) {
      ch = iQ.get();
      System.out.print(ch);
    }
    System.out.println();

    iQ = q2;
    // Einige Zeichen in die dynamische Warteschlange einfügen
    for(i=0; i < 10; i++)
      iQ.put((char) ('Z' - i));
```

```java
    // Die Warteschlange anzeigen
    System.out.print("Inhalt der dynamischen Warteschlange: ");
    for(i=0; i < 10; i++) {
      ch = iQ.get();
      System.out.print(ch);
    }

    System.out.println();

    iQ = q3;
    // Einige Zeichen in die zirkuläre Warteschlange einfügen
    for(i=0; i < 10; i++)
      iQ.put((char) ('A' + i));

    // Die Warteschlange anzeigen
    System.out.print("Inhalt der zirkulären Warteschlange: ");
    for(i=0; i < 10; i++) {
      ch = iQ.get();
      System.out.print(ch);
    }

    System.out.println();

    // Weitere Zeichen in die zirkuläre Warteschlange einfügen
    for(i=10; i < 20; i++)
      iQ.put((char) ('A' + i));

    // Die Warteschlange anzeigen
    System.out.print("Inhalt der zirkulären Warteschlange: ");
    for(i=0; i < 10; i++) {
      ch = iQ.get();
      System.out.print(ch);
    }

    System.out.println("\nIn der zirkulären Warteschlange " +
                "speichern und aus ihr entnehmen.");

    /* In der zirkulären Warteschlange
       speichern und aus ihr entnehmen */
    for(i=0; i < 20; i++) {
      iQ.put((char) ('A' + i));
      ch = iQ.get();
      System.out.print(ch);
    }

  }
}
```

7. Das Programm liefert folgende Ausgabe:

```
Inhalt der Warteschlange mit fester Größe: ABCDEFGHIJ
Inhalt der dynamischen Warteschlange: ZYXWVUTSRQ
Inhalt der zirkulären Warteschlange: ABCDEFGHIJ
Inhalt der zirkulären Warteschlange: KLMNOPQRST
In der zirkulären Warteschlange speichern und aus ihr entnehmen.
ABCDEFGHIJKLMNOPQRST
```

8. Probieren Sie die folgenden Dinge selbst aus: Schreiben Sie eine zirkuläre Version von `DynQueue`. Fügen Sie `ICharQ` eine `reset()`-Methode hinzu, die die Warteschlange zurücksetzt. Erstellen Sie eine `static`-Methode, die den Inhalt von einem Warteschlangentyp in den anderen kopiert.

Variablen und Schnittstellen

Für Schnittstellen können Sie auch Variablen deklarieren, die implizit vom Typ `public`, `static` oder `final` sind. Auf den ersten Blick mag es so erscheinen, als gäbe es für solche Variablen nur beschränkte Verwendungsmöglichkeiten, was jedoch nicht zutrifft. Umfangreiche Programme verwenden normalerweise mehrere konstante Werte, die Dinge wie die Größe eines Array, verschiedene Grenzwerte, spezielle Werte oder Ähnliches speichern. Da umfangreiche Programme normalerweise über eine Reihe von Quelldateien verteilt sind, muss es eine praktische Möglichkeit geben, wie diese Konstanten jeder Datei zur Verfügung gestellt werden. Die Lösung sind die Schnittstellenvariablen.

Um eine Reihe gemeinsam genutzter Konstanten zu definieren, erzeugen Sie einfach eine Schnittstelle, die nur diese Konstanten und keine Methoden enthält. Jede Datei, die Zugriff auf die Konstanten benötigt, »implementiert« diese Schnittstelle. Dadurch werden die Konstanten sichtbar. Ein einfaches Beispiel:

```java
// Eine Schnittstelle mit Konstanten
interface IConst {
  int MIN = 0;                                    // Dies sind
  int MAX = 10;                                   // Konstanten.
  String ERRORMSG = "Grenzüberschreitung";
}

class IConstD implements IConst {
  public static void main(String args[]) {
    int nums[] = new int[MAX];

    for(int i=MIN; i < 11; i++) {
      if(i >= MAX) System.out.println(ERRORMSG);
```

```
    else {
      nums[i] = i;
      System.out.print(nums[i] + " ");
    }
   }
  }
}
```

> **Frage an den Experten**
>
> **Frage:** Wie muss ich die #define-Anweisungen der C++-Header-Dateien beim Umwandeln eines C++-Programms in ein Java-Programm behandeln?
>
> **Antwort:** Die Java-Entsprechung für die Header-Dateien und #define-Anweisungen von C++ sind die Schnittstellen und die Schnittstellenvariablen. Um eine Header-Datei zu portieren, führen Sie einfach eine Eins-zu-Eins-Übersetzung durch.

Schnittstellen können erweitert werden

Durch Verwendung des Schlüsselworts **extends** kann eine Schnittstelle eine andere beerben. Die Syntax ist die gleiche wie bei der Vererbung von Klassen. Implementiert eine Klasse eine Schnittstelle, die eine andere Schnittstelle erbt, dann muss sie Implementierungen für alle von der Schnittstellenvererbungskette definierten Methoden zur Verfügung stellen. Es folgt ein Beispiel:

```
// Eine Schnittstelle kann eine andere erweitern.
interface A {
  void meth1();
  void meth2();
}

// B enthält jetzt meth1() und meth2() -- meth3() wird hinzugefügt
interface B extends A {     ← B erbt A.
  void meth3();
}

// Diese Klasse muss A und B implementieren
class MyClass implements B {
  public void meth1() {
    System.out.println("Implementiert meth1().");
  }
```

```
    public void meth2() {
      System.out.println("Implementiert meth2().");
    }

    public void meth3() {
      System.out.println("Implementiert meth3().");
    }
}

class IFExtend {
  public static void main(String arg[]) {
    MyClass ob = new MyClass();

    ob.meth1();
    ob.meth2();
    ob.meth3();
  }
}
```

Sie können versuchsweise die Implementierung für meth1() in MyClass entfernen. Das Ergebnis ist ein Compilerfehler. Wie bereits hervorgehoben wurde, muss jede Klasse, die eine Schnittstelle implementiert, auch alle von dieser Schnittstelle definierten Methoden implementieren, einschließlich der von anderen Schnittstellen geerbten Methoden.

Die hier vorgestellten Beispiele sind zwar nicht häufig in Paketen oder Schnittstellen anzutreffen, sie sind jedoch ein wichtiger Bestandteil der Java-Programmierumgebung. In der Praxis ist nahezu jedes Programm oder Applet in einem Paket enthalten und die meisten implementieren auch Schnittstellen. Daher ist es wichtig, dass Sie sich mit ihrer Verwendung auskennen.

☑ Übungsaufgaben

1. Verwenden Sie den Code aus Projekt 8.1 und stellen Sie die Schnittstelle ICharQ und ihre drei Implementierungen in ein Paket mit der Bezeichnung QPack. Belassen Sie die Klasse IQDemo für die Demonstration der Warteschlange im Standardpaket und zeigen Sie, wie die Klassen aus QPack importiert und verwendet werden.
2. Was ist ein Name-Space? Warum ist es so wichtig, dass Java eine Unterteilung des Name-Space zulässt?
3. Pakete werden _____ gespeichert.
4. Erklären Sie den Unterschied zwischen der Zugriffsangabe protected und dem Standardzugriff.

5. Nennen Sie zwei Möglichkeiten, wie die Klassen eines Pakets von anderen Paketen genutzt werden können.
6. »Eine Schnittstelle, mehrere Methoden« ist ein Java-Grundsatz. Welche Eigenschaft verdeutlicht das am besten?
7. Wie viele Klassen kann eine Schnittstelle implementieren? Wie viele Schnittstellen kann eine Klasse implementieren?
8. Können Schnittstellen erweitert werden?
9. Erstellen Sie eine Schnittstelle für die Klasse Kfz aus Kapitel 7. Nennen Sie die Schnittstelle IKfz.
10. Mit einer Schnittstelle deklarierte Variablen sind implizit static und final. Wozu eignen sie sich?

Kapitel 9

Ausnahme-behandlung

Lernziele

- Die Ausnahmehierarchie
- try und catch
- Auswirkungen einer nicht abgefangenen Ausnahme
- Mehrere catch-Anweisungen verwenden
- try-Blöcke verschachteln
- Eine Ausnahme auslösen
- Throwable
- finally verwenden
- throws einsetzen
- Vordefinierte Java-Ausnahmen
- Eigene Ausnahmeklassen einrichten

In diesem Kapitel wird die Ausnahmebehandlung erörtert. Eine Ausnahme ist ein Fehler, der während der Laufzeit auftritt. Mit dem Java-System zur Ausnahmebehandlung können Sie in strukturierter und kontrollierter Weise Laufzeitfehler behandeln. Die meisten modernen Programmiersprachen bieten zwar eine Möglichkeit zur Ausnahmebehandlung, die Lösung von Java ist jedoch sauberer und flexibler als die der meisten anderen.

Ein Hauptvorteil der Ausnahmebehandlung liegt darin, dass ein großer Teil des Codes für die Fehlerbehandlung automatisiert wird und die früher übliche manuelle Fehlerbehandlung bei umfangreichen Programmen entfällt. In vielen anderen Programmiersprachen werden beispielsweise Fehlercodes zurückgegeben, wenn eine Methode fehlschlägt. Diese Werte müssen dann manuell bei jedem Methodenaufruf überprüft werden. Diese Vorgehensweise ist sowohl mühsam als auch fehlerträchtig. Die Ausnahmebehandlung rationalisiert die Fehlerbehandlung. Im Programm kann ein Codeblock definiert werden, der zur Behandlung von Ausnahmen dient und bei deren Auftreten, sofort ausgeführt wird. Der Erfolg oder Misserfolg der einzelnen Operationen oder Methodenaufrufe muss nicht mehr manuell überprüft werden. Tritt ein Fehler auf, dann wird er einfach vom Ausnahme-Handler bearbeitet.

Ein weiterer Grund, warum die Ausnahmebehandlung so wichtig ist, ist die Tatsache, dass Java Standardausnahmen für allgemeine Programmfehler wie etwa eine Division durch null oder das Fehlen einer Datei definiert. Um auf diese Fehler reagieren zu können, muss das Programm auf diese Ausnahmen achten und sie bearbeiten. Außerdem macht auch die Java-API-Bibliothek regen Gebrauch von den Ausnahmen.

Daraus ergibt sich als Schlussfolgerung, dass ein erfolgreicher Java-Programmierer sich im Java-Subsystem für die Ausnahmebehandlung sicher bewegen können muss.

Die Ausnahmehierarchie

In Java werden alle Ausnahmen durch Klassen repräsentiert. Alle Ausnahmeklassen werden von der Klasse Throwable abgeleitet. Tritt in einem Programm eine Ausnahme auf, dann wird daher ein Objekt vom Typ einer Ausnahmeklasse erzeugt. Throwable besitzt zwei unmittelbare Unterklassen: Exception und Error. Ausnahmen vom Typ Error beziehen sich auf Fehler der Java Virtual Machine und nicht auf Programmfehler. Diese Art von Ausnahmen liegt außerhalb Ihrer Kontrolle und wird vom Programm normalerweise nicht berücksichtigt. Deshalb werden diese Ausnahmen hier nicht beschrieben.

Fehler, die das Ergebnis von Programmaktivitäten sind, werden von Unterklassen von Exception repräsentiert. Eine Division durch null, Array-Überschreitungen und Dateifehler fallen beispielsweise in diese Kategorie. Im Allgemeinen sollte ein Programm Ausnahmen dieser Art behandeln. Eine wichtige Unterklasse von `Exception` ist `RuntimeException`, die für verschiedene allgemeine Laufzeitfehler steht.

Grundlagen der Ausnahmebehandlung

Die Ausnahmebehandlung wird in Java mit fünf Schlüsselwörtern gehandhabt: `try`, `catch`, `throw`, `throws` und `finally`. Sie bilden ein aufeinander bezogenes Subsystem, in dem die Verwendung des einen Schlüsselworts die Verwendung des anderen impliziert. Im Verlaufe dieses Kapitels wird jedes Schlüsselwort detailliert behandelt. Es ist jedoch hilfreich, vorab ein allgemeines Verständnis über die Funktion der einzelnen Schlüsselwörter für die Ausnahmebehandlung zu besitzen. Es folgt eine kurze Zusammenfassung ihrer Funktionsweisen.

Programmanweisungen, die Ausnahmen überwachen sollen, befinden sich in einem `try`-Block. Kommt es innerhalb des `try`-Blocks zu einer Ausnahme, dann wird sie ausgelöst (englisch *thrown*). Mit der `catch`-Anweisung kann der Code die Ausnahme abfangen und sinnvoll bearbeiten. Vom System erzeugte Ausnahmen werden automatisch vom Java-Laufzeitsystem ausgelöst. Mit dem Schlüsselwort `throw` wird eine Ausnahme manuell ausgelöst. In einigen Fällen muss eine von einer Methode ausgelöste Ausnahme mit der `throws`-Klausel angegeben werden. Code, der auf jeden Fall beim Verlassen des `try`-Blocks ausgeführt werden muss, wird in einen `finally`-Block gesetzt.

Frage an den Experten

Frage: Könnten Sie die Bedingungen, die eine Ausnahme auslösen, sicherheitshalber noch einmal zusammenfassen?

Antwort: Ausnahmen werden auf drei Arten ausgelöst. Zum einen kann die Java Virtual Machine eine Ausnahme in Reaktion auf einen Fehler, der außerhalb Ihrer Kontrolle liegt, auslösen. Normalerweise behandelt ein Programm diese Art von Ausnahmen nicht. Zum anderen werden Standardausnahmen durch Fehler im Programmcode ausgelöst, beispielsweise durch eine Division durch null oder durch eine Indexüberschreitung. Diese Ausnahmen müssen Sie behandeln. Zum Dritten können Sie mit der `throw`-Anweisung eine Ausnahme manuell auslösen. Egal wie eine Ausnahme ausgelöst wird, sie wird immer in der gleichen Weise behandelt.

try und catch verwenden

Im Mittelpunkt der Ausnahmebehandlung stehen **try** und **catch**. Diese Schlüsselwörter arbeiten zusammen. **try** kann nicht ohne **catch** stehen oder umgekehrt. So sieht die allgemeine Form der Ausnahmebehandlung mit **try**- und **catch**-Blöcken aus:

```
try {
  // Zu beobachtender Codeblock
}
catch (Ausnahmetyp1 Objekt) {
  // Handler für Ausnahmetyp1
}
catch (Ausnahmetyp2 Objekt) {
  // Handler für Ausnahmetyp2
}
.
.
.
```

Der *Ausnahmetyp* gibt die Art der aufgetretenen Ausnahme an. Wenn eine Ausnahme ausgelöst wird, wird sie von der entsprechenden **catch**-Anweisung abgefangen, die sie dann verarbeitet. Die allgemeine Form zeigt, dass mehr als eine **catch**-Anweisung mit **try** verbunden sein kann. Der Ausnahmetyp legt fest, welche **catch**-Anweisung ausgeführt wird. Stimmt die Ausnahme mit dem Ausnahmetyp einer **catch**-Anweisung überein, wird sie ausgeführt (und alle anderen werden übergangen). Wird eine Ausnahme abgefangen, erhält das *Objekt* den Wert.

Wird jedoch keine Ausnahme ausgelöst, dann endet ein **try**-Block normalerweise und alle **catch**-Anweisungen werden übergangen. Die Programmausführung wird mit der ersten Anweisung nach der letzten **catch**-Anweisung fortgesetzt. **catch**-Anweisungen werden also nur ausgeführt, wenn eine Ausnahme ausgelöst wird.

Ein einfaches Beispiel für eine Ausnahme

Das folgende einfache Beispiel veranschaulicht, wie Ausnahmen überwacht und abgefangen werden. Wie Sie wissen, ist es ein Fehler zu versuchen, auf einen Index eines Array zuzugreifen, der außerhalb der Grenzen liegt. In diesem Fall löst die JVM die Ausnahme ArrayIndexOutOfBoundsException aus. Das folgende Programm erzeugt absichtlich eine solche Ausnahme und fängt sie ab.

```
// Beispiel für Ausnahmebehandlung
class ExcDemo1 {
  public static void main(String args[]) {
    int nums[] = new int[4];

    try {
      System.out.println("Bevor die Ausnahme ausgelöst wird.");

      // Eine Ausnahme für eine Indexüberschreitung auslösen
      nums[7] = 10;    ◄──────      Versuch, einen Index
      System.out.println("Wird nicht angezeigt");           größer als num zu setzen.
    }
    catch (ArrayIndexOutOfBoundsException exc) {
      // Die Ausnahme abfangen
      System.out.println("Index außerhalb der Grenzen!");
    }
    System.out.println("Nach der catch-Anweisung.");
  }
}
```

Dieses Programm liefert folgende Ausgabe:

```
Bevor die Ausnahme ausgelöst wird.
Index außerhalb der Grenzen!
Nach der catch-Anweisung.
```

Dieses sehr kurze Beispielprogramm zeigt einige Hauptpunkte der Ausnahmebehandlung. Zum Ersten befindet sich der zu überwachende Code innerhalb eines try-Blocks. Beim Auftritt einer Ausnahme (in diesem Fall durch den Versuch, den Index von nums außerhalb der Grenzen zu setzen), wird zweitens die Ausnahme im try-Block ausgelöst und von der catch-Anweisung abgefangen. An diesem Punkt geht die Programmkontrolle an die catch-Anweisung über und der try-Block wird beendet. Das bedeutet, dass catch *nicht* aufgerufen, sondern dem Block die Programmausführung übertragen wird. Die println()-Anweisung nach der Indexüberschreitung wird also nicht ausgeführt. Nach der Ausführung der catch-Anweisung, wird die Programmausführung mit den Anweisungen nach dem catch-Block fortgesetzt. Der Ausnahme-Handler behandelt das Problem, damit die Programmausführung normal fortgesetzt werden kann.

Beachten Sie, dass die Programmausführung nach der catch-Anweisung fortgesetzt wird, wenn im try-Block keine Ausnahme ausgelöst wird. Um dies zu überprüfen, können Sie die Programmzeile

```
nums[7] = 10;
```

wie folgt ändern:

```
nums[0] = 10;
```

Es wird keine Ausnahme ausgelöst und der **catch**-Block wird nicht ausgeführt.

Es ist wichtig zu beachten, dass der gesamte Code innerhalb eines **try**-Blocks auf Ausnahmen überwacht wird. Hierzu gehören auch die Ausnahmen, die von einer im **try**-Block aufgerufenen Methode ausgelöst werden. Eine von einer im **try**-Block aufgerufenen Methode ausgelöste Ausnahme kann vom **try**-Block abgefangen werden, vorausgesetzt, die Methode fängt die Ausnahme nicht selbst ab. Das nächste Programm darf durchaus so programmiert werden:

```java
/* Eine Ausnahme kann von einer Methode ausgelöst
   und von einer anderen abgefangen werden.*/

class ExcTest {
  // Eine Ausnahme auslösen
  static void genException() {
    int nums[] = new int[4];

    System.out.println("Bevor die Ausnahme ausgelöst wird.");

    // Eine Ausnahme für eine Indexüberschreitung auslösen
    nums[7] = 10;            ← Hier wird die Ausnahme ausgelöst.
    System.out.println("Wird nicht angezeigt");
  }
}

class ExcDemo2 {
  public static void main(String args[]) {

    try {
      ExcTest.genException();
    }
    catch (ArrayIndexOutOfBoundsException exc) {   ← Hier wird sie abgefangen.
      // Die Ausnahme abfangen
      System.out.println("Index außerhalb der Grenzen!");
    }
    System.out.println("Nach der catch-Anweisung");
  }
}
```

Dieses Programm liefert die gleiche Ausgabe wie die erste Version:

```
Bevor die Ausnahme ausgelöst wird.
Index außerhalb der Grenzen!
Nach der catch-Anweisung.
```

Da `genException()` innerhalb eines `try`-Blocks aufgerufen wird, wird die von ihr erzeugte (und nicht abgefangene Ausnahme) von der `catch`-Anweisung in `main()` abgefangen. Sie müssen aber wissen, dass die `main()`-Methode die Programmkontrolle nicht wieder erhalten hätte, wenn `genException()` die Ausnahme selbst abgefangen hätte.

1-Minuten-Test
- Was ist eine Ausnahme?
- Bestandteil welcher Anweisung muss der auf Ausnahmen überwachte Code sein?
- Was tut die `catch`-Anweisung? Wie wird die Programmausführung nach einer `catch`-Anweisung fortgesetzt?

Auswirkungen einer nicht abgefangenen Ausnahme

Das Abfangen einer der Standardausnahmen von Java wie im letzten Beispiel hat einen Nebeneffekt: Es verhindert eine nicht normale Programmbeendigung. Wenn eine Ausnahme ausgelöst wird, muss sie vom Code an irgendeiner Stelle abgefangen werden. Im Allgemeinen wird eine nicht vom Programm abgefangene Ausnahme von der JVM abgefangen. Ärgerlich ist dabei nur, dass der standardmäßige Ausnahme-Handler der JVM die Ausführung beendet und einen Stack-Auszug und eine Fehlermeldung anzeigt. In der folgenden Version des vorangegangenen Beispielprogramms wird die Ausnahme für die Indexüberschreitung nicht vom Programm abgefangen:

```
// Die JVM übernimmt die Fehlerbehandlung.
class NotHandled {
  public static void main(String args[]) {
    int nums[] = new int[4];
```

- Eine Ausnahme ist ein Laufzeitfehler.
- Der auf Ausnahmen überwachte Code muss Bestandteil eines `try`-Blocks sein.
- Die `catch`-Anweisung übernimmt Ausnahmen. Eine `catch`-Anweisung wird nicht aufgerufen. Deshalb wird die Programmausführung nicht an der Stelle wieder aufgenommen, wo die Ausnahme ausgelöst wurde, sondern wird nach dem `catch`-Block fortgesetzt.

```
    System.out.println("Bevor die Ausnahme ausgelöst wird.");

    // Eine Ausnahme für eine Indexüberschreitung auslösen
    nums[7] = 10;
  }
}
```

Bei einem Array-Indexfehler wird die Ausführung angehalten und folgende Fehlermeldung angezeigt:

```
Exception in thread "main" java.lang.ArrayIndexOutOf-
BoundsException
        at NotHandled.main(NotHandled.java:9)
```

Bei der Fehlersuche mag eine solche Nachricht hilfreich sein, sie muss aber nicht unbedingt dem Benutzer angezeigt werden. Deshalb muss ein Programm Ausnahmen selbst behandeln und darf dies nicht der JVM überlassen.

Es wurde bereits darauf hingewiesen, dass der Ausnahmetyp mit dem in einer **catch**-Anweisung angegebenen Typ übereinstimmen muss. Trifft dies nicht zu, wird die Ausnahme nicht abgefangen. Das folgende Programm versucht zum Beispiel, den Fehler einer Array-Grenzüberschreitung in einer **catch**-Anweisung für eine Ausnahme vom Typ **ArithmeticException** abzufangen (ein weiteres Beispiel für eine der vordefinierten Java-Ausnahmen). Beim Überschreiten der Array-Grenze wird zwar eine **ArrayIndexOutOfBoundsException** ausgelöst, sie wird jedoch nicht mit einer **catch**-Anweisung abgefangen. Dies führt zu einer nicht normalen Programmbeendigung.

```
// Dieses Programm funktioniert nicht!
class ExcTypeMismatch {
  public static void main(String args[]) {
    int nums[] = new int[4];

    try {
      System.out.println("Bevor die Ausnahme ausgelöst wird.");

      // Eine Ausnahme für eine Indexüberschreitung auslösen
      nums[7] = 10;                            ◄──── Hier wird eine Arra
      System.out.println("Wird nicht angezeigt");       dexOutOfBoundsExc
    }                                                    tion ausgelöst.

    /* Eine Ausnahme für eine Indexüberschreitung kann
       nicht mit einer ArithmeticException abgefangen        Hier wird versucht,
       werden. */                                            mit einer Arithmeti
    catch (ArithmeticException exc) {      ◄────             ception abzufangen
```

```
    // Die Ausnahme abfangen
      System.out.println("Index außerhalb der Grenzen!");
    }
    System.out.println("Nach der catch-Anweisung");
  }
}
```

Folgende Ausgabe liefert das Programm.

```
Bevor die Ausnahme ausgelöst wird.
Exception in thread "main" java.lang.ArrayIndexOut
       OfBoundsException at ExcTypeMismatch.main(Exc
       TypeMismatch.java:10)
```

Wie die Ausgabe zeigt, wird durch das Abfangen einer `ArithmeticException` keine `ArrayIndexOutOfBoundsException` abgefangen.

Tolerante Fehlerbehandlung mit Ausnahmen

Einer der Hauptvorteile der Ausnahmebehandlung liegt darin, dass ein Programm auf einen Fehler reagieren kann und anschließend weiter ausgeführt wird. Im folgenden Beispiel werden die Elemente eines Array durch die Elemente eines anderen dividiert. Bei einer Division durch null wird eine `ArithmeticException` ausgelöst. Das Programm behandelt die Ausnahme mit einer Fehlermeldung und fährt anschließend mit der Ausführung fort. Eine Division durch null führt daher nicht zu einem plötzlichen Laufzeitfehler und einer Beendigung des Programms. Stattdessen wird der Fehler tolerant behandelt und die Programmausführung fortgesetzt.

```
// Tolerante Fehlerbehandlung und Fortsetzung des Programms
class ExcDemo3 {
  public static void main(String args[]) {
    int numer[] = { 4, 8, 16, 32, 64, 128 };
    int denom[] = { 2, 0, 4, 4, 0, 8 };

    for(int i=0; i<numer.length; i++) {
      try {
        System.out.println(numer[i] + " / " +
                           denom[i] + " ist " +
                           numer[i]/denom[i]);
      }
      catch (ArithmeticException exc) {
        // Die Ausnahme abfangen
```

```
        System.out.println("Division durch null nicht zuläs-
sig!");
    }
   }
  }
}
```

Das Programm liefert folgende Ausgabe.

```
4 / 2 ist 2
Division durch null nicht zulässig!
16 / 4 ist 4
32 / 4 ist 8
Division durch null nicht zulässig!
128 / 8 ist 16
```

Dieses Beispiel macht einen weiteren wichtigen Punkt deutlich: Wenn eine Ausnahme einmal behandelt wurde, wird sie aus dem System entfernt. Daher wird in diesem Programm der try-Block mit jedem Schleifendurchlauf neu betreten. Frühere Ausnahmen wurden bereits behandelt. Auf diese Weise kann das Programm wiederholt auftretende Fehler behandeln.

1-Minuten-Test
- Spielt der Ausnahmetyp für die catch-Anweisung eine Rolle?
- Was geschieht, wenn eine Ausnahme nicht abgefangen wird?
- Was sollte ein Programm im Fall einer Ausnahme tun?

Mehrere catch-Anweisungen verwenden

Es ist allgemein üblich, einen try-Block mit mehr als einer catch-Anweisung zu verbinden. Jede catch-Anweisung muss dabei einen anderen Ausnahmetyp abfangen. Im nächsten Beispiel werden sowohl die Überschreitung der Grenzen des Array als auch die Division durch null abgefangen.

```
// Mehrere catch-Anweisungen verwenden
class ExcDemo4 {
  public static void main(String args[]) {
    // numer ist nicht länger als denom.
```

- Der Ausnahmetyp der catch-Anweisung muss mit dem Typ der abzufangenden Ausnahme übereinstimmen.
- Eine nicht abgefangene Ausnahme führt zu einer nicht normalen Programmbeendigung.
- In Fall einer Ausnahme sollte ein Programm diese rational und tolerant behandeln, falls möglich die Ursache beseitigen und dann mit der Ausführung fortfahren.

```
   int numer[] = { 4, 8, 16, 32, 64, 128, 256, 512 };
   int denom[] = { 2, 0, 4, 4, 0, 8 };

   for(int i=0; i<numer.length; i++) {
     try {
       System.out.println(numer[i] + " / " +
                          denom[i] + " ist " +
                          numer[i]/denom[i]);
     }
     catch (ArithmeticException exc) {          ◄──── Mehrere catch-
       // Die Ausnahme abfangen                        Anweisungen.
       System.out.println("Division durch null nicht zulässig!");
     }
     catch (ArrayIndexOutOfBoundsException exc) {   ◄────
       // Die Ausnahme abfangen
       System.out.println("Kein übereinstimmendes Element gefunden.");
     }
   }
  }
 }
}
```

Dieses Programm liefert folgende Ausgabe:

```
4 / 2 ist 2
Division durch null nicht zulässig!
16 / 4 ist 4
32 / 4 ist 8
Division durch null nicht zulässig!
128 / 8 ist 16
Kein übereinstimmendes Element gefunden.
Kein übereinstimmendes Element gefunden.
```

Die Ausgabe bestätigt, dass jede catch-Anweisung nur auf ihren Ausnahmetyp reagiert.

In der Regel werden catch-Ausdrücke in der Reihenfolge ihres Auftretens im Programm ausgewertet. Nur bei Übereinstimmung wird eine Anweisung ausgeführt. Alle übrigen catch-Blöcke werden ignoriert.

Unterklassenausnahmen abfangen

Ein wichtiger Punkt, der bei mehreren catch-Anweisungen zu beachten ist, betrifft die Unterklassen. Eine catch-Klausel einer Superklasse gilt auch für alle Unterklassen. Da die Superklasse aller Ausnahmen Throwable ist, werden durch Abfangen von Throwable alle Ausnahmen abgefangen. Möchten Sie sowohl Ausnahmetypen einer Superklasse als auch die einer Unterklasse abfangen, dann setzen Sie die Unterklasse in der catch-Sequenz an erste Stelle. Tun Sie dies nicht, wird die catch-Anweisung der Superklasse auch alle abgeleiteten Klassen abfangen. Diese Regel ist zwingend, weil durch das Setzen der Superklasse an die erste Stelle nicht erreichbarer Code erzeugt wird, weil die catch-Klausel der Unterklasse niemals ausgeführt wird. Nicht erreichbarer Code ist in Java ein Fehler.

Betrachten Sie das folgende Programm:

```java
/* In den catch-Anweisungen müssen Unterklassen
   vor Superklassen stehen. */
class ExcDemo5 {
  public static void main(String args[]) {
    // numer ist nicht mehr größer als denom.
    int numer[] = { 4, 8, 16, 32, 64, 128, 256, 512 };
    int denom[] = { 2, 0, 4, 4, 0, 8 };

    for(int i=0; i<numer.length; i++) {
      try {
        System.out.println(numer[i] + " / " +
                      denom[i] + " ist " +
                      numer[i]/denom[i]);
      }
      catch (ArrayIndexOutOfBoundsException exc) {    // catch-Anweisung die Unterklasse.
        // Die Ausnahme abfangen
        System.out.println("Kein übereinstimmendes Element gefunden.");
      }
      catch (Throwable exc) {    // catch-Anweisung fü Superklasse.
        System.out.println("Irgendeine Ausnahme tritt auf.");
      }
    }
  }
}
```

Das Programm liefert folgende Ausgabe:

```
4 / 2 ist 2
Irgendeine Ausnahme tritt auf.
16 / 4 ist 4
32 / 4 ist 8
Irgendeine Ausnahme tritt auf.
128 / 8 ist 16
Kein übereinstimmendes Element gefunden.
Kein übereinstimmendes Element gefunden.
```

In diesem Fall fängt `catch(Throwable)` bis auf die Ausnahme `ArrayIndexOutOfBoundsException` alle Ausnahmen ab.

Die Notwendigkeit des Abfangens von Unterklassenausnahmen wird noch wichtiger, wenn Sie eigene Ausnahmen erzeugen.

> **Frage an den Experten**
>
> **Frage:** Warum sollte ich Superklassenausnahmen abfangen?
> **Antwort:** Dafür gibt es eine Vielzahl von Gründen, von denen hier nur einige genannt werden. Wenn Sie eine `catch`-Klausel hinzufügen, die Ausnahmen vom Typ `Exception` abfängt, dann haben Sie im Endeffekt dem Ausnahme-Handler eine Klausel zum Abfangen aller Ausnahmen hinzugefügt. Ein solches Konstrukt kann in einer Situation sinnvoll sein, in der eine nicht normale Programmbeendigung auf jeden Fall vermieden werden muss. Zum anderen gibt es Situationen, in denen eine vollständige Ausnahmekategorie von derselben Klausel behandelt werden muss. Durch Abfangen der Superklasse dieser Ausnahmen kann dies durch mehrfache Verwendung des gleichen Codes geschehen.

Verschachtelte try-Blöcke

`try`-Blöcke können verschachtelt werden. Eine innerhalb des inneren `try`-Blocks ausgelöste Ausnahme, die nicht von einer damit verbundenen `catch`-Anweisung abgefangen wird, wird an den äußeren `try`-Block weitergegeben. Im folgenden Programm wird die `ArrayIndexOutOfBoundsException` vom äußeren und nicht vom inneren `try`-Block abgefangen.

```java
// Ein geschachtelter try-Block
class NestTrys {
  public static void main(String args[]) {
    // numer ist nicht größer als denom.
    int numer[] = { 4, 8, 16, 32, 64, 128, 256, 512 };
    int denom[] = { 2, 0, 4, 4, 0, 8 };

    try { // Äußere try-Anweisung      ← Verschachtelte
      for(int i=0; i<numer.length; i++) {    try-Blöcke.
        try { // Geschachteltes try   ←
          System.out.println(numer[i] + " / " +
                             denom[i] + " ist " +
                             numer[i]/denom[i]);
        }
        catch (ArithmeticException exc) {
```

```
            // Die Ausnahme abfangen
          System.out.println("Division durch null nicht zulässig!");
        }
      }
    }
    catch (ArrayIndexOutOfBoundsException exc) {
      // Die Ausnahme abfangen
      System.out.println("Kein übereinstimmendes Element gefunden.");
      System.out.println("Fataler Fehler - Programm beendet.");
    }
  }
}
```

Das Programm liefert folgende Ausgabe:

```
4 / 2 ist 2
Division durch null nicht zulässig!
16 / 4 ist 4
32 / 4 ist 8
Division durch null nicht zulässig!
128 / 8 ist 16
Kein übereinstimmendes Element gefunden.
Fataler Fehler - Programm beendet.
```

In diesem Beispiel ermöglicht eine im inneren try-Block behandelte Ausnahme (hier die Division durch null) eine Fortsetzung des Programms. Das Überschreiten einer Array-Grenze wird jedoch im äußeren try-Block abgefangen und führt zur Beendigung des Programms.

Dieses Beispiel zeigt sicherlich nicht den einzigen Grund für den Einsatz geschachtelter try-Anweisungen, es macht jedoch einen wichtigen Punkt deutlich, der verallgemeinert werden kann. Geschachtelte try-Blöcke dienen häufig dazu, unterschiedliche Kategorien von Fehlern auf unterschiedliche Weise zu behandeln. Einige Fehler sind katastrophal und nicht zu beheben. Andere sind von untergeordneter Bedeutung und können sofort behoben werden. Viele Programmierer verwenden einen äußeren try-Block, um schwer wiegende Fehler abzufangen, und überlassen die weniger schweren Fehler den inneren try-Böcken.

1-Minuten-Test

- Können mit einem try-Block zwei oder mehrere unterschiedliche Ausnahmetypen abgefangen werden?
- Kann eine catch-Anweisung für eine Superklassenausnahme auch Unterklassen dieser Superklasse abfangen?
- Was geschieht in verschachtelten try-Blöcken mit einer Ausnahme, die nicht im inneren Block abgefangen wird?

Eine Ausnahme erzeugen

In den vorangegangenen Beispielen wurden Ausnahmen abgefangen, die von der JVM automatisch ausgelöst wurden. Es ist aber auch möglich, eine Ausnahme mit einer throw-Anweisung manuell auszulösen. Die allgemeine Form lautet:

```
throw AusnahmeObjekt;
```

Das *AusnahmeObjekt* muss ein Objekt einer Subklasse von Throwable sein.

Das folgende Beispiel zeigt, wie mit einer throw-Anweisung eine ArithmeticException-Ausnahme manuell ausgelöst wird.

```java
// Eine Ausnahme manuell auslösen
class ThrowDemo {
  public static void main(String args[]) {
    try {
      System.out.println("Vor dem Auslösen.");
      throw new ArithmeticException();    // ◄── Eine Ausnahme auslösen.
    }
    catch (ArithmeticException exc) {
      // Die Ausnahme abfangen
      System.out.println("Ausnahme abgefangen.");
    }
    System.out.println("Nach dem try-/catch-Block.");
  }
}
```

- Ja.
- Ja.
- Eine Ausnahme, die nicht von einem inneren try-/catch-Block abgefangen wird, wird an den äußeren try-Block weitergegeben.

Das Programm liefert die Ausgabe:

```
Vor dem Auslösen.
Ausnahme abgefangen.
Nach dem try-/catch-Block.
```

Beachten Sie, dass die Ausnahme `ArithmeticException` in der `throw`-Anweisung mit `new` erzeugt wurde, da `throw` ein Objekt erzeugt. Sie müssen also für das Auslösen der Ausnahme ein Objekt erzeugen; es reicht nicht aus, den Typ zu erzeugen.

Frage an den Experten

Frage: Warum sollte ich eine Ausnahme manuell auslösen?
Antwort: In den meisten Fällen handelt es sich bei den ausgelösten Ausnahmen um Instanzen von erzeugten Ausnahmeklassen. Sie werden in diesem Baustein noch erfahren, dass Sie mit einer eigenen Ausnahmeklasse Fehler im Code im Rahmen der Ausnahmebehandlung des Programms behandeln können.

Eine Ausnahme erneut auslösen

Eine von einer `catch`-Anweisung abgefangene Ausnahme kann noch einmal ausgelöst werden, so dass sie von einer äußeren `catch`-Anweisung abgefangen werden kann. Der häufigste Grund für ein solches Vorgehen ist die Möglichkeit, mehreren Handlers den Zugriff auf eine Ausnahme zu ermöglichen. Möglicherweise behandelt ein Ausnahme-Handler einen Aspekt einer Ausnahme, während ein zweiter Handler einen anderen Bereich abdeckt. Dabei ist zu beachten, dass eine erneut ausgelöste Ausnahme nicht noch einmal von derselben `catch`-Anweisung abgefangen wird, sondern an die nächste `catch`-Anweisung übergeht.

Das folgende Programm zeigt das erneute Auslösen einer Ausnahme.

```java
// Eine Ausnahme erneut auslösen
class Rethrow {
  public static void genException() {
    // numer ist größer als denom
    int numer[] = { 4, 8, 16, 32, 64, 128, 256, 512 };
    int denom[] = { 2, 0, 4, 4, 0, 8 };

    for(int i=0; i<numer.length; i++) {
      try {
        System.out.println(numer[i] + " / " +
```

```
                        denom[i] + " ist " +
                        numer[i]/denom[i]);
    }
    catch (ArithmeticException exc) {
      // Die Ausnahme abfangen
      System.out.println("Division durch null nicht
                          zulässig!");
    }
    catch (ArrayIndexOutOfBoundsException exc) {
      // Die Ausnahme abfangen
      System.out.println("Kein übereinstimmendes Element
                          gefunden.");
      throw exc; // Die Ausnahme erneut auslösen
    }
   }
  }
}

class RethrowDemo {
  public static void main(String args[]) {
    try {
      Rethrow.genException();
    }
    catch(ArrayIndexOutOfBoundsException exc) {
      // Die Ausnahme erneut abfangen
      System.out.println("Fataler Fehler -- " +
                          "Programm beendet.");
    }
  }
}
```

Die Ausnahme erneut auslösen.

Die Ausnahme erneut abfangen.

In diesem Programm werden Fehler durch eine Division durch null von **genException()** lokal abgefangen. Eine Ausnahme infolge einer Überschreitung der Array-Grenzen wird jedoch erneut ausgelöst und in **main()** behandelt.

1-Minuten-Test

- Was bewirkt **throw**?
- Liefert **throw** Typen oder Objekte?
- Kann eine Ausnahme nach dem Abfangen erneut ausgelöst werden?

- **throw** löst eine Ausnahme aus.
- **throw** liefert Objekte. Diese Objekte müssen Instanzen gültiger Ausnahmeklassen sein.
- Ja.

Eine genauere Untersuchung von Throwable

Bisher wurden zwar Ausnahmen abgefangen, mit dem Ausnahmeobjekt wurde jedoch nichts unternommen. Die vorangegangenen Beispiele haben gezeigt, dass eine catch-Klausel einen Ausnahmetyp und einen Parameter angibt. Der Parameter übernimmt das Ausnahmeobjekt. Da alle Ausnahmen Unterklassen von Throwable sind, unterstützen sie alle die von Throwable definierten Methoden, die in Tabelle 9.1 aufgeführt werden.

Methode	Beschreibung
Throwable fillInStackTrace()	Gibt ein Throwable-Objekt mit einem vollständigen Stack-Auszug zurück. Dieses Objekt kann erneut ausgelöst werden.
String getLocalizedMessage()	Gibt eine lokalisierte Beschreibung der Ausnahme zurück.
String getMessage()	Gibt eine Beschreibung der Ausnahme zurück.
void printStackTrace()	Zeigt einen Stack-Auszug an.
void printStackTrace(PrintStream *Stream*)	Sendet einen Stack-Auszug an den angegebenen Stream.
void printStackTrace(PrintWriter *Stream*)	Sendet einen Stack-Auszug an den angegebenen Stream.
String toString( )	Gibt ein String-Objekt mit einer Beschreibung der Ausnahme zurück. Diese Methode wird von println() bei der Ausgabe eines Throwable-Objekts aufgerufen.

Tabelle 9.1 Die von Throwable definierten Methoden

Die drei interessantesten Standardmethoden sind printStackTrace(), getMessage() und toString(). Sie können die Standardfehlermeldung und einen Datensatz der Methodenaufrufe, die zur Ausnahme führen, mit einem Aufruf von printStackTrace() anzeigen lassen. Die Standardfehlermeldung einer Java-Ausnahme erhalten Sie über einen Aufruf von getMessage(). Alternativ können Sie die Standardnachricht auch mit toString() ermitteln. Die toString()-Methode wird auch aufgerufen, wenn eine Ausnahme als Argument für println() benutzt wird. Das folgende Programm veranschaulicht diese Methoden.

```
// Die Throwable-Methoden verwenden

class ExcTest {
  static void genException() {
    int nums[] = new int[4];
```

```
    System.out.println("Bevor die Ausnahme ausgelöst wird.");

    // Eine Ausnahme für eine Indexüberschreitung auslösen
    nums[7] = 10;
    System.out.println("Wird nicht angezeigt");
  }
}

class UseThrowableMethods {
  public static void main(String args[]) {

    try {
      ExcTest.genException();
    }
    catch (ArrayIndexOutOfBoundsException exc) {
      // Die Ausnahme abfangen
      System.out.println("Die Standardmeldung lautet: ");
      System.out.println(exc);
      System.out.println("\nStack-Auszug: ");
      exc.printStackTrace(); //"Index außerhalb der Grenzen!");
    }
    System.out.println("Nach der catch-Anweisung");
  }
}
```

Das Programm gibt aus:

```
Bevor die Ausnahme ausgelöst wird.
Die Standardmeldung lautet:
java.lang.ArrayIndexOutOfBoundsException

Stack-Auszug:
java.lang.ArrayIndexOutOfBoundsException
    at ExcTest.genException(UseThrowableMethoden.java:10)
    at UseThrowableMethoden.main(UseThrowableMethoden.
                             java:19)
Nach der catch-Anweisung
```

nally verwenden

In manchen Situationen benötigen Sie einen Codeblock, der ausgeführt wird, wenn ein **try/catch**-Block ausgelassen wird. Eine Ausnahme kann beispielsweise einen Fehler verursachen, der die aktuelle Methode beendet und zu einer vorzeitigen Rückkehr von der Methode führt. Möglicherweise hat die Methode jedoch eine Datei oder eine Netzwerkverbindung geöffnet, die wieder geschlossen werden muss. Solche Situationen sind bei der Programmierung nicht ungewöhnlich und Java bietet einen bequemen Weg, mit ihnen umzugehen, nämlich den `finally`-Block.

Soll ein Codeblock nach dem Verlassen eines `try-/catch`-Blocks ausgeführt werden, dann setzen Sie an das Ende der `try/catch`-Sequenz einen `finally`-Block.

Die allgemeine Form eines `try-/catch`-Blocks mit einer `finally`-Anweisung sieht folgendermaßen aus:

```
try {
  // Codeblock zur Fehlerüberwachung
}

catch (Ausnahmetyp1 Ausnahmeobjekt) {
  // Handler für Ausnahmetyp1
}

catch (Ausnahmetyp2 Ausnahmeobjekt) {
  // Handler für Ausnahmetyp2
}

//...
finally {
  // finally-Code
}
```

Der `finally`-Block wird immer dann ausgeführt, wenn der `try-/catch`-Block verlassen wird, unabhängig davon, warum dies geschieht. Egal, ob der `try`-Block normal oder infolge einer Ausnahme beendet wird, `finally` gibt den zuletzt auszuführenden Code an. Der `finally`-Block wird auch ausgeführt, wenn Code innerhalb des `try`-Blocks oder innerhalb der `catch`-Anweisungen von der Methode zurückkehrt.

Es folgt ein Beispiel für `finally`.

```
// finally verwenden
class UseFinally {
  public static void genException(int what) {
    int t;
    int nums[] = new int[2];

    System.out.println("Empfange " + what);
    try {
      switch(what) {
        case 0:
```

```
        t = 10 / what; /* Einen Fehler durch eine
                         Division durch null erzeugen.*/
        break;
      case 1:
        nums[4] = 4; /* Einen Fehler durch eine Überschreitung
                        des Array-Index erzeugen.*/
        break;
      case 2:
        return; // Rückkehr vom try-Block
    }
  }
  catch (ArithmeticException exc) {
    // Die Ausnahme abfangen
    System.out.println("Division durch null nicht zulässig!");
    return; // Rückkehr von catch
  }
  catch (ArrayIndexOutOfBoundsException exc) {
    // Die Ausnahme abfangen
    System.out.println("Kein übereinstimmendes Element
                        gefunden.");
  }
  finally {
    System.out.println("try verlassen.");
  }
  }
}

class FinallyDemo {
  public static void main(String args[]) {

    for(int i=0; i < 3; i++) {
      UseFinally.genException(i);
      System.out.println();
    }
  }
}
```

Wird beim Verlassen des try-/catch-Blocks ausgeführt.

Das Programm liefert die Ausgabe.

```
Empfange 0
Division durch null nicht zulässig!
try verlassen.

Empfange 1
Kein übereinstimmendes Element gefunden.
try verlassen.
```

```
Empfange 2
try verlassen.
```

Die Ausgabe zeigt, dass unabhängig davon, wie der **try**-Block verlassen wird, der **finally**-Block ausgeführt wird.

1-Minuten-Test
- Von welcher Klasse sind Ausnahmeklassen Unterklassen?
- Wann wird der Code innerhalb eines **finally**-Blocks ausgeführt?
- Wie können Sie einen Stack-Auszug für die Ereignisse anzeigen lassen, die zu einer Ausnahme führen?

throws verwenden

Wenn eine Methode eine Ausnahme auslöst, die nicht von ihr behandelt wird, muss sie in bestimmten Situationen diese Ausnahme mit einer **throws**-Klausel deklarieren. Die allgemeine Form einer Methode mit einer **throws**-Klausel sieht so aus:

```
Rückgabetyp Methode(Parameterliste) throws Ausnahmeliste {
    // Rumpf
}
```

Die *Ausnahmeliste* ist eine durch Kommata getrennte Liste der Klassen von Ausnahmen, die zur Laufzeit der Methode erzeugt werden können.

Es mag erstaunen, dass in den bisherigen Beispielen keine **throws**-Klauseln angegeben werden mussten, wenn Ausnahmen außerhalb von Methoden ausgelöst wurden. Das liegt daran, dass Ausnahmen, die Unterklassen von **Error** oder **RuntimeException** sind, in der **throws**-Liste nicht angegeben werden müssen. Java geht einfach davon aus, dass eine Methode eine solche Ausnahme auslösen kann. Alle übrigen Arten von Ausnahmen *müssen* deklariert werden, da es sonst zu einem Compilerfehler kommt.

Eine Verwendung der **throws**-Klausel haben Sie jedoch bereits im Beispiel für die Tastatureingabe gesehen, wo die Klausel

```
throws java.io.IOException
```

- Throwable.
- Der finally-Block wird als letzter vorm Verlassen eines try-Blocks ausgeführt.
- Ein Stack-Auszug wird mit einem Aufruf der von Throwable definierten Methode printStackTrace() angezeigt.

in die `main()`-Methode eingefügt werden musste. Jetzt verstehen Sie auch, warum das notwendig war. Eine Eingabeanweisung kann eine `IOException` auslösen und zu diesem Zeitpunkt waren Sie noch nicht in der Lage, diese Ausnahme zu behandeln. Eine solche Ausnahme kann von `main()` ausgelöst werden und musste daher dementsprechend angegeben werden. Nachdem Sie inzwischen die Ausnahmen kennen, können Sie die `IOException` problemlos behandeln.

Betrachten wir ein Beispiel, das eine `IOException` berücksichtigt. Es erzeugt die Methode `prompt()`, die eine Nachricht als Eingabeaufforderung anzeigt und anschließend ein Zeichen von der Tastatur einliest. Da eine Eingabe vorgenommen wird, kann es zu einer `IOException` kommen. Die `prompt()`-Methode behandelt die `IOException` jedoch nicht selbst. Stattdessen wird eine `throws`-Klausel verwendet, was bedeutet, dass die aufrufende Methode die Ausnahme behandeln muss. In diesem Beispiel ist `main()` die aufrufende Methode und verarbeitet den Fehler.

```java
// throws verwenden
class ThrowsDemo {
  public static char prompt(String str)
    throws java.io.IOException {           // Beachten Sie die throws-Klausel.

    System.out.print(str + ": ");
    return (char) System.in.read();
  }

  public static void main(String args[]) {
    char ch;

    try {
      ch = prompt("Geben Sie einen Buchstaben ein");   // Da prompt() eine Ausnahme auslösen kann, muss ein Aufruf der Methode in einem try-Block stattfinden.
    }
    catch(java.io.IOException exc) {
      System.out.println("I/O-Ausnahme.");
      ch = 'X';
    }

    System.out.println("Sie haben " + ch + " gedrückt.");
  }
}
```

Beachten Sie hierbei, dass `IOException` komplett mit dem Paketnamen `java.io` angegeben wird. In Kapitel 10 erfahren Sie, dass das I/O-System von Java im Paket `java.io` enthalten ist. Deshalb befindet sich die Ausnahme `IOException` ebenfalls dort. Es wäre möglich gewesen, `java.io` zu importieren und dann direkt auf `IOException` zu verweisen.

Die vordefinierten Java-Ausnahmen

Java definiert im Standardpaket `java.lang` zahlreiche Ausnahmeklassen. Einige von ihnen wurden bereits in den letzten Beispielen verwendet. Die meisten dieser Ausnahmen sind Unterklassen vom Standardtyp `RuntimeException`. Da `java.lang` implizit in alle Java-Programme importiert wird, steht die Mehrheit der von `RuntimeException` abgeleiteten Ausnahmen automatisch zur Verfügung. Darüber hinaus müssen sie nicht in die `throws`-Liste der Methoden aufgenommen werden. In Java werden sie auch als *ungeprüfte Ausnahmen* bezeichnet, weil der Compiler nicht überprüft, ob eine Methode sie behandelt oder auslöst. Die in `java.lang` definierten Ausnahmen werden in Tabelle 9.2 aufgeführt. Tabelle 9.3 beschreibt die Ausnahmen aus `java.lang`, die in der `throws`-Liste einer Methode enthalten sein müssen, wenn die Methode eine dieser Ausnahmen erzeugen kann und sie nicht selbst behandelt. Dies sind die *geprüften Ausnahmen*. Java definiert zahlreiche weitere Ausnahmen, die sich auf die verschiedenen Klassenbibliotheken beziehen, wie zum Beispiel die bereits genannte `IOException`.

Ausnahme	Bedeutung
ArithmeticException	Arithmetischer Fehler, z.B. eine Division durch null.
ArrayIndexOutOfBoundsException	Array-Index außerhalb der Grenzen.
ArrayStoreException	Zuweisung eines inkompatiblen Typs an ein Array-Element.
ClassCastException	Ungültiger Cast.
IllegalArgumentException	Unzulässiges Argument im Methodenaufruf.
IllegalMonitorStateException	Unzulässige Überwachungsoperation, z.B. das Warten auf einen nicht gesperrten Thread.
IllegalStateException	Umgebung oder Anwendung sind nicht im korrekten Zustand.
IllegalThreadStateException	Die angeforderte Operation ist nicht mit dem aktuellen Thread-Zustand kompatibel.
IndexOutOfBoundsException	Ein Indextyp liegt außerhalb der Grenzen.
NegativeArraySizeException	Ein Array mit negativer Größe wurde erzeugt.
NullPointerException	Unzulässige Verwendung eine Nullverweises.
NumberFormatException	Unzulässige Umwandlung einer Zeichenfolge in ein numerisches Format.
SecurityException	Versuchte Sicherheitsverletzung.
StringIndexOutOfBounds	Versuch, außerhalb der Grenzen einer Zeichenfolge zu indizieren.
UnsupportedOperationException	Nicht unterstützte Operation.

Tabelle 9.2 Die nicht überprüften Ausnahmen aus `java.lang`

Kapitel 9: Ausnahmebehandlung | **381**

Ausnahme	Bedeutung
ClassNotFoundException	Klasse nicht gefunden.
CloneNotSupportedException	Versuch, ein Objekt zu klonen, das die **Cloneable**-Schnittstelle nicht implementiert hat.
IllegalAccessException	Der Zugriff auf eine Klasse wird verweigert.
InstantiationException	Versuch, ein Objekt einer abstrakten Klasse der Schnittstelle zu erzeugen.
InterruptedException	Ein Thread wurde von einem anderen unterbrochen.
NoSuchFieldException	Ein angefordertes Feld ist nicht vorhanden.
NoSuchMethodException	Eine angeforderte Methode ist nicht vorhanden.

Tabelle 9.3 Die überprüften Ausnahmen aus `java.lang`

1-Minuten-Test

- Wozu wird **throws** verwendet?
- Was ist der Unterschied zwischen geprüften und ungeprüften Ausnahmen?
- Muss eine Methode, die eine von ihr behandelte Ausnahme erzeugt, eine **throws**-Klausel für diese Ausnahme enthalten?

Ausnahmeunterklassen erzeugen

Obwohl die vordefinierten Ausnahmen von Java die meisten allgemeinen Fehler behandeln, beschränkt sich der Mechanismus für die Ausnahmebehandlung nicht auf diese Fehler. Ein Teil der Leistungsfähigkeit dieses Java-Mechanismus basiert vielmehr auf der Möglichkeit, selbst erzeugte Ausnahmen einrichten zu können, die die Fehler im eigenen Code behandeln können. Das Einrichten einer Ausnahme ist nicht schwer. Definieren Sie einfach eine Unterklasse von **Exception** (die eine Unterklasse von **Throwable** ist). Ihre Unterklassen müssen weiter nichts implementieren, allein ihr Vorhandensein im Typsystem erlaubt ihre Verwendung als Ausnahmen.

Die **Exception**-Klasse definiert selbst keine Methoden. Sie erbt jedoch die Methoden von **Throwable**. Daher stehen ihr für alle Ausnahmen einschließlich der von ihnen erstellten die von **Throwable** definierten Methoden zur Verfügung. Es steht ihnen frei, eine oder mehrere dieser Methoden in selbst erstellten Unterklassen von **Exception** zu überschreiben.

Das folgende Beispiel erzeugt die Ausnahme **NonIntResultException**, die ausgelöst wird, wenn das Ergebnis einer ganzzahligen Division einen Bruchteil

---

- Wenn eine Methode eine Ausnahme erzeugt, die sie nicht behandelt, muss dieser Umstand mit der **throws**-Klausel angegeben werden.
- Für ungeprüfte Ausnahmen wird keine **throws**-Klausel benötigt.
- Nein. Eine **throws**-Klausel ist nur erforderlich, wenn die Methode die Ausnahme nicht behandelt.

enthält. NonIntResultException besitzt zwei Felder für zwei int-Werte und einen Konstruktor. Sie überschreibt die toString()-Methode, so dass die Beschreibung der Ausnahme mit println() angezeigt werden kann.

```java
// Eine selbst definierte Ausnahme

// Eine Ausnahme erzeugen
class NonIntResultException extends Exception {
  int n;
  int d;

  NonIntResultException(int i, int j) {
    n = i;
    d = j;
  }

  public String toString() {
    return "Das Ergebnis von " + n + " / " + d +
        " ist keine ganze Zahl.";
  }
}

class CustomExceptDemo {
  public static void main(String args[]) {

    // numer enthält einige ungerade Werte.
    int numer[] = { 4, 8, 15, 32, 64, 127, 256, 512 };
    int denom[] = { 2, 0, 4, 4, 0, 8 };
    for(int i=0; i<numer.length; i++) {
      try {
        if((numer[i]%2) != 0)
          throw new
            NonIntResultException(numer[i], denom[i]);

        System.out.println(numer[i] + " / " +
                          denom[i] + " ist " +
                          numer[i]/denom[i]);
      }
      catch (ArithmeticException exc) {
        // Die Ausnahme abfangen
        System.out.println("Division durch null nicht
                          zulässig!");
      }
      catch (ArrayIndexOutOfBoundsException exc) {
        // Die Ausnahme abfangen
```

```
        System.out.println("Kein übereinstimmendes Element
                             gefunden.");
      }
      catch (NonIntResultException exc) {
        System.out.println(exc);
      }
    }
  }
}
```

Das Programm liefert folgende Ausgabe:

```
4 / 2 ist 2
Division durch null nicht zulässig!
Das Ergebnis von 15 / 4 ist keine ganze Zahl.
32 / 4 ist 8
Division durch null nicht zulässig!
Das Ergebnis von 127 / 8 ist keine ganze Zahl.
Kein übereinstimmendes Element gefunden.
Kein übereinstimmendes Element gefunden.
```

Frage an den Experten

Frage: Wann sollte die Ausnahmebehandlung in einem Programm eingesetzt werden? Wann sollten eigene Ausnahmeklassen eingerichtet werden?

Antwort: Da die Java-API intensiven Gebrauch von Ausnahmen zur Anzeige von Fehlern macht, sollten fast alle Programme in der Praxis die Ausnahmebehandlung einsetzen. Dieser Teil der Ausnahmebehandlung fällt den meisten Java-Neulingen leicht. Schwieriger fällt die Entscheidung, wann und wie eigene Ausnahmen eingesetzt werden sollen. Generell können Fehler auf zwei Arten angezeigt werden: über Rückgabewerte und mit Ausnahmen. Wann ist welche Herangehensweise besser geeignet? In Java sollte die Ausnahmebehandlung die Norm sein. Die Rückgabe eines Fehlercodes ist sicherlich in einigen Fällen eine mögliche Alternative, Ausnahmen bieten jedoch bessere und strukturiertere Möglichkeiten der Fehlerbehandlung. Professionelle Java-Programmierer wählen diese Lösung für die Behandlung von Programmfehlern.

QExcDemo.
java

Projekt 9.1: Die Queue-Klasse mit Ausnahmen erweitern

In diesem Projekt erstellen Sie zwei Ausnahmeklassen für die in Projekt 8.1 entwickelte Queue-Klasse. Sie zeigen Fehler an, wenn die Warteschlange voll oder leer ist. Diese Ausnahmen können von den Methoden put() und get() ausgelöst werden. Der Einfachheit halber werden die Ausnahmen in diesem Projekt der Klasse FixedQueue hinzugefügt, Sie können sie aber auch ohne weiteres in andere Klassen aus dem Projekt 8.1 einbauen.

Schritt für Schritt

1. Erstellen Sie eine Datei mit der Bezeichnung QExcDemo.java.

2. Fügen Sie in die Datei QExcDemo.java folgende Ausnahmen ein:

```
/*
    Projekt 9.1

    Ausnahmebehandlung für die Queue-Klassen
*/

// Ausnahme für eine volle Warteschlange
class QueueFullException extends Exception {
  int size;

  QueueFullException(int s) { size = s; }

  public String toString() {
    return "\nDie Warteschlange ist voll. Die maximale Anzahl
            beträgt " + size;
  }
}

// Ausnahme für eine leere Warteschlange
class QueueEmptyException extends Exception {

  public String toString() {
    return "\nDie Warteschlange ist leer.";
  }
}
```

Die Ausnahme QueueFullException wird beim Versuch ausgelöst, ein Element in einer bereits vollen Warteschlange zu speichern. Die Ausnahme QueueEmptyException wird ausgelöst, wenn versucht wird, ein Element aus einer leeren Warteschlange zu entfernen.

3. Ändern Sie die Klasse `FixedQueue` so, dass sie bei Fehlern Ausnahmen auslöst. Fügen Sie sie der Datei `QExcDemo.java` hinzu.

```java
/* Eine Queue-Klasse fester Größe für Zeichen,
   die Ausnahmen verwendet. */
class FixedQueue implements ICharQ {
  private char q[]; // Array mit der Warteschlange
  private int putloc, getloc; // Die put- und get-Indizes

  // Eine leere Warteschlange angegebener Größe erzeugen
  public FixedQueue(int size) {
    q = new char[size+1]; // Speicher für die Warteschlange
                          // zuweisen
    putloc = getloc = 0;
  }

  // Ein Zeichen in die Warteschlange einfügen
  public void put(char ch)
    throws QueueFullException {

    if(putloc==q.length-1)
      throw new QueueFullException(q.length-1);

    putloc++;
    q[putloc] = ch;
  }

  // Ein Zeichen aus der Warteschlange holen
  public char get()
    throws QueueEmptyException {

    if(getloc == putloc)
      throw new QueueEmptyException();

    getloc++;
    return q[getloc];
  }
}
```

Beachten Sie, dass zwei Schritte erforderlich sind, um `FixedQueue` Ausnahmen hinzuzufügen. Zuerst müssen Sie `get()` und `put()` eine throws-Klausel in die Deklarationen hinzufügen. Beim Auftritt eines Fehlers müssen diese Methoden dann eine Ausnahme erzeugen. Mit Hilfe der Ausnahmen kann der Code für die Fehlerbehandlung auf rationale Weise aufgerufen werden. Die bisherigen Versionen haben lediglich über den Fehler berichtet. Das Erzeugen einer Ausnahme ist eine viel bessere Lösung.

4. Fügen Sie der Datei QExcDemo.java die QexcDemo-Klasse hinzu, um die aktualisierte FixedQueue-Klasse testen zu können:

```java
// Beispiel für Queue-Ausnahmen
class QExcDemo {
  public static void main(String args[]) {
    FixedQueue q = new FixedQueue(10);
    char ch;
    int i;

    try {
      // Die Warteschlange überlaufen lassen
      for(i=0; i < 11; i++) {
        System.out.print("Versuche zu speichern: " +
                         (char) ('A' + i));
        q.put((char) ('A' + i));
        System.out.println(" -- OK");
      }
      System.out.println();
    }
    catch (QueueFullException exc) {
      System.out.println(exc);
    }
    System.out.println();

    try {
      // Warteschlange entleeren
      for(i=0; i < 11; i++) {
        System.out.print("Nächstes Zeichen: ");
        ch = q.get();
        System.out.println(ch);
      }
    }
    catch (QueueEmptyException exc) {
      System.out.println(exc);
    }
  }
}
```

5. Da FixedQueue die IcharQ-Schnittstelle implementiert, die die beiden Methoden get() und put() definiert, muss IcharQ für die throws-Klausel geändert werden. Die aktualisierte IcharQ-Schnittstelle muss sich in einer eigenen Datei mit der Bezeichnung ICharQ.java befinden.

```java
/* Eine Schnittstelle für eine Warteschlange für
   Zeichen, die Ausnahmen erzeugt. */
public interface ICharQ {
  // Ein Zeichen in die Warteschlange einfügen
```

```
        void put(char ch) throws QueueFullException;

        // Ein Zeichen aus der Warteschlange holen
        char get() throws QueueEmptyException;
}
```

6. Kompilieren Sie zuerst die aktualisierte Datei IQChar.java und anschließend die Datei QExcDemo.java. Wenn Sie nun QexcDemo ausführen, dann erhalten Sie folgende Ausgabe:

```
Versuche zu speichern: A -- OK
Versuche zu speichern: B -- OK
Versuche zu speichern: C -- OK
Versuche zu speichern: D -- OK
Versuche zu speichern: E -- OK
Versuche zu speichern: F -- OK
Versuche zu speichern: G -- OK
Versuche zu speichern: H -- OK
Versuche zu speichern: I -- OK
Versuche zu speichern: J -- OK
Versuche zu speichern: K
Die Warteschlange ist voll. Die maximale Anzahl beträgt 10

Nächstes Zeichen: A
Nächstes Zeichen: B
Nächstes Zeichen: C
Nächstes Zeichen: D
Nächstes Zeichen: E
Nächstes Zeichen: F
Nächstes Zeichen: G
Nächstes Zeichen: H
Nächstes Zeichen: I
Nächstes Zeichen: J
Nächstes Zeichen:
Die Warteschlange ist leer.
```

Übungsaufgaben

1. Welche Klasse steht an der Spitze der Ausnahmehierarchie?
2. Erklären Sie mit wenigen Worten die Verwendung von try und catch.

3. Was ist im folgenden Codefragment verkehrt?

```
// ...
vals[18] = 10;
catch (ArrayIndexOutOfBoundsException exc) {
  // Fehlerbehandlung
}
```

4. Was geschieht, wenn eine Ausnahme nicht abgefangen wird?

5. Was ist im folgenden Fragment fehlerhaft?

```
class A extends Exception { ...

class B extends A { ...

// ...

try {
  // ...
}
catch (A exc) { ... }
catch (B exc) { ... }
```

6. Kann eine Ausnahme, die von einer inneren catch-Anweisung abgefangen wird, an eine äußere catch-Anweisung übergeben werden?

7. Der finally-Block ist der letzte Code, der vorm Abschluss des Programms ausgeführt wird. Richtig oder falsch? Begründen Sie Ihre Antwort.

8. Welche Ausnahmen müssen in der throws-Klausel einer Methode explizit deklariert werden?

9. Was ist in diesem Fragment falsch?

```
class MeineKlasse { // ... }
// ...
throw new MeineKlasse();
```

10. In Frage 3 der Übungsaufgaben in Kapitel 6 haben Sie die Klasse Stack eingerichtet. Fügen Sie dieser Klasse eigene Ausnahmen hinzu, die einen vollen und einen leeren Stack anzeigen.

Kapitel 10

Das I/O-System

Lernziele

- Das Stream-Konzept
- Die Stream-Klassen für byte und character
- Byteorientierte Konsolenein- und -ausgabe
- Byteorientierte Dateiein- und -ausgabe
- Binäre Daten lesen und schreiben
- Dateien mit wahlfreiem Zugriff
- Zeichenorientierte Konsolenein- und -ausgabe
- Zeichenorientierte Dateiein- und -ausgabe
- Typ-Wrapper zur Umwandlung numerischer Zeichenfolgen

Seit Beginn dieses Buches benutzen Sie bereits Teile des Java I/O-Systems wie zum Beispiel die `println()`-Anweisung. Dies geschah ohne weitere formale Erklärungen. Da das Java I/O-System auf einer Klassenhierarchie basiert, konnten Theorie und Details nicht ohne eine vorherige Erörterung der Klassen, der Vererbung und der Ausnahmen erfolgen. Jetzt ist es an der Zeit, die I/O-Verfahren von Java im Einzelnen zu behandeln.

Das Java-I/O-System ist sehr umfangreich und umfasst viele Klassen, Schnittstellen und Methoden. Dieser Umfang erklärt sich zum Teil dadurch, dass Java zwei vollständige I/O-Systeme definiert: eines für die Ein- und Ausgabe von Bytes und das andere für Zeichen. An dieser Stelle kann nicht jeder Aspekt des I/O-Systems behandelt werden. (Dem Java-I/O-System könnte man ohne weiteres ein ganzes Buch widmen.)

In diesem Kapitel werden Ihnen jedoch die wichtigsten und gebräuchlichsten Möglichkeiten erklärt. Glücklicherweise bildet das I/O-System einen konsistenten Gesamtzusammenhang, so dass Sie auch das übrige I/O-System beherrschen können, wenn Sie erst einmal die Grundlagen verstanden haben.

Dieser Kapitel beschreibt die Herangehensweise von Java an die Konsolenein- und -ausgabe sowie an die Dateiein- und -ausgabe. Vorab sei noch einmal darauf hingewiesen, dass die meisten Java-Anwendungen in der Praxis keine textorientierten Konsolenprogramme sind. Vielmehr handelt es sich um grafische Applets mit Fensterschnittstellen für die Interaktion des Benutzers. Der Teil des Java-I/O-Systems, der sich auf die Konsolenein- und -ausgabe bezieht, ist daher in professionellen Programmen kaum zu finden. Textorientierte Programme eignen sich zwar hervorragend als Lehrbeispiele, für den praktischen Einsatz sind sie jedoch nicht weiter von Bedeutung. In Kapitel 12 lernen Sie Applets zu erstellen und werden mit den Java-Grundlagen für grafische Benutzeroberflächen vertraut gemacht.

Das Java-I/O-System basiert auf Streams

Java-Programme führen I/O-Operationen mit Hilfe von Streams durch. Ein Stream ist eine Abstraktion, die entweder Informationen liefert oder verbraucht. Ein Stream wird über das Java-I/O-System mit einem physischen Gerät verbunden. Alle Streams verhalten sich in der gleichen Weise, auch wenn sich die Geräte, mit denen sie verbunden sind, unterscheiden. Deshalb können für jede Art von Gerät die gleichen I/O-Klassen und -Methoden verwendet werden. Sie können beispielsweise mit den gleichen Methoden, mit denen Sie auf die Konsole schreiben, auch in eine Datei auf der Festplatte schreiben. Java implementiert Streams mit den Klassenhierarchien des Pakets `java.io`.

Byte-Streams und Character-Streams

Moderne Java-Versionen definieren zwei Arten von Streams: Byte- und Character-Streams. (Die erste Java-Version definierte nur den Byte-Stream, der Character-Stream wurde jedoch sehr bald hinzugefügt.) Byte-Streams bieten eine bequeme Möglichkeit für die Ein- und Ausgabe von Bytes. Sie werden beispielsweise zum Lesen und Schreiben binärer Daten verwendet. Besonders nützlich sind sie beim Umgang mit Dateien. Character-Streams sind für Ein- und Ausgabe von Zeichen vorgesehen. Sie verwenden den Unicode und sind somit international einsetzbar. In bestimmten Situationen können Character-Streams auch effizienter als Byte-Streams sein.

Die Tatsache, dass Java zwei Arten von Streams definiert, macht das I/O-System so umfangreich, weil zwei separate Klassenhierarchien erforderlich sind (eine für Bytes und eine für Zeichen). Die bloße Anzahl der I/O-Klassen lässt das I/O-System erschreckender wirken, als es tatsächlich ist. Sie müssen dabei berücksichtigen, dass der größte Teil der Funktionalität für Byte-Streams parallel noch einmal für Character-Streams zur Verfügung steht.

Darüber hinaus basiert die gesamte Ein- und Ausgabe auf der untersten Ebene auf Bytes. Die zeichenorientierten Streams stellen lediglich ein bequemeres und effizienteres Verfahren für den Umgang mit Zeichen zur Verfügung.

Die Byte-Stream-Klassen

Byte-Streams werden mit zwei Klassenhierarchien definiert. An der Spitze stehen die beiden abstrakten Klassen **InputStream** und **OutputStream**. **InputStream** definiert die allgemeinen Merkmale der Byte-Input-Streams und **OutputStream** beschreibt das Verhalten der -Output-Streams.

Von **InputStream** und **OutputStream** werden mehrere konkrete Unterklassen abgeleitet, die unterschiedliche Funktionen anbieten und das Lesen und Schreiben in Verbindung mit unterschiedlichen Geräten wie zum Beispiel Festplatten regeln. Tabelle 10.1 führt die Byte-Stream-Klassen auf. Lassen Sie sich von der Anzahl der vielen unterschiedlichen Klassen nicht beeindrucken. Wenn Sie erst einmal mit einem Byte-Stream umgehen können, stellen die übrigen Klassen kein Problem mehr dar.

Byte-Stream-Klasse	**Bedeutung**
BufferedInputStream	Gepufferter Input-Stream.
BufferedOutputStream	Gepufferter Output-Stream.
ByteArrayInputStream	Ein Input-Stream, der aus einem Byte-Array liest.
ByteArrayOutputStream	Ein Output-Stream, der in ein Byte-Array schreibt.

Tabelle 10.1 Die Byte-Stream-Klassen

Byte-Stream-Klasse	Bedeutung
DataInputStream	Ein Input-Stream mit Methoden zum Lesen der Standarddatentypen von Java.
DataOutputStream	Ein Output-Stream mit Methoden zum Schreiben der Standarddatentypen von Java.
FileInputStream	Ein Input-Stream, der aus einer Datei liest.
FileOutputStream	Ein Output-Stream, der in eine Datei schreibt.
FilterInputStream	Implementiert `InputStream`.
FilterOutputStream	Implementiert `OutputStream`.
InputStream	Eine abstrakte Klasse, die den Stream-Input beschreibt.
OutputStream	Eine abstrakte Klasse, die den Stream-Output beschreibt.
PipedInputStream	Input-Pipe.
PipedOutputStream	Output-Pipe.
PrintStream	Output-Stream mit `print()` und `println()`.
PushbackInputStream	Ein Input-Stream, bei dem Bytes an den Stream zurückgegeben werden dürfen.
RandomAccessFile	Unterstützt die wahlfreie Dateiein- und -ausgabe.
SequenceInputStream	Ein Input-Stream, der eine Kombination aus zwei oder mehreren Input-Streams ist, die sequentiell einer nach dem anderen gelesen werden.

Tabelle 10.1 Die Byte-Stream-Klassen

Die Character-Stream-Klassen

Character-Streams werden mit zwei Klassenhierarchien definiert, an deren Spitze die beiden abstrakten Klassen **Reader** und **Writer** stehen. **Reader** dient zur Eingabe und **Writer** der Ausgabe. Von **Reader** und **Writer** abgeleitete konkrete Klassen operieren mit Unicode-Character-Streams.

Von **Reader** und **Writer** werden mehrere konkrete Unterklassen für unterschiedliche I/O-Situationen abgeleitet. Im Prinzip entsprechen die zeichenorientierten den byteorientierten Klassen. Tabelle 10.2 führt die Character-Stream-Klassen auf.

Character-Stream-Klasse	Bedeutung
BufferedReader	Gepufferter Zeichen-Input-Stream.
BufferedWriter	Gepufferter Zeichen-Output-Stream.
CharArrayReader	Ein Input-Stream, der aus einem Zeichen-Array liest.
CharArrayWriter	Ein Output-Stream, der in ein Zeichen-Array schreibt.
FileReader	Ein Input-Stream, der aus einer Datei liest.

Tabelle 10.2 Die I/O-Klassen für Character-Streams

Character-Stream-Klasse	Bedeutung
FileWriter	Ein Output-Stream, der in eine Datei schreibt.
FilterReader	Gefilterter `InputStream`.
FilterWriter	Gefilterter `OutputStream`.
InputStreamReader	Ein Input-Stream, der Bytes in Zeichen umwandelt.
LineNumberReader	Ein Input-Stream, der Zeilen zählt.
OutputStreamWriter	Ein Output-Stream, der Zeichen in Byte umwandelt.
PipedReader	Input-Pipe.
PipedWriter	Output-Pipe.
PrintWriter	Output-Stream mit `print()` und `println()`.
PushbackReader	Ein Input-Stream, bei dem Zeichen an den Stream zurückgegeben werden dürfen.
Reader	Eine abstrakte Klasse, die den Zeichen-Stream-Input beschreibt.
StringReader	Ein Input-Stream, der aus einer Zeichenfolge liest.
StringWriter	Ein Output-Stream, der in eine Zeichenfolge schreibt.
Writer	Eine abstrakte Klasse, die den Zeichen-Stream-Output beschreibt.

Tabelle 10.2 Die I/O-Klassen für Character-Streams

Vordefinierte Streams

Bekanntermaßen importieren alle Java-Programme automatisch das Paket java.lang. Dieses Paket definiert die Klasse System, die zahlreiche Aspekte der Laufzeitumgebung einkapselt. Sie enthält unter anderem die drei vordefinierten Stream-Variablen in, out und err. Diese Variablen werden in System als public und static deklariert. Das bedeutet, dass sie von jedem Programmteil ohne einen Verweis auf ein spezielles System-Objekt verwendet werden können.

System.out verweist auf den Standard-Output-Stream, bei dem es sich um die Konsole handelt. System.in verweist auf die Standardeingabe, nämlich die Tastatur. System.err verweist auf den standardmäßigen Fehler-Stream, für den ebenfalls die Konsole verwendet wird. Diese Streams können aber zu jedem anderen kompatiblen I/O-Gerät umgelenkt werden.

System.in ist ein Objekt vom Typ InputStream. System.out und System.err sind Objekte vom Typ PrintStream. Hierbei handelt es sich um Byte-Streams, obwohl sie normalerweise zum Lesen und Schreiben von Zeichen von der und auf die Konsole verwendet werden. Die Ursache dafür, dass es sich um Byte- und nicht um Character-Streams handelt, liegt darin begründet, dass die vordefinierten Streams Bestandteile der ursprünglichen Java-Spezifikation waren, die keine Character-Streams umfasste. Sie werden sehen, dass diese zeichenorientierten Streams bei Bedarf ummantelt werden können.

1-Minuten-Test

- Was ist ein Stream?
- Welche Arten von Streams definiert Java?
- Nennen Sie vordefinierte Streams.

Mit Byte-Streams arbeiten

Wir beginnen unsere Untersuchung des Java-I/O-Systems mit den Byte-Streams. An der Spitze der Byte-Stream-Hierarchie stehen die Klassen **InputStream** und **OutputStream**. Tabelle 10.3 führt die Methoden der Klasse **InputStream** und Tabelle 10.4 die Methoden der Klasse **OutputStream** auf. Die Methoden von **InputStream** und **OutputStream** können im Fall eines Fehlers generell eine **IOException** auslösen. Die von diesen beiden abstrakten Klassen definierten Methoden stehen allen ihren Unterklassen zur Verfügung. Sie bilden somit ein minimales Set von I/O-Funktionen für alle Byte-Streams.

Methode	Beschreibung
int available()	Gibt die Anzahl der aktuell zum Lesen bereitstehenden Bytes der Eingabe an.
void close()	Schließt die Eingabequelle. Weitere Leseversuche führen zu einer IOException.
void mark(int *numBytes*)	Setzt eine Markierung an die aktuelle Position im Input-Stream, die so lange gültig bleibt, bis die mit *numBytes* angegebene Anzahl Bytes gelesen wurde.
boolean markSupported()	Gibt true zurück, wenn mark()/reset() vom aufrufenden Stream unterstützt werden.
int read()	Gibt eine ganzzahlige Darstellung der nächsten verfügbaren Bytes der Eingabe zurück. Beim Erreichen des Dateiendes wird der Wert −1 zurückgegeben.
int read(byte *Puffer*[])	Versucht, die mit *Puffer.length* angegebene Anzahl Bytes in den *Puffer* einzulesen und gibt die aktuelle Byte-Anzahl zurück, die erfolgreich gelesen wurden. Beim Erreichen des Dateiendes wird der Wert −1 zurückgegeben.

Tabelle 10.3 Die von **InputStream** definierten Methoden

- Ein Stream ist eine Abstraktion, die entweder Informationen verbraucht oder produziert.
- Java definiert Byte- und Zeichen-Streams.
- System.in, System.out und System.err.

Methode	Beschreibung
int read(byte *Puffer*[], int *offset*, int *numBytes*)	Versucht, die mit *numBytes* angegebene Anzahl Bytes in den *Puffer* beginnend mit der Position *Puffer[offset]* einzulesen. Zurückgegeben wird die Anzahl der erfolgreich eingelesenen Bytes. Beim Erreichen des Dateiendes wird der Wert -1 zurückgegeben.
void reset()	Setzt den Eingabezeiger auf die letzte Markierung zurück.
long skip(long *numBytes*)	Ignoriert (überspringt) die mit *numBytes* angegebene Anzahl Bytes der Eingabe und gibt die Anzahl der tatsächlich ignorierten Bytes zurück.

Tabelle 10.3 Die von `InputStream` definierten Methoden

Methode	Beschreibung
void close()	Schließt den Ausgabe-Stream. Weitere Schreibversuche lösen eine `IOException` aus.
void flush()	Schließt die Ausgabe endgültig ab und leert alle vorhandenen Puffer.
void write(int *b*)	Schreibt ein einzelnes Byte in einen Ausgabe-Stream. Der Parameter ist vom Typ `int`, so dass `write` mit Ausdrücken aufgerufen werden kann, ohne dass ein Cast zurück zum Typ `byte` durchgeführt werden muss.
void write(byte *Puffer*[])	Schreibt ein Byte-Array in einen Ausgabe-Stream.
void write(byte *Puffer*[], int *offset*, int *numBytes*)	Schreibt den mit *numBytes* angegebenen Bereich aus dem Array *Puffer*. Begonnen wird an der mit *Puffer[offset]* angegebenen Position

Tabelle 10.4 Die von `OutputStream` definierten Methoden

Konsoleneingaben lesen

Ursprünglich konnte eine Konsoleneingabe nur mit einem Byte-Stream durchgeführt werden und sehr viel Java-Code verwendet nach wie vor ausschließlich Byte-Streams für diese Art der Eingabe. Inzwischen können sowohl Byte- als auch Character-Streams verwendet werden. In professionellem Code werden Konsoleneingaben bevorzugt mit zeichenorientierten Streams gelesen. Auf diese Weise kann ein Programm internationalen Standards leichter angepasst werden und ist einfacher zu pflegen. Darüber hinaus ist es bequemer, direkt mit Zeichen zu arbeiten, anstatt beständig Zeichen in Bytes und umgekehrt Bytes in Zeichen umwandeln zu müssen. Für einfache Beispielprogramme, kleine Hilfsprogramme und Anwendungen, die einfache Tastatureingaben verarbeiten, ist die Verwendung von Byte-Streams jedoch akzeptabel. Aus diesem Grund befassen wir uns hier mit Byte-Streams für die Konsolenein- und -ausgabe.

Da `System.in` eine Instanz von `InputStream` ist, haben Sie automatisch Zugriff auf die von `InputStream` definierten Methoden. Leider definiert `InputStream` nur die Eingabemethode `read()`, die Bytes einliest. `read()` kann in den drei folgenden Versionen verwendet werden:

```
int read() throws IOException
int read(byte Daten[ ]) throws IOException
int read(byte Daten[ ], int Start, int max) throws IOException
```

In Kapitel 3 haben Sie gesehen, wie mit der ersten Version von `read()` ein einzelnes Zeichen von der Tastatur (über `System.in`) eingelesen wird. Die Methode gibt -1 zurück, wenn das Ende des Stream erreicht wird. Die zweite Version liest die angegebene Anzahl Bytes aus dem Eingabe-Stream und schreibt sie so lange in das Array *Daten*, bis das Array voll oder das Ende des Stream erreicht ist oder bis ein Fehler auftritt. Sie gibt die Anzahl der gelesenen Bytes oder den Wert -1 zurück, wenn das Ende des Stream erreicht wurde. Die dritte Version liest beginnend an der mit Start angegebenen Position in das Array *Daten* ein. Es wird maximal die mit *max* angegebene Anzahl Bytes gespeichert. Die Methode gibt die Anzahl der gelesenen Bytes zurück beziehungsweise den Wert -1, wenn das Ende des Stream erreicht wurde. Im Fall eines Fehlers lösen alle drei Methoden eine `IOException` aus. Beim Lesen aus `System.in` kennzeichnet eine gedrückte Eingabetaste das Ende des Stream.

Das folgende Programm veranschaulicht das Lesen eines Byte-Array aus `System.in`.

```java
// Ein Byte-Array von der Tastatur einlesen

import java.io.*;

class ReadBytes {
  public static void main(String args[])
    throws IOException {
      byte data[] = new byte[10];

      System.out.println("Eingabe einiger Zeichen.");
      System.in.read(data);
      System.out.print("Sie haben eingegeben: ");
      for(int i=0; i < data.length; i++)
        System.out.print((char) data[i]);
  }
}
```

Ein Byte-Array über die Tastatur einlesen.

Ein Beispiel für die Programmausführung:

```
Eingabe einiger Zeichen.
Lesen der Bytes
Sie haben eingegeben: Lesen der Bytes
```

Konsolenausgabe schreiben

Wie bei der Konsoleneingabe stellte Java ursprünglich nur Byte-Streams für die Konsolenausgabe zur Verfügung. Mit der Java Version 1.1 kamen die Character-Streams hinzu. Um ein Höchstmaß an Portabilität zu erreichen, empfiehlt es sich, Character-Streams zu verwenden. Da `System.out` ein Byte-Stream ist, wird die byteorientierte Konsolenausgabe aber immer noch häufig verwendet. Sie wurde auch von allen bisher in diesem Buch vorgestellten Programmen verwendet und wird deshalb näher erörtert.

Die Ausgabe an die Konsole geschieht am einfachsten mit den Methoden `print()` und `println()`, die Sie bereits kennen gelernt haben. Diese Methoden werden von der Klasse `PrintStream` definiert (die dem Objekttyp entspricht, auf den `System.out` verweist). Bei `System.out` handelt es sich zwar um einen Byte-Stream, für einfache Ausgaben an die Konsole ist dieses Verfahren jedoch akzeptabel.

Da `PrintStream` ein von `OutputStream` abgeleiteter Ausgabe-Stream ist, implementiert er auch die einfache Methode `write()`. Sie können also diese Methode für eine Konsolenausgabe verwenden. Die einfachste Form der von `PrintStream` definierten Methode `write()` lautet:

```
void write(int byteval) throws IOException
```

Diese Methode schreibt das mit *byteval* angegebene Byte in die Datei. *byteval* wird zwar mit dem Typ `int` deklariert, es werden jedoch nur die acht niederwertigen Bits geschrieben. Im folgenden kurzen Beispiel wird mit `write()` der Buchstabe »X« gefolgt von einem Zeilenvorschub ausgegeben:

```
// Beispiel für System.out.write().
class WriteDemo {
  public static void main(String args[]) {
    int b;

    b = 'X';
    System.out.write(b);        // Ein Byte auf dem Bildschirm ausgeben.
    System.out.write('\n');
  }
}
```

write() wird für die Konsolenausgabe nicht sehr häufig benutzt (wenngleich die Methode in manchen Situationen auch ganz nützlich sein kann), da print() und println() wesentlich unkomplizierter zu verwenden sind.

1-Minuten-Test
- Mit welcher Methode wird ein Byte von System.in gelesen?
- Mit welcher Methode außer print() und println() kann nach System.out geschrieben werden?

Dateien mit Byte-Streams lesen und schreiben

Java stellt zahlreiche Klassen und Methoden zum Schreiben und Lesen von Dateien zur Verfügung, wobei der gebräuchlichste Dateityp Festplattendateien sind. In Java sind alle Dateien byteorientiert und daher stellt Java Methoden zum Lesen und Schreiben von Bytes in und aus Dateien bereit. Das Lesen und Schreiben von Dateien geschieht deshalb sehr häufig mit Hilfe von Byte-Streams. Java erlaubt aber auch die Ummantelung byteorientierter Dateiströme durch zeichenorientierte Objekte, worauf später noch eingegangen wird.

Mit den Methoden FileInputStream oder FileOutputStream wird ein mit einer Datei verknüpfter Byte-Stream erzeugt. Um eine Datei zu öffnen, wird einfach ein Objekt einer dieser Klassen erzeugt und der Dateiname als Argument an den Konstruktor übergeben. Ist die Datei einmal geöffnet, dann kann aus der Datei gelesen und in die Datei geschrieben werden.

Dateieingabe

Durch Erzeugen eines FileInputStream-Objekts wird eine Datei für die Eingabe geöffnet. Der am häufigsten verwendete Konstruktor lautet:

```
FileInputStream(String Dateiname) throws FileNotFoundException
```

- Ein Byte wird mit einem Aufruf von read() gelesen.
- Mit einem Aufruf von write() kann nach System.out geschrieben werden.

Der *Dateiname* gibt den Namen der zu öffnenden Datei an. Existiert die Datei nicht, wird eine `FileNotFoundException` ausgelöst.

Mit der Methode `read()` kann aus einer Datei gelesen werden. Hier wird folgende Version benutzt:

```
int read() throws IOException
```

Bei jedem `read()`-Aufruf wird ein einzelnes Byte aus der Datei gelesen und als `int`-Wert zurückgegeben. Wird das Dateiende erreicht, wird der Wert -1 zurückgegeben. Im Fall eines Fehlers wird eine `IOException` ausgelöst. Diese Version von `read()` unterscheidet sich also nicht von der Version zum Einlesen von der Konsole.

Nach Abschluss der Operationen sollte die Datei `close()` geschlossen werden. Die allgemeine Form lautet:

```
void close() throws IOException
```

Durch das Schließen einer Datei werden die der Datei zugewiesenen Systemressourcen wieder freigegeben und können von anderen Dateien genutzt werden.

Das folgende Programm verwendet `read()` für die Eingabe und Anzeige des Inhalts einer Textdatei, deren Name in der Befehlszeile als Argument übergeben wird. Beachten Sie die `try`/`catch`-Blöcke, die zwei Fehler abfangen, die bei diesem Programm auftreten können: Die Datei existiert nicht oder der Benutzer hat vergessen, den Dateinamen anzugeben. Dieses Verfahren können Sie immer dann verwenden, wenn Sie mit Argumenten aus der Befehlszeile arbeiten.

```
/* Eine Textdatei anzeigen

   Geben Sie den Namen der Datei an,
   die angezeigt werden soll. Um beispielsweise
   die Datei TEST.TXT anzuzeigen,
   benutzen Sie die folgende Befehlszeile:

   java ShowFile TEST.TXT
*/

import java.io.*;

class ShowFile {
  public static void main(String args[])
    throws IOException
  {
    int i;
    FileInputStream fin;
```

```java
    try {
      fin = new FileInputStream(args[0]);
    } catch(FileNotFoundException exc) {
      System.out.println("Datei nicht gefunden");
      return;
    } catch(ArrayIndexOutOfBoundsException exc) {
      System.out.println("Syntax: ShowFile Dateiname");
      return;
    }

    // Bis zur EOF-Markierung Bytes einlesen
    do {
      i = fin.read();                      ◄──────────  Aus der Datei lesen.
      if(i != -1) System.out.print((char) i);
    } while(i != -1);                      ◄──────────  Wenn i gleich -1 ist, wurde
                                                        das Dateiende erreicht.
    fin.close();
  }
}
```

Frage an den Experten

Frage: Wenn read() das Ende einer Datei erreicht, wird der Wert -1 zurückgegeben, für einen Dateifehler gibt es jedoch keinen speziellen Rückgabewert. Warum ist das so?

Antwort: In Java werden Fehler von Ausnahmen behandelt. Wenn read() oder irgendeine andere I/O-Methode einen Wert zurückgibt, dann bedeutet das, dass kein Fehler aufgetreten ist. Dieser Umgang mit I/O-Fehlern ist wesentlich sauberer als die Verwendung spezieller Fehlercodes.

In eine Datei schreiben

Durch Erzeugen eines `FileOutputStream`-Objekts wird eine Datei für die Ausgabe geöffnet. Die beiden am häufigsten verwendeten Konstruktoren sind:

```
FileOutputStream(String Dateiname) throws FileNotFoundException
FileOutputStream(String Dateiname, boolean anhängen)
    throws FileNotFoundException
```

Wenn die Datei nicht erzeugt werden kann, wird die Ausnahme `FileNotFoundException` ausgelöst. In der ersten Form wird eine vorhandene Datei gleichen Namens überschrieben, wenn eine Ausgabedatei geöffnet wird. In der zweiten Form wird die Ausgabe an das Dateiende angehängt, wenn *anhängen* den Wert `true` hat. Andernfalls wird die Datei überschrieben.

Mit der Methode `write()` wird in eine Datei geschrieben. Die einfachste Form lautet:

```
void write(int byteval) throws IOException
```

Diese Methode schreibt das mit *byteval* angegebene Byte in die Datei. *byteval* wird zwar als `int`-Wert deklariert, es werden jedoch nur die acht niederwertigen Bits in die Datei geschrieben. Kommt es beim Schreiben zu einem Fehler, wird eine `IOException` ausgelöst.

Wie Sie vielleicht wissen, wird die Ausgabe bei den Ausgabeoperationen oft nicht unmittelbar auf das Gerät geschrieben. Häufig wird die Ausgabe so lange gepuffert, bis sich eine gewisse Datenmenge angesammelt hat, die dann mit einer Operation geschrieben wird, um die Effizienz des Systems zu steigern. Dateien auf Festplatten sind beispielsweise über Sektoren verteilt, die eine Länge von 128 Byte oder mehr haben können. Normalerweise wird die Ausgabe so lange gepuffert, bis ein ganzer Sektor auf einmal geschrieben werden kann. Wenn Sie jedoch möchten, dass die Daten auf das Gerät geschrieben werden, unabhängig davon, ob der Puffer voll ist oder nicht, dann können Sie die Methode `flush()` aufrufen.

```
void flush() throws IOException
```

Bei einem Fehler wird eine Ausnahme ausgelöst.

Wenn die Ausgabe an eine Datei abgeschlossen ist, müssen Sie die Datei mit der Methode `close()` schließen:

```
void close() throws IOException
```

Durch das Schließen der Datei werden die der Datei zugewiesenen Systemressourcen für andere Dateien freigegeben. Ferner werden Reste der Ausgabe, die sich noch in einem Puffer befinden, endgültig auf die Festplatte geschrieben.

Im folgenden Beispiel wird eine Textdatei kopiert. Die Namen der Quell- und Zieldatei werden in der Befehlszeile angegeben.

```
/* Eine Textdatei kopieren

   Geben Sie den Namen der Quelldatei und
```

```
       der Zieldatei an. Um beispielsweise
       die Datei FIRST.TXT in die Datei
       SECOND.TXT, zu kopieren, verwenden Sie folgende
       Befehlszeile:

       java CopyFile FIRST.TXT SECOND.TXT
*/

import java.io.*;

class CopyFile {
  public static void main(String args[])
    throws IOException
  {
    int i;
    FileInputStream fin;
    FileOutputStream fout;

    try {
      // Öffnen der Eingabedatei
      try {
        fin = new FileInputStream(args[0]);
      } catch(FileNotFoundException exc) {
        System.out.println("Eingabedatei nicht gefunden");
        return;
      }

      // Öffnen der Ausgabedatei
      try {
        fout = new FileOutputStream(args[1]);
      } catch(FileNotFoundException exc) {
        System.out.println("Fehler beim Öffnen der Ausgabedatei");
        return;
      }
    } catch(ArrayIndexOutOfBoundsException exc) {
      System.out.println("Syntax: CopyFile von nach");
      return;
    }

    // Datei kopieren
    try {
      do {
        i = fin.read();
        if(i != -1) fout.write(i);
      } while(i != -1);
    } catch(IOException exc) {
      System.out.println("Dateifehler");
```

> Bytes aus einer Datei lesen und in eine andere Datei schreiben.

```
    }
    fin.close();
    fout.close();
}
```

1-Minuten-Test
- Was gibt die Methode read() zurück, wenn das Dateiende erreicht wird?
- Was bewirkt die Methode flush()?

Binäre Daten lesen und schreiben

Bisher wurden nur Bytes mit ASCII-Zeichen gelesen und geschrieben, es ist aber auch möglich und üblich, andere Datentypen zu lesen und zu schreiben. Es ist zum Beispiel möglich, Dateien mit int-, double- oder short-Werten zu erzeugen. Die binären Werte der einfachen Datentypen von Java werden mit den Methoden DataInputStream und DataOutputStream gelesen beziehungsweise geschrieben.

DataOutputStream implementiert die DataOutput-Schnittstelle. Diese Schnittstelle definiert Methoden, die alle einfachen Datentypen von Java in eine Datei schreiben. Dabei müssen Sie berücksichtigen, dass diese Daten im internen, binären Format und nicht im lesbaren Textformat geschrieben werden. Tabelle 10.5. führt die gebräuchlichsten Ausgabemethoden für die einfachen Java-Typen auf. Bei einem Fehler löst jede dieser Methoden eine IOException aus.

Ausgabemethode	Aufgabe
void writeBoolean(boolean *Wert*)	Schreibt den mit *Wert* angegebenen boolean-Wert.
void writeByte(int *Wert*)	Schreibt das niederwertige Byte, das mit *Wert* angegeben wurde.
void writeChar(int *Wert*)	Schreibt den mit *Wert* angegebenen Wert als Zeichen.
void writeDouble(double *Wert*)	Schreibt den mit *Wert* angegebenen double-Wert.
void writeFloat(float *Wert*)	Schreibt den mit *Wert* angegebenen float-Wert.
void writeInt(int *Wert*)	Schreibt den mit *Wert* angegebenen int-Wert.
void writeLong(long *Wert*)	Schreibt den mit *Wert* angegebenen long-Wert.
void writeShort(int *Wert*)	Schreibt den mit *Wert* angegebenen short-Wert.

Tabelle 10.5 Die wichtigsten der von DataOutputStream definierten Ausgabemethoden

---

- read() gibt den Wert –1 zurück, wenn das Dateiende erreicht wird.
- Ein Aufruf von flush() bewirkt, dass die gepufferte Ausgabe endgültig auf das Speichergerät geschrieben wird.

Eingabemethode	Aufgabe
boolean readBoolean()	Liest einen boolean-Wert.
byte readByte()	Liest einen byte-Wert.
char readChar()	Liest einen char-Wert.
double readDouble()	Liest einen double-Wert.
float readFloat()	Liest einen float-Wert.
int readInt()	Liest einen int-Wert.
long readLong()	Liest einen long-Wert.
short readShort()	Liest einen short-Wert.

Tabelle 10.6 Die wichtigsten der von DataInputStream definierten Eingabemethoden

Beachten Sie bei dem Konstruktor für DataOutputStream, dass er auf einer Instanz von OutputStream aufbaut:

```
DataOutputStream(OutputStream outputStream)
```

outputStream ist der Stream, in den die Daten geschrieben werden. Um Ausgaben in eine Datei zu schreiben, können Sie ein von FileOutputStream für diesen Parameter erzeugtes Objekt verwenden.

DataInputStream implementiert die DataInput-Schnittstelle, die Methoden zum Lesen der einfachen Java-Typen bereitstellt. Tabelle 10.6 führt diese Methoden auf, die alle eine IOException auslösen können. DataInputStream liegt eine InputStream-Instanz zugrunde, die sie mit Methoden überlagert, die die unterschiedlichen Java-Datentypen lesen. Beachten Sie, dass DataInputStream Daten im binären Format und nicht in der für uns lesbaren Form liest. Der Konstruktor von DataInputStream sieht wie folgt aus:

```
DataInputStream(InputStream inputStream)
```

inputStream ist der Stream, der mit der Instanz von DataInputStream verknüpft ist, die erzeugt wird. Um Eingaben aus einer Datei zu lesen, können Sie das von FileInputStream für diesen Parameter erzeugte Objekt verwenden.

Das folgende Programm veranschaulicht DataOutputStream und DataInputStream. Es schreibt unterschiedliche Datentypen in eine Datei und liest sie anschließend wieder aus dieser Datei.

```java
/* Binäre Daten in eine Datei schreiben und
   anschließend aus dieser Datei lesen */
import java.io.*;
```

```
class RWData {
  public static void main(String args[])
    throws IOException {

    DataOutputStream dataOut;
    DataInputStream dataIn;

    int i = 10;
    double d = 1023.56;
    boolean b = true;

    try {
      dataOut = new
          DataOutputStream(new FileOutputStream("testdaten"));
    }
    catch(IOException exc) {
      System.out.println("Datei kann nicht geöffnet werden.");
      return;
    }

    try {
      System.out.println("Schreibe " + i);
      dataOut.writeInt(i);

      System.out.println("Schreibe " + d);
      dataOut.writeDouble(d);

      System.out.println("Schreibe " + b);
      dataOut.writeBoolean(b);

      System.out.println("Schreibe " + 12.2 * 7.4);
      dataOut.writeDouble(12.2 * 7.4);

    }
    catch(IOException exc) {
      System.out.println("Schreibfehler.");
    }

    dataOut.close();

    System.out.println();

    // Lesen der geschriebenen Daten
    try {
      dataIn = new
          DataInputStream(new FileInputStream("testdaten"));
    }
```

Binäre Daten schreiben.

```
      catch(IOException exc) {
        System.out.println("Datei kann nicht geöffnet werden.");
        return;
      }

      try {
        i = dataIn.readInt();
        System.out.println("Lese " + i);

        d = dataIn.readDouble();
        System.out.println("Lese " + d);

        b = dataIn.readBoolean();
        System.out.println("Lese " + b);

        d = dataIn.readDouble();
        System.out.println("Lese " + d);
      }
      catch(IOException exc) {
        System.out.println("Lesefehler.");
      }

      dataIn.close();
  }
}
```

Binäre Daten lesen.

Das Programm liefert folgende Ausgabe:

```
Schreibe 10
Schreibe 1023.56
Schreibe true
Schreibe 90.28

Lese 10
Lese 1023.56
Lese true
Lese 90.28
```

Kapitel 10: Das I/O-System

1-Minuten-Test

- Welchen Stream-Typ sollten Sie zum Schreiben binärer Daten verwenden?
- Mit welcher Methode schreiben Sie einen **double**-Wert?
- Mit welcher Methode lesen Sie einen **short**-Wert?

Projekt 10.1: Ein Programm zum Vergleichen von Dateien

In diesem Projekt wird ein einfaches aber nützliches Programm zum Vergleich zweier Dateien entwickelt. Die beiden zu vergleichenden Dateien werden geöffnet, gelesen und anschließend die entsprechenden Bytes verglichen. Stimmen Bytes nicht überein, dann unterscheiden sich die Dateien. Wird das Ende beider Dateien gleichzeitig erreicht, ohne dass Unterschiede gefunden wurden, dann stimmen die Dateien überein.

Schritt für Schritt

1. Erstellen Sie eine Datei mit der Bezeichnung `CompFiles.java`.

2. Fügen Sie das folgende Programm in die Datei `CompFiles.java` ein:

```java
/*
    Projekt 10.1

    Zwei Dateien vergleichen

    Geben Sie die Namen der zu vergleichenden
    Dateien in der Befehlszeile an:

    java CompFile FIRST.TXT SECOND.TXT
*/

import java.io.*;

class CompFiles {
  public static void main(String args[])
    throws IOException
  {
    int i=0, j=0;
```

- Zum Schreiben binärer Daten eignet sich `DataOutputStream.`.
- Ein double-Wert wird mit einem Aufruf der Methode `writeDouble()` geschrieben.
- Ein short-Wert wird mit der Methode `readShort()` gelesen.

```java
      FileInputStream f1;
      FileInputStream f2;

      try {
        // Die erste Datei öffnen
        try {
          f1 = new FileInputStream(args[0]);
        } catch(FileNotFoundException exc) {
          System.out.println(args[0] + " Datei nicht gefunden");
          return;
        }

        // Die zweite Datei öffnen
        try {
          f2 = new FileInputStream(args[1]);
        } catch(FileNotFoundException exc) {
          System.out.println(args[1] + " Datei nicht gefunden");
          return;
        }
      } catch(ArrayIndexOutOfBoundsException exc) {
        System.out.println("Syntax: CompFile Datei1 Datei2");
        return;
      }

      // Dateien vergleichen
      try {
        do {
          i = f1.read();
          j = f2.read();
          if(i != j) break;
        } while(i != -1 && j != -1);
      } catch(IOException exc) {
        System.out.println("Dateifehler");
      }
      if(i != j)
        System.out.println("Die Dateien unterscheiden sich.");
      else
        System.out.println("Die Dateien sind gleich.");

      f1.close();
      f2.close();
    }
}
```

3. Um das Programm CompFiles ausprobieren zu können, kopieren Sie zuerst die Datei CompFiles.java in eine Datei mit der Bezeichnung temp. Geben Sie anschließend folgend Befehlszeile ein:

```
java CompFiles CompFiles.java temp
```

Das Programm gibt an, dass die Dateien gleich sind. Vergleichen Sie danach `CompFiles.java` mit der früher erstellten Datei `CopyFile.java`:

```
java CompFiles CompFiles.java CopyFile.java
```

Diese Dateien unterscheiden sich und `CompFiles` stellt dies fest.

4. Fügen Sie `CompFiles` weitere Optionen hinzu, z.B. die Option, dass Groß- und Kleinschreibung außer Acht gelassen werden. `CompFiles` kann auch die Position angeben, an der sich zwei Dateien unterscheiden.

Wahlfreier Dateizugriff

Bisher wurden immer *sequenzielle Dateien* verwendet, also Dateien, auf die linear, Byte für Byte zugegriffen wird. Java erlaubt aber auch einen wahlfreien Zugriff auf den Inhalt einer Datei. Hierfür wird `RandomAccessFile` verwendet, eine Klasse, die eine Datei mit wahlfreiem Zugriff einkapselt. `RandomAccessFile` wird nicht von `InputStream` oder `OutputStream` abgeleitet, sondern implementiert die Schnittstellen `DataInput` und `DataOutput`, die die grundlegenden I/O-Methoden definieren. Sie unterstützt außerdem die Positionierung eines *Dateizeigers* innerhalb der Datei. Hier wird der folgende Konstruktor verwendet:

```
RandomAccessFile(String Dateiname, String Zugriff)
     throws FileNotFoundException
```

Mit *Dateiname* wird der Name der Datei übergeben und *Zugriff* legt den zulässigen Zugriff fest. Bei der Zugriffsangabe »r« kann die Datei gelesen aber nicht in die Datei geschrieben werden. Bei der Zugriffsangabe »rw« wird die Datei im Schreib-/Lesemodus geöffnet.

Mit der Methode `seek()` wird die aktuelle Position des Dateizeigers innerhalb der Datei ermittelt:

```
void seek(long neuePosition) throws IOException
```

neuePosition gibt die neue Position des Dateizeigers in Bytes vom Dateianfang gerechnet an. Nach einem Aufruf von `seek()` wird die nächste Lese- oder Schreiboperation an der neuen Position innerhalb der Datei durchgeführt.

`RandomAccessFile` implementiert die Methoden `read()` und `write()`. Ferner implementiert sie die Schnittstelle `DataInput` und `DataOuput`, so dass Methoden zum Lesen und Schreiben einfacher Typen wie `readInt()` und `writeDouble()` zur Verfügung stehen.

Es folgt ein einfaches Beispiel, das die wahlfreie Ein- und Ausgabe veranschaulicht. Das Programm schreibt sechs **double**-Werte in eine Datei und liest sie anschließend in nicht linearer Reihenfolge.

```java
// Wahlfreier Dateizugriff
import java.io.*;

class RandomAccessDemo {
  public static void main(String args[])
    throws IOException {

    double data[] = { 19.4, 10.1, 123.54, 33.0, 87.9, 74.25 };
    double d;
    RandomAccessFile raf;

    try {
      raf = new RandomAccessFile("random.dat", "rw");   // Eine Datei mit wahlfreiem Zugriff öffnen.
    }
    catch(FileNotFoundException exc) {
    System.out.println("Datei kann nicht geöffnet werden.");
      return ;
    }

    // Werte in die Datei schreiben.
    for(int i=0; i < data.length; i++) {
      try {
        raf.writeDouble(data[i]);
      }
      catch(IOException exc) {
      System.out.println("Fehler beim Schreiben in die Datei.");
        return ;
      }
    }

    try {
      // Bestimmte Werte wieder auslesen
      raf.seek(0); // Den ersten double-Wert suchen
      d = raf.readDouble();
      System.out.println("Der erste Wert ist " + d);

      raf.seek(8); // Den zweiten double-Wert suchen   // Mit seek() den Dateizeiger setze
      d = raf.readDouble();
      System.out.println("Der zweite Wert ist " + d);

      raf.seek(8 * 3); // Den vierten double-Wert suchen
      d = raf.readDouble();
      System.out.println("Der vierte Wert ist " + d);
```

```
      System.out.println();

      // Die übrigen Werte lesen
      System.out.println("Die übrigen Werte sind: ");
      for(int i=0; i < data.length; i+=2) {
        raf.seek(8 * i); // Den i-ten Wert suchen
        d = raf.readDouble();
        System.out.print(d + " ");
      }
    }
    catch(IOException exc) {
      System.out.println("Fehler beim Suchen oder Lesen.");
    }

    raf.close();
  }
}
```

Das Programm liefert folgende Ausgabe:

```
Der erste Wert ist 19.4
Der zweite Wert ist 10.1
Der vierte Wert ist 33.0

Die übrigen Werte sind:
19.4 123.54 87.9
```

Beachten Sie, wie jeder einzelne Wert lokalisiert wird. Da jeder **double**-Wert acht Byte lang ist, beginnt jeder Wert an einer 8-Byte-Grenze. Der erste Wert beginnt an der Position 0, der zweite nach acht Byte, der dritte nach 16 und so weiter. Um den vierten Wert zu lesen, sucht das Programm daher die Position 24.

1-Minuten-Test

- Mit welcher Klasse wird eine Datei mit wahlfreiem Zugriff erzeugt?
- Wie wird ein Dateizeiger positioniert?

- Eine Datei mit wahlfreiem Zugriff wird mit der Klasse RandomAccessFile erzeugt.
- Ein Dateizeiger wird mit der Methode seek() positioniert.

Die zeichenorientierten Streams von Java

In den letzten Abschnitten wurde deutlich, dass die Byte-Streams von Java sowohl leistungsfähig als auch flexibel sind. Sie sind jedoch für die zeichenbasierten Ein- und Ausgabeoperationen nicht optimal geeignet. Hierfür definiert Java die Character-Stream-Klassen. An der Spitze dieser Hierarchie stehen die abstrakten Klassen **Reader** und **Writer**. Tabelle 10.7 führt die Methoden der Klasse **Reader** und Tabelle 10.8 die Methoden der **Writer**-Klasse auf. Im Fall eines Fehlers können alle diese Methoden eine **IOException** auslösen. Die von den beiden abstrakten Klassen definierten Methoden stehen allen ihren Unterklassen zur Verfügung. Sie bilden somit einen minimalen Grundstock für I/O-Funktionen, die alle Character-Streams benötigen.

Methode	Beschreibung
abstract void close()	Schließt die Eingabequelle. Weitere Leseversuche lösen eine IOException aus.
void mark(int *numChars*)	Setzt eine Markierung an die aktuelle Position im Eingabestrom, die gültig bleibt, bis die mit *numChars* angegebene Anzahl Zeichen gelesen wurde.
boolean markSupported()	Gibt den Wert true zurück, wenn mark()/reset() für diesen Stream unterstützt werden.
int read()	Gibt eine ganzzahlige Darstellung des nächsten verfügbaren Zeichens aus dem aufrufenden Input-Stream zurück. Wird das Dateiende erreicht, wird der Wert -1 zurückgegeben.
int read(char *Puffer*[])	Versucht, die mit *Puffer.length* angegebene Anzahl Zeichen in den *Puffer* einzulesen und gibt die Anzahl der erfolgreich gelesenen Zeichen zurück. Beim Erreichen des Dateiendes wird der Wert -1 zurückgegeben.
abstract int read(char *Puffer*[], int *offset*, int *numChars*)	Versucht, die mit *numChars* angegebene Anzahl Zeichen beginnend mit der Position *Puffer[offset]* in den *Puffer* einzulesen. Zurückgegeben wird die Anzahl der erfolgreich eingelesenen Zeichen. Wird das Dateiende erreicht, wird der Wert -1 zurückgegeben.
boolean ready()	Gibt true zurück, wenn die Eingabeanforderung nicht wartet. Andernfalls wird false zurückgegeben.
void reset()	Setzt den Eingabezeiger auf die vorherige Markierung zurück.
long skip(long *numChars*)	Überspringt die mit *numChars* angegebene Anzahl Zeichen und gibt die tatsächlich übersprungenen Zeichen zurück.

Tabelle 10.7 Die von Reader definierten Methoden

Methode	Beschreibung
abstract void close()	Schließt den Output-Stream. Weitere Schreibversuche lösen eine IOException aus.
abstract void flush()	Beendet die Ausgabe und leert alle Puffer. Das heißt, die Puffer werden gelöscht.
void write(int *ch*)	Schreibt ein einzelnes Zeichen in den aufrufenden Output-Stream. Der Parameter ist vom Typ int, so dass write mit Ausdrücken aufgerufen werden kann, ohne dass ein Cast zurück zum Typ char durchgeführt werden muss.
void write(char *Puffer*[])	Schreibt ein vollständiges Array mit Zeichen in den aufrufenden Output-Stream.
abstract void write(char *Puffer*[], int *offset*, int *numChars*)	Schreibt die mit *numChars* angegebene Untermenge von Zeichen aus dem Array *Puffer* in den aufrufenden Output-Stream beginnend an der Position *Puffer[offset]*.
void write(String *str*)	Schreibt *str* in den aufrufenden Output-Stream.
void write(String *str*, int *offset*, int *numChars*)	Schreibt die mit *numChars* angegebene Zeichenmenge aus dem Array *str* beginnend an der mit *offset* angegebenen Position.

Tabelle 10.8 Die von Writer definierten Methoden

Konsoleneingabe mit Character-Streams

Für Code, der international angepasst werden soll, ist das Lesen der Eingabe über die Konsole mit den zeichenorientierten Streams von Java besser geeignet und bequemer als das Lesen von über die Tastatur eingegebenen Zeichen mit Byte-Streams. Da es sich bei System.in jedoch um einen Byte-Stream handelt, müssen Sie System.in mit einem Typ der Klasse Reader umgeben. Zum Einlesen von Konsoleneingaben eignet sich die Klasse BufferedReader am besten, die einen gepufferten Input-Stream unterstützt. Allerdings können Sie ein BufferedReader-Objekt nicht direkt über System.in konstruieren. Sie müssen vielmehr zuerst eine Umwandlung in einen Character-Stream vornehmen. Hierfür benutzen Sie die Klasse InputStreamReader, die Bytes in Zeichen umwandelt. Mit dem folgenden Konstruktor erzeugen Sie ein InputStreamReader-Objekt, das mit System.in verknüpft ist:

InputStreamReader(InputStream *inputStream*)

Da System.in auf ein Objekt vom Typ InputStream verweist, kann es für den *inputStream* verwendet werden.

Anschließend konstruieren Sie mit dem von InputStreamReader erzeugten Objekt ein BufferedReader-Objekt. Dies geschieht mit Hilfe des folgenden Konstruktors:

```
BufferedReader(Reader inputReader)
```

inputReader ist der Stream, der mit der Instanz von `BufferedReader` verbunden ist, die erzeugt wird. Wenn diese einzelnen Anweisungen zusammengefügt werden, dann kann mit der folgenden Codezeile ein `BufferedReader`-Objekt erzeugt werden, das mit der Tastatur verbunden ist:

```
BufferedReader br = new BufferedReader(new
                        InputStreamReader(System.in));
```

Nach Ausführung dieser Anweisung ist `br` ein zeichenbasierter Stream, der über `System.in` mit der Konsole verknüpft ist

Zeichen lesen

Von `System.in` können mit der Methode `read()`, die von `BufferedReader` definiert wird, auf die gleiche Weise Zeichen gelesen werden, wie dies auch bei Byte-Streams geschieht. `BufferedReader` definiert die folgenden Versionen von `read()`.

```
int read() throws IOException
int read(char Daten[]) throws IOException
int read(char Daten[], int Start, int max) throws IOException
```

Die erste Version von `read()` liest ein einzelnes Unicode-Zeichen. Sie gibt -1 zurück, wenn das Ende des Streams erreicht wurde. Die zweite Version liest Zeichen aus dem Input-Stream und legt sie in *Daten* ab, bis entweder das Array voll, das Dateiende erreicht oder ein Fehler aufgetreten ist. Sie gibt die Anzahl der gelesenen Zeichen oder den Wert -1 zurück, wenn das Ende des Stream erreicht wurde. Die dritte Version liest beginnend an der mit *Start* angegebenen Position in das Array *Daten* ein. Es wird maximal die mit *max* angegebene Anzahl Zeichen gespeichert. Sie gibt die Anzahl der gelesenen Zeichen oder den Wert -1 zurück, wenn das Ende des Stream erreicht wurde. Im Fall eines Fehlers lösen alle drei Versionen eine `IOException` aus. Beim Lesen aus `System.in` setzt das Drücken der Eingabetaste die Markierung für das Dateiende.

Das folgende Programm demonstriert `read()`. Es liest so lange Zeichen von der Konsole ein, bis der Benutzer einen Punkt eingibt.

```
// Mit einem BufferedReader-Objekt Zeichen von der Konsole
einlesen
import java.io.*;
```

```
class ReadChars {
  public static void main(String args[])
    throws IOException
  {
    char c;
    BufferedReader br = new
            BufferedReader(new
                    InputStreamReader(System.in));

    System.out.println("Geben Sie Zeichen ein und " +
      "beenden Sie die Eingabe mit einem Punkt.");

    // Zeichen einlesen
    do {
      c = (char) br.read();
      System.out.println(c);
    } while(c != '.');
  }
}
```

> Einen BufferedReader mit einer Verbindung zu System.in einrichten.

Folgende Ausgabe erzeugt das Programm bei der Ausführung:

```
Geben Sie Zeichen ein und beenden Sie die Eingabe mimpt einem
Punkt.
eins zwei drei.
e
i
n
s

z
w
e
i

d
r
e
i
.
```

Zeichenfolgen lesen

Eine Zeichenfolge wird von der Tastatur mit `readLine()` eingelesen, einem Member der Klasse `BufferedReader`. Die allgemeine Form lautet:

```
String readLine() throws IOException
```

Der Rückgabewert ist ein `String`-Objekt mit den gelesenen Zeichen. Beim Erreichen des Stream-Endes wird der Wert -1 zurückgegeben.

Das folgende Programm veranschaulicht `BufferedReader` und die `readLine()`-Methode. Es liest so lange Textzeilen ein und gibt sie aus, bis das Wort »stopp« eingegeben wird.

```java
/* Eine Zeichenfolge von der Konsole mit einem
BufferedReader-Objekt einlesen */
import java.io.*;

class ReadLines {
  public static void main(String args[])
    throws IOException
  {
    // Ein BufferedReader-Objekt für System.in einrichten
    BufferedReader br = new BufferedReader(new
                        InputStreamReader(System.in));
    String str;

    System.out.println("Textzeilen eingeben.");
    System.out.println("Eingabe mit 'stopp' beenden.");
    do {
      str = br.readLine();
      System.out.println(str);
    } while(!str.equals("stopp"));
  }
}
```

Mit der Methode readLine() von BufferedReader eine Textzeile einlesen.

Konsolenausgabe mit Character-Streams

Es ist zwar nach wie vor zulässig, über `System.out` auf die Java-Konsole zu schreiben, allerdings ist das nur noch für die Fehlersuche oder für einfache Beispielprogramme empfehlenswert. In der Praxis zieht man es in Java vor, mit einem `PrintWriter`-Stream auf die Konsole zu schreiben. `PrintWriter` ist eine der zeichenorientierten Klassen. Wie bereits erwähnt wurde, erleichtert die Verwendung einer zeichenorientierten Klasse eine Anpassung des Programms an internationale Standards.

PrintWriter definiert mehrere Konstruktoren. Hier wird der folgende benutzt:

PrintWriter(OutputStream *outputStream*, boolean *flushOnNewline*)

outputStream ist ein Objekt vom Typ OutputStream und *flushOnNewline* steuert, ob Java den Output-Stream jedes Mal leert, wenn println() aufgerufen wird. Hat *flushOnNewline* den Wert true, dann wird der Stream automatisch geleert. Wenn der Wert false ist, wird der Stream nicht automatisch geleert.

PrintWriter unterstützt die Methoden print() und println()für alle Typen, auch für den Typ Object. Sie können diese Methoden in der gleichen Weise verwenden, wie dies bei System.out der Fall ist. Wenn ein Argument kein einfacher Typ ist, rufen die PrintWriter-Methoden die toString()-Methode des Objekts auf und geben das Ergebnis aus.

Um mit PrintWriter auf die Konsole zu schreiben, geben Sie System.out für den Output-Stream an und leeren den Stream nach jedem Aufruf von println(). Die folgende Codezeile erzeugt beispielsweise ein mit der Konsolenausgabe verbundenes PrintWriter-Objekt:

PrintWriter pw = new PrintWriter(System.out, true);

Die folgende Anwendung zeigt die Verwendung von PrintWriter für die Konsolenausgabe:

```java
// Beispiel für PrintWriter
import java.io.*;

public class PrintWriterDemo {
  public static void main(String args[]) {
    PrintWriter pw = new PrintWriter(System.out, true);
    int i = 10;
    double d = 123.67;

    pw.println("Verwendung eines PrintWriter-Objekts.");
    pw.println(i);
    pw.println(d);

    pw.println(i + " + " + d + " ist " + i+d);
  }
}
```

> Ein mit System.out verbundenes PrintWriter-Objekt erzeugen.

Das Programm gibt aus:

```
Verwendung eines PrintWriter-Objekts.
10
123.67
10 + 123.67 ist 10123.67
```

Es ist durchaus zulässig, `System.out` für die Ausgabe von kurzen Texten über die Konsole zu verwenden, so lange dies für Übungszwecke oder bei der Fehlersuche geschieht. In der Praxis wird jedoch `PrintWriter` wegen der leichteren internationalen Anpassung eines Programms vorgezogen. Da in diesem Beispielprogramm `PrintWriter` keine weiteren Vorteile bietet, wird hier weiterhin `System.out` für die Konsolenausgabe verwendet.

1-Minuten-Test

- Welche Klassen stehen an der Spitze der zeichenorientierten Stream-Klassen?
- Welchen Reader-Typ öffnen Sie zum Lesen von der Konsole?
- Welchen Reader-Typ öffnen Sie zum Schreiben auf die Konsole?

Dateiein- und -ausgabe mit Character-Streams

Am weitesten verbreitet ist sicher die byteorientierte Dateiein- und -ausgabe, es können aber auch zeichenorientierte Streams benutzt werden. Der Vorteil der Character-Streams liegt darin, dass sie direkt Unicode-Zeichen verwenden. Daher sind Character-Streams für den Umgang mit Unicode-Texten besser geeignet. Im Allgemeinen werden die Klassen `FileReader` und `FileWriter` für die zeichenbasierte Ein- und Ausgabe verwendet.

Einen FileWriter einsetzen

`FileWriter` erzeugt ein `Writer`-Objekt, mit dem Sie in eine Datei schreiben können. Die gebräuchlichsten Konstruktoren sind:

```
FileWriter(String Dateiname) throws IOException
FileWriter(String Dateiname, boolean append) throws IOException
```

- An der Spitze der zeichenorientierten Stream-Klassen stehen `Reader` und `Writer`.
- Zum Lesen von der Konsole wird ein `BufferedReader` verwendet.
- Zum Schreiben auf die Konsole wird ein `BufferedWriter` verwendet.

Der *Dateiname* nennt die Datei mit ihrem vollständigen Pfad. Hat *append* den Wert true, dann wird die Ausgabe an das Ende der Datei angehängt. Andernfalls wird die Datei überschrieben. Im Fall eines Fehlers wird immer eine IOException ausgelöst. FileWriter wird von OutputStreamWriter und Writer abgeleitet. Auf die von diesen Klassen definierten Methoden kann daher zugegriffen werden.

Das folgende einfache Tastatureingabeprogramm liest über die Tastatur eingegebene Textzeilen und schreibt sie in die Datei test.txt. Der Text wird so lange eingelesen, bis der Benutzer das Wort »stopp« eingibt. Das Programm verwendet einen FileWriter für die Ausgabe in die Datei.

```java
/* Ein einfaches Programm zur
   Veranschaulichung eines FileWriter. */

import java.io.*;

class KtoD {
  public static void main(String args[])
  throws IOException {

    String str;
    FileWriter fw;
    BufferedReader br =
        new BufferedReader(
            new InputStreamReader(System.in));

    try {
      fw = new FileWriter("test.txt");    // Einen FileWriter einrichten.
    }
    catch(IOException exc) {
      System.out.println("Datei kann nicht geöffnet werden.");
      return ;
    }

    System.out.println("Geben Sie Text ein ('stopp' zum Beenden).");
    do {
      System.out.print(": ");
      str = br.readLine();

      if(str.compareTo("stopp") == 0) break;

      str = str + "\r\n"; // Neue Zeile
      fw.write(str);     // Zeichenfolgen in die Datei schreiben.
    } while(str.compareTo("stopp") != 0);

    fw.close();
  }
}
```

Einen FileReader verwenden

Die `FileReader`-Klasse erzeugt ein `Reader`-Objekt, mit dem Sie den Inhalt einer Datei lesen können. Der am häufigsten verwendet Konstruktor ist:

`FileReader(String Dateiname) throws FileNotFoundException`

Dateiname gibt den Dateinamen mit dem vollständigen Pfad an. Ist die Datei nicht vorhanden, wird eine `FileNotFoundException` ausgelöst. `FileReader` wird von `InputStreamReader` und `Reader` abgeleitet und hat somit Zugriff auf die von diesen Klassen definierten Methoden.

Das folgende Programm liest aus der Datei `test.txt` und zeigt den Inhalt auf dem Bildschirm an. Es ist ein Komplement für das im letzten Abschnitt vorgestellte Programm.

```
/* Ein Beispiel zur Veranschaulichung
   eines FileReader. */

import java.io.*;

class DtoS {
  public static void main(String args[]) throws Exception {
    FileReader fr = new FileReader("test.txt");
    BufferedReader br = new BufferedReader(fr);
    String s;

    while((s = br.readLine()) != null) {     // Zeilen aus der Datei lesen und
      System.out.println(s);                  // auf dem Bildschirm anzeigen.
    }

    fr.close();
  }
}
```

In diesem Beispiel ist `FileReader` in einem `BufferedReader` eingeschlossen. Deshalb ist der Zugriff `readLine()` möglich.

1-Minuten-Test
- Mit welcher Klasse werden Zeichen aus einer Datei gelesen?
- Mit welcher Klasse werden Zeichen in eine Datei geschrieben?

- Zeichen werden mit `FileReader` aus einer Datei gelesen.
- Zeichen werden mit `FileWriter` in eine Datei geschrieben.

Mit den Typ-Wrappers numerische Zeichenfolgen umwandeln

Zum Abschluss des Themas Ein- und Ausgabe wird eine Technik zur Umwandlung numerischer Zeichenfolgen vorgestellt. Die `println()`-Methode von Java stellt eine bequeme Möglichkeit zur Ausgabe unterschiedlicher Datentypen über die Konsole zur Verfügung, zu denen auch die numerischen Werte der vordefinierten einfachen Typen wie `int` und `double` gehören. `println()` wandelt numerische Werte automatisch in eine lesbare Form um. Java bietet jedoch keine Eingabemethode an, die Zeichenfolgen mit numerischen Werten liest und in das interne, binäre Format umwandelt. Beispielsweise ist es nicht möglich, die Tastatureingabe »100« einzulesen und automatisch in den entsprechenden binären Wert umwandeln zu lassen, der dann in einer `int`-Variablen gespeichert werden könnte. Für diese Aufgabe benötigen Sie einen der *Typ-Wrapper* von Java.

Die Typ-Wrapper sind Klassen, die einfache Typen einkapseln oder »umhüllen« (englisch *to wrap = umhüllen, einwickeln*). Typ-Wrapper werden benötigt, weil einfache Typen keine Objekte sind. Das schränkt die Verwendungsmöglichkeiten bis zu einem gewissen Grad ein. Ein einfacher Typ kann nicht über einen Verweis weitergereicht werden. Für diese Zwecke stellt Java Klassen zur Verfügung, die den einzelnen einfachen Typen entsprechen.

Es gibt die Typ-Wrapper `Double`, `Float`, `Long`, `Integer`, `Short`, `Byte`, `Character` und `Boolean`. Diese Klassen bieten eine Vielzahl von Methoden, mit denen die einfachen Typen vollständig in die Objekthierarchie von Java eingebunden werden können. Zusätzlich definieren die numerischen Wrapper Methoden, die numerische Zeichenfolgen in ihre binären Entsprechungen umwandeln. Die folgende Tabelle führt diese Umwandlungsmethoden auf. Jede von ihnen gibt einen binären Wert zurück, der der Zeichenfolge entspricht.

Wrapper	Umwandlungsmethode
Double	static double parseDouble(String str) throws NumberFormatException
Float	static float parseFloat(String str) throws NumberFormatException
Long	static long parseLong(String str) throws NumberFormatException
Integer	static int parseInt(String str) throws NumberFormatException
Short	static short parseShort(String str) throws NumberFormatException
Byte	static byte parseByte(String str) throws NumberFormatException

Die Integer-Wrapper bieten noch eine zweite Zerlegungsmethode an, bei der die Basis für die Umwandlung angegeben werden kann.

Diese Methoden stellen ein einfaches Verfahren dar, eine über die Tastatur oder aus einer Datei eingelesene Zeichenfolge in das korrekte interne Format umzuwandeln. Das folgende Beispielprogramm demonstriert die Methoden **parseInt()** und **parseDouble()**. Es ermittelt den Durchschnittswert für eine Reihe vom Benutzer eingegebener Zahlen. Zuerst wird der Benutzer gefragt, wie viele Zahlen er eingeben möchte. Anschließend wird die Anzahl mit **readLine()** eingelesen und mit **parseInt()** in eine ganze Zahl umgewandelt. Danach werden die Zeichenfolgen der eingegebenen Werte mit **parseDouble()** in die entsprechenden **double**-Werte umgewandelt.

```java
/* Dieses Programm errechnet den Durchschnittswert
   einer vom Benutzer eingegebenen Zahlenreihe */

import java.io.*;

class AvgNums {
  public static void main(String args[])
    throws IOException
  {
    // Einen BufferedReader mit System.in einrichten
    BufferedReader br = new
      BufferedReader(new InputStreamReader(System.in));
    String str;
    int n;
    double sum = 0.0;
    double avg, t;

    System.out.print("Wie viele Zahlen möchten Sie eingeben: ");
    str = br.readLine();
    try {
      n = Integer.parseInt(str);          // Die Zeichenfolge in einen int-Wert umwandeln.
    }
    catch(NumberFormatException exc) {
      System.out.println("Ungültiges Format");
      n = 0;
    }

    System.out.println("Geben Sie " + n + " Werte ein.");
    for(int i=0; i < n ; i++)   {
      System.out.print(": ");
      str = br.readLine();
      try {
        t = Double.parseDouble(str);      // Die Zeichenfolge in einen double-Wert umwandeln.
      } catch(NumberFormatException exc) {
        System.out.println("Ungültiges Format");
        t = 0.0;
```

```
      }
      sum += t;
    }
    avg = sum / n;
    System.out.println("Der Durchschnittswert ist " + avg);
  }
}
```

Ein Beispiel für einen Programmdurchlauf:

```
Wie viele Zahlen möchten Sie eingeben: 5
Geben Sie 5 Werte ein.
: 1.1
: 2.2
: 3.3
: 4.4
: 5.5
Der Durchschnittswert ist 3.3
```

Frage an den Experten

Frage: Wozu können die einfachen Typ-Wrapper-Klassen noch verwendet werden?

Antwort: Die einfachen Typ-Wrapper-Klassen stellen viele Methoden zur Verfügung, mit denen die einfachen Typen in die Objekthierarchie integriert werden können. Verschiedene Speichermechanismen der Java-Bibliothek wie Maps, Listen und Sets funktionieren beispielsweise nur mit Objekten. Um einen int-Wert in einer Liste speichern zu können, muss er in ein Objekt verpackt werden. Ferner verfügen alle Typ-Wrapper über die Methode compareTo(), die die eingepackten Werte vergleichen kann. Mit der Methode equals() können zwei Werte auf Übereinstimmung geprüft werden. Andere Methoden geben Werte einfachen Typs in unterschiedlicher Form zurück.

Projekt 10.2: Ein Hilfesystem auf der Festplatte einrichten

In Projekt 4.1 haben Sie die Help-Klasse eingerichtet, die Informationen über die Java-Steueranweisungen anzeigt. Bei dieser Implementierung wurden die Informationen innerhalb der Klasse selbst gespeichert und der Benutzer konnte im Menü eine Reihe von Optionen auswählen. Das Hilfesystem ist zwar funktional, aber sicherlich keine ideale Lösung. Um die Hilfe zu erweitern oder ändern, muss beispielsweise der gesamte Programmcode geändert werden. Außerdem ist die Themenauswahl über Nummern anstatt über die Eingabe des Themas nicht sehr elegant und ungeeignet für lange Themenlisten. In diesem Projekt werden diese Nachteile abgestellt und ein auf der Festplatte gespeichertes Hilfesystem eingerichtet.

Die Informationen des Hilfesystems werden in einer Datei auf der Festplatte gespeichert. Diese normale Textdatei kann verändert oder ergänzt werden, ohne dass das Programm selbst geändert werden muss. Der Benutzer erhält die Informationen, wenn er die entsprechende Bezeichnung eingibt. Das System durchsucht die Datei nach dem gewünschten Thema und zeigt sie falls vorhanden an.

Schritt für Schritt

1. Erstellen Sie die Textdatei für das Hilfesystem. Sie ist wie folgt aufgebaut:

```
#Thema1
Informationen

#Thema2
Informationen

.
.
.

#ThemaN
Informationen
```

Dem Thema muss ein Doppelkreuz (#) vorangestellt werden und es muss in einer eigenen Zeile stehen. Durch das vorangestellte Doppelkreuz findet das Programm sehr schnell den Beginn eines Themas. Auf das Thema folgt eine beliebige Anzahl von Informationszeilen zum Thema. Zwischen den Informationen und dem Beginn des nächsten Themas muss eine Leerzeile stehen. Am Zeilenende dürfen keine Leerzeichen stehen.

Das folgende Beispiel zeigt eine einfache Hilfedatei, mit der Sie das Hilfesystem testen können. Sie enthält Informationen zu den Java-Steueranweisungen.

```
#if
if(Bedingung) Anweisung;
else Anweisung;

#switch
switch(Ausdruck) {
```

```
case-Konstante:
  Anweisungsfolge
  break;
  // ...
}

#for
for(Initialisierung; Bedingung; Iteration) Anweisung;

#while
while(Bedingung) Anweisung;

#do
do {
  Anweisung;
} while (Bedingung);

#break
break; oder break Marke;

#continue
continue; oder continue Marke;
```

Nennen Sie diese Datei **helpfile.txt**.

2. Erstellen Sie eine Datei mit der Bezeichnung **FileHelp.java**.
3. Erstellen Sie die neue **Help**-Klasse mit folgenden Zeilen:

```
class Help {
  String helpfile; // Name der Hilfedatei

  Help(String fname) {
    helpfile = fname;
  }
```

Der Name der Hilfedatei wird dem **Help**-Konstruktor übergeben und in der Instanzvariablen **helpfile** gespeichert. Da jede Instanz von **Help** eine eigene Kopie von **helpfile** besitzt, kann jede Instanz eine andere Datei verwenden. Sie können also unterschiedliche Hilfedateien für verschiedene Themenbereiche erstellen.

4. Fügen Sie die Methode **helpon()** der **Help**-Klasse hinzu. Diese Methode sucht die Hilfe zum angegebenen Thema.

```
// Hilfe zu einem Thema anzeigen
boolean helpon(String what) {
  FileReader fr;
```

```java
BufferedReader helpRdr;
int ch;
String topic, info;

try {
  fr = new FileReader(helpfile);
  helpRdr = new BufferedReader(fr);
}
catch(FileNotFoundException exc) {
  System.out.println("Hilfedatei nicht gefunden.");
  return false;
}
catch(IOException exc) {
  System.out.println("Datei kann nicht geöffnet werden.");
  return false;
}

try {
  do {
    // Bis zum # Zeichen einlesen
    ch = helpRdr.read();

    // Richtiges Thema gefunden?
    if(ch == '#') {
      topic = helpRdr.readLine();
      if(what.compareTo(topic) == 0) { // Thema gefunden
        do {
          info = helpRdr.readLine();
          if(info != null) System.out.println(info);
        } while((info != null) &&
                (info.compareTo("") != 0));
        return true;
      }
    }
  } while(ch != -1);
}
catch(IOException exc) {
  System.out.println("Dateifehler.");
  try {
    helpRdr.close();
  }
  catch(IOException exc2) {
    System.out.println("Fehler. Datei wird geschlossen.");
  }
  return false;
}
try {
  helpRdr.close();
}
```

```
  catch(IOException exc) {
    System.out.println("Fehler. Datei wird geschlossen.");
  }
  return false; // Thema nicht gefunden
}
```

`helpon()` behandelt alle möglichen I/O-Ausnahmen selbst. Sie enthält keine **throws**-Klausel. Dadurch wird die zusätzliche Belastung vermieden, die entstehen würde, wenn der übrige Code diese Klausel verwenden müsste. `helpon()` kann aufgerufen werden, ohne dass dieser Aufruf mit einem **try**-/**catch**-Block umgeben werden muss.

Die Hilfedatei wird mit einem `FileReader` geöffnet, der in einen `BufferedReader` eingepackt ist. Da die Datei Text enthält, lässt sich das Hilfesystem mit einem Character-Stream leichter lokalen Besonderheiten anpassen.

Die `helpon()`-Methode funktioniert wie folgt: Eine Zeichenfolge mit der Themenbezeichnung wird mit dem Parameter `was` übergeben. Die Hilfedatei wird geöffnet. Anschließend wird in der Datei nach einer Übereinstimmung zwischen `was` und den Themen aus der Datei gesucht. Da jedem Thema ein Doppelkreuz voransteht, durchsucht die Schleife die Datei nach diesem Zeichen. Wird ein Doppelkreuz gefunden, wird überprüft, ob das dazugehörige Thema mit dem in `was` angegebenen Thema übereinstimmt. Ist dies der Fall, werden die Informationen zum Thema angezeigt. Bei Übereinstimmung gibt `helpon()` den Wert `true` zurück, andernfalls wird `false` zurückgegeben.

5. Die `Help`-Klasse enthält außerdem die Methode `getSelection()`. Sie fragt den Benutzer nach einem Thema und gibt die vom Benutzer eingegebene Zeichenfolge zurück.

```
// Ein Hilfethema holen
String getSelection() {
  String topic = "";

  BufferedReader br = new BufferedReader(
          new InputStreamReader(System.in));

  System.out.print("Geben Sie ein Thema ein: ");
  try {
    topic = br.readLine();
  }
  catch(IOException exc) {
    System.out.println("Fehler beim Lesen von der
                        Konsole.");
  }
```

```
    return topic;
  }
```

Diese Methode erzeugt einen mit `System.in` verbundenen `BufferedReader`. Anschließend fordert sie zur Eingabe eines Themas auf, liest die Eingabe und gibt sie an den Aufrufer zurück.

6. Es folgt der vollständige Code des Hilfesystems:

```
/*
   Projekt 10.2

   Ein Hilfeprogramm mit Informationen, die
   in einer Datei auf der Festplatte gespeichert sind.
*/

import java.io.*;

/* Die Help-Klasse öffnet eine Hilfedatei,
   sucht nach dem Thema und zeigt die
   Informationen zum Thema an.
   Sie behandelt alle I/O-Ausnahmen selbst
   und vermeidet damit den Aufruf von
   speziellem Code für diese Aufgabe. */
class Help {
  String helpfile; // Name der Hilfedatei

  Help(String fname) {
    helpfile = fname;
  }

  // Hilfe zu einem Thema anzeigen
  boolean helpon(String what) {
    FileReader fr;
    BufferedReader helpRdr;
    int ch;
    String topic, info;

    try {
      fr = new FileReader(helpfile);
      helpRdr = new BufferedReader(fr);
    }
    catch(FileNotFoundException exc) {
      System.out.println("Hilfedatei nicht gefunden.");
      return false;
    }
    catch(IOException exc) {
      System.out.println("Datei kann nicht geöffnet werden.");
      return false;
    }
```

```java
    try {
      do {
        // Bis zum # Zeichen einlesen
        ch = helpRdr.read();

        // Richtiges Thema gefunden?
        if(ch == '#') {
          topic = helpRdr.readLine();
          if(what.compareTo(topic) == 0) { // Thema gefunden
            do {
              info = helpRdr.readLine();
              if(info != null) System.out.println(info);
            } while((info != null) &&
                    (info.compareTo("") != 0));
            return true;
          }
        }
      } while(ch != -1);
    }
    catch(IOException exc) {
      System.out.println("Dateifehler.");
      try {
        helpRdr.close();
      }
      catch(IOException exc2) {
        System.out.println("Fehler. Datei wird geschlossen.");
      }
      return false;
    }
    try {
      helpRdr.close();
    }
    catch(IOException exc) {
      System.out.println("Fehler. Datei wird geschlossen.");
    }
    return false; // Thema nicht gefunden
  }

  // Ein Hilfethema holen
  String getSelection() {
    String topic = "";

    BufferedReader br = new BufferedReader(
            new InputStreamReader(System.in));

    System.out.print("Geben Sie ein Thema ein: ");
    try {
      topic = br.readLine();
    }
```

```
      catch(IOException exc) {
        System.out.println("Fehler beim Lesen von der Konsole.");
      }
      return topic;
   }
}

// Das Hilfesystem vorführen
class FileHelp {
  public static void main(String args[]) {
    Help hlpobj = new Help("helpfile.txt");
    String topic;

    System.out.println("Probieren Sie die Hilfe aus. " +
                       "Geben Sie 'stopp' zum Beenden ein.");
    do {
      topic = hlpobj.getSelection();

      if(!hlpobj.helpon(topic))
        System.out.println("Thema nicht gefunden.\n");

    } while(topic.compareTo("stopp") != 0);
  }
}
```

☑ Übungsaufgaben

1. Warum definiert Java sowohl Byte- als auch Character-Streams?
2. Warum verwendet Java Byte-Streams für die Konsolenein- und -ausgabe, obwohl diese zeichenorientiert ist?
3. Wie wird eine Datei zum Lesen von Bytes geöffnet?
4. Wie wird eine Datei zum Lesen von Zeichen geöffnet?
5. Wie wird eine Datei für wahlfreie Ein- und Ausgabeoperationen geöffnet?
6. Wie wandeln Sie eine numerische Zeichenfolge wie »123.23« in ihre binäre Entsprechung um?
7. Schreiben Sie ein Programm, das eine Textdatei kopiert. Bei diesem Vorgang sollen alle Leerzeichen in Bindestriche umgewandelt werden. Verwenden Sie Byte-Stream-Klassen.
8. Schreiben Sie das Programm von Frage 7 so um, dass Character-Stream-Klassen verwendet werden.

Kapitel 11

Multithread-Programmierung

Lernziele

- Grundlagen der Multithread-Programmierung
- Einen Thread erzeugen
- Mehrere Threads erzeugen
- Das Ende eines Thread bestimmen
- Thread-Prioritäten
- Threads synchronisieren
- Kommunikation zwischen Threads
- Threads unterbrechen, wieder aufnehmen und beenden

Von den vielen innovativen Eigenschaften von Java ist die integrierte *Multithread-Programmierung* eine der interessantesten. Ein Multithread-Programm besteht aus zwei oder mehreren Teilen, die gleichzeitig ausgeführt werden können. Die einzelnen Teile eines solchen Programms werden *Threads* genannt. Jeder Thread legt einen eigenen Verlauf der Programmausführung fest. Das Multithreading ist somit ein Sonderfall des Multitasking.

Grundlagen der Multithread-Programmierung

Es werden zwei Arten von Multitasking unterschieden: Das prozessbasierte und das auf Threads aufbauende Multitasking. Es ist wichtig, die Unterschiede zwischen beiden zu kennen. Ein Prozess ist im Wesentlichen ein ausgeführtes Programm. Beim *prozessbasierten* Multitasking ist der Computer daher in der Lage, zwei oder mehrere Programme gleichzeitig auszuführen. Das prozessbasierte Multitasking erlaubt ihnen beispielsweise die Ausführung des Java-Compilers während der Arbeit mit einer Textverarbeitung oder während Sie im Internet surfen. Beim prozessbasierten Multitasking ist ein Programm die kleinste Codeeinheit, der von der CPU Ausführungszeit zugewiesen werden kann.

In einer *Thread-basierten* Multitasking-Umgebung ist der Thread die kleinste Codeeinheit, der Ausführungszeit zugewiesen wird. Das bedeutet, dass ein einzelnes Programm zwei oder mehrere Tasks gleichzeitig ausführen kann. Ein Texteditor kann beispielsweise Text formatieren, während er gleichzeitig druckt, wenn beide Operationen von getrennten Threads durchgeführt werden. Java-Programme nutzen zwar auch die Möglichkeiten der prozessbasierten Multitasking-Umgebung, bei dieser Form des Multitasking hat Java jedoch nicht die Kontrolle, was beim Multithreading der Fall ist.

Der Hauptvorteil des Multithreading liegt darin, dass Sie sehr effiziente Programme schreiben können, weil Sie die in den meisten Programmen vorhandenen Wartezeiten nutzen können. Wie Sie vielleicht wissen, sind die meisten Ein- und Ausgabeoperationen, seien es Netzwerk-Verbindungen, Festplattenoperationen oder die Tastaturein- und -ausgaben, wesentlich langsamer als die Programmausführung durch die CPU. Ein Programm verbringt also den größten Teil seiner Ausführungszeit damit, darauf zu warten, dass es Informationen an ein Gerät senden kann oder von diesem empfängt. Beim Multithreading kann das Programm in dieser Zeit andere Aufgaben erledigen. Während ein Programmteil beispielsweise eine Datei über das Internet versendet, kann ein anderer Teil eine Tastatureingabe lesen und ein weiterer Programmteil kann den als nächstes zu versendenden Datenblock zwischenspeichern.

Ein Thread kann sich in mehreren Zuständen befinden. Er kann *ausgeführt* werden oder er kann bereit zur Ausführung sein und auf CPU-Zeit warten. Ein ausgeführter Thread kann temporär *ausgesetzt* und später *wieder aufgenommen* werden. Wenn er auf eine Ressource wartet, kann er *blockiert* sein. Ist die Ausführung *abgeschlossen*, dann kann er später nicht wieder aufgenommen werden.

In Verbindung mit dem Thread-basierten Multitasking ist eine *Synchronisation* erforderlich, die die Ausführung der Threads nach bestimmten Regeln koordiniert. Java verfügt über ein vollständiges Untersystem, das für die Synchronisation zuständig ist. Die Haupteigenschaften dieses Systems sollen hier beschrieben werden.

Wenn Sie bereits für Betriebssysteme wie Windows 98 oder Windows 2000 programmiert haben, dann kennen Sie sich mit der Multithread-Programmierung vielleicht bereits aus. Die Tatsache, dass Threads in Java über Sprachelemente gehandhabt werden, macht das Multithreading besonders bequem und viele der besonderen Java-Eigenschaften werden Ihnen hier vorgestellt.

Die Thread-Klasse und die Runnable-Schnittstelle

Das Multithreading-System von Java basiert auf der **Thread**-Klasse und der dazugehörigen Schnittstelle **Runnable**. **Thread** kapselt einen auszuführenden Thread ein. Um einen neuen Thread zu erzeugen, muss das Programm entweder **Thread** erweitern oder die **Runnable**-Schnittstelle implementieren.

Die **Thread**-Klasse definiert zahlreiche Methoden für den Umgang mit Threads. Einige der gebräuchlichsten werden hier aufgeführt und ihre Verwendung später noch genauer erläutert:

Methode	Bedeutung
final String getName()	Übernimmt einen Thread-Namen.
final int getPriority()	Ermittelt die Thread-Priorität.
final boolean isAlive()	Stellt fest, ob ein Thread noch ausgeführt wird.
final void join()	Wartet auf das Ende eines Thread.
void run()	Einstiegspunkt für den Thread.
static void sleep(long Millisekunden)	Unterbricht einen Thread für die in Millisekunden angegebene Zeit.
void start()	Startet einen Thread über den Aufruf seiner run()-Methode.

Alle Prozesse führen mindestens einen Thread aus, der gewöhnlich als *Haupt-Thread* bezeichnet wird, weil er zu Beginn des Programms ausgeführt wird. Diesen Haupt-Thread finden Sie in allen bisher vorgestellten Beispielprogrammen. Vom Haupt-Thread können weitere Threads abgeleitet werden.

1-Minuten-Test
- Was ist der Unterschied zwischen prozessbasiertem und Thread-basiertem Multitasking?
- Welche Thread-Zustände werden unterschieden?
- Welche Klasse kapselt einen Thread ein?

Einen Thread erzeugen

Ein Thread wird über eine Instanz eines Objekts vom Typ **Thread** erzeugt Die **Thread**-Klasse kapselt ein ausführbares Objekt ein. In Java können Sie ein ausführbares Objekt wie folgt erzeugen:

- Sie können die **Runnable**-Schnittstelle implementieren.
- Sie können die **Thread**-Klasse erweitern.

In den meisten Beispielen in diesem Baustein wird die **Runnable**-Schnittstelle implementiert, nur Projekt 11.1 zeigt die Implementierung eines Thread mit einer Erweiterung der **Thread**-Klasse. In beiden Fällen dient die **Thread**-Klasse zur Instanzbildung, für den Zugriff auf den Thread und für die Steuerung des Thread. Der einzige Unterschied besteht darin, wie die Thread-fähige Klasse erzeugt wird.

Die **Runnable**-Schnittstelle abstrahiert eine ausführbare Codeeinheit. Sie können einen Thread mit jedem Objekt erzeugen, das die **Runnable**-Schnittstelle implementiert. **Runnable** definiert nur die Methode **run()**, die wie folgt deklariert wird:

```
public void run()
```

Innerhalb von **run()** definieren Sie den Code für den neuen Thread. Dabei müssen Sie beachten, dass **run()** andere Methoden aufrufen, andere Klassen verwenden und Variablen deklarieren kann, wie dies auch im Haupt-Thread möglich ist.

- Prozessbasiertes Multitasking wird eingesetzt, um zwei oder mehrere Programme gleichzeitig auszuführen. Thread-basiertes Multitasking oder *Multithreading* dient zur gleichzeitigen Ausführung von unterschiedlichen Programmteilen.
- Folgende Thread-Zustände werden unterschieden: *in Ausführung, bereit zur Ausführung, ausgesetzt, blockiert* und *beendet*.
- Thread.

Der einzige Unterschied besteht darin, dass run() den Einstiegspunkt für andere, konkurrierende Threads des Programms festlegt. Dieser Thread endet, wenn run() zurückkehrt.

Nachdem Sie eine Klasse erzeugt haben, die **Runnable** implementiert, müssen Sie eine Instanz eines Objekts vom Typ **Thread** für ein Objekt dieser Klasse einrichten. **Thread** definiert mehrere Konstruktoren. Wir verwenden zuerst den folgenden:

```
Thread(Runnable threadOb)
```

In diesem Konstruktor ist *threadOb* eine Instanz einer Klasse, die die **Runnable**-Schnittstelle implementiert. Sie legt fest, wo die Ausführung des Thread beginnt.

Der neu eingerichtete Thread wird erst ausgeführt, wenn seine **start()**-Methode, die in **Thread** deklariert wird, aufgerufen wird. **start()** führt im Wesentlichen einen Aufruf von **run()** durch. Die **start()**-Methode sieht folgendermaßen aus:

```
void start()
```

Es folgt ein Beispiel, in dem ein neuer Thread eingerichtet und gestartet wird:

```java
// Einen Thread mit Runnable erzeugen

class MyThread implements Runnable {
  int count;
  String thrdName;

  MyThread(String name) {
    count = 0;
    thrdName = name;
  }

  // Einstiegspunkt
  public void run() {
    System.out.println(thrdName + " starten.");
    try {
      do {
        Thread.sleep(500);
        System.out.println("Im " + thrdName +
                    ", Zählerstand " + count);
        count++;
      } while(count < 10);
    }
    catch(InterruptedException exc) {
      System.out.println(thrdName + " unterbrochen.");
```

> Objekte von **MyThread** können in eigenen Threads ausgeführt werden, weil **MyThread** die **Runnable**-Schnittstelle implementiert.

> Hier beginnt die Ausführung der Threads.

```
    }
    System.out.println(thrdName + " beendet.");
  }
}

class UseThreads {
  public static void main(String args[]) {
    System.out.println("Haupt-Thread wird gestartet.");

    // Zuerst wird ein MyThread-Objekt erzeugt.
    MyThread mt = new MyThread("Untergeordneten Thread #1");  // Ein ausführb Objekt erzer

    // Einen Thread von diesem Objekt erzeugen
    Thread newThrd = new Thread(mt);   // Einen Thread für dieses Objekt erzeugen.

    // Die Ausführung des Thread starten
    newThrd.start();   // Die Thread-Ausführung beginnen.

    do {
      System.out.print(".");
      try {
        Thread.sleep(100);
      }
      catch(InterruptedException exc) {
        System.out.println("Haupt-Thread unterbrochen.");
      }
    } while (mt.count != 10);

    System.out.println("Haupt-Thread beendet.");
  }
}
```

Betrachten wir dieses Programm etwas genauer. Zuerst implementiert **MyThread** die **Runnable**-Schnittstelle. Das bedeutet, dass ein Objekt vom Typ **MyThread** als Thread verwendet und an den **Thread**-Konstruktor übergeben werden kann.

Innerhalb von **run()** zählt eine Schleife von 0 bis 9. Beachten Sie den Aufruf von **sleep()**. Die **sleep()**-Methode unterbricht den aufrufenden Thread für den in Millisekunden angegebenen Zeitraum. Die allgemeine Form lautet:

static void sleep(long *Millisekunden*) throws InterruptedException

Millisekunden gibt den Zeitraum der Unterbrechung an. Diese Methode kann eine **InterruptedException** auslösen, daher muss der Aufruf innerhalb eines **try-/catch**-Blocks stehen. Die **sleep()**-Methode besitzt noch eine zweite Form, bei der der Zeitraum in Millisekunden oder Nanosekunden angegeben werden kann, falls ein solches Maß an Genauigkeit erforderlich ist.

Innerhalb von main() wird mit den folgenden Anweisungen ein neues Thread-Objekt erzeugt:

```
// Zuerst wird ein MyThread-Objekt erzeugt.
MyThread mt = new MyThread("Untergeordneten Thread #1");

// Einen Thread von diesem Objekt erzeugen
Thread newThrd = new Thread(mt);

// Die Ausführung des Thread starten
newThrd.start();
```

Der Kommentar gibt an, dass zuerst ein MyThread-Objekt erzeugt wird. Mit diesem Objekt wird anschließend ein Thread-Objekt erzeugt. Das ist möglich, weil MyThread die Schnittstelle Runnable implementiert. Schließlich wird die Ausführung des neuen Thread mit einem Aufruf der Methode start() gestartet. Damit beginnt die for-Schleife des untergeordneten Thread. Nach dem Aufruf von start() kehrt die Ausführung zu main() zurück und betritt die do-Schleife von main(). Beide Threads werden weiter ausgeführt und teilen sich die CPU, bis die Schleifen abgeschlossen sind. Das Programm zeigt folgende Ausgaben:

```
Haupt-Thread wird gestartet.
.Untergeordneten Thread #1 starten.
.....Im untergeordneten Thread #1, Zählerstand 0
.....Im untergeordneten Thread #1, Zählerstand 1
.....Im untergeordneten Thread #1, Zählerstand 2
.....Im untergeordneten Thread #1, Zählerstand 3
.....Im untergeordneten Thread #1, Zählerstand 4
.....Im untergeordneten Thread #1, Zählerstand 5
.....Im untergeordneten Thread #1, Zählerstand 6
.....Im untergeordneten Thread #1, Zählerstand 7
.....Im untergeordneten Thread #1, Zählerstand 8
.....Im untergeordneten Thread #1, Zählerstand 9
Untergeordneten Thread #1 beendet.
Haupt-Thread beendet
```

In einem Multithread-Programm muss der Haupt-Thread häufig der letzte Thread sein, der beendet wird. Rein technisch betrachtet läuft ein Programm, bis alle Threads beendet sind und daher muss der Haupt-Thread nicht unbedingt als letzter beendet werden. Wenn Sie jedoch gerade erst damit beginnen, sich mit Multithread-Programmen zu befassen, dann sollten Sie sich ruhig an diese Regel halten. Im letzten Beispiel wird der Haupt-Thread als letzter beendet, weil die do-Schleife stoppt, wenn count gleich 10 ist. Da count erst dann gleich 10 ist, wenn newThrd beendet wurde, wird der Haupt-Thread zuletzt beendet. Sie werden an anderer Stelle noch eine bessere Möglichkeit kennen lernen, wie ein Thread auf die Beendigung eines anderen warten kann.

> ### Frage an den Experten
>
> **Frage:** Warum sollte der Haupt-Thread zuletzt beendet werden?
> **Antwort:** Wenn der Haupt-Thread vor dem untergeordneten Thread beendet wurde, dann konnte es passieren, dass ältere Java-Laufzeitsysteme »hängen« bleiben. Dieses Problem tritt zwar bei den derzeitigen Java-Laufzeitsysteme nicht auf, aber da Sie nicht immer wissen können, in welcher Umgebung ein Programm ausgeführt wird, ist es besser, auf Nummer Sicher zu gehen. Im Übrigen bereitet es überhaupt keine Umstände, mit der Beendigung des Haupt-Thread so lange zu warten, bis alle untergeordneten Threads fertig sind.

Einfache Verbesserungen

Das letzte Programm ist zwar voll funktionsfähig, mit einigen einfachen Verbesserungen lässt es sich jedoch einfacher und effizienter gestalten. Zum einen kann ein Thread sofort nach dem Erzeugen die Ausführung beginnen. Für MyThread geschieht dies durch Erzeugen einer Instanz eines Thread-Objekts mit dem Konstruktor von MyThread. Zum anderen muss MyThread den Namen des Thread nicht speichern, weil ein Thread beim Erzeugen einen Namen erhalten kann. Verwenden Sie hierfür die folgende Version des Thread-Konstruktors:

```
Thread(Runnable threadOb, String Name)
```

Name ist die Bezeichnung des Thread.

Mit der von Thread definierten Methode getName() können Sie den Namen eines Thread ermitteln. Die allgemeine Form lautet:

```
final String getName()
```

Auch wenn es im folgenden Programm nicht erforderlich ist, können Sie den Namen eines Thread nach dem Erzeugen mit setName() setzen:

```
final void setName(String threadName)
```

threadName gibt den Namen des Thread an.

Kapitel 11: Multithread-Programmierung

Es folgt die verbesserte Version des letzten Programms:

```java
// MyThread - Verbesserte Version

class MyThread implements Runnable {
  int count;
  Thread thrd;        // Ein Verweis auf den Thread wird in thrd gespeichert.

  // Einen neuen Thread einrichten
  MyThread(String name) {
    thrd = new Thread(this, name);   // Der Thread erhält seinen
    count = 0;                        // Namen beim Erzeugen.
    thrd.start(); // Den Thread starten
  }

  // Die Ausführung des neuen Thread beginnen
  public void run() {
    System.out.println(thrd.getName() + " starten.");
    try {
      do {
        Thread.sleep(500);
        System.out.println("Im " + thrd.getName() +
                           ", Zählerstand " + count);
        count++;
      } while(count < 10);
    }
    catch(InterruptedException exc) {
      System.out.println(thrd.getName() + " unterbrochen.");
    }
    System.out.println(thrd.getName() + " beendet.");
  }
}

class UseThreadsImproved {
  public static void main(String args[]) {
    System.out.println("Haupt-Thread starten.");

    MyThread mt = new MyThread("Untergeordneten Thread #1");
                                      // Jetzt wird der Thread
                                      // beim Erzeugen gestartet.
    do {
      System.out.print(".");
      try {
        Thread.sleep(100);
      }
```

```
      catch(InterruptedException exc) {
        System.out.println("Haupt-Thread unterbrochen.");
      }
    } while (mt.count != 10);

    System.out.println("Haupt-Thread beendet.");
  }
}
```

Diese Version erzeugt die gleiche Ausgabe wie zuvor. Beachten Sie, dass der Thread von `MyThread` in der Variablen `thrd` gespeichert wird.

1-Minuten-Test

- Welche zwei Möglichkeiten haben Sie, eine Klasse zu erzeugen, die als Thread agieren kann?
- Welche Funktion hat die von `Runnable` definierte Methode `run()`?
- Was bewirkt die von `Thread` definierte `start()`-Methode?

ExtendThread.java

Projekt 11.1: Thread erweitern

Die Implementierung von `Runnable` ist eine Möglichkeit, eine Klasse zu erzeugen, mit der Instanzen von Thread-Objekten erzeugt werden können. Die Erweiterung der `Thread`-Klasse ist die andere Möglichkeit. In diesem Projekt erfahren Sie, wie mit einer Erweiterung von `Thread` ein Programm erstellt werden kann, das die gleiche Funktionalität wie das Programm `UseThreads` besitzt.

Wenn eine Klasse `Thread` erweitert, muss sie die `run()`-Methode überschreiben, die den Einstiegspunkt für den neuen Thread bildet. Außerdem muss `start()` aufgerufen werden, um die Ausführung des neuen Thread zu beginnen. Auch andere `Thread`-Methoden können überschrieben werden, dies ist aber nicht erforderlich.

Schritt für Schritt

1. Erstellen Sie eine Datei mit der Bezeichnung `ExtendThread.java`. Kopieren Sie in diese Datei den Code aus dem zweiten Thread-Beispiel (`UseThreadsImproved.java`).

- Ein Thread kann entweder über eine Erweiterung von `Thread` oder durch Implementieren von `Runnable` erzeugt werden.
- Die `run()`-Methode ist der Einstiegspunkt für einen Thread.
- Die `start()`-Methode beginnt die Ausführung eines Thread.

2. Ändern Sie die Deklaration von MyThread so, dass Thread erweitert und nicht die Schnittstelle Runnable implementiert wird:

```
Class MyThread extends Thread {
```

3. Entfernen Sie die Zeile:

```
Thread thrd;
```

Die Variable thrd wird nicht mehr benötigt, da MyThread eine Instanz von Thread enthält und auf sich selbst verweisen kann.

4. Ändern Sie den Konstruktor MyThread wie folgt:

```
// Einen neuen Thread einrichten
  MyThread(String name) {
    super(name);   // Thread benennen
    count = 0;
    start(); // Den Thread starten
  }
```

Zuerst wird mit super die folgende Version des Thread-Konstruktors aufgerufen:

```
Thread(String Name);
```

Name ist der Name des Thread. Das Objekt, das ausgeführt wird, ist der aufrufende Thread, wobei es sich in diesem Fall um den gerade erzeugten Thread handelt.

5. Ändern Sie run() so, dass getName() direkt und ohne Angabe der Variablen thrd aufgerufen wird:

```
// Die Ausführung des neuen Thread beginnen
public void run() {
  System.out.println(getName() + " starten.");
  try {
    do {
      Thread.sleep(500);
      System.out.println("Im " + getName() +
              ", Zählerstand " + count);
      count++;
    } while(count < 10);
  }
  catch(InterruptedException exc) {
    System.out.println(getName() + " unterbrochen.");
```

```
      }
      System.out.println(getName() + " beendet.");
   }
```

6. Es folgt das vollständige Programm, das jetzt **Thread** erweitert und nicht mehr **Runnable** implementiert. Die Ausgabe ist die gleiche wie zuvor.

```
/*
   Projekt 11.1

   Thread erweitern
*/

class MyThread extends Thread {
  int count;

  // Einen neuen Thread einrichten
  MyThread(String name) {
    super(name);   // Thread benennen
    count = 0;
    start(); // Den Thread starten
  }

  // Die Ausführung des neuen Thread beginnen
  public void run() {
    System.out.println(getName() + " starten.");
    try {
      do {
        Thread.sleep(500);
        System.out.println("Im " + getName() +
                           ", Zählerstand " + count);
        count++;
      } while(count < 10);
    }
    catch(InterruptedException exc) {
      System.out.println(getName() + " unterbrochen.");
    }
    System.out.println(getName() + " beendet.");
  }
}

class ExtendThreads {
  public static void main(String args[]) {
    System.out.println("Haupt-Thread starten.");

    MyThread mt = new MyThread("Untergeordneten Thread #1");

    do {
```

```
      System.out.print(".");
      try {
        Thread.sleep(100);
      }
      catch(InterruptedException exc) {
        System.out.println("Haupt-Thread unterbrochen.");
      }
    } while (mt.count != 10);

    System.out.println("Haupt-Thread beendet.");
  }
}
```

> ### Frage an den Experten
>
> **Frage:** Warum gibt es in Java zwei Möglichkeiten untergeordnete Threads zu erzeugen und welches Verfahren ist das bessere?
>
> **Antwort:** Die Thread-Klasse definiert zahlreiche Methoden, die von einer abgeleiteten Klasse überschrieben werden können. Lediglich die Methode run() *muss* überschrieben werden. Dies ist die gleiche Methode, die benötigt wird, wenn Runnable implementiert wird. Einige Java-Programmierer sind der Auffassung, dass Klassen nur dann erweitert werden sollten, wenn sie ergänzt oder in irgendeiner Weise modifiziert werden. Wenn Sie keine der übrigen Methoden von Thread überschreiben, ist es daher wahrscheinlich am einfachsten, wenn Sie Runnable implementieren. Letztlich bleibt die Entscheidung jedoch Ihnen überlassen.

Mehrere Threads einrichten

In den vorangegangenen Beispielen wurde jeweils nur ein untergeordneter Thread eingerichtet. Ein Programm kann jedoch so viele Threads starten, wie es benötigt. Das folgende Programm erzeugt beispielsweise drei untergeordnete Threads:

```
// Mehrere Threads einrichten

class MyThread implements Runnable {
  int count;
  Thread thrd;

  // Einen neuen Thread einrichten
  MyThread(String name) {
```

```java
    thrd = new Thread(this, name);
    count = 0;
    thrd.start(); // Den Thread starten
  }

  // Die Ausführung des neuen Thread beginnen
  public void run() {
    System.out.println(thrd.getName() + " starten.");
    try {
      do {
        Thread.sleep(500);
        System.out.println("Im " + thrd.getName() +
                      ", Zählerstand " + count);
        count++;
      } while(count < 10);
    }
    catch(InterruptedException exc) {
      System.out.println(thrd.getName() + " unterbrochen.");
    }
    System.out.println(thrd.getName() + " beendet.");
  }
}

class MoreThreads {
  public static void main(String args[]) {
    System.out.println("Haupt-Thread starten.");

    MyThread mt1 = new MyThread("Untergeordneten Thread #1");
    MyThread mt2 = new MyThread("Untergeordneten Thread #2");
    MyThread mt3 = new MyThread("Untergeordneten Thread #3");

    do {
      System.out.print(".");
      try {
        Thread.sleep(100);
      }
      catch(InterruptedException exc) {
        System.out.println("Haupt-Thread unterbrochen.");
      }
    } while (mt1.count < 10 ||
             mt2.count < 10 ||
             mt3.count < 10);

    System.out.println("Haupt-Thread beendet.");
  }
}
```

Drei Th[reads]
einrichte[n]
und star[ten]

Die Ausgabe des Programms sieht mit geringen Abweichungen wie folgt aus:

```
Haupt-Thread starten.
Untergeordneten Thread #2 starten.
Untergeordneten Thread #3 starten.
Untergeordneten Thread #1 starten.
....Im Untergeordneten Thread #2, Zählerstand 0
Im Untergeordneten Thread #3, Zählerstand 0
Im Untergeordneten Thread #1, Zählerstand 0
.....Im Untergeordneten Thread #3, Zählerstand 1
Im Untergeordneten Thread #2, Zählerstand 1
Im Untergeordneten Thread #1, Zählerstand 1
.....Im Untergeordneten Thread #2, Zählerstand 2
Im Untergeordneten Thread #3, Zählerstand 2
Im Untergeordneten Thread #1, Zählerstand 2
.....Im Untergeordneten Thread #2, Zählerstand 3
Im Untergeordneten Thread #1, Zählerstand 3
Im Untergeordneten Thread #3, Zählerstand 3
....Im Untergeordneten Thread #3, Zählerstand 4
Im Untergeordneten Thread #1, Zählerstand 4
Im Untergeordneten Thread #2, Zählerstand 4
.....Im Untergeordneten Thread #3, Zählerstand 5
Im Untergeordneten Thread #2, Zählerstand 5
Im Untergeordneten Thread #1, Zählerstand 5
.....Im Untergeordneten Thread #1, Zählerstand 6
Im Untergeordneten Thread #3, Zählerstand 6
Im Untergeordneten Thread #2, Zählerstand 6
.....Im Untergeordneten Thread #1, Zählerstand 7
Im Untergeordneten Thread #2, Zählerstand 7
Im Untergeordneten Thread #3, Zählerstand 7
.....Im Untergeordneten Thread #3, Zählerstand 8
Im Untergeordneten Thread #2, Zählerstand 8
Im Untergeordneten Thread #1, Zählerstand 8
.....Im Untergeordneten Thread #1, Zählerstand 9
Untergeordneten Thread #1 beendet.
Im Untergeordneten Thread #2, Zählerstand 9
Im Untergeordneten Thread #3, Zählerstand 9
Untergeordneten Thread #2 beendet.
Untergeordneten Thread #3 beendet.
Haupt-Thread beendet.
```

Wie zu erkennen ist, nutzen die drei untergeordneten Threads die CPU gemeinsam. Beachten Sie, dass die Threads in der Reihenfolge gestartet werden, in der sie erzeugt werden. Das muss nicht immer der Fall sein. Java kann die zeitliche Abfolge der Threads selbst gestalten. Aufgrund der Unterschiede im Timing oder

der Umgebung kann sich die Programmausgabe unterscheiden, so dass Sie sich nicht wundern müssen, wenn Sie Ihr Programm testen und eine etwas andere Ausgabe erhalten.

Das Ende eines Thread festlegen

Oft ist es nützlich zu wissen, wann ein Thread beendet wurde. In den vorangegangenen Beispielen wurde dies anhand der Variablen count ermittelt, allerdings ist das keine befriedigende oder zu verallgemeinernde Lösung. Thread bietet zwei Möglichkeiten an, die Beendigung eines Thread zu ermitteln. Zum einen können Sie die Methode isAlive() für den Thread aufrufen. Die allgemeine Form lautet:

```
final boolean isAlive()
```

Die isAlive()-Methode gibt den Wert true zurück, wenn der Thread, für den sie aufgerufen wird, noch ausgeführt wird. Andernfalls wird false zurückgegeben. Um isAlive() auszuprobieren, verwenden Sie die folgende Version des Programms MoreThreads.

```
// isAlive() verwenden
class MoreThreads {
  public static void main(String args[]) {
    System.out.println("Haupt-Thread starten.");

    MyThread mt1 = new MyThread("Untergeordneten Thread #1");
    MyThread mt2 = new MyThread("Untergeordneten Thread #2");
    MyThread mt3 = new MyThread("Untergeordneten Thread #3");

    do {
      System.out.print(".");
      try {
        Thread.sleep(100);
      }
      catch(InterruptedException exc) {
        System.out.println("Haupt-Thread unterbrochen.");
      }
    } while (mt1.thrd.isAlive() ||
             mt2.thrd.isAlive() ||    ← Hier wird gewartet, bis alle
             mt3.thrd.isAlive());        Threads beendet sind.

    System.out.println("Haupt-Thread beendet.");
```

      }
}

Diese Version liefert die gleiche Ausgabe wie zuvor. Der einzige Unterschied besteht darin, dass mit `isAlive()` so lange gewartet wird, bis die untergeordneten Threads beendet sind.

Eine weitere Möglichkeit, auf die Beendigung eines Thread zu warten, ist ein Aufruf der Methode `join()`:

`final void join() throws InterruptedException`

Diese Methode wartet, bis der Thread, für den sie aufgerufen wurde, beendet ist. Die Bezeichnung beruht auf dem Gedanken, dass der aufrufende Thread so lange unterbrochen wird, bis er sich mit dem anderen zusammentun kann (englisch *to join = sich verbinden, vereinigen*). Bei anderen Formen von `join()` können Sie eine maximale Wartezeit bis zur Beendigung des Thread angeben.

Das nächste Programm benutzt `join()` um sicherzustellen, dass der Haupt-Thread als letzter beendet wird.

```java
// join() verwenden

class MyThread implements Runnable {
  int count;
  Thread thrd;

  // Einen neuen Thread einrichten
  MyThread(String name) {
    thrd = new Thread(this, name);
    count = 0;
    thrd.start(); // Den Thread starten
  }

  // Die Ausführung des neuen Thread beginnen
  public void run() {
    System.out.println(thrd.getName() + " starten.");
    try {
      do {
        Thread.sleep(500);
        System.out.println("Im " + thrd.getName() +
                        ", Zählerstand " + count);
        count++;
      } while(count < 10);
    }
    catch(InterruptedException exc) {
      System.out.println(thrd.getName() + " unterbrochen.");
    }
```

```
      System.out.println(thrd.getName() + " beendet.");
    }
  }

  class JoinThreads {
    public static void main(String args[]) {
      System.out.println("Haupt-Thread starten.");

      MyThread mt1 = new MyThread("Untergeordneten Thread #1");
      MyThread mt2 = new MyThread("Untergeordneten Thread #2");
      MyThread mt3 = new MyThread("Untergeordneten Thread #3");

      try {
        mt1.thrd.join();
        System.out.println("Untergeordneter
                            Thread #1 verbunden.");
        mt2.thrd.join();
        System.out.println("Untergeordneter
                            Thread #2 verbunden.");
        mt3.thrd.join();
        System.out.println("Untergeordneter
                            Thread #3 verbunden.");
      }
      catch(InterruptedException exc) {
        System.out.println("Haupt-Thread unterbrochen.");
      }

      System.out.println("Haupt-Thread beendet.");
    }
  }
```

Warten, bis die angegebenen Threads beendet sind.

Das Programm liefert die folgende Ausgabe (mit möglichen Abweichungen):

```
Haupt-Thread starten.
Untergeordneten Thread #1 starten.
Untergeordneten Thread #2 starten.
Untergeordneten Thread #3 starten.
Im Untergeordneten Thread #1, Zählerstand 0
Im Untergeordneten Thread #3, Zählerstand 0
Im Untergeordneten Thread #2, Zählerstand 0
Im Untergeordneten Thread #1, Zählerstand 1
Im Untergeordneten Thread #2, Zählerstand 1
Im Untergeordneten Thread #3, Zählerstand 1
Im Untergeordneten Thread #2, Zählerstand 2
Im Untergeordneten Thread #1, Zählerstand 2
Im Untergeordneten Thread #3, Zählerstand 2
Im Untergeordneten Thread #1, Zählerstand 3
Im Untergeordneten Thread #2, Zählerstand 3
```

```
Im Untergeordneten Thread #3, Zählerstand 3
Im Untergeordneten Thread #3, Zählerstand 4
Im Untergeordneten Thread #2, Zählerstand 4
Im Untergeordneten Thread #1, Zählerstand 4
Im Untergeordneten Thread #3, Zählerstand 5
Im Untergeordneten Thread #2, Zählerstand 5
Im Untergeordneten Thread #1, Zählerstand 5
Im Untergeordneten Thread #3, Zählerstand 6
Im Untergeordneten Thread #1, Zählerstand 6
Im Untergeordneten Thread #2, Zählerstand 6
Im Untergeordneten Thread #1, Zählerstand 7
Im Untergeordneten Thread #3, Zählerstand 7
Im Untergeordneten Thread #2, Zählerstand 7
Im Untergeordneten Thread #2, Zählerstand 8
Im Untergeordneten Thread #3, Zählerstand 8
Im Untergeordneten Thread #1, Zählerstand 8
Im Untergeordneten Thread #3, Zählerstand 9
Untergeordneter Thread #3 beendet.
Im Untergeordneten Thread #1, Zählerstand 9
Untergeordneter Thread #1 beendet.
Im Untergeordneten Thread #2, Zählerstand 9
Untergeordneter Thread #2 beendet.
Untergeordneter Thread #1 verbunden.
Untergeordneter Thread #2 verbunden.
Untergeordneter Thread #3 verbunden.
Haupt-Thread beendet.
```

Nach der Rückkehr vom join()-Aufruf wurde die Ausführung der Threads beendet.

1-Minuten-Test
- Mit welchen zwei Möglichkeiten können Sie feststellen, ob ein Thread beendet ist?
- Erklären Sie die Methode join().

Thread-Prioritäten

Für jeden Thread gibt es eine Priorität. Die Thread-Priorität legt bis zu einem gewissen Grad fest, wie viel CPU-Zeit ein Thread erhält. Im Allgemeinen erhalten Threads mit geringer Priorität weniger und Threads mit hoher Priorität mehr

---

- Ob eine Thread beendet ist, können Sie mit isAlive() oder join() feststellen.
- join() unterbricht den Thread, bis der andere Thread, für den join() aufgerufen wurde, beendet ist.

CPU-Zeit. Wie viel CPU-Zeit ein Thread erhält, hat starken Einfluss auf die Ausführung und die Interaktion mit anderen gleichzeitig im System ausgeführten Threads.

Neben der Priorität gibt es noch andere Faktoren, die beeinflussen, wie viel CPU-Zeit ein Thread erhält. Wartet ein Thread mit hoher Priorität beispielsweise auf eine Ressource, vielleicht auf eine Tastatureingabe, dann wird er blockiert und ein Thread mit niedrigerer Priorität wird vorgezogen. Erhält der Thread mit der hohen Priorität jedoch Zugriff auf die Ressource, dann hat er Vorrang und der Thread mit geringerer Priorität wird ausgesetzt. Ein weiterer Faktor, der sich auf die Zeitzuteilung der Threads auswirkt, ist die Art und Weise, in der das Betriebssystem das Multitasking implementiert. (Beachten Sie den Abschnitt »Zwischenfrage« später in diesem Baustein.) Allein die Tatsache, dass Sie einem Thread eine hohe und einem anderen eine niedrige Priorität zuweisen, bedeutet nicht unbedingt, dass ein Thread schneller oder häufiger als der andere ausgeführt wird. Lediglich die Wahrscheinlichkeit, dass ein Thread mit höherer Priorität Zugriff auf die CPU erhält, ist größer.

Wird ein untergeordneter Thread gestartet, dann erhält er die gleiche Priorität wie der übergeordnete Thread. Mit der Methode `setPriority()`, die ein Member von `Thread` ist, können Sie die Priorität ändern. Die allgemeine Form lautet:

```
final void setPriority(int Stufe)
```

Stufe gibt die neue Priorität für den aufrufenden Thread an.

Der Wert von *Stufe* muss im Bereich von `MIN_PRIORITY` bis `MAX_PRIORITY` liegen. Zurzeit liegen die Werte bei 1 und 10. Um einen Thread auf die Standardpriorität zurückzusetzen, geben Sie `NORM_PRIORITY` an. Dieser Wert liegt zurzeit bei 5. Diese Prioritäten werden in `Thread` als `final`-Variablen definiert.

Die aktuelle Priorität ermitteln Sie mit einem Aufruf der `Thread`-Methode `getPriority()`:

```
final int getPriority()
```

Das folgende Beispiel demonstriert zwei Threads mit unterschiedlichen Prioritäten. Die Threads werden als Instanzen von `Priority` erzeugt. Die `run()`-Methode enthält eine Schleife, die die Durchläufe zählt. Sie wird abgebrochen, wenn der Zähler den Stand 1.000 erreicht oder die `static`-Variable `stop` den Wert `true` hat. Zu Beginn wird `stop` auf `false` gesetzt, erreicht der erste Thread den Zählerstand 1.000, dann wird `stop` auf `true` gesetzt und der zweite Thread abgebrochen. Bei jedem Schleifendurchlauf wird die Zeichenfolge in `currentName` erneut mit der Bezeichnung des ausgeführten Thread verglichen. Stimmen sie nicht überein, dann hat ein Task-Wechsel stattgefunden. Bei jedem Task-

Wechsel wird die Bezeichnung des neuen Thread angezeigt und diese Bezeichnung wird `currentName` zugewiesen. Auf diese Weise können Sie erkennen, wie oft jeder Thread Zugriff auf die CPU hat. Nachdem beide Threads beendet sind, wird die Anzahl der Durchläufe für jede Schleife angezeigt.

```
// Beispiel für Thread-Prioritäten

class Priority implements Runnable {
  int count;
  Thread thrd;

  static boolean stop = false;
  static String currentName;

  /* Einen neuen Thread einrichten. Dieser
     Konstruktor startet die Ausführung
     des Thread nicht. */
  Priority(String name) {
    thrd = new Thread(this, name);
    count = 0;
    currentName = name;
  }

  // Die Ausführung des neuen Thread beginnen
  public void run() {
    System.out.println(thrd.getName() + " starten.");
    do {
      count++;

      if(currentName != thrd.getName()) {
        currentName = thrd.getName();
        System.out.println("Im " + currentName);
      }

    } while(stop == false && count < 1000);
    stop = true;

    System.out.println("\n" + thrd.getName() +
                       " beendet.");
  }
}

class PriorityDemo {
  public static void main(String args[]) {
    Priority mt1 = new Priority("Hohe Priorität");
```

> Wenn der Zähler des ersten Thread 1.000 erreicht hat, stoppen alle Threads.

```
        Priority mt2 = new Priority("Niedrige Priorität");

        // Die Prioritäten setzen
        mt1.thrd.setPriority(Thread.NORM_PRIORITY+2);
        mt2.thrd.setPriority(Thread.NORM_PRIORITY-2);

        // Die Threads starten
        mt1.thrd.start();
        mt2.thrd.start();

        try {
          mt1.thrd.join();
          mt2.thrd.join();
        }
        catch(InterruptedException exc) {
          System.out.println("Haupt-Thread unterbrochen.");
        }

        System.out.println("\nThread mit hoher Priorität Zählerstand " +
                           mt1.count);
        System.out.println("Thread mit niedriger Priorität Zählerstand " +
                           mt2.count);
    }
}
```

mt1 erhält eine h Priorität als mt2.

Der folgende Auszug zeigt die letzten Zeilen der Ausgabe dieses Programms, ausgeführt auf einem Pentium mit 500 MHz unter Windows 98.

```
Niedrige Priorität
Hohe Priorität
Hohe Priorität

Hohe Priorität beendet.
Niedrige Priorität starten.
Niedrige Priorität

Niedrige Priorität beendet.

Thread mit hoher Priorität Zählerstand 1000
Thread mit niedriger Priorität Zählerstand 89
```

Bei der Programmausführung hat der Thread mit hoher Priorität über 90 % der CPU-Zeit erhalten. Das Ergebnis hängt von der CPU-Geschwindigkeit und der Anzahl der ausgeführten Tasks ab.

Wenn Sie in diesem Beispielprogramm den Codeblock

```
if(currentName != thrd.getName()) {
  currentName = thrd.getName();
  System.out.println(currentName);
}
```

entfernen, wird der Thread mit niedriger Priorität nur einmal ausgeführt, weil der erste Thread mit der ersten CPU-Zuteilung beendet wird. Der Aufruf von `println()` verursacht ein Umschalten des Thread, weil er CPU-Zeit benötigt. Wie bereits erwähnt wurde, ist die Ein- und Ausgabe sehr zeitaufwändig.

Synchronisation

Bei mehreren Threads ist es manchmal erforderlich, dass die Aktivitäten von zwei oder mehr Threads koordiniert werden. Dies wird über die *Synchronisation* erreicht. Meist wird die Synchronisation dann durchgeführt, wenn zwei oder mehr Threads auf eine gemeinsam genutzte Ressource zugreifen müssen, auf die jeweils nur ein Thread zugreifen kann. Schreibt ein Thread gerade in eine Datei, dann muss verhindert werden, dass ein zweiter Thread das auch versucht. Eine Synchronisation ist auch dann erforderlich, wenn ein Thread auf ein von einem anderen Thread ausgelöstes Ereignis wartet. In diesem Fall muss der erste Thread so lange in der Schwebe gehalten werden, bis das Ereignis eintritt. Anschließend muss der wartende Thread wieder aufgenommen werden.

Der Schlüsselpunkt bei der Synchronisation von Java ist das Konzept der *Überwachung* des Zugriffs auf ein Objekt. Die Überwachung funktioniert mit Hilfe einer *Sperre*. Wird ein Objekt von einem Thread gesperrt, erhält kein anderer Thread Zugriff auf das Objekt. Beim Beenden des Thread wird die Sperre für das Objekt aufgehoben und es steht für andere Threads wieder zur Verfügung.

Alle Java-Objekte werden überwacht. Dies ist eine in die Programmiersprache Java fest integrierte Eigenschaft und daher können auch alle Objekte synchronisiert werden. Die Synchronisation wird über das Schlüsselwort `synchronized` und einige raffiniert definierte Methoden aktiviert, über die alle Objekte verfügen. Da die Synchronisation von Anfang an in Java integriert war, ist ihre Verwendung einfacher als zu erwarten wäre. Bei vielen Programmen findet die Synchronisation von Objekten mehr oder weniger unsichtbar statt.

Sie können Ihren Code auf zwei Arten synchronisieren. In beiden Fällen wird das Schlüsselwort `synchronized` verwendet und beide Verfahren werden hier vorgestellt.

Synchronisierte Methoden

Sie können den Zugriff auf eine Methode mit dem Schlüsselwort `synchronized` synchronisieren. Wird die Methode aufgerufen, dann fällt der aufrufende Thread unter die Überwachung des Objekts und das Objekt wird gesperrt. Während der Sperre kann kein Thread diese oder eine andere vom Objekt definierte synchronisierte Methode aufrufen. Kehrt der Thread von der Methode zurück, hebt die Überwachung die Objektsperre auf und lässt eine Nutzung durch den nächsten Thread zu. Ihrerseits ist für die Synchronisation so gut wie kein Programmieraufwand erforderlich.

Das folgende Programm veranschaulicht die Synchronisation anhand der Zugriffskontrolle auf die Methode `sumArray()`, die die Elemente `int`-Array summiert.

```java
// Zugriffskontrolle über Synchronisation

class SumArray {
  private int sum;

  synchronized int sumArray(int nums[]) {    // sumArray() ist synchronisiert.
    sum = 0; // sum zurücksetzen

    for(int i=0; i<nums.length; i++) {
      sum += nums[i];
      System.out.println("Summe für " +
          Thread.currentThread().getName() +
          ": " + sum);
      try {
        Thread.sleep(10); // Umschalten der Tasks ermöglichen
      }
      catch(InterruptedException exc) {
        System.out.println("Haupt-Thread unterbrochen.");
      }
    }
    return sum;
  }
}

class MyThread implements Runnable {
  Thread thrd;
```

```java
  static SumArray sa = new SumArray();
  int a[];
  int answer;

  // Einen neuen Thread einrichten
  MyThread(String name, int nums[]) {
    thrd = new Thread(this, name);
    thrd.start(); // Den Thread starten
    a = nums;
  }

  // Die Ausführung des neuen Thread beginnen
  public void run() {
    int sum;

    System.out.println(thrd.getName() + " starten.");

    answer = sa.sumArray(a);
    System.out.println("Summe für " + thrd.getName() +
                ": " + answer);

    System.out.println(thrd.getName() + " beendet.");
  }
}

class Sync {
  public static void main(String args[]) {
    int a[] = {1, 2, 3, 4, 5};

    MyThread mt1 = new MyThread("Thread #1", a);
    MyThread mt2 = new MyThread("Thread #2", a);
  }
}
```

Das Programm liefert folgende Ausgabe.

```
Thread #1 starten.
Summe für Thread #1: 1
Thread #2 starten.
Summe für Thread #1: 3
Summe für Thread #1: 6
Summe für Thread #1: 10
Summe für Thread #1: 15
Summe für Thread #1: 15
Thread #1 beendet.
```

```
Summe für Thread #2: 1
Summe für Thread #2: 3
Summe für Thread #2: 6
Summe für Thread #2: 10
Summe für Thread #2: 15
Summe für Thread #2: 15
Thread #2 beendet.
```

Untersuchen wir dieses Programm etwas genauer. Das Programm erzeugt drei Klassen. Die erste ist SumArray. Sie enthält die Methode sumArray(), die ein int-Array summiert. Die zweite Klasse ist MyThread, die mit einem Objekt vom Typ SumArray die Summe eines int-Array ermittelt. Die Klasse Sync erzeugt schließlich zwei Threads, die die Summe eines int-Array berechnen.

Innerhalb von sumArray() wird sleep() aufgerufen, damit bei Bedarf ein Task-Wechsel stattfinden könnte, was jedoch hier nicht möglich ist. Da sumArray() synchronisiert ist, kann die Methode jeweils nur von einem Thread verwendet werden. Wenn der zweite untergeordnete Thread mit der Ausführung beginnt, dann ruft er sumArray() erst auf, wenn der untergeordnete Thread fertig ist. Deshalb stimmt das Ergebnis.

Sie können versuchsweise das Schlüsselwort synchronized aus der Deklaration von sumArray() entfernen. sumArray() ist dann nicht mehr synchronisiert und kann von einer beliebigen Anzahl Threads gleichzeitig genutzt werden. Die in sum gespeicherte Zwischensumme wird mit jedem Aufruf von sumArray() verändert. Rufen zwei Threads sumArray() gleichzeitig auf, wird ein falsches Zwischenergebnis ausgegeben, weil sum die Summen der beiden Threads durcheinander bringt. Die folgende Ausgabe liefert das Programm, nachdem synchronized aus der Deklaration von sumArray() entfernt wurde. (Die Ausgabe auf Ihrem Rechner kann sich geringfügig unterscheiden.)

```
Thread #1 starten.
Summe für Thread #1: 1
Summe für Thread #1: 3
Thread #2 starten.
Summe für Thread #2: 1
Summe für Thread #1: 4
Summe für Thread #2: 6
Summe für Thread #1: 10
Summe für Thread #2: 13
Summe für Thread #1: 18
Summe für Thread #2: 22
Summe für Thread #1: 22
Thread #1 beendet.
Summe für Thread #2: 27
```

```
Summe für Thread #2: 27
Thread #2 beendet.
```

Die Ausgabe zeigt, dass die beiden untergeordneten Threads sumArray() gleichzeitig verwenden und der Wert von sum dadurch verfälscht wird.

Fassen wir die wichtigsten Punkte für die Synchronisation von Methoden noch einmal zusammen:

- Eine synchronisierte Methode wird durch Voranstellung des Schlüsselworts synchronized deklariert.

- Nach dem Aufruf einer synchronisierten Methode für ein Objekt ist dieses gesperrt und keine synchronisierte Methode desselben Objekts kann von einem anderen ausgeführten Thread aufgerufen werden.

- Andere Threads, die versuchen, ein benutztes synchronisiertes Objekt aufzurufen, wechseln so lange in den Wartezustand, bis die Sperre des Objekts aufgehoben wird.

- Kehrt ein Thread von der synchronisierten Methode zurück, dann wird die Sperre für das Objekt aufgehoben.

Die Anweisung synchronized

Das Einrichten synchronisierter Methoden in selbst erstellten Klassen ist zwar ein einfaches und effektives Verfahren für die Synchronisation, es funktioniert jedoch nicht in allen Fällen. Möglicherweise muss der Zugriff auf eine nicht als synchronized deklarierte Methode synchronisiert werden. Dazu kann es kommen, wenn Sie eine Klasse verwenden möchten, die nicht von Ihnen erstellt wurde und auf deren Quellcode Sie keinen Zugriff haben. Sie können dann den entsprechenden Methoden nicht das Schlüsselwort synchronized hinzufügen. Wie wird in einem solchen Fall der Zugriff auf ein Objekt dieser Klasse synchronisiert? Die Lösung des Problems ist ganz einfach: Sie setzen die Aufrufe der Methoden dieser Klasse in einen synchronisierten Block.

Die allgemeine Form für die Synchronisation eines Blocks lautet:

```
synchronized(Objekt) {
 // Zu synchronisierende Anweisungen
 }
```

Objekt ist ein Verweis auf das zu synchronisierende Objekt. Soll nur eine einzelne Anweisung synchronisiert werden, sind die geschweiften Klammern nicht erforderlich. Ein synchronisierter Block sorgt dafür, dass ein Aufruf einer Methode, die ein Member von *Objekt* ist, nur stattfinden kann, nachdem die Überwachung des Objekts durch den aufrufenden Thread aktiviert wurde.

Eine weitere Möglichkeit, Aufrufe von **sumArray()** zu synchronisieren, besteht beispielsweise darin, die Methode aus einem synchronisierten Block heraus aufzurufen, wie dies in der folgenden Version des Programms geschieht.

```java
// Den Zugriff auf SumArray über einen synchronisierten Block steuern
class SumArray {
  private int sum;

  int sumArray(int nums[]) {        // Hier ist sumArray()
    sum = 0; // sum zurücksetzen    // nicht synchronisiert.

    for(int i=0; i<nums.length; i++) {
      sum += nums[i];
      System.out.println("Summe für " +
          Thread.currentThread().getName() +
          ": " + sum);
      try {
        Thread.sleep(10); // Umschalten der Tasks ermöglichen
      }
      catch(InterruptedException exc) {
        System.out.println("Haupt-Thread unterbrochen.");
      }
    }
    return sum;
  }
}

class MyThread implements Runnable {
  Thread thrd;
  static SumArray sa = new SumArray();
  int a[];
  int answer;

  // Einen neuen Thread einrichten
  MyThread(String name, int nums[]) {
    thrd = new Thread(this, name);
    thrd.start(); // Den Thread starten
    a = nums;
  }

  // Die Ausführung des neuen Thread beginnen
  public void run() {
    int sum;

    System.out.println(thrd.getName() + " starten.");

    // synchronize calls to sumArray()
    synchronized(sa) {          // Hier sind Aufrufe von
      answer = sa.sumArray(a);  // sumArray() synchronisiert.
    }
    System.out.println("Summe für " + thrd.getName() +
```

```
                   ": " + answer);
      System.out.println(thrd.getName() + " beendet.");
    }
  }

  class Sync {
    public static void main(String args[]) {
      int a[] = {1, 2, 3, 4, 5};

      MyThread mt1 = new MyThread("Thread #1", a);
      MyThread mt2 = new MyThread("Thread #2", a);

      try {
        mt1.thrd.join();
        mt2.thrd.join();
      } catch(InterruptedException exc) {
        System.out.println("Haupt-Thread unterbrochen.");
      }
    }
  }
```

Diese Version liefert die gleiche, korrekte Ausgabe, die bereits für die Version mit der synchronisierten Methode gezeigt wurde.

1-Minuten-Test

- Wie setzen Sie die Priorität eines Thread?
- Wie schränken Sie den Objektzugriff auf einen Thread ein?
- Mit dem Schlüsselwort **synchronized** kann eine Methode oder ein Block _____ werden.

Thread-Kommunikation mit notify(), wait() und notifyAll()

Stellen Sie sich folgende Situation vor: Ein Thread T wird innerhalb einer synchronisierten Methode ausgeführt und benötigt Zugriff auf die Ressource R, die temporär nicht zur Verfügung steht. Was ist zu tun? Wenn T in einer Warteschleife R wartet, dann blockiert T das Objekt und verhindert den Zugriff durch andere Threads. Das ist keineswegs eine optimale Lösung, weil sie die Vorteile

---

- Mit einem Aufruf von setPriority().
- Der Objektzugriff wird mit dem Schlüsselwort **synchronized** auf einen Thread eingeschränkt.
- synchronisiert

einer Multithread-Umgebung teilweise außer Kraft setzt. Eine bessere Lösung wäre es, wenn T zeitweise auf die Kontrolle des Objekts verzichten würde, damit ein anderer Thread ausgeführt werden kann. Steht die Ressource R zur Verfügung, dann kann T benachrichtigt und die Ausführung fortgesetzt werden. Eine solche Vorgehensweise setzt eine Kommunikation der Threads untereinander voraus, bei der ein Thread mitteilen kann, dass er blockiert ist, und benachrichtigt wird, wenn er die Ausführung fortsetzen kann. Java unterstützt die Kommunikation der Threads untereinander mit den Methoden wait(), notify() und notifyAll().

Die Methoden wait(), notify() und notifyAll() sind Bestandteil aller Objekte, weil sie von der Object-Klasse implementiert werden. Diese Methoden können nur von einer als synchronized deklarierten Methode aufgerufen werden. Im Folgenden wird gezeigt, wie sie verwendet werden. Wenn ein Thread zeitweise blockiert ist, ruft er wait() auf. Der Thread wechselt dann in den Ruhezustand und die Überwachung für das Objekt wird aufgegeben, so dass ein anderer Thread das Objekt benutzen kann. Zu einem späteren Zeitpunkt wird der ruhende Thread von einem anderen Thread wieder aktiviert, der derselben Überwachung unterliegt und notify() oder notifyAll() aufruft. Mit einem Aufruf von notify() wird ein Thread wieder aufgenommen. Bei einem Aufruf von notifyAll() werden alle Threads wieder aufgenommen, wobei der Thread mit der höchsten Priorität Zugriff auf das Objekt erhält.

Object definiert die folgenden Formen von wait():

```
final void wait() throws InterruptedException
final void wait(long Millisekunden) throws InterruptedException
final void wait(long Millisekunden, int Nanosekunden) throws InterruptedException
```

Die erste Form wartet auf eine Benachrichtigung. Die zweite Form wartet auf eine Benachrichtigung oder bis die mit *Millisekunden* angegebene Zeit verstrichen ist. Bei der dritten Form kann die Zeit in Nanosekunden angegeben werden.

notify() und notifyAll() besitzen die folgende allgemeine Form:

```
final void notify()
final void notifyAll()
```

Ein Beispiel für wait() und notify()

Um die Notwendigkeit und Verwendung von wait() und notify() zu veranschaulichen, entwickeln wir ein Programm, das das Ticken einer Uhr simuliert und die Wörter »Tick« und »Tack« auf dem Bildschirm anzeigt. Hierfür erstellen wir die Klasse TickTack, die zwei Methoden enthält: Tick() und Tack(). Die

Methode Tick() zeigt das Wort »Tick« und Tack() das Wort »Tack« an. Um die Uhr zum Laufen zu bringen, werden zwei Threads erzeugt. Einer ruft Tick() und der andere Tack() auf. Ziel ist es, die beiden Threads so auszuführen, dass die Ausgabe des Programms ein regelmäßiges »Tick Tack« anzeigt, also ein sich immer wieder wiederholendes Muster von Tick und Tack.

```
// Mit wait() und notify() das Ticken ein Uhr erzeugen

class TickTack {

  synchronized void Tick(boolean running) {
    if(!running) { // Die Uhr anhalten
      notify(); // Wartende Threads benachrichtigen
      return;
    }

    System.out.print("Tick ");
    notify(); // Tack() ausführen
    try {                                    ◀──── Tick() wartet auf Tack().
      wait(); // Auf das Ende von Tack() warten
    }
    catch(InterruptedException exc) {
      System.out.println("Thread unterbrochen.");
    }
  }

  synchronized void Tack(boolean running) {
    if(!running) { // Die Uhr anhalten
      notify(); // Wartende Threads benachrichtigen
      return;
    }

    System.out.println("Tack");
    notify(); // Tick() ausführen
    try {                                    ◀──── Tack() wartet auf Tick().
      wait(); // Auf das Ende von Tick() warten
    }
    catch(InterruptedException exc) {
      System.out.println("Thread unterbrochen.");
    }
  }
}

class MyThread implements Runnable {
  Thread thrd;
```

```java
  TickTack ttOb;

  // Einen neuen Thread einrichten
  MyThread(String name, TickTack tt) {
    thrd = new Thread(this, name);
    ttOb = tt;
    thrd.start(); // Den Thread starten
  }

  // Die Ausführung des neuen Thread beginnen
  public void run() {

    if(thrd.getName().compareTo("Tick") == 0) {
      for(int i=0; i<5; i++) ttOb.Tick(true);
      ttOb.Tick(false);
    }
    else {
      for(int i=0; i<5; i++) ttOb.Tack(true);
      ttOb.Tack(false);
    }
  }
}

class ThreadCom {
  public static void main(String args[]) {
    TickTack tt = new TickTack();
    MyThread mt1 = new MyThread("Tick", tt);
    MyThread mt2 = new MyThread("Tack", tt);

    try {
      mt1.thrd.join();
      mt2.thrd.join();
    } catch(InterruptedException exc) {
      System.out.println("Haupt-Thread unterbrochen.");
    }
  }
}
```

Tick() und tack() m
zwei unterschiedlichen
Threads aufrufen.

Das Programm liefert die Ausgabe:

```
Tick Tack
Tick Tack
Tick Tack
Tick Tack
Tick Tack
```

Untersuchen wir das Programm etwas genauer. In `main()` wird das Tick-Tack-Objekt `tt` erzeugt und mit diesem Objekt werden zwei Threads gestartet. In der `run()`-Methode von `MyThread` wird `Tick()` aufgerufen, wenn der Name des Thread »Tick« lautet. Ist der Name des Thread »Tack«, wird die Methode `Tack()` aufgerufen. Jede Methode wird fünfmal aufgerufen und dabei das Argument `true` übergeben. Die Uhr läuft so lange, wie `true` übergeben wird. Bei einem letzten Aufruf wird `false` übergeben und die Methoden damit angehalten.

Der wichtigste Programmteil befindet sich in den Methoden `Tick()` und `Tack()`. Beginnen wir mit der Methode `Tick()`, die hier noch einmal aufgeführt wird:

```
synchronized void Tick(boolean running) {
  if(!running) { // Die Uhr anhalten
    notify(); // Wartende Threads benachrichtigen
    return;
  }

  System.out.print("Tick ");
  notify(); // Tack() ausführen
  try {
    wait(); // Auf das Ende von Tack() warten
  }
  catch(InterruptedException exc) {
    System.out.println("Thread unterbrochen.");
  }
}
```

`Tick()` wird als `synchronized` deklariert, da die Methoden `wait()` und `notify()` nur für synchronisierte Methoden angewendet werden dürfen. Die Methode überprüft zu Beginn den Wert des Parameters `running`. Dieser Parameter wird für ein korrektes Abstellen der Uhr verwendet. Hat er den Wert `false`, wird die Uhr angehalten. In diesem Fall wird `notify()` aufgerufen, damit wartende Threads ausgeführt werden können. Auf diesem Punkt kommen wir gleich noch einmal zurück. Wird die Uhr beim Aufruf von `Tick()` ausgeführt, wird das Wort »Tick« angezeigt und anschließend `notify()` gefolgt von einem Aufruf von `wait()` aufgerufen. Der Aufruf von `notify()` ermöglicht es, dass ein Thread auf die Ausführung des gleichen Objekts wartet. Der Aufruf von `wait()` führt dazu, dass `Tick()` so lange ausgesetzt wird, bis ein anderer Thread `notify()` aufruft. Wenn `Tick()` aufgerufen wird, wird daher »Tick« angezeigt, ein anderer Thread ausgeführt und dann ausgesetzt.

Die `Tack()`-Methode ist eine genaue Kopie von `Tick()`, mit dem einzigen Unterschied, dass »Tack« angezeigt wird. Sie zeigt »Tack« an, ruft `notify()` auf und wartet anschließend. Insgesamt betrachtet, kann auf einen Aufruf von `Tick()` nur ein Aufruf von `Tack()` folgen, auf den wiederum nur ein Aufruf von `Tick()` und so weiter folgt. Die beiden Methoden sind also miteinander synchronisiert.

Beim Anhalten der Uhr wird `notify()` aufgerufen, um einen letzten Aufruf von `wait()` zu ermöglichen. Sowohl `Tick()` als auch `Tack()` rufen `wait()` nach der Anzeige der Nachricht auf. Wenn die Uhr angehalten wird, wartet eine der Methoden noch. Deshalb ist ein letzter Aufruf von `notify()` erforderlich, damit die wartende Methode ausgeführt wird. Entfernen Sie diesen Aufruf von `notify()` einmal versuchsweise und beobachten Sie, was geschieht. Sie werden feststellen, dass sich das Programm »aufhängt« und nur über die Tastenkombination [Strg] + [C] verlassen werden kann. Das liegt daran, dass beim letzten Aufruf von `wait()` durch `Tack()` kein Aufruf von `notify()` die Methode `Tack()` abschließt. `Tack()` verharrt tatenlos und wartet für immer.

Wenn Sie noch daran zweifeln, dass die Aufrufe von `wait()` und `notify()` tatsächlich erforderlich sind, damit die Uhr »richtig tickt«, dann setzen Sie diese Version von `TickTack` in das letzte Programm ein. Die Aufrufe von `wait()` und `notify()` wurden in dieser Version entfernt.

```
// Keine Aufrufe von wait() oder notify().
class TickTack {

  synchronized void Tick(boolean running) {
    if(!running) { // Die Uhr anhalten
      return;
    }

    System.out.print("Tick ");
  }

  synchronized void Tack(boolean running) {
    if(!running) { // Die Uhr anhalten
      return;
    }

    System.out.println("Tack");
  }
}
```

Nach der Ersetzung liefert das Programm folgende Ausgabe:

```
Tick Tick Tick Tick Tick Tack
Tack
```

```
Tack
Tack
Tack
```

Die Methoden `Tick()` und `Tack()` sind logischerweise nicht mehr synchronisiert!

1-Minuten-Test

- Welche Methoden unterstützen die Kommunikation zwischen Threads?
- Unterstützen alle Objekte die Kommunikation zwischen Threads?
- Was geschieht beim Aufruf von `wait()`?

Threads unterbrechen, wieder aufnehmen und beenden

Manchmal ist es sinnvoll, die Ausführung eines Thread auszusetzen. Ein separater Thread kann beispielsweise für die Anzeige der Uhrzeit verwendet werden. Wünscht der Benutzer keine Anzeige der Uhrzeit, dann wird der Thread ausgesetzt. Das Aussetzen eines Thread ist eine ganz einfache Aufgabe und es ist genauso einfach, ihn wieder aufzunehmen.

Der Mechanismus zum Unterbrechen, Beenden und Wiederaufnehmen von Threads unterscheidet sich bei Java 2 und den früheren Versionen. Vor der Version Java 2 wurden die Methoden `suspend()`, `resume()` und `stop()` verwendet, die von der Klasse `Thread` definiert werden. Sie unterbrachen oder nahmen einen Thread wieder auf oder beendeten ihn. Sie besitzen folgende Formen:

```
final void resume()
final void suspend()
final void stop()
```

Diese Methoden scheinen für den Umgang mit Threads sinnvoll und ausreichend zu sein, dürfen in neuen Java-Programmen aber nicht mehr verwendet werden. Das liegt daran, dass die `suspend()`-Methode der `Thread`-Klasse mit

---

- Die Kommunikation zwischen Threads wird von den Methoden `wait()`, `notify()` und `notifyAll()` unterstützt.
- Ja, alle Objekte unterstützen die Kommunikation zwischen Threads, weil diese Unterstützung Bestandteil der Klasse `Object` ist.
- Beim Aufruf von `wait()` gibt der aufrufende Thread die Kontrolle über das Objekt auf und wird unterbrochen, bis er eine Benachrichtigung erhält.

Java 2 verworfen wurde. Dies geschah deshalb, weil `suspend()` manchmal schwere Systemfehler auslösen kann. Angenommen, ein Thread hat kritische Datenstrukturen gesperrt und wird an diesem Punkt ausgesetzt, dann werden diese Sperren nicht wieder aufgehoben. Andere Threads, die auf diese Ressourcen warten, können dadurch total blockiert werden. Die `resume()`-Methode wurde ebenfalls verworfen. Sie bereitete weiter keine Probleme, kann jedoch nicht ohne die `suspend()`-Methode als Gegenstück verwendet werden. Die `stop()`-Methode der `Thread`-Klasse wurde mit Java 2 gleichfalls verworfen. Dies geschah deshalb, weil diese Methode auch zu ernsten Systemfehlern führen kann.

❓ Frage an den Experten

Frage: Beim Fehlverhalten von Multithread-Programmen kann es angeblich zu einer *totalen Blockade* kommen. Was ist darunter zu verstehen und wie kann so etwas verhindert werden?

Antwort: Eine totale Blockade ist eine Situation, in der ein Thread darauf wartet, dass ein anderer Thread etwas tut, der seinerseits auf den anderen Thread wartet. Daher werden beide Threads ausgesetzt und nichts wird ausgeführt. Diese Situation ist mit einer Begegnung zwischen zwei überaus höflichen Menschen zu vergleichen, die gegenseitig darauf bestehen, dass der andere zuerst durch eine Tür schreitet.

Das Vermeiden einer totalen Blockade ist nur scheinbar einfach. Zu totalen Blockaden kann es auch über Umwege kommen. Die Ursachen sind häufig durch einen Blick auf den Quellcode des Programms nicht zu erkennen, weil mehrfach ausgeführte Threads während der Laufzeit auf unterschiedlichste Arten zusammenarbeiten. Um eine solche Blockade zu vermeiden, muss sorgfältig programmiert und getestet werden. Wenn ein Multithread-Programm zufällig »hängen bleibt«, ist eine Blockade in der Regel die Folge.

Die Tatsache, dass die Methoden `suspend()`, `resume()` oder `stop()` nicht mehr für die Kontrolle von Threads verwendet werden können, bedeutet jedoch, dass Sie keine Möglichkeit mehr haben, Threads zu unterbrechen, erneut zu starten oder zu beenden. Ein Thread muss so aufgebaut sein, dass die `run()`-Methode periodisch überprüft, ob der Thread ausgesetzt, wieder aufgenommen oder beendet werden muss. Normalerweise geschieht dies mit zwei Signalvariablen: eine für die Unterbrechung und die Wiederaufnahme und eine weitere für das Beenden. Ist das Signal für die Unterbrechung oder Wiederaufnahme auf »ausführen« gesetzt, muss die `run()`-Methode den Thread weiter ausführen.

Kapitel 11: Multithread-Programmierung 467

Wird die Variable auf »unterbrechen« gesetzt, wird der Thread unterbrochen. Wenn das Stoppsignal auf »stopp« steht, muss der Thread beendet werden.

Das folgende Beispiel zeigt eine Möglichkeit für die Implementierung eigener Versionen für **suspend()**, **resume()** und **stop()**.

```java
// Einen Thread aussetzen, wieder aufnehmen und beenden

class MyThread implements Runnable {
  Thread thrd;
  volatile boolean suspended;      // Bei true wird der Thread unterbrochen.
  volatile boolean stopped;        // Bei true wird der Thread gestoppt.

  MyThread(String name) {
    thrd = new Thread(this, name);
    suspended = false;
    stopped = false;
    thrd.start();
  }

  // Einstiegspunkt für den Thread
  public void run() {
    System.out.println(thrd.getName() + " starten.");
    try {
      for(int i = 1; i < 1000; i++) {
        System.out.print(i + " ");
        if((i%10)==0) {
          System.out.println();
          Thread.sleep(250);
        }

        /* Ein synchronisierter Block zum Überprüfen
           der Unterbrechung und Wiederaufnahme */
        synchronized(this) {        // Dieser synchronisierte Block überprüft suspended und stopped.
          while(suspended) {
            wait();
          }
          if(stopped) break;
        }
      }
    } catch (InterruptedException exc) {
      System.out.println(thrd.getName() + " unterbrochen.");
    }
    System.out.println(thrd.getName() + " beendet.");
  }

  // Den Thread stoppen
  synchronized void mystop() {
    stopped = true;
```

```java
    // Ein ausgesetzter Thread wird gestoppt
    suspended = false;
    notify();
  }

  // Den Thread unterbrechen
  synchronized void mysuspend() {
    suspended = true;
  }

  // Den Thread wieder aufnehmen
  synchronized void myresume() {
    suspended = false;
    notify();
  }
}

class Suspend {
  public static void main(String args[]) {
    MyThread ob1 = new MyThread("My Thread");

    try {
      Thread.sleep(1000); // Thread ob1 beginnt mit der Ausführung

      ob1.mysuspend();
      System.out.println("Thread unterbrochen.");
      Thread.sleep(1000);

      ob1.myresume();
      System.out.println("Thread wieder aufgenommen.");
      Thread.sleep(1000);

      ob1.mysuspend();
      System.out.println("Thread ausgesetzt.");
      Thread.sleep(1000);

      ob1.myresume();
      System.out.println("Thread wieder aufgenommen.");
      Thread.sleep(1000);

      ob1.mysuspend();
      System.out.println("Thread gestoppt.");
      ob1.mystop();
    } catch (InterruptedException e) {
      System.out.println("Haupt-Thread unterbrochen");
    }
```

```
      // Auf das Ende des Thread warten
      try {
        ob1.thrd.join();
      } catch (InterruptedException e) {
        System.out.println("Haupt-Thread unterbrochen");
      }

      System.out.println("Haupt-Thread beendet.");
   }
}
```

Die Ausgabe des Programms sieht mit möglichen Abweichungen wie folgt aus:

```
My Thread starten.
1 2 3 4 5 6 7 8 9 10
11 12 13 14 15 16 17 18 19 20
21 22 23 24 25 26 27 28 29 30
31 32 33 34 35 36 37 38 39 40
Thread unterbrochen.
Thread wieder aufgenommen.
41 42 43 44 45 46 47 48 49 50
51 52 53 54 55 56 57 58 59 60
61 62 63 64 65 66 67 68 69 70
71 72 73 74 75 76 77 78 79 80
Thread ausgesetzt.
Thread wieder aufgenommen.
81 82 83 84 85 86 87 88 89 90
91 92 93 94 95 96 97 98 99 100
101 102 103 104 105 106 107 108 109 110
111 112 113 114 115 116 117 118 119 120
Thread gestoppt.
My Thread beendet.
Haupt-Thread beendet.
```

Das Programm funktioniert folgendermaßen: Die **Thread**-Klasse **MyThread** definiert die zwei **boolean**-Variablen **suspended** und **stopped**, die die Unterbrechung und Beendigung eines Thread steuern. Beide werden vom Konstruktor mit dem Wert **false** initialisiert. Die **run()**-Methode enthält einen als **synchronized** deklarierten Anweisungsblock, der **suspend** überprüft. Hat die Variable den Wert **true**, wird die **wait()**-Methode aufgerufen, um den Thread zu unterbrechen. Um den Thread zu unterbrechen, wird die Methode **mysuspend()** aufgerufen, die **suspended** den Wert **true** zuweist. Zur Wiederaufnahme der Ausführung wird die Methode **myresume()** ausgerufen, die **suspended** den Wert **false** zuweist und **notify()** aufruft, um den Thread wieder zu starten.

> ### Frage an den Experten
>
> **Frage:** Das Multithreading scheint eine großartige Möglichkeit zu sein, die Effizienz eines Programms zu steigern. Wie wird es am effektivsten eingesetzt?
>
> **Antwort:** Um das Multithreading effektiv einsetzen zu können, müssen Sie parallel und nicht seriell denken. Gibt es in einem Programm beispielsweise zwei Untersysteme, die gleichzeitig ausgeführt werden können, dann sollten sie in eigene Threads umgewandelt werden. Allerdings ist an dieser Stelle eine Warnung angebracht. Wenn Sie zu viele Threads einrichten, dann können Sie die Geschwindigkeit eines Programms herabsetzen, anstatt sie zu erhöhen, weil mit einem Kontextwechsel immer auch Aufwand verbunden ist. Erzeugen Sie zu viele Threads, wird mehr CPU-Zeit für die Kontextwechsel als für die eigentliche Programmausführung benötigt.

Um den Thread anzuhalten, wird die Methode `mystop()` aufgerufen, die `stopped` auf den Wert `true` setzt. Außerdem setzt `mystop()` die Variable `suspended` auf den Wert `false` und ruft anschließend `notify()` auf. Diese Schritte sind erforderlich, um einen ausgesetzten Thread zu stoppen.

Im letzen Programm ist ein weiterer Punkt von Interesse. Den Variablen `suspended` und `stopped` wird das Schlüsselwort `volatile` vorangestellt. Diese Typdeklaration sorgt dafür, dass immer dieser Wert zugewiesen wird, unabhängig davon, ob der Variablen an anderer Stelle explizit ein anderer Wert zugewiesen wurde. Ohne die Angabe von `volatile` steht es Java frei, Ausdrücke so zu optimieren, dass der Wert einer Variablen aus dem CPU-Register genommen wird, ohne dass der eigentliche Speicherinhalt noch einmal überprüft wird. Das Schlüsselwort `volatile` verhindert diese Optimierung.

UseMain.java

Projekt 11.2: Den Haupt-Thread verwenden

Alle Java-Programme besitzen mit dem so genannten *Haupt-Thread* mindestens einen Thread, der dem Programm zu Beginn der Ausführung automatisch zugeteilt wird. Bisher wurde dieser Haupt-Thread als gegeben hingenommen. In diesem Projekt wird deutlich, dass der Haupt-Thread wie alle anderen Threads behandelt werden kann.

Schritt für Schritt

1. Erstellen Sie eine Datei mit der Bezeichnung UseMain.java.
2. Um auf den Haupt-Thread zugreifen zu können, benötigen Sie ein Thread-Objekt, das auf ihn verweist. Dies erhalten Sie mit einem Aufruf der Methode currentThread(), die ein static-Member von Thread ist. Die allgemeine Form lautet:

```
static Thread currentThread()
```

Diese Methode gibt einen Verweis auf den Thread zurück, aus dem heraus sie aufgerufen wurde. Wenn Sie also während der Ausführung des Haupt-Thread currentThread() aufrufen, dann erhalten Sie auch einen Verweis auf den Haupt-Thread. Mit diesem Verweis können Sie den Haupt-Thread wie jeden anderen Thread steuern.

3. Geben Sie folgenden Programmtext in die Datei ein, der einen Verweis auf den Haupt-Thread enthält und den Namen des Haupt-Thread sowie seine Priorität setzt und ermittelt:

```java
/*
   Projekt 11.2

   Den Haupt-Thread steuern
*/

class UseMain {
  public static void main(String args[]) {
    Thread thrd;

    // Den Haupt-Thread ermitteln
    thrd = Thread.currentThread();

    // Den Thread-Namen anzeigen
    System.out.println("Haupt-Thread: " +
                  thrd.getName());

    // Die Priorität des Haupt-Thread anzeigen
    System.out.println("Priorität: " +
                  thrd.getPriority());

    System.out.println();

    // Name und Priorität setzen
    System.out.println("Name und Priorität setzen.\n");
    thrd.setName("Thread #1");
    thrd.setPriority(Thread.NORM_PRIORITY+3);
```

```
            System.out.println("Neuer Haupt-Thread: " +
                               thrd.getName());

            System.out.println("Neue Priorität: " +
                               thrd.getPriority());
    }
}
```

4. Das Programm liefert folgende Ausgabe:

```
Haupt-Thread: main
Priorität: 5

Name und Priorität setzen.

Neuer Haupt-Thread: Thread #1
Neue Priorität: 8
```

Sie müssen darauf achten, welche Operationen Sie mit dem Haupt-Thread durchführen. Wenn Sie beispielsweise den folgenden Code an das Ende von **main()** anfügen, wird das Programm niemals beendet, weil es auf das Ende des Haupt-Thread wartet!

```
try {
   thrd.join();
} catch(InterruptedException exc) {
   System.out.println("Unterbrochen");
}
```

☑ Übungsaufgaben

1. Inwiefern ermöglicht Ihnen die Multithread-Fähigkeit von Java das Schreiben effizienterer Programme?

2. Das Multithreading wird von der _____ -Klasse und der Schnittstelle _____ unterstützt.

3. Warum ziehen Sie beim Erstellen eines ausführbaren Objekts möglicherweise eine Erweiterung von **Thread** einer Implementierung von **Runnable** vor?

4. Zeigen Sie, wie Sie mit einem Aufruf von **join()** auf das Ende eines Thread-Objekts mit dem Namen **MyThrd** warten.

5. Wie wird ein Thread mit dem Namen MyThrd auf eine Priorität drei Stufen über der normalen Priorität gesetzt?

6. Welche Auswirkung hat das Schlüsselwort `synchronized` auf eine Methode?

7. Die Methoden `wait()` und `notify()` dienen der _____.

8. Ändern Sie die Klasse `TickTack` so, dass sie tatsächlich im Sekundentakt arbeitet. Jedes »Tick« und jedes »Tack« soll eine halbe Sekunde, jedes Tick-Tack also eine Sekunde dauern. (Vernachlässigen Sie dabei die zum Umschalten der Tasks benötigte Zeit und Ähnliches.)

9. Warum dürfen Sie `suspend()`, `resume()` und `stop()` in neuen Programmen nicht verwenden?

10. Versuchen Sie die in den vorangegangenen Kapiteln entwickelte `Queue`-Klasse für das Multithreading zu synchronisieren.

Kapitel 12

Applets, Ereignisse und andere Themen

Lernziele

- Applet-Grundlagen
- Applet-Architektur
- Zeichenfolgen an ein Applet-Fenster übergeben
- Ausgabe von Zeichenfolgen im Statusfenster
- Parameter verwenden
- Das Ereignisdelegationsmodell von Java
- Ereignisquellen und Ereignisempfänger
- Mausereignisse behandeln
- Weitere Java-Schlüsselwörter

Das Hauptziel dieses Buchs ist es, die Elemente der Programmiersprache Java vorzustellen und dieses Ziel ist fast erreicht. Das vorangegangene Kapitel 11 hat sich auf Eigenschaften konzentriert, die von der Programmiersprache Java definiert werden, wie etwa die Schlüsselwörter, die Syntax, die Blockstruktur, die Regeln für die Typumwandlung und so weiter. Sie sind jetzt in der Lage, durchdachte, nützliche Java-Programme zu schreiben. Zur Java-Programmierung gehört jedoch mehr als nur das Verstehen der Sprache selbst, nämlich das *Applet*. Das Applet ist die allerwichtigste Java-Anwendung und kein Buch über Java wäre ohne eine Behandlung dieses Thema vollständig. Deshalb bietet dieses Kapitel einen Überblick über die Applet-Programmierung.

Applets verwenden eine einmalige Architektur und verlangen den Einsatz spezieller Programmiertechniken. Eine dieser Techniken ist die *Ereignisbehandlung*. Ereignisse sind der Weg, über den ein Applet Eingaben von außen entgegennimmt. Da die Ereignisbehandlung ein wichtiger Bestandteil fast aller Applets ist, wird sie hier auch vorgestellt.

Aber seien Sie gewarnt: Die Themen Applets und Ereignisbehandlung sind sehr umfangreich. Eine vollständige und ausführliche Behandlung geht über den Rahmen dieses Buchs hinaus. Hier lernen Sie die Grundlagen und zahlreiche Beispiele kennen, die aber nicht weiter in die Tiefe gehen. Am Ende dieses Kapitels verfügen Sie jedoch über eine solide Grundlage, auf der aufbauend Sie diese interessanten Themen weiter verfolgen können.

Dieses Kapitel schließt mit der Beschreibung einiger weiterer Java-Schlüsselwörter wie zum Beispiel `instanceof` und `native` ab, die an anderer Stelle noch nicht beschrieben wurden. Diese Schlüsselwörter sind eher für die fortgeschrittene Programmierung vorgesehen und werden hier der Vollständigkeit halber zusammengefasst vorgestellt.

Applet-Grundlagen

Applets unterscheiden sich vom Programmtyp der bisherigen Kapitel. Wie bereits in Kapitel 1 erwähnt wurde, sind Applets kleine Programme, die für die Übertragung über das Internet gedacht sind und mit einem Browser ausgeführt werden. Da die Java Virtual Machine für die Ausführung aller Java-Programme einschließlich der Applets verantwortlich ist, bieten Applets eine sichere Möglichkeit zum dynamischen Herunterladen und Ausführen von Programmen über das Web. Bevor wir uns der Theorie und den Details zuwenden, untersuchen wir ein einfaches Applet. Es führt nur eine Aufgabe durch: Es zeigt die Zeichenfolge »Java macht Applets einfach.« in einem Fenster an.

```
// Ein minimales Applet.
import java.awt.*;
import java.applet.*;

public class SimpleApplet extends Applet {
  public void paint(Graphics g) {
    g.drawString("Java macht Applets einfach.", 20, 20);
  }
}
```

Beachten Sie die import-Anweisungen. Sie werden von allen Applets verwendet.

Dieser Satz wird im Applet-Fenster ausgegeben.

Dieses Applet beginnt mit zwei import-Anweisungen. Die erste importiert die Klassen des Abstract Window Toolkit (AWT-Klassen). Applets interagieren mit dem Benutzer über das AWT und nicht über die I/O-Klassen für die Konsole. Das AWT unterstützt eine auf Fenstern basierend, grafische Schnittstelle. Wie zu erwarten war, ist diese Schnittstelle sehr umfangreich und komplex. Eine vollständige Diskussion dieser Schnittstelle würde ein eigenes Buch benötigen. Da wir nur sehr einfache Applets erstellen, machen wir nur eingeschränkten Gebrauch vom AWT. Die nächste import-Anweisung importiert das Paket Applet. Dieses Paket enthält die Klasse Applet. Jedes von Ihnen erstellte Applet muss eine Unterklasse von Applet sein.

Die nächste Programmzeile deklariert die Klasse SimpleApplet. Diese Klasse muss als public deklariert werden, weil auf sie von Code von außerhalb zugegriffen wird.

In SimpleApplet, wird die Methode paint() deklariert. Diese Methode wird von der AWT-Klasse Component definiert (die eine Superklasse von Applet ist) und muss vom Applet überschrieben werden. paint() wird immer dann aufgerufen, wenn das Applet die Ausgabe erneut anzeigen muss. Dazu kann es aus mehreren Gründen kommen. Das Fenster, in dem das Applet ausgeführt wird, kann beispielsweise von einem anderen Fenster überlagert und anschließend wieder freigelegt werden. Oder das Applet-Fenster wird minimiert und anschließend wieder hergestellt. paint() wird auch aufgerufen, wenn die Ausführung des Applets beginnt. Unabhängig vom Anlass wird die Methode paint() immer dann aufgerufen, wenn das Applet die Ausgabe neu darstellen muss. Die paint()-Methode besitzt einen Parameter vom Typ Graphics. Dieser Parameter enthält den grafischen Kontext, der grafische Umgebung beschreibt, in welcher das Applet ausgeführt wird. Dieser Kontext wird immer für die Ausgabe des Applet verwendet.

Innerhalb von paint() wird die Methode drawString() aufgerufen, die ein Member der Graphics-Klasse ist. Diese Methode gibt beginnend an der angegebenen Position X, Y eine Zeichenfolge aus. Sie besitzt folgende allgemeine Form:

```
void drawString(String Nachricht, int x, int y)
```

Nachricht ist die Zeichenfolge, die an der Position x, y ausgeben wird. In einem Java-Fenster, hat die linke obere Ecke die Position 0, 0. Der Aufruf von `drawString()` führt dazu, dass die Nachricht beginnend an der Position 20, 20 ausgegeben wird.

Beachten Sie, dass das Applet keine `main()`-Methode besitzt. Anders als die früher in diesem Buch vorgestellten Programme beginnen Applets nicht mit der Ausführung von `main()`. Die meisten Applets verfügen nicht einmal über eine `main()`-Methode. Das Applet beginnt die Ausführung, wenn der Name seiner Klasse einem Browser oder einem Applet-fähigen Programm übergeben wird.

Nach dem Sie den Code für `SimpleApplet` eingegeben haben, wird es genauso wie andere Programme kompiliert. Die Ausführung des Applet `SimpleApplet` muss jedoch auf einem anderen Weg erfolgen. Ein Applet kann auf zwei Arten ausgeführt werden: Innerhalb eines Browsers oder mit einem speziellen Entwickler-Tool, welches Applets anzeigt. Das mit dem Java-Standard JDK zur Verfügung gestellte Werkzeug heißt `Appletviewer`. Mit ihm führen wir die in diesem Kapitel entwickelten Applets aus. Sie können Sie selbstverständlich auch mit Ihrem Browser ausführen, der `Appletviewer` ist in der Entwicklungsphase aber besser geeignet.

Um ein Applet auszuführen (entweder mit einem Webbrowser oder mit dem `Appletviewer`), müssen Sie eine kleine HTML-Datei schreiben, die das entsprechende APPLET-Tag enthält. (Sie können auch das neuere OBJECT-Tag verwenden, hier wird jedoch das APPLET-Tag verwendet, weil es der herkömmlichen Vorgehensweise entspricht.) Mit der folgenden HTML-Datei führen Sie `SimpleApplet` aus:

```
<applet code="SimpleApplet" width=200 height=60>
</applet>
```

Die Anweisungen `width` und `height` geben die Größe des Anzeigebereichs für das Applet an.

Um `SimpleApplet` mit einem Applet-Viewer auszuführen, führen Sie diese HTML-Datei aus. Wenn Sie die oben angeführte HTML-Datei `StartApp.html` nennen, dann wird `SimpleApplet` mit folgender Befehlszeile ausgeführt:

```
C:\>appletviewer StartApp.html
```

Ein Applet kann selbstverständlich auch mit einer eigenen HTML-Datei ausgeführt werden, es geht aber auch einfacher. Setzen Sie einfach einen Kommentar an den Anfang des Applet-Codes, der das APPLET-Tag enthält. Bei Verwendung dieser Methode sieht der Quellcode von `SimpleApplet` wie folgt aus:

Kapitel 12: Applets, Ereignisse und andere Themen

```java
import java.awt.*;
import java.applet.*;
/*
<applet code="SimpleApplet" width=200 height=60>
</applet>
*/

public class SimpleApplet extends Applet {
  public void paint(Graphics g) {
    g.drawString("Java macht Applets einfach.", 20, 20);
  }
}
```

Sie können das Applet jetzt ausführen, indem Sie den Namen der Quelldatei an den **appletviewer** übergeben. Verwenden Sie hierfür folgende Befehlszeile:

```
C:>appletviewer SimpleApplet.java
```

Das von `SimpleApplet` erzeugte Fenster zeigt der **appletviewer** wie folgt an:

Wenn Sie den **appletviewer** benutzen, dann müssen Sie berücksichtigen, dass dieser den Rahmen des Fensters zur Verfügung stellt. Applets, die mit einem Browser ausgeführt werden, haben keinen sichtbaren Rahmen.

Fassen wir die wichtigsten Punkte für die Applets noch einmal zusammen:

- Alle Applets sind Unterklassen von **Applet**.
- Applets benötigen keine **main()**-Methode.
- Applets müssen mit einem Applet-Viewer oder einem Java-kompatiblen Browser ausgeführt werden.
- Für die Ein- und Ausgaben des Benutzers werden nicht die I/O-Stream-Klassen sondern die AWT-Schnittstelle benutzt.

1-Minuten-Test

- Was ist ein Applet?
- Welche Methode gibt das Applet-Fenster aus?
- Welches Paket wird beim Erstellen eines Applet benötigt?
- Wie werden Applets ausgeführt?

Die Rahmenbedingungen für Applets

Das gerade vorgestellte Applet ist zwar voll funktionsfähig, aber von geringem Nutzen. Bevor Sie ein sinnvolles Applet erstellen können, müssen Sie noch mehr über die Rahmenbedingungen der Applets wissen, welche Methoden sie verwenden und wie Sie mit dem Laufzeitsystem zusammenarbeiten.

Die Applet-Architektur

Ein Applet ist ein mit Fenstern arbeitendes Programm. Insofern unterscheidet sich seine Architektur von Programmen, die im ersten Teil dieses Buchs vorgestellt wurden, welche die Konsole benutzten. Wenn Sie mit der Windows-Programmierung vertraut sind, dann werden Sie keine Probleme mit der Applet-Programmierung haben. Ist dies nicht der Fall, dann müssen Sie einige der grundlegenden Konzepte kennen lernen.

Applets werden über Ereignisse gesteuert und gleichen einer Ansammlung von Interrupt-Routinen. Der Ablauf funktioniert folgendermaßen: Ein Applet wartet auf den Eintritt eines Ereignisses. Das Laufzeitsystem benachrichtigt das Applet über den Aufruf eines Ereignis-Handler, der vom Applet bereitgestellt wird. Anschließend muss das Applet die entsprechenden Maßnahmen durchführen und die Kontrolle alsbald wieder dem System übergeben. Das ist ein wichtiger Punkt. Applets sollten nicht in einen »Operationsmodus« wechseln, in dem sie für längere Zeit die Kontrolle übernehmen. Es sollte stattdessen in Reaktion auf Ereignisse spezifische Aktionen durchführen und dann die Kontrolle wieder

---

- Ein Applet ist ein spezielles Java-Programm, das für das Versenden über das Internet vorgesehen ist und mit einem Browser ausgeführt wird.
- Die paint()-Methode zeigt die Ausgabe in einem Applet-Fenster an.
- Beim Erstellen eines Applet wird das Paket java.applet benötigt.
- Applets werden mit einem Browser oder speziellen Programmen wie dem appletviewer ausgeführt.

dem Laufzeitsystem übergeben. In solchen Situationen, in denen das Applet für sich selbst sich wiederholende Aufgaben durchführen muss (beispielsweise bei einer über den Bildschirm laufenden Nachricht), müssen Sie zusätzliche Threads starten.

Es ist der Benutzer, der die Interaktion mit dem Applet durchführt und nicht das Applet. Ein Konsolenprogramm fordert den Benutzer zu einer Eingabe auf und ruft anschließend die Eingabemethode auf. Ein Applet funktioniert anders. Der Benutzer interagiert nach Belieben mit dem Applet. Diese Interaktionen werden als Ereignisse an das Applet gesendet, welches seinerseits darauf reagieren muss. Klickt der Benutzer beispielsweise in einem Applet-Fenster auf die Maustaste, dann wird ein Mausereignis ausgelöst. Drückt der Benutzer eine Taste, während ein Applet-Fenster den Fokus hat, wird ein Tastaturereignis ausgelöst. Applets können über zahlreiche Steuerelemente wie Schaltflächen und Kontrollkästchen verfügen. Betätigt der Benutzer eines dieser Steuerelemente, dann wird jeweils ein Ereignis ausgelöst.

Die Applet-Architektur ist zwar nicht so leicht verständlich wie der Aufbau eines Konsolenprogramms, Java hält sie jedoch so einfach wie möglich. Sie wissen, wie abschreckend die Umgebung eines Windows-Programms sein kann. Java bietet dagegen eine wesentlich klarere Herangehensweise, die schnell zu erlernen ist.

Ein vollständiges Applet-Gerüst

Das bereits vorgestellte `SimpleApplet` ist zwar ein wirkliches Applet, es enthält aber noch nicht alle Elemente, die ein Applet in der Regel benötigt. Abgesehen von den einfachsten Applets überschreiben alle Applets eine Reihe von Methoden, die den eigentlichen Mechanismus für die Browser- oder Applet-Viewer-Schnittstellen zur Verfügung stellen und dessen Ausführung steuern. Vier dieser Methoden (`init()`, `start()`, `stop()` und `destroy()`) werden von `Applet` definiert. Die fünfte Methode (`paint()`) haben Sie bereits kennen gelernt. Sie wird von der AWT-Klasse `Component` vererbt. Da Standardimplementierungen für alle diese Methoden zur Verfügung stehen, müssen Applets die Methoden, die sie nicht benutzen, nicht überschreiben. Diese fünf Methoden können in einem Gerüst wie folgt zusammengestellt werden:

```
// Ein Applet-Gerüst
import java.awt.*;
import java.applet.*;
/*
<applet code="AppletSkel" width=300 height=100>
</applet>
*/
```

```
public class AppletSkel extends Applet {
  // Wird zuerst aufgerufen
  public void init() {
    // Initialisierung
  }

  /* Wird als Zweites nach init() und bei
     jedem Neustart des Applet aufgerufen. */
  public void start() {
    // Ausführung starten oder wieder aufnehmen
  }

  // Wird aufgerufen, wenn das Applet gestoppt wird
  public void stop() {
    // Ausführung unterbrechen
  }

  /* Wird aufgerufen, wenn das Applet beendet ist. Dies
     ist die letzte Methode, die ausgeführt wird. */
  public void destroy() {
    // Abschlussaktivitäten
  }

  /* Wird aufgerufen, wenn ein Applet-Fenster
     wieder hergestellt werden muss. */
  public void paint(Graphics g) {
    // Den Fensterinhalt erneut anzeigen
  }
}
```

Dieses Gerüst führt nichts durch, es lässt sich aber trotzdem kompilieren und ausführen. Es kann Ihnen als Grundlage für ein zu erstellendes Applet dienen.

Applet-Initialisierung und Beendigung

Sie müssen die Reihenfolge kennen, in der die Methoden des Gerüsts ausgeführt werden. Wenn ein Applet beginnt, werden die folgenden Methoden in dieser Reihenfolge aufgerufen:

1. init()
2. start()
3. paint()

Wird ein Applet beendet dann lautet die Reihenfolge:
1. `stop()`
2. `destroy()`

Betrachten wir diese Methoden etwas genauer.

Die `init()`-Methode wird zuerst aufgerufen. Mit der Methode `init()` initialisiert das Applet die Variablen und führt Vorbereitungen durch.

Die `start()`-Methode wird nach `init()` aufgerufen. Sie wird auch aufgerufen, um ein Applet nach einer Unterbrechung neu zu starten, beispielsweise wenn der Benutzer von einer zuvor angezeigten Web-Seite mit einem Applet zurückkehrt. `start()` kann also während der Ausführungszeit eines Applet mehrfach aufgerufen werden.

Die `paint()`-Methode wird immer dann aufgerufen, wenn die Ausgabe des Applet neu dargestellt werden muss. Sie wurde bereits beschrieben.

Wenn die Seite mit dem Applet verlassen wird, wird die `stop()`-Methode aufgerufen. Mit der Methode `stop()` wird ein untergeordneter Thread unterbrochen, der vom Applet erzeugt wurde und Aktionen durchführt, die das Applet für eine sichere, funktionsfähige Durchführung benötigt. Ein Aufruf von `stop()` bedeutete nicht, dass das Applet abgebrochen werden soll, da es mit einem Aufruf von `start()` wieder aktiviert werden kann, wenn der Benutzer zur Seite zurückkehrt.

Die Methode `destroy()` wird aufgerufen, wenn das Applet nicht mehr benötigt wird. Mit ihr werden Abschlussoperationen des Applet durchgeführt.

1-Minuten-Test

- Welche fünf Methoden überschreiben die meisten Applets?
- Was muss das Applet tun, wenn `start()` aufgerufen wird?
- Was muss das Applet tun, wenn `stop()` aufgerufen wird?

Applets neu darstellen

Prinzipiell gilt, dass ein Applet nur dann in sein Fenster schreibt, wenn die Methode `paint()` vom Laufzeitsystem aufgerufen wird. Das wirft eine interessante Frage auf: Wie kann ein Applet selbst veranlassen, dass das Fenster aktualisiert wird, wenn sich die dargestellten Informationen verändern? Welchen Mechanismus verwendet ein Applet beispielsweise, wenn es ein sich bewegendes Spruchband anzeigt? Eine der grundlegenden Anforderungen an ein Applet ist es,

---

- Die fünf Methoden sind `init()`, `start()`, `stop()`, `destroy()` und `paint()`.
- Wenn `start()` aufgerufen wird, muss das Applet gestartet oder neu gestartet werden.
- Wenn `Stopp()` aufgerufen wird, muss das Applet unterbrochen werden.

dass die Kontrolle so schnell wie möglich wieder an das Java-Laufzeitsystem zurückgegeben werden muss. Innerhalb von `paint()` darf keine Schleife eingerichtet werden, die das Spruchband mehrfach nacheinander abrollen lässt. Das würde verhindern, dass die Kontrolle an das Laufzeitsystem zurückgegeben wird. Vor diesem Hintergrund mag die Ausgabe des Applet-Fensters schwierig erscheinen. Glücklicherweise ist das aber nicht so. Jedes Mal, wenn das Applet aktualisierte Informationen in seinem Fenster anzeigen muss, wird einfach `repaint()` aufgerufen.

Die Methode `repaint()` wird von der AWT-Klasse `Component` definiert. Sie veranlasst das Laufzeitsystem, einen Aufruf der Methode `update()` des Applet durchzuführen, was in der Standardimplementierung einem Aufruf von `paint()` entspricht. Wenn ein anderer Teil des Applet in das Fenster ausgeben soll, dann speichern Sie die Ausgabe einfach und rufen anschließend `repaint()` auf. Damit sorgen Sie dafür, dass `paint()` aufgerufen wird und die gespeicherten Informationen angezeigt werden. Muss ein Teil Ihres Applet beispielsweise eine Zeichenfolge ausgeben, dann kann diese in einer `String`-Variablen gespeichert und anschließend `repaint()` aufgerufen werden. Innerhalb von `paint()` wird die Zeichenfolge mit der Methode `drawString()` angezeigt.

Die einfachste Version von `repaint()` sieht folgendermaßen aus:

```
void repaint()
```

Diese Version sorgt dafür, dass das gesamte Fenster neu angezeigt wird.

Bei einer anderen Version von `repaint()` wird ein Bereich angegeben, der neu dargestellt werden soll:

```
void repaint(int links, int oben, int Breite, int Höhe)
```

Mit *links* und *rechts* werden die Koordinaten der linken oberen Ecke und mit *Breite* und *Höhe* der Bereich angegeben. Die Maßangaben erfolgen in Pixel. Wird nur ein bestimmter Bereich neu angezeigt, dann spart das Zeit. Das Aktualisieren eines Fensters erfordert einen nicht unbeträchtlichen Zeitaufwand. Muss nur ein kleiner Teil des Fensters aktualisiert werden, dann ist es effektiver, wenn nur dieser Bereich aktualisiert wird.

Im Projekt 12.1 finden Sie ein Beispiel für die Methode `repaint()`.

Die update()-Methode

`update()` ist eine weitere Methode für die Aktualisierung der Ausgabe eines Applet, die Sie möglicherweise überschreiben. Diese Methode wird von der Klasse `Component` definiert. Sie wird aufgerufen, wenn das Applet einen Teil des

Fensters aktualisieren möchte. Die Standardversion von update() löscht das Applet-Fenster mit der Hintergrundfarbe, setzt die Vordergrundfarbe und ruft paint() auf. Eine Alternative ist das Überschreiben der update()-Methode, damit sie alle erforderlichen Aktivitäten für die Anzeige durchführt. Dann kann paint() einfach update() aufrufen. Bei einigen Anwendungen überschreibt das Applet-Gerüst daher paint() und update() wie folgt:

```
public void update(Graphics g) {
  // Neuanzeige des Fensters
}

public void paint(Graphics g) {
  update(g);
}
```

In den hier vorgestellten Beispielen wird update() nicht überschrieben, Sie können dieses Verfahren aber für Ihre eigenen Applets verwenden.

Frage an den Experten

Frage: Können andere Methoden als paint() oder update() für die Ausgabe eines Applet-Fensters verwendet werden?

Antwort: Ja. Sie müssen hierfür mit der Methode getGraphics() (definiert von Component) den grafischen Kontext ermitteln und diesen für die Ausgabe des Fensters verwenden. Bei den meisten Anwendungen ist es aber besser und einfacher, die Ausgabe über paint() und repaint() zu lenken, wenn sich der Inhalt eines Fensters verändert.

r.java

Projekt 12.1: Ein einfaches Banner-Applet

Das folgende einfache Banner-Applet veranschaulicht die Methode repaint().

Dieses Applet rollt von links nach rechts über den Bildschirm eine Nachricht ab. Da das Abrollen einer Nachricht ein sich wiederholender Vorgang ist, wird er von einem eigenen Thread durchgeführt, der vom Applet bei der Initialisierung erzeugt wird. Solche Spruchbänder sind im Web sehr beliebt und dieses Projekt zeigt, wie ein solches Spruchband mit einem Applet erzeugt wird.

Schritt für Schritt

1. Erstellen Sie eine Datei mit der Bezeichnung `Banner.java`.
2. Das Banner-Applet beginnt mit folgenden Zeilen:

```
/*
    Projekt 12.1

    Ein einfaches Banner-Applet

    Dieses Applet erzeugt einen Thread, der die
    Nachricht aus msg von rechts nach links
    im Applet-Fenster abrollt.
*/
import java.awt.*;
import java.applet.*;
/*
<applet code="Banner" width=300 height=50>
</applet>
*/

public class Banner extends Applet implements Runnable {
  String msg = " Java regiert das Web ";
  Thread t;
  boolean stopFlag;

  // Mit null initialisieren
  public void init() {
    t = null;
  }
```

`Banner` erweitert `Applet`, implementiert aber außerdem noch `Runnable`. Dies ist erforderlich, weil das Applet einen zweiten Thread zum Abrollen des Spruchbandes erzeugt. Die Nachricht des Spruchbandes ist in der `String`-Variablen `msg` enthalten. Ein Verweis auf den Thread, der das Applet ausführt, ist in `t` gespeichert. Die `boolean`-Variable `stopFlag` stoppt das Applet. Innerhalb von `init()`, wird die Thread-Verweisvariable `t` auf `null` gesetzt.

3. Fügen Sie die `start()`-Methode hinzu.

```
// Den Thread starten
public void start() {
  t = new Thread(this);
  stopFlag = false;
```

```
    t.start();
}
```

Das Laufzeitsystem ruft start() auf, um die Ausführung des Applet zu beginnen. Innerhalb von start() wird ein neuer Thread erzeugt und der Thread-Variablen t zugewiesen. Anschließend wird stopFlag auf den Wert false gesetzt. Dann wird der Thread mit einem Aufruf von t.start() gestartet. t.start() ruft eine von Thread definierte Methode auf, die die Ausführung von run() auslöst. Sie löst keinen Aufruft der von Applet definierten Version von start() aus. Dies sind zwei getrennte Methoden.

4. Fügen Sie die run()-Methode hinzu.

```
// Einstiegspunkt für den Thread, der das Banner ausführt
public void run() {
  char ch;

  // Das Spruchband anzeigen
  for( ; ; ) {
    try {
      repaint();
      Thread.sleep(250);
      ch = msg.charAt(0);
      msg = msg.substring(1, msg.length());
      msg += ch;
      if(stopFlag)
        break;
    } catch(InterruptedException exc) {}
  }
}
```

In der run()-Methode werden die Zeichen aus msg wiederholt nach links rotierend angezeigt. Zwischen jeder Rotation wird repaint() aufgerufen. Dies führt zu einem Aufruf der Methode paint() und zur Anzeige des aktuellen Inhalts von msg. Zwischen jedem Durchlauf ruht run() für eine Viertelsekunde. run() hat den Effekt, dass der Inhalt von msg von rechts nach links mit einer konstanten Bewegung angezeigt wird. Die stopFlag-Variable wird bei jedem Durchlauf überprüft. Hat sie den Wert true, wird die run()-Methode beendet.

5. Fügen Sie den Code für die Methoden stop() und paint() hinzu.

```
// Das Spruchband unterbrechen
public void stop() {
```

```
        stopFlag = true;
        t = null;
    }

    // Das Spruchband anzeigen
    public void paint(Graphics g) {
        g.drawString(msg, 50, 30);
    }
```

Wenn ein Browser, der das Applet anzeigt, eine neue Seite anzeigt, wird die `stop()`-Methode aufgerufen, die `stopFlag` auf den Wert `true` setzt und `run()` damit beendet. Auch `t` wird auf den Wert `null` gesetzt. Es gibt also keinen Verweis auf das `Thread`-Objekt mehr, so dass es mit der nächsten Garbage Collection freigegeben wird. Dieser Mechanismus stoppt den Thread, wenn dessen Seite nicht mehr betrachtet wird. Wenn das Applet ins Blickfeld gerät, wird `start()` noch einmal aufgerufen und ein neuer Thread für die Anzeige des Spruchbands gestartet.

6. Es folgt das vollständige Applet:

```
/*
    Projekt 12.1

    Ein einfaches Banner-Applet

    Dieses Applet erzeugt einen Thread, der die
    Nachricht aus msg von rechts nach links
    im Applet-Fenster abrollt.
*/
import java.awt.*;
import java.applet.*;
/*
<applet code="Banner" width=300 height=50>
</applet>
*/

public class Banner extends Applet implements Runnable {
    String msg = " Java regiert das Web ";
    Thread t;
    boolean stopFlag;

    // Mit null initialisieren
    public void init() {
        t = null;
    }
```

```java
// Den Thread starten
public void start() {
  t = new Thread(this);
  stopFlag = false;
  t.start();
}

// Einstiegspunkt für den Thread, der das Banner aus-
führt
public void run() {
  char ch;

  // Das Spruchband anzeigen
  for( ; ; ) {
    try {
      repaint();
      Thread.sleep(250);
      ch = msg.charAt(0);
      msg = msg.substring(1, msg.length());
      msg += ch;
      if(stopFlag)
        break;
    } catch(InterruptedException exc) {}
  }
}

// Das Spruchband unterbrechen
public void stop() {
  stopFlag = true;
  t = null;
}

// Das Spruchband anzeigen
public void paint(Graphics g) {
  g.drawString(msg, 50, 30);
}
}
```

Das Applet liefert folgende Ausgabe:

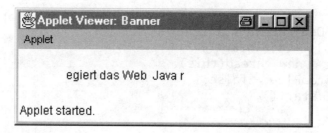

Das Statusfenster verwenden

Ein Applet kann nicht nur in seinem Fenster, sondern auch im Statusfenster des Browser oder Applet-Viewer Ausgaben anzeigen, mit dem es ausgeführt wird. Hierfür wird die Methode **showStatus()** aufgerufen, die von **Applet** definiert wird. Beim Aufruf wird die anzuzeigende Zeichenfolge übergeben. Die allgemeine Form von **showStatus()** sieht folgendermaßen aus:

```
void showStatus(String msg)
```

msg enthält die anzuzeigende Zeichenfolge.

Im Statusfenster kann angezeigt werden, was das Applet gerade ausführt oder es können Optionen angeboten oder Fehlerberichte angezeigt werden. Das Statusfenster eignet sich auch hervorragend für die Fehlersuche, weil hier auf einfache Weise Informationen über das Applet angezeigt werden können.

Das folgende Applet demonstriert **showStatus()**:

```
// Das Statusfenster verwenden
import java.awt.*;
import java.applet.*;
/*
<applet code="StatusWindow" width=300 height=50>
</applet>
*/

public class StatusWindow extends Applet{
  // Zeigt msg im Applet-Fenster an.
  public void paint(Graphics g) {
    g.drawString("Dies ist das Applet-Fenster.", 10, 20);
    showStatus("Dieser Text wird im Statusfenster angezeigt.");
  }
}
```

Das Programm zeigt folgendes Fenster an:

Parameterübergabe an Applets

Sie können einem Applet auch Parameter übergeben. Hierfür verwenden Sie das PARAM-Attribut des APPLET-Tag, mit dem der Name und Wert des Parameters übergeben werden. Mit der Methode getParameter(), die von Applet definiert wird, wird ein Parameter ermittelt. Die allgemeine Form lautet:

```
String getParameter(String paramName)
```

paramName ist der Name des Parameters. Er liefert den Wert des angegebenen Parameters in Form eines String-Objekts zurück. Für numerische Werte und Werte vom Typ boolean muss daher die Zeichenfolge in das interne Format umgewandelt werden. Sie müssen überprüfen, ob der Rückgabewert von getParameter() gültig ist. Außerdem müssen Sie jeden Parameter überprüfen, der in einen numerischen Wert umgewandelt wird, um festzustellen, ob eine gültige Umwandlung durchgeführt wurde.

Das folgende Beispiel veranschaulicht die Parameterübergabe:

```
// Einem Applet einen Parameter übergeben
import java.awt.*;
import java.applet.*;

/*
<applet code="Param" width=300 height=80>
<param name=author value="Herbert Schildt">
<param name=purpose value="Parameterbeispiel">
<param name=version value=2>
</applet>
*/

public class Param extends Applet {
```

> Diese HTML-Parameter werden dem Applet übergeben.

```java
    String author;
    String purpose;
    int ver;

    public void start() {
      String temp;

      author = getParameter("author");
      if(author == null) author = "nicht gefunden";

      purpose = getParameter("purpose");
      if(purpose == null) purpose = "nicht gefunden";

      temp = getParameter("version");
      try {
        if(temp != null)
          ver = Integer.parseInt(temp);
        else
          ver = 0;
      } catch(NumberFormatException exc) {
        ver = -1; // Fehlercode
      }
    }

    public void paint(Graphics g) {
      g.drawString("Zweck: " + purpose, 10, 20);
      g.drawString("Von: " + author, 10, 40);
      g.drawString("Version: " + ver, 10, 60);
    }
  }
```

> Es muss überprüft werden, ob der Parameter vorhanden ist.

> Außerdem muss sichergestellt werden, dass die numerische Umwandlung erfolgreich v...

Dieses Programm liefert folgende Ausgabe:

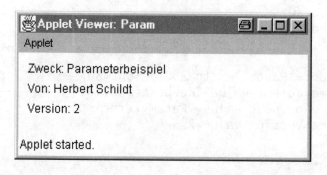

1-Minuten-Test

- Wie rufen Sie die paint()-Methode eines Applet auf?
- Wo zeigt showStatus() eine Zeichenfolge an?
- Mit welcher Methode ermitteln Sie einen mit dem APPLET-Tag angegebenen Parameter?

Die Applet-Klasse

Es wurde bereits darauf hingewiesen, dass alle Applets Unterklassen der Applet-Klasse sind. Applet vererbt die folgenden von der AWT-Klasse definierten Superklassen: Component, Container und Panel. Damit steht dem Applet die gesamte AWT-Funktionalität zur Verfügung.

Neben den in den letzten Abschnitten beschriebenen Methoden enthält Applet zahlreiche weitere Methoden, mit denen Sie eine vollständige Kontrolle über die Ausführung des Applet haben. Tabelle 12.1 führt alle von Applet definierten Methoden auf.

Methode	Beschreibung
void destroy()	Diese Methode wird vom Browser vor der Beendigung des Applet aufgerufen. Das Applet überschreibt diese Methode, wenn vor der Zerstörung eine Bereinigung durchgeführt werden muss.
AccessibleContext getAccessibleContext()	Gibt den Zugriffskontext für das aufrufende Objekt zurück.
AppletContext getAppletContext()	Gibt den Kontext des Applet zurück.
String getAppletInfo( )	Gibt eine das Applet beschreibende Zeichenfolge zurück.
AudioClip getAudioClip(URL url)	Gibt ein AudioClip-Objekt zurück, das den Clip an der mit url angegebenen Stelle einkapselt.
>AudioClip getAudioClip(URL url, String clipName)	Gibt ein AudioClip-Objekt zurück, das den Clip an der mit url angegebenen Stelle und den Namen clipName einkapselt.
URL getCodeBase()	Gibt den URL des aufrufenden Applet zurück.
URL getDocumentBase()	Gibt den URL des HTML-Dokuments zurück, welches das Applet aufruft.

Tabelle 12.1 Die von der Klasse Applet definierten Methoden.

- Damit paint() aufgerufen wird, muss repaint() aufgerufen werden.
- showStatus() zeigt eine Zeichenfolge im Statusfenster des Applet an.
- Ein Parameter wird mit der Methode getParameter() ermittelt.

Methode	Beschreibung
Image getImage(URL *url*)	Gibt ein Image-Objekt zurück, das das Bild an der mit *url* angegebenen Stelle einkapselt.
Image getImage(URL *url*, String *imageName*)	Gibt ein Image-Objekt zurück, das das Bild an der mit *url* angegebenen Stelle und dem Namen *imageName* einkapselt.
Locale getLocale()	Gibt ein Locale-Objekt zurück, welches von verschiedenen Klassen und Methoden zur Berücksichtigung lokaler Besonderheiten verwendet wird.
String getParameter(String *paramName*)	Gibt den Parameter *paramName* zurück. Wird der angegebene Parameter nicht gefunden, wird null zurückgegeben.
String[ ] [ ] getParameterInfo()	Gibt eine String-Tabelle zurück, die die vom Applet akzeptierten Parameter beschreibt. Jeder Tabelleneintrag muss aus drei Zeichenfolgen bestehen, die den Parameternamen, eine Typbeschreibung und/oder einen Wertebereich sowie eine Beschreibung seines Zwecks angeben.
void init()	Diese Methode wird aufgerufen, wenn ein Applet die Ausführung beginnt. Sie ist in jedem Applet die erste aufgerufene Methode.
boolean isActive()	Diese Methode gibt true zurück, wenn das Applet gestartet wurde. Wenn das Applet gestoppt wurde, gibt sie false zurück.
static final AudioClip newAudioClip(URL *url*)	Gibt ein AudioClip-Objekt zurück, das den Clip an der mit *url* angegebenen Stelle einkapselt. Sie ist vergleichbar mit getAudioClip(), allerdings ist sie vom Typ static und kann ohne ein Applet-Objekt ausgeführt werden.
void play(URL *url*)	Wird an der mit *url* angegebenen Position ein Audioclip gefunden, dann wird dieser abgespielt.
void play(URL *url*, String *clipName*)	Wird an der mit *url* angegebenen Position ein Audioclip mit der Bezeichnung *clipName* gefunden, dann wird dieser abgespielt.
void resize(Dimension *dim*)	Passt die Größe des Applet den mit *dim* angegebenen Maßen an. Dimension ist eine in java.awt gespeicherte Klasse. Sie enthält zwei int-Felder: width and height.
void resize(int *Breite*, int *Höhe*)	Passt die Größe des Applet den mit *Breite* und *Höhe* angegebenen Maßen an.
final void setStub(AppletStub *stubObj*)	Erzeugt das Stub-Objekt *stubObj* für das Applet. Diese Methode wird vom Laufzeitsystem verwendet und normalerweise nicht vom Applet aufgerufen. Ein *Stub* ist Code, der eine Verbindung zwischen Applet und Browser herstellt.

Tabelle 12.1 Die von der Klasse Applet definierten Methoden.

Methode	Beschreibung
void showStatus(String str)	Zeigt die Zeichenfolge str im Statusfenster des Browser oder Applet-Viewer an. Unterstützt der Browser kein Statusfenster, dann wird keine Aktion durchgeführt.
void start()	Diese Methode wird vom Browser aufgerufen, wenn ein Applet die Ausführung beginnen oder wieder aufnehmen soll. Sie wird nach init() automatisch aufgerufen, wenn das Applet zum ersten Mal ausgeführt wird.
void stop()	Diese Methode wird vom Browser aufgerufen, um die Ausführung des Applet zu unterbrechen. Nachdem ein Applet angehalten wurde, wird es wieder gestartet, wenn der Browser start() aufruft.

Tabelle 12.1 Die von der Klasse Applet definierten Methoden.

Ereignisbehandlung

Applets sind über Ereignisse gesteuerte Programme. Die Ereignisbehandlung ist deshalb für eine erfolgreiche Applet-Programmierung von zentraler Bedeutung. Die meisten Ereignisse, auf die ein Applet reagiert, werden vom Benutzer ausgelöst. Diese Ereignisse werden dem Applet auf unterschiedliche Weise mit der spezifischen Methode für das aktuelle Ereignis übergeben. Es gibt mehrere Ereignistypen. Die am häufigsten behandelten Ereignisse sind diejenigen, die von der Maus, der Tastatur und den unterschiedlichen Steuerelementen ausgelösten Ereignisse. Ereignisse werden vom Java-Paket `java.awt.event` unterstützt.

Bevor wir uns der Ereignisbehandlung zuwenden, ist noch eine wichtige Anmerkung zu machen: Die Ereignisbehandlung durch das Applet hat sich seit der ersten Java-Version 1.0 beginnend mit der neueren Version 1.1 entscheidend verändert. Die Ereignisbehandlung der Version 1.0 wird weiterhin unterstützt, ist aber für neu zu erstellende Programme nicht zu empfehlen. Viele der Methoden, die das Ereignismodell der alten Version 1.0 unterstützen, wurden inzwischen verworfen. Die Ereignisse sollten in neu erstellten Programmen immer nach der neuen, hier beschriebenen Methode erfolgen.

Es sei noch einmal darauf hingewiesen, dass das Verfahren der Ereignisbehandlung nicht vollständig abgehandelt werden kann. Die Ereignisbehandlung ist ein sehr weitreichendes Thema mit vielen speziellen Eigenschaften und Möglichkeiten, so dass eine vollständige Behandlung dieses Themas über den Rahmen dieses Buchs hinausgeht.

Das Ereignisdelegationsmodell

Die moderne Herangehensweise an die Ereignisbehandlung basiert auf dem *Ereignisdelegationsmodell*. Das Ereignisdelegationsmodell definiert standardmäßige und folgerichtige Mechanismen zum Erzeugen und Verarbeiten von Ereignissen. Das Konzept ist recht einfach: Eine *Ereignisquelle* erzeugt ein Ereignis und sendet es an einen oder mehrere *Listener*. In diesem Schema wartet der Listener oder Ereignisempfänger so lange, bis er ein Ereignis erhält. Das empfangene Ereignis wird verarbeitet und zurück gesendet. Der Vorteil dieses Modells liegt darin, dass die Logik, die das Ereignis verarbeitet, sauber von der Logik der Benutzerschnittstelle getrennt ist, die diese Ereignisse auslöst. Ein Element der Benutzerschnittstelle kann die Verarbeitung eines Ereignisses an einen eigenen Codeabschnitt »delegieren«. Im Ereignisdelegationsmodell muss sich der Ereignisempfänger bei einer Ereignisquelle registrieren lassen, damit er Ereignisbenachrichtigungen erhält.

Ereignisse

Im Delegationsmodell ist ein Ereignis ein Objekt, das einen Zustandswechsel der Ereignisquelle beschreibt. Es kann infolge einer Interaktion des Benutzers mit einem der Elemente der grafischen Benutzeroberfläche wie etwa das Betätigen einer Schaltfläche, die Eingabe eines Zeichens über die Tastatur, die Auswahl eines Elements aus einer Liste oder einen Mausklick ausgelöst werden.

Ereignisquellen

Eine Ereignisquelle ist ein Objekt, das ein Ereignis erzeugt. Ereignisempfänger müssen sich für eine Ereignisquelle registrieren lassen, damit sie beim Auftreten eines bestimmten Ereignisses benachrichtigt werden. Jeder Ereignistyp besitzt eine eigene Registrierungsmethode. Die allgemeine Form lautet:

```
public void addTypeListener(TypListener el)
```

Typ ist der Name des Ereignisses und `el` ein Verweis auf den Ereignisempfänger. Die Methode, die beispielsweise einen Ereignisempfänger für ein Tastaturereignis registriert, heißt `addKeyListener()`. Die Methode, die den Empfänger für eine Mausbewegung registriert, heißt `addMouseMotionListener()`. Kommt es zu einem Ereignis, dann werden alle registrierten Ereignisempfänger benachrichtigt und erhalten eine Kopie des Ereignisobjekts.

Eine Ereignisquelle muss auch eine Methode bereitstellen, mit der ein Ereignisempfänger sich für den Empfang spezifischer Ereignisnachrichten abmelden kann. Die allgemeine Form einer solchen Methode lautet:

```
public void removeTypListener(TypListener el)
```

Typ ist der Name des Ereignisses und *el* ist ein Verweis auf den Ereignisempfänger. Der Empfänger für Tastaturereignisse ist beispielsweise `removeKeyListener()`.

Die Methoden, die Ereignisempfänger hinzufügen oder entfernen, werden von der Ereignisquelle bereitgestellt. Die `Component`-Klasse stellt zum Beispiel die Methoden zum Hinzufügen oder Entfernen von Empfängern von Tastatur- oder Mausereignissen bereit.

Ereignisempfänger

Ein *Ereignisempfänger* oder *Listener* ist ein Objekt, das benachrichtigt wird, wenn ein Ereignis eintritt. Er muss zwei wichtige Dinge erfüllen. Zum einen muss er sich bei einer oder mehreren Ereignisquellen für den Empfang von Benachrichtigungen bei Eintritt spezieller Ereignistypen angemeldet haben. Zum anderen muss er Methoden implementieren, mit denen er diese Benachrichtigungen entgegennehmen und verarbeiten kann.

Die Methoden, die Ereignisse empfangen und verarbeiten, werden in einer Reihe von Schnittstellen aus dem Paket `java.awt.event` definiert. Die `MouseMotionListener`-Schnittstelle definiert zum Beispiel zwei Methoden, die Nachrichten entgegen nehmen, wenn die Maus gezogen oder bewegt wird. Jedes Objekt kann diese beiden Ereignisse entgegennehmen und verarbeiten, wenn es über eine Implementierung dieser Schnittstelle verfügt.

Ereignisklassen

Die Ereignisklassen bilden das Zentrum des Java-Mechanismus für die Ereignisbehandlung. An der Wurzel der Ereignisklassenhierarchie von Java steht `EventObject`, die sich in dem Paket `java.util` befindet. Sie ist die Superklasse für alle Ereignisse. Die Klasse `AWTEvent`, die im Paket `java.awt` definiert wird, ist eine Unterklasse von `EventObject`. Sie ist (direkt oder indirekt) die Superklasse für alle auf AWT basierenden Ereignisse des Ereignisdelegationsmodells.

Das Paket `java.awt.event` definiert zahlreiche Ereignistypen, die von den unterschiedlichen Elementen der Benutzerschnittstelle erzeugt werden. Tabelle 12.2 führt die wichtigsten von ihnen mit einer kurzen Beschreibung, wann sie ausgelöst werden, auf.

Ereignisklasse	Beschreibung
ActionEvent	Wird ausgelöst, wenn eine Schaltfläche betätigt wird, ein Eintrag in einer Liste doppelt geklickt oder eine Menüoption gewählt wird.
AdjustmentEvent	Wird beim Verschieben eines Rollbalken ausgelöst.
ComponentEvent	Wird ausgelöst, wenn eine Komponente verborgen, verschoben oder in der Größe verändert wird und wenn sie sichtbar wird.
ContainerEvent	Dieses Ereignis wird ausgelöst, wenn eine Komponente einem Container hinzugefügt oder aus diesem entfernt wird.
FocusEvent	Wird ausgelöst, wenn eine Komponente den Tastaturfokus erhält oder verliert.
InputEvent	Dies ist die abstrakte Superklasse für alle Ereignisklassen der Komponenteneingabe.
ItemEvent	Dieses Ereignis wird ausgelöst, wenn ein Kontrollkästchen markiert oder ein Listeneintrag angeklickt wird. Es tritt auch ein, wenn eine Optionsschaltfläche oder ein aktivierbarer Menüpunkt markiert wird.
KeyEvent	Dieses Ereignis wird aus gelöst, wenn eine Eingabe über die Tastatur erfolgt.
MouseEvent	Dieses Ereignis wird ausgelöst, wenn die Maus gezogen, bewegt, geklickt, die Maustaste gedrückt gehalten oder wieder freigegeben wird. Es wird auch ausgelöst, wenn der Mauszeiger in eine Komponente bewegt wird oder eine Komponente wieder verlässt.
TextEvent	Dieses Ereignis wird ausgelöst, wenn der Wert eines Textbereichs oder Textfeldes verändert wird.
WindowEvent	Dieses Ereignis wird ausgelöst, wenn ein Fenster aktiviert, geschlossen, deaktiviert, minimiert, maximiert oder geöffnet wird.

Tabelle 12.2 Die wichtigsten Ereignisklassen aus java.awt.event.

Listener-Schnittstellen

Ereignisempfänger empfangen Ereignisbenachrichtigungen. Ereignisempfänger werden durch Implementierung einer oder mehrerer der im Paket java.awt.event definierten Schnittstelle erzeugt. Tritt ein Ereignis ein, dann ruft die Ereignisquelle die entsprechende vom Ereignisempfänger definierte Methode auf und übergibt ein Ereignisobjekt als Argument. Tabelle 12.3 führt die gebräuchlichsten Listener-Schnittstellen mit einer kurzen Beschreibung der von ihnen definierten Methoden auf.

Schnittstelle	Beschreibung
ActionListener	Diese Schnittstelle definiert eine Methode zum Empfang von Aktionsereignissen. Aktionsereignisse werden durch Aktionen wie das Betätigen einer Schaltfläche oder die Menüauswahl ausgelöst.

Tabelle 12.3 Die gebräuchlichsten Listener-Schnittstellen

Schnittstelle	Beschreibung
AdjustmentListener	Diese Schnittstelle definiert eine Methode für den Empfang von Einstellungsereignissen, zum Beispiel beim Verschieben eines Rollbalkens.
ComponentListener	Diese Schnittstelle definiert vier Methoden, die erkennen, wenn eine Komponente verborgen, verschoben, in der Größe verändert oder angezeigt wird.
ContainerListener	Diese Schnittstelle definiert zwei Methoden, die erkennen, wenn eine Komponente einem Container hinzugefügt oder aus diesem entfernt wird.
FocusListener	Diese Schnittstelle definiert zwei Methoden, die erkennen, wenn eine Komponente den Tastaturfokus erhält oder verliert.
ItemListener	Diese Schnittstelle definiert drei Methoden, die erkennen, wenn sich der Status eines Elements verändert. Ein Elementereignis wird beispielsweise von einer Optionsschalfläche ausgelöst.
KeyListener	Diese Schnittstelle definiert drei Methoden, die erkennen, wenn eine Taste gedrückt gehalten, wieder freigegeben oder einmal gedrückt wird.
MouseListener	Diese Schnittstelle definiert fünf Methoden, die erkennen, wenn die Maus geklickt, in den Bereich einer Komponente verschoben, aus dem Bereich einer Komponente genommen, gedrückt gehalten oder wieder freigegeben wurde.
MouseMotionListener	Diese Schnittstelle definiert zwei Methoden, die erkennen, wenn die Maus gezogen oder verschoben wird.
TextListener	Diese Schnittstelle definiert drei Methoden, die erkennen, wenn sich ein Textwert verändert.
WindowListener	Diese Schnittstelle definiert sieben Methoden, die erkennen, wenn ein Fenster aktiviert, geschlossen, deaktiviert, minimiert, maximiert, geöffnet oder geschlossen wird.

Tabelle 12.3 Die gebräuchlichsten Listener-Schnittstellen

1-Minuten-Test

- Erklären Sie kurz die Bedeutung von `EventObject` und `AWTEvent`.
- Was ist eine Ereignisquelle? Was ist ein Ereignisempfänger?
- Ereignisempfänger müssen sich bei einer Ereignisquelle anmelden, damit sie Ereignisbenachrichtigungen erhalten. Richtig oder falsch?

- EventObject ist die Superklasse aller Ereignisse. AWTEvent ist die Superklasse aller AWT-Ereignisse, die vom Ereignisdelegationsmodell behandelt werden.
- Eine Ereignisquelle ist ein Objekt, das ein Ereignis erzeugt. Ein Ereignisempfänger ist ein Objekt, das Ereignisse empfängt.
- Richtig.

Das Ereignisdelegationsmodell verwenden

Nach diesem Überblick über das Ereignisdelegationsmodell und seine unterschiedlichen Komponenten wenden wir uns wieder der Praxis zu. Die Applet-Programmierung auf der Grundlage des Ereignisdelegationsmodells ist eigentlich recht einfach. Halten Sie sich an die beiden folgenden Schritte:

1. Implementieren Sie die entsprechende Schnittstelle im Ereignisempfänger, damit er über die entsprechenden Ereignisse benachrichtigt wird.
2. Implementieren Sie Code für die An- und (falls erforderlich) Abmeldung des Ereignisempfängers für den Empfang von Ereignisbenachrichtigungen.

Beachten Sie dabei, dass eine Ereignisquelle unterschiedliche Ereignistypen erzeugen kann. Die Registrierung für die einzelnen Ereignisse erfolgt jeweils getrennt voneinander. Ein Objekt kann sich darüber hinaus für mehrere Ereignistypen anmelden, muss jedoch alle für den Empfang dieser Ereignisse erforderlichen Schnittstellen implementieren.

Um zu zeigen, wie das Delegationsmodell in der Praxis funktioniert, beschreiben wir ein Beispiel, das einen der wichtigsten Ereignisauslöser zum Gegenstand hat, nämlich die Maus.

Mausereignisse behandeln

Um Mausereignisse behandeln zu können, müssen Sie die Schnittstellen `MouseListener` und `MouseMotionListener` implementieren. Die Schnittstelle `MouseListener` definiert fünf Methoden. Wenn eine Maustaste geklickt wird, wird `mouseClicked()` aufgerufen. Betritt der Mauszeiger den Bereich einer Komponente, wird die Methode `mouseEntered()` aufgerufen. Beim Verlassen des Bereichs wird `mouseExited()` aufgerufen. Die Methoden `mousePressed()` und `mouseReleased()` werden aufgerufen, wenn die Maustaste gedrückt beziehungsweise wieder freigegeben wird. Die allgemeinen Formen dieser Methoden sehen wie folgt aus:

```
void mouseClicked(MouseEvent me)
void mouseEntered(MouseEvent me)
void mouseExited(MouseEvent me)
void mousePressed(MouseEvent me)
void mouseReleased(MouseEvent me)
```

Die `MouseMotionListener`-Schnittstelle definiert zwei Methoden. Die Methode `mouseDragged()` wird mehrfach aufgerufen, wenn die Maus gezogen wird. Die `mouseMoved()`-Methode wird mehrfach aufgerufen, wenn die Maus bewegt wird. Sie haben die allgemeine Form:

```
void mouseDragged(MouseEvent me)
void mouseMoved(MouseEvent me)
```

Das mit *me* übergebene MouseEvent-Objekt beschreibt das Ereignis. MouseEvent definiert eine Reihe von Methoden, die Informationen darüber liefern, was geschehen ist. Die gebräuchlichsten Methoden von MouseEvent sind wahrscheinlich getX() und getY(). Sie liefern die X- und Y-Koordinaten des Mauszeigers beim Auftritt des Ereignisses. Sie haben folgende Form:

```
int getX()
int getY()
```

Im nächsten Beispiel wird mit diesen Methoden die aktuelle Position des Mauszeigers angegeben.

Ein einfaches Applet mit Mausereignissen

Das folgende Applet demonstriert die Behandlung von Mausereignissen. Es zeigt die aktuellen Koordinaten des Mauszeigers im Statusfenster des Applet an. Jedes Mal, wenn eine Taste gerückt wird, wird das Wort »Gedrückt« an der Position des Mauszeigers angezeigt. Wird die Taste wieder freigegeben, wird das Wort »Freigegeben« angezeigt. Wenn eine Taste geklickt wird, erscheint die Nachricht »Maus geklickt« in der linken oberen Ecke des Anzeigebereichs des Applet.

Wird der Mauszeiger in den Anzeigebereich des Applet-Fensters bewegt oder aus diesem entfernt, wird in der linken oberen Ecke des Anzeigebereichs des Applet eine Nachricht angezeigt. Wird die Maus gezogen, dann wird ein Sternchen (*) angezeigt, das der Bewegung des Mauszeiger nachgeführt wird. Beachten Sie die beiden Variablen mouseX und mouseY, die die Position der Maus speichern, wenn eine Taste gedrückt oder freigegeben wird. paint() verwendet diese Koordinaten anschließend, um die Ausgabe auf den Punkt zu positionieren, wo diese Ereignisse aufgetreten sind.

```
// Beispiel für die Behandlung von Mausereignissen
import java.awt.*;
import java.awt.event.*;
import java.applet.*;
/*
  <applet code="MouseEvents" width=300 height=100>
  </applet>
*/

public class MouseEvents extends Applet
  implements MouseListener, MouseMotionListener {
```

```java
String msg = "";
int mouseX = 0, mouseY = 0; // Koordinaten der Maus

public void init() {
   addMouseListener(this);
   addMouseMotionListener(this);
}
```
> Diese Klasse wird als Ereignisempfänger für Mausereignisse angemeldet.

```java
// Mausklick behandeln
public void mouseClicked(MouseEvent me) {
  mouseX = 0;
  mouseY = 10;
  msg = "Maus geklickt.";
  repaint();
}
```
> Dieser und die übrigen Ereignis-Handler reagieren auf Mausereignisse.

```java
// Die Maus betritt den Bereich
public void mouseEntered(MouseEvent me) {
  mouseX = 0;
  mouseY = 10;
  msg = "Maus im Bereich des Applet-Fensters.";
  repaint();
}

// Bereich verlassen
public void mouseExited(MouseEvent me) {
  mouseX = 0;
  mouseY = 10;
  msg = "Maus hat den Bereich des Applet-Fensters verlassen.";
  repaint();
}

// Maustaste gedrückt
public void mousePressed(MouseEvent me) {
  // save coordinates
  mouseX = me.getX();
  mouseY = me.getY();
  msg = "Gedrückt";
  repaint();
}

// Maustaste freigegeben
public void mouseReleased(MouseEvent me) {
```

```
  // save coordinates
    mouseX = me.getX();
    mouseY = me.getY();
    msg = "Freigegeben";
    repaint();
  }

  // Maus gezogen
  public void mouseDragged(MouseEvent me) {
    // save coordinates
    mouseX = me.getX();
    mouseY = me.getY();
    msg = "*";
    showStatus("Maus gezogen nach " + mouseX + ", " +
mouseY);
    repaint();
  }

  // Maus bewegt
  public void mouseMoved(MouseEvent me) {
    // Status anzeigen
    showStatus("Maus bewegt nach " + me.getX() + ", " +
me.getY());
  }

  // msg im Applet-Fenster an der aktuellen X-/Y-Position
anzeigen
  public void paint(Graphics g) {
    g.drawString(msg, mouseX, mouseY);
  }
}
```

So sieht das Applet auf dem Bildschirm aus:

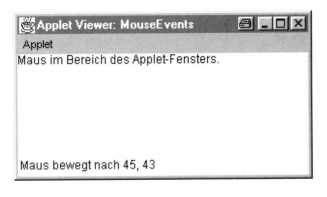

Betrachten wir dieses Beispiel etwas genauer. Die `MouseEvents`-Klasse erweitert `Applet` und implementiert die beiden Schnittstellen `MouseListener` und `MouseMotionListener`. Diese beiden Schnittstellen enthalten Methoden, die die unterschiedlichen Mausereignisse entgegennehmen und verarbeiten. Das Applet ist sowohl die Ereignisquelle als auch der Ereignisempfänger. Das funktioniert, weil die Klasse `Component`, die die Methoden `addMouseListener()` und `addMouseMotionListener()` bereitstellt, eine Superklasse von `Applet` ist. Es ist eine durchaus übliche Situation, dass das Applet gleichzeitig die Ereignisquelle und der Ereignisempfänger ist.

In der `init()`-Methode meldet sich das Applet selbst als Empfänger von Mausereignissen an. Dies geschieht mit den Methoden `addMouseListener()` und `addMouseMotionListener()`, die Members von `Component` sind. Sie haben folgende Form:

```
synchronized void addMouseListener(MouseListener ml)
synchronized void addMouseMotionListener(MouseMotionListener mml)
```

ml ist ein Verweis auf das Objekt, welches die Mausereignisse empfängt und *mml* ist ein Verweis auf das Objekt, welches Ereignisse einer Mausbewegung entgegennimmt. In diesem Programm wird dasselbe Objekt für beide Ereignistypen benutzt.

Anschließend implementiert das Applet die von den Schnittstellen `MouseListener` und `MouseMotionListener` definierten Methoden. Sie sind Ereignis-Handler für die unterschiedlichen Mausereignisse. Jede Methode behandelt ihre Ereignisse und kehrt dann zurück.

Weitere Java-Schlüsselwörter

Am Schluss dieses Buches müssen noch einige weitere Java-Schlüsselwörter kurz erläutert werden:

- **transient**
- **volatile**
- **instanceof**
- **native**
- **strictfp**

Diese Schlüsselwörter werden für Programme benötigt, die sich auf einem etwas fortgeschritteneren Niveau als die hier vorgestellten Beispielprogramme bewegen. Die einzelnen Schlüsselwörter werden kurz erläutert, damit Sie wissen, wozu sie dienen.

transient und volatile

Die Schlüsselwörter `transient` und `volatile` sind Typbezeichner für etwas speziellere Situationen. Wenn eine Instanzvariable als `transient` deklariert wird, dann bleibt ihr Wert nicht erhalten, wenn ein Objekt gespeichert wird. Ein Feld vom Typ `transient` verändert den Zustand eines Objekts daher nicht.

Der Typbezeichner `volatile` wurde bereits im Kapitel 11 kurz erwähnt, verdient jedoch eine etwas genauere Betrachtung. Eine als `volatile` deklarierte Variable weist den Compiler darauf hin, dass die Variable von anderen Programmteilen unerwartet verändert werden kann. In Kapitel 11 haben Sie eine solche Situation in einem Multithread-Programm gesehen. In Multithread-Programmen verwenden manchmal zwei oder mehr Threads die gleiche Instanzvariable. Aus Gründen der Effizienz kann jeder Thread eine eigene, private Kopie einer gemeinsam genutzten Variablen angelegt. Das Original (oder die *Master-Kopie*) der Variablen wird zu unterschiedlichen Zeiten aktualisiert, beispielsweise beim Aufruf einer synchronisierten Methode. Dieses Verfahren funktioniert hervorragend, kann jedoch manchmal uneffektiv sein. In manchen Fällen ist lediglich von Interesse, dass die Master-Kopie einer Variablen immer dem aktuellen Zustand entspricht. Um dies sicherzustellen, wird die Variable als `volatile` deklariert. Der Compiler weiß dann, dass er immer die Master-Kopie dieser veränderlichen Variable nehmen muss (oder zumindest die privaten Kopien in Übereinstimmung mit der Master-Kopie hält und umgekehrt). Ferner müssen Zugriffe auf die Master-Variable immer in genau der gleichen Reihenfolge durchgeführt werden, in der sie auch für die privaten Kopien durchgeführt werden.

instanceof

Manchmal ist es nützlich, wenn man einen Objekttyp während der Laufzeit kennt. Ein Thread kann beispielsweise verschiedene Objekttypen erzeugen, die von einem anderen Thread verarbeitet werden. In dieser Situation kann es nützlich sein, wenn der verarbeitende Thread jeden Objekttyp kennt, den er übernimmt. Eine weitere Situation, in der der Objekttyp während der Laufzeit von Interesse ist, ist das Casten. Ein ungültiger Cast führt in Java zu einem Laufzeitfehler. Während des Kompilierens können viele ungültige Casts abgefangen werden. Casts in Verbindung mit Klassenhierarchien können jedoch zu ungültigen Casts führen, die nur während der Laufzeit zu erkennen sind. Da ein Superklassenverweis auf Unterklassenobjekte verweisen kann, ist zum Zeitpunkt des Kompilierens nicht immer zu erkennen, ob ein Cast in Verbindung mit einem Superklassenverweis gültig ist oder nicht.

Der `instanceof`-Operator besitzt folgende allgemeine Form:

```
Objekt instanceof Typ
```

Objekt ist eine Instanz der Klasse und *Typ* ist ein Klassentyp. Wenn das *Objekt* den angegebenen Typ hat oder in ihn umgewandelt werden kann, dann liefert der `instanceof`-Operator den Wert `true`. Andernfalls lautet das Ergebnis `false`. `instanceof` bietet also eine Möglichkeit, wie ein Programm während der Laufzeit Typinformationen für ein Objekt ermitteln kann.

strictfp

Mit Java 2 kam das neue Schlüsselwort `strictfp` hinzu. Mit der Version Java 2 wurde das Berechnungsmodell für Gleitkommazahlen überarbeitet, um bestimmte Berechnungen für einige Prozessoren wie etwa den Pentium zu beschleunigen. Das neue Modell verzichtet unter anderem auf das Kürzen bestimmter Zwischenergebnisse während einer Berechnung. Wenn eine Klasse oder Methode als `strictfp` deklariert wird, dann wird dafür gesorgt, dass die gesamten Gleitkommaberechnungen (und damit auch die Kürzungen) genauso wie in früheren Java-Versionen durchgeführt werden. Das Kürzen betrifft nur den Exponenten bestimmter Operationen. Erhält eine Klasse das Attribut `strictfp`, dann wird dieses Attribut automatisch für alle Methoden der Klasse übernommen.

Native Methoden

Es gibt einige seltene Situationen, in denen Sie eine Unterroutine aufrufen möchten, die in einer anderen Programmiersprache geschrieben wurde. Normalerweise liegt eine solche Unterroutine als ausführbarer Code für die CPU und die entsprechende Rechnerumgebung als so genannter nativer Code vor. Eine Unterroutine in nativem Code kann beispielsweise aufgerufen werden, um eine schnellere Ausführungszeit zu erreichen. Vielleicht möchten Sie auch eine spezielle Bibliothek von einem Fremdhersteller verwenden (z.B. ein Statistikpaket). Da Java-Programme jedoch vom Java-Laufzeitsystem zu Bytecode kompiliert und anschließend interpretiert (oder nebenbei kompiliert) werden, scheint es auf den ersten Blick unmöglich, eine Unterroutine mit fremden Code aus einem Java-Programm heraus aufzurufen. Glücklicherweise ist dies ein Trugschluss. In Java können mit dem Schlüsselwort `native` Methoden in andersartigem Code deklariert werden. Anschließend können diese Methoden innerhalb des Java-Programms genau wie eine Java-Methode aufgerufen werden.

Eine native Methode wird durch Voranstellung des Schlüsselworts `native` deklariert. Ein Methodenrumpf wird dabei nicht definiert. Zum Beispiel:

```java
public native int meth() ;
```

Wenn Sie eine native Methode deklariert haben, müssen Sie diese Methode programmieren und eine Reihe umfangreicher Schritte durchführen, um sie mit dem Java-Code zu verknüpfen.

Wie geht es weiter?

Herzlichen Glückwunsch! Wenn Sie die zwölf Kapitel gelesen und durchgearbeitet haben, dann dürfen Sie sich jetzt als Java-Programmierer fühlen. Es gibt immer noch sehr viele Dinge über Java, z.B. Bibliotheken und Subsysteme zu lernen, aber Sie verfügen über eine solide Grundlage, mit der Sie Ihre Erkenntnisse und Erfahrungen weiter ausbauen können.

In den folgenden Bereichen sollten Sie Ihre Kenntnisse ausbauen:

- AWT (Abstract Window Toolkit), einschließlich der verschiedenen Elemente der Benutzerschnittstelle, wie Schaltflächen, Menüs, Listen und Rollbalken.
- Layout-Manager, die die Anordnung der vom Applet angezeigten Elemente steuern.
- Text- und Grafikausgabe in einem Fenster.
- Das Untersystem für die Ereignisbehandlung, die hier zwar eingeführt wurde, aber noch wesentlich weiter reicht.
- Die Netzwerkklassen von Java, insbesondere das Collections Framework, das eine Reihe gängiger Programmieraufgaben vereinfacht.
- Swing, als Alternative zum AWT.
- Java Beans, die das Erstellen von Software-Komponenten mit Java unterstützen.
- Das Erstellen nativer Methoden

Für Ihre weitere Beschäftigung mit Java empfehlen wir Ihnen das Buch *Java 2 ENT-PACKT* (MITP-Verlag), das neben den oben aufgeführten Themen noch zahlreiche weitere behandelt. Das Buch enthält eine vollständige Beschreibung der Programmiersprache Java, seiner Bibliotheken, Subsysteme und Anwendungen.

☑ Übungsaufgaben

1. Welche Methode wird zu Beginn der Ausführung eines Applet aufgerufen?
2. Erklären Sie, warum ein Applet Multithreading verwenden muss, wenn es kontinuierlich ausgeführt werden soll.
3. Erweitern Sie das Projekt 12.1 so, dass es die als Parameter übergebene Zeichenfolge anzeigt. Fügen Sie einen zweiten Parameter hinzu, der die Zeit zwischen den Rotationen (in Millisekunden) angibt.
4. Zusatzaufgabe: Erstellen Sie ein Applet, das die aktuelle Uhrzeit anzeigt und jede Sekunde aktualisiert wird. Um dies zu schaffen, müssen Sie ein paar Recherchen anstellen. Hinweis: Die aktuelle Zeit ermitteln Sie am einfachsten mit einem `Calendar`-Objekt, das zum Paket `java.util` gehört. (Beachten Sie, dass Sun eine Online-Dokumentation für alle Standardklassen von Java anbietet.) Sie sollten jetzt in der Lage sein, sich die `Calendar`-Klasse selbstständig zu erarbeiten und mit deren Methoden diese Aufgabe lösen können.
5. Erklären Sie mit wenigen Worten das Ereignisdelegationsmodell von Java.
6. Muss sich ein Ereignisempfänger bei einer Ereignisquelle anmelden?
7. Zusatzaufgabe: Eine weitere Anzeigemethode von Java ist `drawLine()`. Sie zeichnet eine Linie zwischen zwei Punkten in der aktuellen Farbe. Sie gehört zur Klasse `Graphics`. Verwenden Sie `drawLine()` und schreiben Sie ein Programm, das die Bewegungen des Mauszeigers nachzeichnet. Wenn die Maustaste gedrückt gehalten wird, dann soll das Programm eine fortlaufende Linie zeichnen, bis die Maustaste wieder freigegeben wird.
8. Nennen Sie einen Grund, warum eine native Methode bei einigen Programmen nützlich sein kann.
9. Bauen Sie Ihre Java-Kenntnisse selbstständig weiter aus. Ein guter Ausgangspunkt hierfür ist eine Beschäftigung mit den Standardpaketen von Java, wie zum Beispiel `java.util`, `java.awt` und `java.net`. Sie enthalten interessante Klassen, mit denen Sie leistungsfähige Internet-Anwendung programmieren können.

Anhang A

Antworten auf die Fragen der Übungsaufgaben

Kapitel 1: Java-Grundlagen

1. Was ist Bytecode und warum ist er so wichtig für den Einsatz von Java für die Internet-Programmierung?

Bytecode ist eine in hohem Maße optimierte Folge von Anweisungen, die vom Java-Laufzeitinterpreter ausgeführt wird. Mit Bytecode erreicht Java sowohl Kompatibilität als auch Sicherheit.

2. Welches sind die drei Hauptprinzipien der objektorientierten Programmierung?

Einkapselung, Polymorphie und Vererbung.

3. Wo beginnt die Ausführung eines Java-Programms?

Java-Programme beginnen die Ausführung mit der Methode `main()`.

4. Was ist ein Variable?

Eine Variable ist ein benannter Speicherplatz. Der Inhalt einer Variablen kann während der Programmausführung geändert werden.

5. Welche der folgenden Variablennamen sind zulässig?

Die Bezeichnung `67count` ist ungültig, weil der Name nicht mit einer Ziffer beginnen darf.

6. Wie erstellen Sie einen einzeiligen und einen mehrzeiligen Kommentar?

Ein einzeiliger Kommentar beginnt mit `//` und endet mit dem Ende der Zeile. Ein mehrzeiliger Kommentar beginnt mit `/*` und endet mit `*/`.

7. Nennen Sie die allgemeine Form der `if`-Anweisung. Geben Sie die allgemeine Form der `for`-Schleife an.

Die allgemeine Form für `if` lautet:

```
if(Bedingung) Anweisung;
```

Die allgemeine Form für `for` lautet:

```
for(Initialisierung; Bedingung; Iteration) Anweisung;
```

8. Wie erstellen Sie einen Codeblock?

Ein Codeblock beginnt mit einer öffnenden geschweiften Klammer `{` und endet mit einer schließenden geschweiften Klammer `}`.

9. Die Anziehungskraft des Mondes beträgt zirka 17 Prozent der Erdanziehungskraft. Schreiben Sie ein Programm, dass Ihr tatsächliches Gewicht auf dem Mond berechnet.

```
/*
   Ihr Gewicht auf dem Mond

   Nennen Sie die Datei Moon.java.
*/
class Moon {
  public static void main(String args[]) {
    double earthweight; // Gewicht auf der Erde
    double moonweight;  // Gewicht auf dem Mond

    earthweight = 165;

    moonweight = earthweight * 0.17;

    System.out.println(earthweight +
               " Erdgewicht entsprechen " +
               moonweight + " Mondgewicht.");

  }
}
```

10. Passen Sie das Projekt 1.2 so an, dass eine Umwandlungstabelle für Zoll in Meter ausgegeben wird. Lassen Sie 12 Fuß in Zoll anzeigen. Geben Sie nach jeweils 12 Zoll eine Leerzeile aus. (Ein Meter entspricht zirka 39,37 Zoll.)

```
/*
   Dieses Programm zeigt eine Umwandlungs-
   tabelle für Zoll in Meter an.

   Nennen Sie das Programm InchToMeterTable.java.
*/
class InchToMeterTable {
  public static void main(String args[]) {
    double inches, meters;
    int counter;

    counter = 0;
    for(inches = 1; inches <= 144; inches++) {
      meters = inches / 39.37; // Umwandlung in Meter
      System.out.println(inches + " Zoll sind " +
                 meters + " Meter.");

      counter++;
      // Alle zwölf Zeilen folgt eine Leerzeile
      if(counter == 12) {
```

```
            System.out.println();
            counter = 0; // Zeilenzähler zurücksetzen
          }
        }
      }
    }
```

Kapitel 2: Datentypen und Operatoren

1. Warum nimmt Java eine strikte Definition der Wertebereiche und des Verhaltens der einfachen Datentypen vor?

   Java nimmt eine strikte Definition der Wertebereiche und des Verhaltens der einfachen Datentypen vor, um eine Portabilität zwischen den Plattformen zu erreichen.

2. Welchen Zeichentyp verwendet Java und worin unterscheidet er sich von vielen anderen Programmiersprachen?

   Java verwendet den Zeichentyp char. Die Java-Zeichen sind Unicode und kein ASCII-Code, wie dies in den meisten anderen Programmiersprachen der Fall ist.

3. Eine Variable vom Typ boolean kann einen beliebigen Wert annehmen, weil alle Werte ungleich null dem Wert true entsprechen. Richtig oder falsch?

   Falsch. Eine Variable vom Typ boolean muss den Wert true oder false haben.

4. Wie erzeugen Sie die folgende Ausgabe mit einer einzigen Zeichenfolge in der println()-Anweisung?

```
Eins
Zwei
Drei
```

```
System.out.println("Eins\nZwei\nDrei");
```

5. Was ist in diesem Fragment falsch?

```
for(i = 0; i < 10; i++) {
  int sum;

  sum = sum + i;
```

```
        }
        System.out.println("Die Summe beträgt: " + sum);
```

Dieses Fragment enthält zwei grundsätzliche Mängel. Zum einen wird sum jedes Mal neu erzeugt, wenn der von der for-Schleife erzeugte Block betreten wird, und beim Verlassen wieder zerstört. Der Wert geht also zwischen den einzelnen Schleifendurchläufen verloren. Der Versuch, in sum die Zwischensummen der Schleifendurchläufe zu speichern, bleibt daher erfolglos. Außerdem ist sum außerhalb des Blocks unbekannt, in dem die Variable deklariert wurde. Der Verweis darauf in der println()-Anweisung ist deshalb ungültig.

6. Erklären Sie den Unterschied zwischen der vor- und der nachgestellten Form des Inkrementoperators.

   Wenn der Inkrementoperator dem Operanden vorangestellt wird, führt Java die entsprechende Operation vor der Ermittlung des Wertes des Operanden für die weitere Auswertung des Ausdruck durch. Steht der Operator nach dem Operanden, ermittelt Java zuerst seinen Wert und führt die Erhöhung anschließend durch.

7. Zeigen Sie, wie mit einem Shortcircuit-UND eine Division durch null verhindert werden kann.

```
if((b != 0) && (val / b) ...
```

8. Zu welchem Typ werden byte und short in einem Ausdruck erweitert?

   byte und short werden in einem Ausdruck zu int erweitert.

9. Wofür wird ein Cast normalerweise benötigt?

   Normalerweise wird ein Cast für die Umwandlung zweier inkompatibler Typen oder beim Auftreten einer einengenden Umwandlung verwendet.

10. Schreiben Sie ein Programm, das alle Primzahlen zwischen 1 und 100 ausgibt.

```
// Die Primzahlen zwischen 1 und 100.
class Prime {
  public static void main(String args[]) {
    int i, j;
    boolean isprime;

    for(i=1; i < 100; i++) {
      isprime = true;

      // Ist die Zahl ohne4 Rest teilbar?
```

```
            for(j=2; j < i/2; j++)
              // Falls ja, ist es keine Primzahl
              if((i%j) == 0) isprime = false;

            if(isprime)
              System.out.println(i + " ist eine Primzahl.");
        }
      }
    }
```

Kapitel 3: Kontrollanweisungen

1. Schreiben Sie ein Programm, das so lange Zeichen von der Tastatur einliest, bis ein Punkt eingegeben wird. Lassen Sie das Programm die Anzahl der Leerzeichen zählen. Geben Sie am Ende des Programms die Gesamtzahl aus.

```
// Leerzeichen zählen
class Spaces {
  public static void main(String args[])
    throws java.io.IOException {

    char ch;
    int spaces = 0;

    System.out.println("Geben Sie einen Punkt zum Beenden ein.");

    do {
      ch = (char) System.in.read();
      if(ch == ' ') spaces++;
    } while(ch != '.');

    System.out.println("Leerzeichen: " + spaces);
  }
}
```

2. Wie sieht die allgemeine Form der if-else-if-Leiter aus?

```
if(Bedingung)
    Anweisung;
else if(Bedingung)
    Anweisung;
```

```
else if(Bedingung)
   Anweisung;
.
.
.
else
   Anweisung;
```

3. Gegeben ist folgendes Codefragment:

```
if(x < 10)
  if(y > 100) {
    if(!done) x = z;
    else y = z;
  }
else System.out.println("Fehler"); // Welches if?
```

Auf welches if bezieht sich die letzte else-Anweisung?

Die letzte else-Anweisung bezieht sich auf das äußere if, welches das nächst gelegene if auf der gleichen Ebene wie else ist.

4. Wie lautet die for-Anweisung für eine Schleife, die in Zweierschritten von 1.000 bis 0 zählt?

```
for(int i = 1000; i >= 0; i -= 2) // ...
```

5. Ist das folgende Fragment zulässig?

```
For(int i = 0; i < num; i++)
   Sum += i;

Count = i;
```

Nein, denn i befindet sich nicht außerhalb der for-Schleife, in der es deklariert wird.

6. Was bewirkt die break-Anweisung? Beschreiben Sie beide Verwendungsformen.

Eine break-Anweisung ohne Sprungmarke führt zur Beendigung der unmittelbar umgebenden Schleife oder switch-Anweisung. Eine break-Anweisung mit einer Sprungmarke übergibt die Steuerung an das Ende des mit der Sprunganweisung versehenen Blocks.

7. Was wird beim folgenden Codefragment nach der Ausführung der **break**-Anweisung ausgegeben?

```
for(i = 0; i < 10; i++) {
  while(running){
    if(x<y) break;
    // ...
  }
  System.out.println("nach while");
}
System.out.println("Nach for");
```

Nach der Ausführung der **break**-Anweisung wird »nach while« angezeigt.

8. Was gibt das folgende Codefragment aus?

```
For(int i = 0; i<10; i++ {
  System.out.print(i + " ");
  If((i%2) == 0) continue;
  System.out.println();
}
```

Antwort:

```
0 1
2 3
4 5
6 7
8 9
```

9. Der Iterationsausdruck einer **for**-Schleife muss nicht immer die Schleifenkontrollvariable um einen festen Betrag ändern, er kann vielmehr beliebig verändert werden. Schreiben Sie unter Berücksichtigung diese Tatsache ein Programm, das mit einer **for**-Schleife die Reihe 1, 2, 4, 8, 16, 32 und so weiter ausgibt.

```
/* Eine Progression mit einer for-Schleife erzeugen

    1 2 4 8 16, ...
*/
class Progress {
  public static void main(String args[]) {

    for(int i = 1; i < 100; i += i)
```

```
      System.out.print(i + " ");
    }
  }
}
```

10. Die Kleinbuchstaben des ASCII-Zeichensatzes liegen 32 Positionen hinter den Großbuchstaben. Um Großbuchstaben in Kleinbuchstaben umzuwandeln, muss daher der Wert 32 abgezogen werden. Berücksichtigen Sie diesen Hinweis und schreiben Sie ein Programm, das Zeichen von der Tastatur einliest und dabei Großbuchstaben in Kleinbuchstaben und umgekehrt umwandelt und das Ergebnis anzeigt. Andere Zeichen sollen nicht verändert werden. Wenn der Benutzer einen Punkt eingibt, soll das Programm abgebrochen werden. Das Programm soll am Ende anzeigen, wie oft die Schreibweise geändert wurde.

```
// Schreibweise umwandeln
class CaseChg {
  public static void main(String args[])
      throws java.io.IOException {
    char ch;
    int changes = 0;

    System.out.println("Geben Sie einen Punkt zum Beenden ein.");

    do {
      ch = (char) System.in.read();
      if(ch >= 'a' & ch <= 'z') {
        ch -= 32;
        changes++;
        System.out.println(ch);
      }
      else if(ch >= 'A' & ch <= 'Z') {
        ch += 32;
        changes++;
        System.out.println(ch);
      }
    } while(ch != '.');
    System.out.println("Änderungen: " + changes);
  }
}
```

Kapitel 4: Klassen, Objekte und Methoden – Einführung

1. Was ist der Unterschied zwischen einer Klasse und einem Objekt?

   Eine Klasse ist eine logische Abstraktion, die die Form und das Verhalten eines Objekts beschreibt. Ein Objekt ist eine physische Instanz der Klasse.

2. Wie wird eine Klasse definiert?

   Eine Klasse wird mit dem Schlüsselwort `class` definiert. Innerhalb der `class`-Anweisung werden der Code und die Daten der Klasse angegeben.

3. Wovon besitzt jedes Objekt eine Kopie?

   Jedes Objekt einer Klasse besitzt eine eigene Kopie der Instanzvariablen der Klasse.

4. Zeigen Sie, wie mit zwei Anweisungen ein Objekt einer Klasse `MeinZaehler` mit der Bezeichnung `Zaehler` erzeugt wird.

   ```
   MyCounter counter;
   counter = new MyCounter();
   ```

5. Zeigen Sie, wie eine Methode mit dem Namen `meineMeth()` und mit dem Rückgabetyp `double` sowie den beiden `int`-Parametern `a` and `b` deklariert wird.

   ```
   double meineMeth(int a, int b) { // ...
   ```

6. Wie muss eine Methode zurückkehren, wenn sie einen Wert zurückliefert?

   Eine Methode, die einen Wert zurückliefert, muss über die `return`-Anweisung zurückkehren und dabei den Rückgabewert übergeben.

7. Welchen Namen besitzt ein Konstruktor?

   Ein Konstruktor hat den gleichen Namen wie die Klasse.

8. Was bewirkt `new`?

   Der `new`-Operator weist einem Objekt Speicher zu und initialisiert das Objekt mit Hilfe des Konstruktors.

9. Was ist die Garbage Collection und wie funktioniert sie? Wozu dient die Methode `finalize()`?

   Die Garbage Collection ist ein Verfahren zur Freigabe nicht mehr genutzter Objekte, damit der Speicherplatz wieder verwendet werden kann.

Die `finalize()`-Methode eines Objekts wird aufgerufen, bevor ein Objekt wieder freigegeben wird.

10. Wozu dient `this`?

Das Schlüsselwort `this` ist ein Verweis zu dem Objekt, für welches eine Methode aufgerufen wurde. Es wird einer Methode automatisch übergeben.

Kapitel 5: Weitere Datentypen und Operatoren

1. Zeigen Sie zwei Möglichkeiten, ein eindimensionales Array mit zwölf `double`-Werten zu deklarieren.

```
double x[] = new double[12];
double[] x = new double[12];
```

2. Demonstrieren Sie, wie ein eindimensionales Array mit den ganzen Zahlen von 1 bis 5 initialisiert wird.

```
int x[] = { 1, 2, 3, 4, 5 };
```

3. Schreiben Sie ein Programm, das mit Hilfe eines Array den Durchschnittswert von zehn `double`-Werten ermittelt. Verwenden Sie zehn beliebige Werte.

```
// Der Durchschnittswert von 10 double-Werten
class Avg {
  public static void main(String args[]) {
    double nums[] = { 1.1, 2.2, 3.3, 4.4, 5.5,
                      6.6, 7.7, 8.8, 9.9, 10.1 };
    double sum = 0;

    for(int i=0; i < nums.length; i++)
      sum += nums[i];

    System.out.println("Durchschnitt: " + sum /
                       nums.length);
  }
}
```

4. Verändern Sie den Sortiervorgang aus Projekt 5.1 so, das ein **String**-Array sortiert wird. Beschreiben Sie, wie es funktioniert.

```java
// Das Bubble-Sortierverfahren mit Zeichenfolgen
class StrBubble {
  public static void main(String args[]) {
    String strs[] = {
                "dies", "ist", "ein", "Test",
                "einer", "Sortierung", "einer",
                "Zeichenfolge"

                     };
    int a, b;
    String t;
    int size;

    size = strs.length; // Anzahl der zu sortierenden
                        // Elemente

    // Ursprüngliches Array anzeigen
    System.out.print("Ursprüngliches Array:");
    for(int i=0; i < size; i++)
      System.out.print(" " + strs[i]);
    System.out.println();

    // Bubble-Sortierung von Zeichenfolgen
    for(a=1; a < size; a++)
      for(b=size-1; b >= a; b--) {
        if(strs[b-1].compareTo(strs[b]) > 0) {
          // Falls aus der Reihenfolge
          // Elemente austauschen
          t = strs[b-1];
          strs[b-1] = strs[b];
          strs[b] = t;
        }
      }

    // Das sortierte Array anzeigen
    System.out.print("Sortiertes Array:");
    for(int i=0; i < size; i++)
      System.out.print(" " + strs[i]);
    System.out.println();
  }
}
```

5. Was ist der Unterschied zwischen den String-Methoden indexOf() und lastIndexOf()?

Die Methode indexOf() findet das erste Vorkommen des angegebenen Zeichenfolgenausschnitts. lastIndexOf() findet das letzte Vorkommen dieses Zeichenfolgenausschnitts.

6. Alle Zeichenfolgen sind Objekte vom Typ String. Zeigen Sie, wie Sie die Methoden length() und charAt() für das Literal "" aufrufen können.

So seltsam es auch aussehen mag, dies ist trotzdem ein gültiger Aufruf von length():

```
System.out.println("Ich mag Java.".length());
```

7. Erweitern Sie die Chiffrierklasse Encode so, dass sie eine acht Zeichen lange Zeichenfolge als Schlüssel verwendet.

```
// Verbesserte XOR-Chiffrierung
class Encode {
  public static void main(String args[]) {
    String msg = "Dies ist ein Test";
    String encmsg = "";
    String decmsg = "";
    String key = "abcdefgi";
    int j;

    System.out.print("Ursprüngliche Nachricht: ");
    System.out.println(msg);

    // Verschlüsseln der Nachricht
    j = 0;
    for(int i=0; i < msg.length(); i++) {
      encmsg = encmsg + (char) (msg.charAt(i) ^
       key.charAt(j));
      j++;
      if(j==8) j = 0;
    }

    System.out.print("Verschlüsselte Nachricht: ");
    System.out.println(encmsg);

    // Entschlüsseln der Nachricht
    j = 0;
    for(int i=0; i < msg.length(); i++) {
```

```
        decmsg = decmsg + (char) (encmsg.charAt(i) ^
          key.charAt(j));
        j++;
        if(j==8) j = 0;
      }

      System.out.print("Entschlüsselte Nachricht: ");
      System.out.println(decmsg);

    }
}
```

8. Können bitweise Operatoren für den Typ **double** angewendet werden?

   Nein.

9. Wie kann die folgende Anweisungsfolge mit Hilfe des ?-Operators umgeschrieben werden?

```
if(x < 0) y = 10;
else y = 20;
```

   Die Antwort lautet:

```
y = x < 0 ? 10 : 20;
```

10. Ist & im folgenden Codefragment ein bitweiser oder ein logischer Operator? Begründen Sie Ihre Antwort.

```
boolean a, b;
// ...
if(a & b) ...
```

Es handelt sich um einen logischen Operator, weil die Operanden vom Typ **boolean** sind.

Kapitel 6: Eine genauere Betrachtung der Methoden und Klassen

1. Das folgende Fragment liegt vor:

```
class X {
  private int count;
```

Ist das nächste Fragment korrekt?

```
class Y {
  public static void main(String args[]) {
    X ob = new X();
    ob.count = 10;
```

Nein, denn auf ein privates Attribut und eine Methode kann nicht von außerhalb der Klasse zugegriffen werden.

2. Eine Zugriffsangabe muss der Deklaration eines Attribut und eine Methode. vorangehen.

3. Das Gegenstück zu einer Warteschlange ist der Stapel. Dabei wird das zuerst abgelegte Element als erstes Element wieder herausgegeben. Dieses Konstrukt kann mit einem Tellerstapel verglichen werden, dessen unterster Teller als letzter benutzt wird. Erzeugen Sie eine Klasse für einen Stapel mit der Bezeichnung **Stack**, der Zeichen aufnehmen kann. Nennen Sie die Methoden für den Stapelzugriff **push()** und **pop()**. Ermöglichen Sie dem Benutzer des Stapels, beim Erzeugen des Stapels die Größe anzugeben. Sorgen Sie dafür, dass alle übrigen Members der Klasse **Stack** vom Typ **private** sind. (Hinweis: Sie können die **Queue**-Klasse als Modell verwenden. Ändern Sie nur die Art und Weise, wie auf Daten zugegriffen wird.)

```
// Eine Stack-Klasse für Zeichen
class Stack {
  private char stck[]; // Dies Array enthält den Stapel
  private int tos;   // Spitze des Stapels

  // Einen leeren Stapel in der angegebenen Größe
  // erzeugen
  Stack(int size) {
    stck = new char[size]; // Dem Stapel Speicher zuweisen
    tos = 0;
```

```java
  }

  // Einen Stapel aus einem Stapel konstruieren
  Stack(Stack ob) {
    tos = ob.tos;
    stck = new char[ob.stck.length];

    // Elemente kopieren
    for(int i=0; i < tos; i++)
      stck[i] = ob.stck[i];
  }

  // Einen Stapel mit Anfangswerten einrichten
  Stack(char a[]) {
    stck = new char[a.length];

    for(int i = 0; i < a.length; i++) {
      push(a[i]);
    }
  }


  // Zeichen in den Stapel stellen
  void push(char ch) {
    if(tos==stck.length) {
      System.out.println(" -- Der Stapel ist voll.");
      return;
    }

    stck[tos] = ch;
    tos++;
  }

  // Ein Zeichen aus dem Stapel holen
  char pop() {
    if(tos==0) {
      System.out.println(" -- Der Stapel ist leer.");
      return (char) 0;
    }

    tos--;
    return stck[tos];
  }
}
```

```java
// Die Stack-Klasse demonstrieren
class SDemo {
  public static void main(String args[]) {
    // Einen leeren Stapel für 10 Elemente einrichten
    Stack stk1 = new Stack(10);

    char name[] = {'T', 'o', 'm'};

    // Einen Stapel aus einem Array konstruieren
    Stack stk2 = new Stack(name);

    char ch;
    int i;

    // Einige Zeichen in stk1 stellen
    for(i=0; i < 10; i++)
      stk1.push((char) ('A' + i));

    // Einen Stapel aus einem anderen konstruieren
    Stack stk3 = new Stack(stk1);

    // Die Stapel anzeigen
    System.out.print("Inhalt von stk1: ");
    for(i=0; i < 10; i++) {
      ch = stk1.pop();
      System.out.print(ch);
    }

    System.out.println("\n");

    System.out.print("Inhalt von stk2: ");
    for(i=0; i < 3; i++) {
      ch = stk2.pop();
      System.out.print(ch);
    }

    System.out.println("\n");

    System.out.print("Inhalt von stk3: ");
    for(i=0; i < 10; i++) {
      ch = stk3.pop();
      System.out.print(ch);
    }
  }
}
```

So sieht die Ausgabe des Programms aus.

```
Inhalt von stk1: JIHGFEDCBA

Inhalt von stk2: moT

Inhalt von stk3: JIHGFEDCBA
```

4. Die folgende Klasse ist gegeben:

```
class Test {
  int a;
  Test(int i) { a = i; }
}
```

Schreiben Sie eine Methode mit der Bezeichnung **swap()**, die die Inhalte der Objekte austauscht, auf die mit zwei **Test**-Objekten verwiesen wird.

```
void swap(Test ob1, Test ob2) {
  int t;

  t = ob1.a;
  ob1.a = ob2.a;
  ob2.a = t;
}
```

5. Ist das folgende Fragment korrekt?

```
class X {
  int meth(int a, int b) { ... }
  String meth(int a, int b) { ... }
}
```

Nein. Überladene Methoden können unterschiedliche Rückgabetypen besitzen, weil dies für das Überladen keine Rolle spielt. Sie *müssen* jedoch unterschiedliche Parameterlisten besitzen.

6. Schreiben Sie eine rekursive Methode, die den Inhalt einer Zeichenfolge rückwärts anzeigt.

```
// Eine Zeichenfolge mit Hilfe der Rekursion rückwärts
anzeigen
class Backwards {
  String str;
```

```
    Backwards(String s) {
      str = s;
    }

    void backward(int idx) {
      if(idx != str.length()-1) backward(idx+1);

      System.out.print(str.charAt(idx));
    }
  }
  class BWDemo {
    public static void main(String args[]) {
      Backwards s = new Backwards("Dies ist ein Test");

      s.backward(0);
    }
  }
```

7. Wie müssen Sie eine Variable deklarieren, die von allen Objekten einer Klasse gemeinsam benutzt werden soll?

Gemeinsam genutzte Variablen werden als `static` deklariert.

8. Wann können Sie einen `static`-Block verwenden?

Ein `static`-Block wird für Initialisierungen einer Klasse vor dem Erstellen von Objekten verwendet.

9. Was ist eine innere Klasse?

Eine innere Klasse ist eine nicht als `static` deklarierte, geschachtelte Klasse.

Kapitel 7: Vererbung

1. Hat eine Superklasse Zugriff auf die Elemente ihrer Unterklasse? Hat die Unterklasse Zugriff auf die Members der Superklasse?

Nein, eine Superklasse weiß nichts über seine Unterklassen. Ja, eine Unterklasse hat Zugriff auf Elemente der Superklasse, die nicht privat sind.

2. Erstellen Sie eine Unterklasse von TwoDShape mit der Bezeichnung Circle. Erstellen Sie außerdem eine `area()`-Methode, die die Kreisfläche berechnet sowie einen Konstruktor, der mit `super` den Anteil von TwoDShape initialisiert.

```
// Eine Unterklasse von TwoDShape für Kreise
class Circle extends TwoDShape {
  // Ein Standardkonstruktor
```

```
  Circle() {
    super();
  }

  // Einen Kreis konstruieren
  Circle(double x) {
    super(x, "circle"); // call Superklassenkonstruktor
  }

  // Ein Objekt aus einem Objekt konstruieren
  Circle(Circle ob) {
    super(ob); // Ein Objekt an den TwoDShape-
               // Konstruktor übergeben
  }

  double area() {
    return (getWidth() / 2) * (getWidth() / 2) * 4.1416;
  }
}
```

3. Wie verhindern Sie, dass eine Unterklasse Zugriff auf ein Element einer Superklasse hat?

Damit eine Unterklasse keinen Zugriff auf ein Element einer Superklasse hat, muss das Member als **private** deklariert werden.

4. Beschreiben Sie die Aufgabe beider Versionen von **super**.

Das Schlüsselwort **super** wird in zwei Formen verwendet. Mit der ersten Form wird ein Superklassenkonstruktor aufgerufen. Das allgemeine Format ist:

```
super(Parameterliste);
```

Die zweite Form greift auf ein Element der Superklasse zu. Sie hat das allgemeine Format:

```
super.Element
```

5. Gegeben ist folgende Hierarchie:

```
class Alpha { ...

class Beta extends Alpha { ...

Class Gamma extends Beta { ...
```

In welcher Reihenfolge werden die Konstruktoren dieser Klassen aufgerufen, wenn eine Instanz eines Gamma-Objekts erzeugt wird?

Konstruktoren werden immer in der Reihenfolge ihrer Ableitung aufgerufen. Wenn ein Objekt Gamma erzeugt wird, ist die Reihenfolge daher immer Alpha, Beta, Gamma.

6. Ein Superklassenverweis kann auf ein Objekt einer Unterklasse verweisen. Erklären Sie, warum dies für das Überschreiben von Klassen wichtig ist.

    Wird eine überschriebene Methode über einen Superklassenverweis aufgerufen, dann wird auf den Objekttyp verwiesen, der festlegt, welche Methode aufgerufen wird.

7. Was ist eine abstrakte Klasse?

    Eine abstrakte Klasse ist eine Klasse, die mindestens eine abstrakte Methode enthält.

8. Wie verhindern Sie das Überschreiben einer Methode? Wie verhindern Sie, dass eine Klasse vererbt wird?

    Damit eine Methode nicht überschrieben werden kann, wird sie als final deklariert. Eine Klasse, die nicht vererbt werden soll, wird ebenfalls als final deklariert.

9. Erklären Sie, wie Vererbung, das Überschreiben von Methoden und abstrakte Klassen die Polymorphie unterstützen.

    Vererbung, das Überschreiben von Methoden und die abstrakten Klassen unterstützen die Polymorphie dadurch, dass sie das Erstellen einer generalisierten Klassenstruktur ermöglichen, die von einer Vielzahl von Klassen implementiert werden kann. Die abstrakte Klasse definiert eine konsistente Schnittstelle, die von allen implementierten Klassen benutzt werden kann. Damit wird das Konzept »eine Schnittstelle, mehrere Methoden« realisiert.

10. Welche Klasse ist eine Superklasse für alle anderen Klassen?

    Die Klasse Object.

Kapitel 8: Pakete und Schnittstellen

1. Verwenden Sie den Code aus Projekt 8.1 und stellen Sie die Schnittstelle ICharQ und ihre drei Implementierungen in ein Paket mit der Bezeichnung QPack. Belassen Sie die Klasse IQDemo für die Demonstration der Warteschlange im Standardpaket und zeigen Sie, wie die Klassen aus QPack importiert und verwendet werden.

Um `IcharQ` und seine drei Implementierungen in das Paket `QPack` zu stellen, müssen sich diese in jeweils getrennten Dateien befinden, jede Klasse der Implementierung muss als `public` deklariert werden und diese Anweisung am Beginn jeder Datei stehen:

```
package QPack;
```

Anschließend können Sie `QPack` verwenden, indem Sie `IQDemo` die folgende `import`-Anweisung hinzufügen:

```
import QPack.*;
```

2. Was ist ein Name-Space? Warum ist es so wichtig, dass Java eine Unterteilung des Name-Space zulässt?

Ein Name-Space ist ein Deklarationsbereich. Durch Unterteilung des Name-Space können Sie Namenskollisionen verhindern.

3. Pakete werden _____ gespeichert.

in Verzeichnissen

4. Erklären Sie den Unterschied zwischen der Zugriffsangabe `protected` und dem Standardzugriff.

Ein Klassen-Element mit der Zugriffsangabe `protected` kann innerhalb des Pakets und von den Unterklassen anderer Pakete genutzt werden. Ein Element mit Standardzugriff kann nur im eigenen Paket verwendet werden.

5. Nennen Sie zwei Möglichkeiten, wie die Klassen eines Pakets von anderen Paketen genutzt werden können.

Um eine Klassen eines Pakets nutzen zu können, müssen Sie entweder dessen vollständigen Namen angeben oder die `import`-Anweisung verwenden.

6. »Eine Schnittstelle, mehrere Methoden« ist ein Java-Grundsatz. Welche Eigenschaft verdeutlicht das am besten?

Die Schnittstelle verdeutlicht dieses Prinzip der OOP am besten.

7. Wie viele Klassen kann eine Schnittstelle implementieren? Wie viele Schnittstellen kann eine Klasse implementieren?

Eine Schnittstelle kann eine unbegrenzte Anzahl von Klassen implementieren. Eine Klasse kann beliebig viele Schnittstellen implementieren.

8. Können Schnittstellen erweitert werden?

Ja, Schnittstellen können erweitert werden.

Anhang A: Antworten auf die Fragen der Übungsaufgaben

9. Erstellen Sie eine Schnittstelle für die Klasse `Kfz` aus Kapitel 7. Nennen Sie die Schnittstelle `IKfz`.

```
interface IKfz {

    // Rückgabe der Reichweite
    int reichweite();

    // Spritverbrauch für eine bestimmte Entfernung
    double verbrauch(int kilometer);

    // Zugriffsmethoden für Instanzvariablen
    int getSitze();
    void setSitze(int p);
    int getTankinhalt();
    void setTankinhalt(int f);
    int getVerbrauch();
    void setVerbrauch(int m);
}
```

10. Mit einer Schnittstelle deklarierte Variablen sind implizit `static` und `final`. Wozu eignen sie sich?

Schnittstellenvariablen sind nützlich als benannte Konstanten, die alle Dateien eines Programms gemeinsam benutzen können. Durch Import ihrer Schnittstelle werden sie sichtbar gemacht.

Kapitel 9: Ausnahmebehandlung

1. Welche Klasse steht an der Spitze der Ausnahmehierarchie?

`Throwable` steht an der Spitze der Ausnahmehierarchie.

2. Erklären Sie mit wenigen Worten die Verwendung von `try` und `catch`.

Die Anweisungen `try` und `catch` arbeiten zusammen. Programmanweisungen, die Sie bezüglich auftretender Ausnahmen überwachen möchten, befinden sich in einem `try`-Block. Mit `catch` wird eine Ausnahme abgefangen.

3. Was ist im folgenden Codefragment verkehrt?

```
// ...
vals[18] = 10;
catch (ArrayIndexOutOfBoundsException exc) {
```

```
    // Fehlerbehandlung
}
```

Der catch-Anweisung geht kein try-Block voran.

4. Was geschieht, wenn eine Ausnahme nicht abgefangen wird?

   Wenn eine Ausnahme nicht abgefangen wird, wird ein Programm nicht normal beendet.

5. Was ist im folgenden Fragment fehlerhaft?

```
class A extends Exception { ...

class B extends A { ...

// ...

try {
  // ...
}
catch (A exc) { ... }
catch (B exc) { ... }
```

In dem Fragment geht eine catch-Anweisung für eine Superklasse einer catch-Anweisung für eine Unterklasse voran. Da die Superklasse alle Unterklassen mit abfängt, ist der Code nicht erreichbar.

6. Kann eine Ausnahme, die von einer inneren catch-Anweisung abgefangen wird, an eine äußere catch-Anweisung übergeben werden?

   Ja.

7. Der finally-Block ist der letzte Code, der vorm Abschluss des Programms ausgeführt wird. Richtig oder falsch? Begründen Sie Ihre Antwort.

   Falsch. Der finally-Block enthält den Code, der ausgeführt wird, wenn der try-Block beendet ist.

8. Welche Ausnahmen müssen in der throws-Klausel einer Methode explizit deklariert werden?

   Alle Ausnahmen außer die vom Typ RuntimeException oder Error müssen in der throws-Klausel einer Methode deklariert werden.

9. Was ist in diesem Fragment falsch?

```
class MeineKlasse { // ... }
// ...
throw new MeineKlasse();
```

Anhang A: Antworten auf die Fragen der Übungsaufgaben | **533**

MeineKlasse erweitert Throwable nicht. Nur Unterklassen von Throwable können von throw ausgelöst werden.

10. In Frage 3 der Übungsaufgaben in Kapitel 6 haben Sie die Klasse Stack eingerichtet. Fügen Sie dieser Klasse eigene Ausnahmen hinzu, die einen vollen und einen leeren Stack anzeigen.

```java
// Eine Ausnahme für einen Stapelüberlauf
class StackFullException extends Exception {
  int size;

  StackFullException(int s) { size = s; }

  public String toString() {
    return "\nDer Stapel ist voll. Die maximale Größe
            beträgt " + size;
  }
}

// Eine Ausnahme für einen leeren Stapel
class StackEmptyException extends Exception {

  public String toString() {
    return "\nDer Stapel ist leer.";
  }
}

// Eine Stack-Klasse für Zeichen
class Stack {
  private char stck[]; // Dies Array enthält den Stapel
  private int tos;     // Stapelspitze

  // Einen leeren Stapel mit der angegebenen Größe
  // erzeugen
  Stack(int size) {
    stck = new char[size]; // Speicher für den Stapel
                           // zuweisen
    tos = 0;
  }

  // Einen Stapel aus einem Stapel konstruieren
  Stack(Stack ob) {
    tos = ob.tos;
    stck = new char[ob.stck.length];
```

```java
    // Elemente kopieren
    for(int i=0; i < tos; i++)
      stck[i] = ob.stck[i];
  }

  // Ein Stapel mit Anfangswerten einrichten
  Stack(char a[]) {
    stck = new char[a.length];

    for(int i = 0; i < a.length; i++) {
      try {
        push(a[i]);
      }
      catch(StackFullException exc) {
        System.out.println(exc);
      }
    }
  }

  // Zeichen in den Stapel stellen
  void push(char ch) throws StackFullException {
    if(tos==stck.length)
      throw new StackFullException(stck.length);

    stck[tos] = ch;
    tos++;
  }

  // Ein Zeichen aus dem Stapel holen
  char pop() throws StackEmptyException {
    if(tos==0)
      throw new StackEmptyException();

    tos--;
    return stck[tos];
  }
}
```

pitel 10: Das I/O-System

1. **Warum definiert Java sowohl Byte- als auch Character-Streams?**

   Die Byte-Streams waren die ursprünglich von Java definierten Streams. Sie eignen sich besonders für die binäre Ein- und Ausgabe. Außerdem unterstützen sie den wahlfreien Dateizugriff. Die Character-Streams wurden für den Unicode optimiert.

2. **Warum verwendet Java Byte-Streams für die Konsolenein- und -ausgabe, obwohl diese zeichenorientiert ist?**

   Die vordefinierten Streams `System.in`, `System.out` und `System.err` wurden definiert, bevor die Character-Streams hinzukamen.

3. **Wie wird eine Datei zum Lesen von Bytes geöffnet?**

   So kann eine Datei für die Byteeingabe geöffnet werden:

   ```
   FileInputStream fin = new FileInputStream("Test");
   ```

4. **Wie wird eine Datei zum Lesen von Zeichen geöffnet?**

   So kann eine Datei zum Lesen von Zeichen geöffnet werden:

   ```
   FileReader fr = new FileReader("Test");
   ```

5. **Wie wird eine Datei für wahlfreie Ein- und Ausgabeoperationen geöffnet?**

   So kann eine Datei für den wahlfreien Zugriff geöffnet werden:

   ```
   randfile = new RandomAccessFile("test", "rw");
   ```

6. **Wie wandeln Sie eine numerische Zeichenfolge wie »123.23« in ihre binäre Entsprechung um?**

   Um numerische Zeichenfolgen in ihre binäre Entsprechung umzuwandeln, müssen Sie eine der von den Typ-Wrappers definierten Methoden verwenden, beispielsweise `Integer` oder `Double`.

7. **Schreiben Sie ein Programm, das eine Textdatei kopiert. Bei diesem Vorgang sollen alle Leerzeichen in Bindestriche umgewandelt werden. Verwenden Sie Byte-Stream-Klassen.**

   ```
   /* Eine Textdatei kopieren und
      Bindestriche für Leerzeichen einsetzen.

      Diese Version verwendet Byte-Streams.
   ```

```
      Geben Sie den Namen der Quelldatei und den
      der Zeildatei an. Zum Beispiel:
      java Hyphen Quelle Ziel
*/

import java.io.*;

class Hyphen {
  public static void main(String args[])
      throws IOException
  {
    int i;
    FileInputStream fin;
    FileOutputStream fout;

    try {
      // Eingabedatei öffnen
      try {
        fin = new FileInputStream(args[0]);
      } catch(FileNotFoundException exc) {
        System.out.println("Eingabedatei nicht
                            gefunden");
        return;
      }

      // Ausgabedatei öffnen
      try {
        fout = new FileOutputStream(args[1]);
      } catch(FileNotFoundException exc) {
        System.out.println("Fehler beim Öffnen der
                            Ausgabedatei");
        return;
      }
    } catch(ArrayIndexOutOfBoundsException exc) {
      System.out.println("Syntax: Hyphen Von Nach");
      return;
    }

    // Datei kopieren
    try {
      do {
        i = fin.read();
        if((char)i == ' ') i = '-';
        if(i != -1) fout.write(i);
```

```
      } while(i != -1);
    } catch(IOException exc) {
      System.out.println("Dateifehler");
    }

    fin.close();
    fout.close();
  }
}
```

8. Schreiben Sie das Programm von Frage 7 so um, dass Character-Stream-Klassen verwendet werden.

```
/* Eine Textdatei kopieren und
   Bindestriche für Leerzeichen einsetzen.
   Diese Version verwendet Character-Streams.

   Geben Sie den Namen der Quell- und
   Zieldatei an. Zum Beispiel:
   java Hyphen2 Quelle Ziel
*/

import java.io.*;

class Hyphen2 {
  public static void main(String args[])
    throws IOException
  {
    int i;
    FileReader fin;
    FileWriter fout;

    try {
      // Eingabedatei öffnen
      try {
        fin = new FileReader(args[0]);
      } catch(FileNotFoundException exc) {
        System.out.println("Eingabedatei nicht
                            gefunden");
        return;
      }

      // Ausgabedatei öffnen
      try {
        fout = new FileWriter(args[1]);
```

```
      } catch(IOException exc) {
        System.out.println("Fehler beim Öffnen der
                           Ausgabedatei");
        return;
      }
    } catch(ArrayIndexOutOfBoundsException exc) {
      System.out.println("Syntax: Hyphen2 Von Nach");
      return;
    }

    // Datei kopieren
    try {
      do {
        i = fin.read();
        if((char)i == ' ') i = '-';
        if(i != -1) fout.write(i);
      } while(i != -1);
    } catch(IOException exc) {
      System.out.println("Dateifehler");
    }

    fin.close();
    fout.close();
  }
}
```

Kapitel 11: Multithread-Programmierung

1. Inwiefern ermöglicht Ihnen die Multithread-Fähigkeit von Java das Schreiben effizienterer Programme?

Das Multithreading ermöglicht die Nutzung der fast bei allen Programmen auftretenden Wartezeiten. Das Multithreading nutzt den Umstand, dass während der Zeit, in der ein Thread nicht ausgeführt werden kann, andere Threads ausgeführt werden können.

2. Das Multithreading wird von der _____-Klasse und der Schnittstelle _____ unterstützt.

Das Multithreading wird von der **Thread**-Klasse und der Schnittstelle **Runnable** unterstützt.

3. Warum ziehen Sie beim Erstellen eines ausführbaren Objekts möglicherweise eine Erweiterung von `Thread` einer Implementierung von `Runnable` vor?

`Thread` wird erweitert, wenn eine oder mehrere andere `Thread`-Methoden als `run()` überschrieben werden.

4. Zeigen Sie, wie Sie mit einem Aufruf von `join()` auf das Ende eines Thread-Objekts mit dem Namen `MyThrd` warten.

```
MyThrd.join();
```

5. Wie wird ein Thread mit dem Namen `MyThrd` auf eine Priorität drei Stufen über der normalen Priorität gesetzt?

```
MyThrd.setPriority(Thread.NORM_PRIORITY+3);
```

6. Welche Auswirkung hat das Schlüsselwort `synchronized` auf eine Methode?

Das Hinzufügen des Schlüsselworts `synchronized` bewirkt, dass nur ein Thread die Methode für ein bestimmtes Objekt seiner Klasse gleichzeitig benutzen kann.

7. Die Methoden `wait()` und `notify()` dienen der _____.

Die Methoden `wait()` und `notify()` dienen der Kommunikation zwischen Threads.

8. Ändern Sie die Klasse `TickTack` so, dass sie tatsächlich im Sekundentakt arbeitet. Jedes »Tick« und jedes »Tack« soll eine halbe Sekunde, jedes Tick-Tack also eine Sekunde dauern. (Vernachlässigen Sie dabei die zum Umschalten der Tasks benötigte Zeit und Ähnliches.)

Damit die Klasse `TickTack` tatsächlich im Sekundentakt funktioniert, fügen Sie einfach die folgenden Aufrufe von `sleep()` hinzu:

```
// TickTack im Zeittakt

class TickTack {

  synchronized void Tick(boolean running) {
    if(!running) { // Uhr anhalten
      notify(); // Wartende Threads benachrichtigen
      return;
    }

    System.out.print("Tick ");
```

```java
    // Eine halbe Sekunde warten
    try {
      Thread.sleep(500);
    } catch(InterruptedException exc) {
      System.out.println("Thread unterbrochen.");
    }

    notify(); // Tack() ausführen
    try {
      wait(); // Auf das Ende von Tack() warten
    }
    catch(InterruptedException exc) {
      System.out.println("Thread unterbrochen.");
    }
  }

  synchronized void Tack(boolean running) {
    if(!running) { // Die Uhr anhalten
      notify(); // Wartende Threads benachrichtigen
      return;
    }

    System.out.println("Tack");

    // Eine halbe Sekunde warten
    try {
      Thread.sleep(500);
    } catch(InterruptedException exc) {
      System.out.println("Thread unterbrochen.");
    }

    notify(); // Tick() ausführen
    try {
      wait(); // Auf das Ende von Tick warten
    }
    catch(InterruptedException exc) {
      System.out.println("Thread unterbrochen.");
    }
  }
}
```

9. Warum dürfen Sie **suspend()**, **resume()** und **stop()** in neuen Programmen nicht verwenden?

Die Methoden **suspend()**, **resume()** und **stop()** wurden verworfen, weil sie zu ernsten Laufzeitfehlern führen können.

Kapitel 12: Applets, Ereignisse und andere Themen

1. Welche Methode wird zu Beginn der Ausführung eines Applets aufgerufen?

   Zu Beginn der Ausführung eines Applets wird `init()` und am Ende `destroy()` aufgerufen.

2. Erklären Sie, warum ein Applet Multithreading verwenden muss, wenn es kontinuierlich ausgeführt werden soll.

   Ein Applet muss das Multithreading für die kontinuierliche Ausführung nutzen, weil Applets über Ereignisse gesteuert werden, die nicht in einen »Operationsmodus« wechseln. Wenn beispielsweise `start()` niemals zurückkehrt, wird `paint()` auch niemals aufgerufen.

3. Erweitern Sie das Projekt 12.1 so, dass es die als Parameter übergebene Zeichenfolge anzeigt. Fügen Sie einen zweiten Parameter hinzu, der die Zeit (in Millisekunden) zwischen den Rotationen angibt.

```java
/* Ein einfaches Banner-Applet mit Parametern

*/
import java.awt.*;
import java.applet.*;
/*
<applet code="ParamBanner" width=300 height=50>
<param name=message value=" Ich mag Java! ">
<param name=delay value=500>
</applet>
*/

public class ParamBanner extends Applet implements Runnable {
  String msg;
  int delay;
  Thread t;
  boolean stopFlag;

  // t mit null initialisieren
  public void init() {
    String temp;

    msg = getParameter("message");
    if(msg == null) msg = " Java regiert das Web ";
```

```java
      temp = getParameter("delay");
      try {
        if(temp != null)
          delay = Integer.parseInt(temp);
        else
          delay = 250; // Vorgabe nicht angegeben
      } catch(NumberFormatException exc) {
          delay = 250 ; // Vorgabe bei Fehler
      }

      t = null;
  }

  // Thread starten
  public void start() {
    t = new Thread(this);
    stopFlag = false;
    t.start();
  }

  // Einstiegspunkt für den Thread, der das Banner
  // anzeigt
  public void run() {
    char ch;

    // Spruchband anzeigen
    for( ; ; ) {
      try {
        repaint();
        Thread.sleep(delay);
        ch = msg.charAt(0);
        msg = msg.substring(1, msg.length());
        msg += ch;
        if(stopFlag)
          break;
      } catch(InterruptedException exc) {}
    }
  }

  // Spruchband unterbrechen
  public void stop() {
    stopFlag = true;
    t = null;
  }
```

```
  // Spruchband anzeigen
  public void paint(Graphics g) {
    g.drawString(msg, 50, 30);
  }
}
```

4. Zusatzaufgabe: Erstellen Sie ein Applet, das die aktuelle Uhrzeit anzeigt und jede Sekunde aktualisiert wird. Um dies zu schaffen, müssen Sie ein paar Recherchen anstellen. Hinweis: Die aktuelle Zeit ermitteln Sie am einfachsten mit einem `Calendar`-Objekt, das zum Paket `java.util` gehört. (Beachten Sie, dass Sun eine Online-Dokumentation für alle Standardklassen von Java anbietet.) Sie sollten jetzt in der Lage sein, sich die `Calendar`-Klasse selbstständig zu erarbeiten und mit deren Methoden diese Aufgabe lösen können.

```
// Ein einfaches Uhr-Applet.

import java.util.*;
import java.awt.*;
import java.applet.*;
/*
<Object code="Clock" width=200 height=50>
</Object>
*/

public class Clock extends Applet implements Runnable {
  String msg;
  Thread t;
  Calendar clock;

  boolean stopFlag;

  // Initialisierung
  public void init() {
    t = null;
    msg = "";
  }

  // Thread starten
  public void start() {
    t = new Thread(this);
    stopFlag = false;
    t.start();
```

```java
    }

    // Einstiegspunkt für die Uhr
    public void run() {
      // Uhr anzeigen
      for( ; ; ) {
        try {
          clock = Calendar.getInstanz();
          msg = "Aktuelle Uhrzeit " +
              Integer.toString(clock.get(Calendar.HOUR));
          msg = msg + ":" +
              Integer.toString(clock.get
                         (Calendar.MINUTE));
          msg = msg + ":" +
              Integer.toString(clock.get
                         (Calendar.SECOND));
          repaint();
          Thread.sleep(1000);
          if(stopFlag)
            break;
        } catch(InterruptedException exc) {}
      }
    }

    // Uhr aussetzen
    public void stop() {
      stopFlag = true;
      t = null;
    }

    // Uhr anzeigen
    public void paint(Graphics g) {
      g.drawString(msg, 30, 30);
    }
}
```

5. Erklären Sie mit wenigen Worten das Ereignisdelegationsmodell von Java.

Im Ereignisdelegationsmodell von Java erzeugt eine *Quelle* ein Ereignis und sendet es an einen oder mehrere *Ereignisempfänger*. Ein Ereignisempfänger wartet einfach so lange, bis er ein Ereignis empfängt. Das Ereignis wird verarbeitet und anschließend zurückgekehrt.

6. Muss sich ein Ereignisempfänger bei einer Ereignisquelle anmelden?

Ja, ein Ereignisempfänger muss sich bei einer Ereignisquelle anmelden, um Benachrichtigungen empfangen zu können.

7. Zusatzaufgabe: Eine weitere Anzeigemethode von Java ist drawLine(). Sie zeichnet in der aktuellen Farbe eine Linie zwischen zwei Punkten. Sie gehört zur Klasse Graphics. Verwenden Sie drawLine() und schreiben Sie ein Programm, das die Bewegungen des Mauszeigers nachzeichnet. Wenn die Maustaste gedrückt gehalten wird, dann soll das Programm eine fortlaufende Linie zeichnen, bis die Maustaste wieder freigegeben wird.

```java
/* Mausbewegungen bei gedrückter
   Maustaste als Linie darstellen */

import java.awt.*;
import java.awt.event.*;
import java.applet.*;
/*
  <applet code="TrackM" width=300 height=100>
  </applet>
*/

public class TrackM extends Applet
  implements MouseListener, MouseMotionListener {

  int curX = 0, curY = 0; // Aktuelle Koordinaten
  int oldX = 0, oldY = 0; // Vorherige Koordinaten
  boolean draw;

  public void init() {
    addMouseListener(this);
    addMouseMotionListener(this);
    draw = false;
  }

  /* Die nächsten drei Methoden werden nicht verwendet,
     müssen aber mit null implementiert werden, weil
     sie von MouseListener definiert werden. */

  // Maus im Fensterbereich
  public void mouseEntered(MouseEvent me) {
  }

  // Maus verlässt den Fensterbereich
  public void mouseExited(MouseEvent me) {
  }

  // Mausklick behandeln
  public void mouseClicked(MouseEvent me) {
```

```java
}

// Maustaste gedrückt
public void mousePressed(MouseEvent me) {
  // Koordinaten speichern
  oldX = me.getX();
  oldY = me.getY();
  draw = true;
}

// Maustaste freigegeben
public void mouseReleased(MouseEvent me) {
  draw = false;
}

// Maus wird gezogen
public void mouseDragged(MouseEvent me) {
  // Koordinaten speichern
  curX = me.getX();
  curY = me.getY();
  repaint();
}

// Maus wird bewegt
public void mouseMoved(MouseEvent me) {
  // Status anzeigen
  showStatus("Maus bewegt nach " + me.getX() + ", " +
me.getY());
}

// Linie im Applet-Fenster anzeigen
public void paint(Graphics g) {
  if(draw)
    g.drawLine(oldX, oldY, curX, curY);
}
}
```

8. Nennen Sie einen Grund, warum eine native Methode bei einigen Programmen nützlich sein kann.

Eine native Methode eignet sich als Schnittstelle für in anderen Sprachen programmierte Unterprogramme oder zur Codeoptimierung in einer speziellen Laufzeitumgebung.

Anhang B

Die Dokumentations-kommentare von Java

Wie in Baustein 1 erklärt wurde, unterstützt Java drei Arten von Kommentaren. Die beiden ersten werden mit // und /* */ gekennzeichnet. Bei der dritten Art handelt es sich um so genannte *Dokumentationskommentare*. Sie beginnen mit der Zeichenfolge /** und enden mit */. Mit Dokumentationskommentaren können Sie Informationen zum Programm in das Programm selbst einbetten. Anschließend können Sie mit dem Hilfsprogramm javadoc diese Informationen extrahieren und in eine HTML-Datei schreiben. Dokumentationskommentare erleichtern die Programmdokumentation. Solche mit javadoc erstellten Dokumentationen haben Sie wahrscheinlich schon einmal gesehen, denn auf diese Weise wurde die Dokumentation der Java API-Bibliothek von Sun erstellt.

Die javadoc-Tags

Das Programm javadoc akzeptiert folgende Tags:

Tag	Bedeutung
@author	Nennt den Autor einer Klasse.
@deprecated	Gibt an, dass eine Klasse oder ein Member verworfen wurde.
{@docRoot}	Gibt den Pfad zum Stammverzeichnis der vorliegenden Dokumentation an (Ergänzung von Java 2, Version 1.3).
@exception	Gibt eine von einer Methode ausgelöste Ausnahme an.
{@link}	Fügt eine Verknüpfung zu einem anderen Thema ein.
@param	Dokumentiert die Parameter einer Methode.
@return	Dokumentiert den Rückgabewert einer Methode.
@see	Gibt eine Verknüpfung zu einem anderen Thema an.
@serial	Dokumentiert ein serialisierbares Standardfeld.
@serialData	Dokumentiert die von den Methoden writeObject() oder writeExternal() geschriebenen Daten.
@serialField	Dokumentiert eine ObjectetreamField-Komponente.
@since	Gibt die Version an, mit der eine bestimmte Änderung eingeführt wurde.
@throws	Identisch mit @exception.
@version	Nennt die Version einer Klasse.

Alle Dokument-Tags beginnen mit dem Zeichen @. Sie können aber auch andere HTML-Standard-Tags in einem Dokumentationskommentar benutzen. Bestimmte Tags wie zum Beispiel Überschriften sollten aber nicht verwendet werden, weil sie das Erscheinungsbild der von javadoc erstellten HTML-Datei stören.

Mit den Dokumentationskommentaren können Sie Klassen, Schnittstellen, Felder, Konstruktoren und Methoden dokumentieren. In jedem Fall muss der Dokumentationskommentar unmittelbar vor dem zu dokumentierenden Element stehen. Wenn Sie eine Variable dokumentieren, können Sie die Dokumentations-Tags @see, @since, @serial, @serialField und @deprecated verwenden. Für Klassen können Sie @see, @author, @since, @deprecated und @version benutzen. Methoden können mit @see, @return, @param, @since, @deprecated, @throws, @serialData und @exception dokumentiert werden. {@link}- oder {@docRoot}-Tag kann an beliebiger Stelle benutzt werden. Jedes Tag wird im folgenden Abschnitt beschrieben.

@author

Das @author-Tag nennt den Autor einer Klasse. Es hat das folgende Format:

`@author Beschreibung`

Bei der *Beschreibung* handelt es sich normalerweise um den Namen desjenigen, der die Klasse geschrieben hat. Das @author-Tag kann nur in Dokumentationen von Klassen verwendet werden. Möglicherweise müssen Sie die Option **author** bei der Ausführung von **javadoc** angeben, damit das @author-Feld in die HTML-Dokumentation übernommen wird.

@deprecated

Das @deprecated-Tag gibt eine Klasse oder ein Klassen-Element an, die bzw. das inzwischen verworfen wurde. Sie sollten auch @see-Tags setzen, damit der Programmierer über mögliche Alternativen informiert wird. Folgendes Format wird verwendet:

`@deprecated Beschreibung`

Die *Beschreibung* informiert über die verworfene Komponente. Die Informationen des @deprecated-Tags werden vom Compiler erkannt und in die erzeugte `.class`-Datei übernommen. Die Informationen können daher dem Programmierer beim Kompilieren der Java-Quellcodedatei mitgeteilt werden. Das @deprecated-Tag kann für die Dokumentation von Variablen, Methoden und Klassen verwendet werden.

{@docRoot}

{@docRoot} gibt den Pfad zum Stammverzeichnis der vorliegenden Dokumentation an.

@exception

Das @exception-Tag beschreibt eine Ausnahme einer Methode. Es hat das folgende Format:

```
@exception Ausnahmebezeichnung Erklärung
```

Mit *Ausnahmebezeichnung* wird der vollständige Name der Ausnahme angegeben; *Erklärung* ist eine Zeichenfolge, die beschreibt, was die Ausnahme auslöst. Das @exception-Tag darf nur bei der Dokumentation von Methoden verwendet werden.

{@link}

Das {@link}-Tag gibt einen Hyperlink zu zusätzlichen Informationen innerhalb der Dokumentation an. Es hat das folgende Format:

```
{@link Name Text}
```

Name ist die Bezeichnung einer Klasse oder Methode, zu der ein Hyperlink hinzugefügt wurde. *Text* gibt die angezeigte Zeichenfolge an.

@param

Das @param-Tag dokumentiert einen Parameter einer Methode. Es hat das folgende Format:

```
@param Parameter Erklärung
```

Parameter gibt die Bezeichnung des Parameters und *Erklärung* dessen Bedeutung an. Das @param-Tag kann nur für die Dokumentation von Methoden verwendet werden.

@return

Das `@return`-Tag beschreibt den Rückgabewert einer Methode. Es hat das folgende Format:

```
@return Erklärung
```

Erklärung beschreibt den Typ und die Bedeutung des Rückgabewertes einer Methode. Das `@return`-Tag darf nur für die Dokumentation von Methoden benutzt werden.

@see

Das `@see`-Tag enthält einen Verweis auf weitere Informationen. Es wird meist in den folgenden Varianten verwendet:

```
@see Anker
@see pkg.class#member Text
```

In der ersten Variante gibt *Anker* einen Hyperlink zu einem absoluten oder relativen URL an. In der zweiten Form gibt *pkg.class#member* die Bezeichnung des Elements und *Text* den anzuzeigenden Text an. Der Textparameter ist optional. Wird er nicht angegeben, wird *pkg.class#member* angezeigt. Der Member-Name ist ebenfalls optional. Sie können also neben einem Verweis auf eine bestimmte Methode oder ein Feld auch einen Verweis auf ein Paket, eine Klasse oder eine Schnittstelle angeben. Der Name kann teilweise oder vollständig angegeben werden. Der dem Member-Namen (sofern vorhanden) vorangehende Punkt muss allerdings durch ein Doppelkreuz ersetzt werden.

@serial

Das `@serial`-Tag gibt den Kommentar für ein serialisierbares Feld an. Es verwendet folgende Syntax:

```
@serial Beschreibung
```

Beschreibung ist der Kommentar zu diesem Feld.

@serialData

Das `@serialData`-Tag dokumentiert die von den Methoden `writeObject()` und `writeExternal()` geschriebenen Daten. Es hat das folgende Format:

@serialData *Beschreibung*

Beschreibung kommentiert die Daten.

@serialField

Das `@serialField`-Tag kommentiert eine `ObjectStreamField`-Komponente. Es verwendet folgendes Format:

@serialField *Name Typ Beschreibung*

Name ist die Bezeichnung des Feldes, *Typ* der Feldtyp und *Beschreibung* ein Kommentar zum Feld.

@since

Das `@since`-Tag gibt an, mit welcher Version eine bestimmte Klasse oder Methode eingeführt wurde. Es hat das folgende Format:

@since *Version*

Version ist eine Zeichenfolge, die angibt, seit welcher Version dieses Element zur Verfügung steht. Das `@since`-Tag kann für die Dokumentation von Variablen, Methoden und Klassen verwendet werden.

@throws

Das `@throws`-Tag hat die gleiche Funktion wie das `@exception`-Tag.

@version

Das `@version`-Tag nennt die Version einer Klasse. Es hat das folgende Format:

@version *Info*

Info ist eine Zeichenfolge mit Informationen über die Version und gibt normalerweise eine Versionsnummer an. Das `@version`-Tag darf nur für die Dokumentation einer Klasse verwendet werden. Möglicherweise müssen Sie die Option `version` angeben, wenn Sie `javadoc` ausführen, damit das `@version`-Feld in die HTML-Dokumentation aufgenommen wird.

Das allgemeine Format eines Dokumentationskommentars

Auf das Kennzeichen /** folgt die erste Zeile der Beschreibung der Klasse, Variablen oder Methode. Danach können Sie ein oder mehrere @-Tags setzen. Jedes @-Tag muss in einer neuen Zeile beginnen oder auf einen Stern (*) am Beginn der Zeile folgen. Mehrere Tags des gleichen Typs sollten eine Gruppe bilden. Wenn Sie beispielsweise dreimal das `@see`-Tag verwenden, dann sollten diese Tags aufeinander folgen.

Das folgende Beispiel zeigt den Dokumentationskommentar für eine Klasse:

```
/**
* Diese Klasse zeichnet eine Balkengrafik
* @author Herbert Schildt
* @version 3.2
*/
```

Die Ausgabe von javadoc

Das Programm `javadoc` übernimmt als Eingabe die Quellcodedatei Ihres Java-Programms und gibt mehrere HTML-Dateien mit der Dokumentation des Programms aus. Die Informationen zu den einzelnen Klassen stehen in separaten HTML-Dateien. `javadoc` gibt auch einen Index und eine Hierarchie aus. Es können auch andere HTML-Dateien erzeugt werden. Da sich die `javadoc`-Implementierungen unterscheiden, sollten Sie sich in der Beschreibung Ihres Java-Entwicklungswerkzeugs darüber informieren, welche Möglichkeiten Ihnen mit Ihrer Version zur Verfügung stehen.

Ein Beispiel mit Dokumentationskommentaren

Das folgende Beispielprogramm enthält Dokumentationskommentare. Jeder Kommentar steht unmittelbar vor dem Element, welches er beschreibt. Nach der Verarbeitung durch `javadoc` finden Sie die Dokumentation der `SquareNum`-Klasse in der Datei `SquareNum.html`.

```java
import java.io.*;/** * Diese Klasse veranschaulicht Dokumentationskommentare.
 * @author Herbert Schildt
 * @version 1.2
 */
public class SquareNum {
  /**
   * Dies Methode gibt das Quadrat von num zurück.
   * Dies ist eine mehrzeilige Beschreibung. Sie können
   * so viele Zeilen verwenden, wie Sie möchten.
   * @param num Der zu quadrierende Wert.
   * @return num zum Quadrat.
   */
  public double square(double num) {
    return num * num;
  }

  /**
   * Diese Methode übernimmt eine Zahl vom Benutzer.
   * @return Der Eingabewert als double-Wert.
   * @exception IOException bei Eingabefehler.
   * @see IOException
   */
  public double getNumber() throws IOException {
    // Einen BufferedReader mit System.in einrichten
    InputStreamReader isr = new InputStreamReader
    (System.in);
    BufferedReader inData = new BufferedReader(isr);
    String str;

    str = inData.readLine();
    return (new Double(str)).doubleValue();
  }
  /**
   * Diese Methode illustriert square().
```

```
   * @param args Nicht genutzt.
   * @return Nichts.
   * @exception IOException bei Eingabefehler.
   * @see IOException
   */
  public static void main(String args[])
    throws IOException
  {
    SquareNum ob = new SquareNum();
    double val;

    System.out.println("Geben Sie den zu quadrierenden Wert
ein: ");
    val = ob.getNumber();
    val = ob.square(val);

    System.out.println("Das Quadrat ist " + val);
  }
}
```

Stichwortverzeichnis

Symbole
#define-Anweisung
   C++ 353
&-Operator 212
--
   Dekrementoperator 47
++
   Inkrementoperator 46
.class-Datei 145
<<
   Linksverschiebung 217
>>
   Rechtsverschiebung 217
>>>
   Rechtsverschiebung ohne Vorzeichen 217
?-Operator 223
@
   Dokument-Tag 548
@author 549
@deprecated 549
@exception 550
@param 550
@return 551
@see 551
@serial 551
@serialData 552
@serialField 552
@since 552
@throws 552
@version 552
{@docRoot} 550
{@link} 550

A
abs()
   Methode 248
abstract
   Schlüsselwort 313
addKeyListener()
   Ereignisempfänger 496
Aktionsereignisse 498
Anwendungen 21
Applet 476
   Aufbau 480

beenden 483
Fenster 483
Fensterausgabe 485
Gerüst 481
HTML-Datei 478
Initialisierung 482
Methodenübersicht 493
Parameter 491
Applet-Klasse 493
Applets 21
   Grundlagen 476
APPLET-Tag 478
Appletviewer 478
args
   Parameter 209
Argument 150, 157
Argumente
   übergeben 237
Array
   eindimensionales 182
   Index 183
   Initialisierung 192
   irreguläres 190
   Länge 196
   mehrdimensionales 189, 192
   sortieren 186
   zweidimensionales 189
Array-Deklaration
   alternative 194
Array-Grenzen 186
Array-Initialisierung 185
Arrays 182
   Speicherzuweisung 183
Array-Überlauf 186
Array-Verweisvariable 194
ASCII-Standardzeichensatz 62
Aufruf über einen Verweis 237
Ausdrücke 91
Ausnahme 358
   Auslöser 359
   erzeugen 371
   manuell auslösen 372
   mehrfach auslösen 372
   nicht abgefangen 363

Ausnahmebehandlung 357
  Beispiel 360
  Grundlagen 359
Ausnahmehierarchie 358
Ausnahmeklassen
  eigene 383
  vordefinierte 380
Ausnahmeliste 378
Ausnahmen
  geprüfte 380
  ungeprüfte 380
Ausnahmetyp 360
Ausnahmeunterklassen 381
Auswahlanweisungen 96
AWT-Klassen
  Applet 477

B

Banner-Applet
  Beispiel 485
Bedingungsausdruck
  for-Schleife 112
Befehlszeilenargumente 209
Bezeichner 53
Big-Endian-Format 60
Bildschirmausgabe
  Datei-I/O 420
Bitverschiebung
  Multiplikation 220
Block
  Synchronisation 457
Blockade
  totale 466
boolean
  Datentyp 63
break-Anweisung 125
  erweiterte 127
Bubble-Sortierung 187
BufferedReader
  Konsoleneingabe 413
  ReadLine() 416
byte
  Datentyp 60
Byte-Array
  lesen 396
Bytecode 23
Byte-Stream 391
Byte-Stream-Klassen
  Übersicht 391

Byte-Streams 394
  Klassehierarchie 391

C

C 20
C++ 20
  portieren 277
C++-Code
  portieren 334, 353
case-Konstante 103
Cast
  Laufzeit 505
Casten 86
catch
  Ausnahmebehandlung 360
catch-Anweisung
  mehrere verwenden 366
catch-Block 361
char
  Datentyp 62
Character-Streams
  Datei-I/O 418
  I/O-Klassen 392
  Klassehierarchie 392
  Unicode 392
class
  Schlüsselwort 142
CLASSPATH
  Umgebungsvariable 326
close()
  FileInputStream 399
Codeblock 47
continue 132
  Sprungmarke 133
CPU-Zeit
  Thread 453
currentThread()
  Thread-Objekt 471

D

DataInputStream
  Eingabemethoden 404
DataOutput-Schnittstelle 403
DataOutputStream
  Ausgabemethoden 403
Datei schließen
  close() 401
Datei schreiben
  FileOutputStream 400
Dateieingabe 398

Dateien
  lesen und schreiben 398
  vergleichen 407
Dateizeiger 409
Dateizugriff
  wahlfrei 409
Daten
  binäre 403
Daten-Member
  final 319
Datentypen 58
  einfache 58
  schreiben und lesen 404
default-Anweisung
  switch 103
Dekrement 77
Dekrementoperator 47
Destruktor 174
Dimensionsinitialisierungsliste 192
Division
  durch null 81, 224
Dokumentationskommentar
  Format 553
Dokumentationskommentare 547
  Beispiel 554
double
  Datentyp 39, 61
do-while-Schleife 119
drawString()
  Applet 477

E
Eingabe
  Zeichen 96
Einrückungen 50
Einstellungsereignis 499
Einstiegspunkt
  Thread 435
Elementereignis 499
else-Anweisung 98
Endianness 61
Endlosschleife 115
Ereignis
  Applet 496
Ereignisbehandlung 476, 495
Ereignisdelegationsmodell 500
  Applet 496
Ereignisempfänger
  abmelden 497
  Applet 496, 497, 498

Ereignisklassen 497
Ereignisklassenhierarchie 497
Ereignisquelle
  Applet 496
Ereignistypen 497
Error
  Ausnahmeunterklasse 358
Escape-Sequenzen 67
EventObject
  Ereignisklasse 497
Exception
  Ausnahmebehandlung 381
  Ausnahmeunterklasse 358
extends
  Schlüsselwort 274, 353
  Vererbung 274

F
Fakultät 256
Fehlerbehandlung
  tolerante 365
FIFO-Stapel 198
FileInputStream
  Dateieingabe 398
FileReader
  Datei-I/O 420
FileWriter
  Datei-I/O 418
FILO-Stapel 198
final
  Schlüsselwort 318
Finalisierung
  Klasse 173
finalize() 173
finally
  Ausnahmebehandlung 375
finally-Block 376
final-Variable
  static 320
float
  Datentyp 61
flush()
  FileOutputStream 401
for-Schleife 45, 110
  negative Werte 111
  ohne Anweisungen 116
  ohne Iterationsausdruck 113
  Varianten 112
FORTRAN 26
Frank
  Ed 18

G

Garbage Collection 173
   Beispiel 175
getMessage()
   Ausnahmebehandlung 374
getPriority()
   Thread 450
Gleitkommatypen 61
Gosling
   James 18
goto-Anweisung 127
Groß- und Kleinschreibung 35
Gültigkeitsbereich 71

H

Haupt-Thread 433, 470
   Beendigung 438
Hierarchie
   mehrstufige 292
Hilfesystem 2
   Beispielprogramm 423
Hoare, C.A.R. 263

I

I/O-System 389
if-Anweisung 43, 98
   geschachtelte 100
if-else-if-Leiter 101, 110
implements-Klausel 339
import
   Beispiel 335
import-Anweisung 335
   Applet 477
Initialisierung
   dynamisch 71
Inkrement 77
Inkrementoperator 46
InputStream
   Byte-Stream 391
   Methoden 394
instanceof
   Schlüsselwort 505
instanceof-Operator 505
Instanz
   erzeugen 144
Instanzen 142
Instanzvariable
   verborgene 179
Instanzvariablen 142

int
   Datentyp 60
Integer-Typen 59
interface
   Schlüsselwort 337
interface-Definition
   Beispiel 339
isAlive()
   Threads 446
Iterationsanweisungen 96
Iterationsausdruck 111

J

Java
   Entstehung 18
   Internet 21
   Schlagwörter 24
java
   Paket 337
   Unterpakete 337
Java Developer's Kit
   Bezugsquelle 30
Java Virtual Machine 23
java.awt.event
   Ereignisbehandlung 495
   Ereignisklassen 498
java.lang
   Bibliothek 337
Java-API 336
javadoc 548
javadoc-Tags 548
Java-Schlüsselwörter 504
JDK 30
JIT-Compiler 24
join()
   Threads 447
JVM 23
   Ausnahmebehandlung 363

K

Kapseln
   Array 231
Kapselung 27, 228
Klammer 93
   geschweifte 35
Klasse 27
   abstrakte 313
   allgemeine Form 142
   anonyme 270
   Beispiel 143

Definition 143
Grundlagen 142
innere 267
lokale 268
umschließende 266
verschachtelte 266
Klassenbibliotheken 54, 336
Klassendeklaration
Superklasse 276
Kommentare 32
Komparand 263
kompilieren 31
Konsole
System.out 393
Konsolenausgabe 397
Character-Streams 416
PrintWriter 417
Konsoleneingabe
BufferedReader 413
lesen 395
zeichenorientiert 413
Konstanten 66
final 319
hexadezimal 67
Schnittstellen 352
Konstruktoren 168
parametrisierte 169
Reihenfolge beim Aufruf 296
überladen 249
Vererbung 281
Kontrollanweisungen 96
Kurzzuweisungen 84
bitweise 220

L
Leerzeichen
Ausdrücke 93
length
Member 196
Linksverschiebung 217
Listener 496
Applet 497
Listener-Schnittstelle 498
Literale 66
Little-Endian 61
long
Datentyp 60

M
main()
Methode 34
main()-Methode
Applet 478
Klassen 143
Mausereignisse
behandeln 500
Beispiel 501
Member
Vererbung 277
Member-Methoden 28
Methode
abstrakte 313
allgemeine Form 150
ohne Rückgabewert 153
parametrisierte 159
rekursive 255
Rückkehr 153
Methoden 28, 149
hinzufügen 150
Namen 150
native 506
Objekte übergeben 236
Schreibweise 150
synchronisierte 454
überladen 243
überschreiben 302
Methoden überschreiben
Beispiel 308
Polymorphie 308
Methoden-Dispatch
dynamischer 306
Modulo-Operator 76
MouseListener
Schnittstelle 500
MouseMotionListener
Schnittstelle 497, 500
Multiplikation
Bitverschiebung 220
Multitasking
prozessbasiert 432
Thread-basiert 432
Multithreading 432
effektives 470
Multithread-Programmierung
Grundlagen 432

N

Namenskollision 324
Name-Space 324
Naughton
   Patrick 18
new-Operator 148, 172
notify()
   Thread-Kommunikation 460
notifyAll()
   Thread-Kommunikation 460
Nullanweisung 115

O

Oak 18
Object
   Klasse 321
   Methoden 321
Objekt 27, 142
   erzeugen 147
   zurückliefern 241
Objektsperre 454
Objektverweise
   übergeben 239
Objektverweisvariablen 148
ODER
   bitweise 214
Oktalkonstanten 67
OOP 25
Operatoren 44
   Arithmetische 75
   bitweise 211
   logischer 78
   Rangfolge 88
   relationaler 78
   ternärer 224
OutputStream
   Byte-Stream 391
   Methoden 395

P

package-Anweisung 325
Package-Beispiel 327
paint()
   Applet 477
Paket 229, 324
   auffinden 326
   definieren 325
   importieren 335
   Zugriff 329
Pakethierarchie 326

Paketnamen 325
Paketzugriff
   Beispiel 330
Parameter 34, 150, 157
   Beispiel 157
Parameterliste 150
   Superklasse 283
Parameterübergabe
   Applet 491
Polymorphie 28, 248, 338
   Methoden überschreiben 306
Portabilität 22
Portierbarkeit 19
print()
   PrintWriter 417
println() 34, 96
   PrintWriter 417
printStackTrace()
   Ausnahmebehandlung 374
PrintWriter
   Beispiel 417
   Konsolenausgabe 417
private
   Members 228
   Zugriffsangabe 229
private-Member 329
Programmbeendigung
   normale 363
Programmierung
   objektorientierte 25
protected
   Schlüsselwort 174
   Zugriffsangabe 229, 330, 332
public
   Members 228
   Schlüsselwort 34
   Zugriffsangabe 229
Punktoperator 144

Q

Quellcodedatei 31
Queue 198
Queue-Klasse 198
Quicksort 263

R

RandomAccessFile
   Dateizugriff 409
Rangfolge
   Operatoren 88

read()
  BufferedReader 414
  FileInputStream 399
  InputStream 396
Reader
  Character-Stream 392
  Methoden 412
readLine()
  BufferedReader 416
Rechtsverschiebung 218
  vorzeichenlose 218
Rekursion 255
  Abbruchbedingung 258
removeKeyListener()
  Ereignisempfänger abmelden 497
repaint()
  AWT-Methode 484
resume()
  Thread-Unterbrechung 465
return-Anweisung 153
Rückgabetyp 156
  Metoden überladen 243
Rückgabewert 154
  Beispiel 155
run() 435
Runnable
  Schnittstelle 433
Runnable-Schnittstelle 434
RuntimeException
  Ausnahmebehandlung 380
  Laufzeitfehler 359

S
Schleifen
  Auswahl 119
  geschachtelte 138
  ohne Rumpf 115
  verlassen 125
Schleifenkontrollvariable 111, 116
Schleifenwiederholung
  erzwingen 132
Schlüsselwörter 52
Schnittstelle 324, 337
  allgemeine Form 338
  für eine Warteschlange 346
  implementieren 339
  vererben 353
  Vorteile 342
Schnittstellenvariable 352
Schnittstellenverweisvariable 343

Schnittstelleverweise 343
seek()
  RandomAccessFile 409
Semikolon 49
setPriority()
  Thread 450
Sheridan
  Mike 18
short
  Datentyp 59
Shortcircuit-Operator 80
Shortcircuit-UND 81
showStatus()
  Applet-Methode 490
Sicherheit 22
Sichtbarkeit
  Member 329
Signalvariablen
  Thread-Unterbrechung 466
Signatur 249
sleep()
  Thread 456
sleep()-Methode 436
Sortierprogramm
  Quicksort 263
Speicherzuweisung
  dynamische 173
Sperre
  Thread 453
Sprunganweisungen 96
Sprungmarke
  break 127
  continue 133
  Positionierung 130
Stack 198
Standardkonstruktor 168
Stapel 198
Stapelüberlauf
  Rekursion 257
static
  Members 258
Static-Blöcke 261
static-Methode
  Beispiel 260
static-Methoden
  Einschränkungen 261
Statusfenster
  Applet 490
Steueranweisungen 43

stop()
    Thread-Unterbrechung 465
Stream 390
Streams
    vordefinierte 393
    zeichenorientierte 412
strictfp
    Schlüsselwort 506
String 68
    Konstruktor 204
    Unveränderbarkeit 208
StringBuffer
    Klasse 209
String-Klasse
    Methoden 205
String-Literale 68
String-Operationen 205
Strings 203
Stub 494
super
    Superklassenkonstruktor 283
    Zugriff auf Member 288
super() 287
Superklasse 274
    abstrakte 343
    Vererbung 276
    Zugriff auf Member 288
Superklassenausnahme
    abfangen 369
Superklassenkonstruktor
    super 283
Superklassenvariablen
    Unterklassenverweise 299
Superklassenverweise 297
suspend()
    Thread-Unterbrechung 465
switch-Anweisung 103
    geschachtelte 106
Synchronisation 453
    Block 457
    Multitasking 433
synchronized
    Anweisung 457
    Schlüsselwort 453
Syntaxfehler 36
System.err 393
System.in 96
    Standardeingabe 393
System.out
    Konsole 393

T
Tastatur
    System.in 393
Tastatureingabe
    Beispiel 419
Textdatei
    kopieren 401
Textzeilen
    einlesen 416
this
    Beispiel 177
    Schlüsselwort 177
Thread
    CPU-Zeit 453
    Einstiegspunkt 435
    Ende 446
    erweitern 440
    erzeugen 434, 443
    mehrere einrichten 443
    Überwachung 453
    unterbrechen 465
    Zustände 433
Thread-Klasse 433
    Methoden 433
Thread-Kommunikation 459
Thread-Konstruktor 438
Thread-Priorität 449
throw
    allgemeine Form 371
Throwable
    Ausnahmebehandlung 374
    Ausnahmeklasse 358
    Methoden 374
throws
    Ausnahmebehandlung 378
throws-Klausel 378
toString()
    Ausnahmebehandlung 374
transient
    Schlüsselwort 505
try
    Ausnahmebehandlung 360
try-Block 361
try-Blöcke
    verschachtelt 369
Typpromotion 91
Typsignaturen
    Methoden 304
Typumwandlung
    Ausdrücke 91
    automatische 246

erweiternde 85
Überladen 245
Typumwandlungen
Anweisungen 85
Typ-Wrapper 421
Verwendungen 423

U
Überladen
Beispiel 243
Methoden 243
Vorteile 248
Überschreiben
verhindern 318
Überwachung
Threads 453
Umwandlung
verkleinernde 87
UND
bitweise 212
Unicode 62
Unterklasse 274
Unterklassen
Ausnahmebehandlung 367
Unterklassenobjekt
Superklassenverweis 302
Unterklassenobjekte
Superklassenverweise 297
update()
AWT-Methode 484

V
Variable
deklarieren 70
Gültigkeitsbereich 71
initialisieren 70
Lebensdauer 71
Variablen 69
Vererbung 28, 274
final 318
Grundlagen 274
verhindern 318
Vorteile der 277
Verschiebeoperatoren 217
Verweis 148
Verweisvariablen
Zuweisung 148
void-Methode 153
volatile
Schlüsselwort 470, 505

W
wait()
Thread-Kommunikation 460
Warteschlange 198
Beispiel 199
dynamische 346
zirkulär 346
zirkuläre 199
Warth
Chris 18
while-Schleife 117
write()
FileOutputStream 401
PrintStream 397
Writer
Character-Stream 392
Methoden 413

X
XOR
bitweise 215

Z
Zeichen
lesen 414
Zeichenfolge 203
Zeichenfolgen
bilden 204
einlesen 416
numerische 421
umwandeln 421
verketten 206
Zeichenfolgen-Array 207
Zeichenvariablen 62
Zugriffsangaben 229
Zugriffsbeschränkung
Members 228
Zugriffsebenen
Klasse 330
Zugriffskontrolle 329
Members 228
Standardeinstellung 228
Zugriffsrechte
Paketcode 324
Zuweisungskette 83
Zuweisungsoperation 148
Zuweisungsoperator 83
Zweierkomplement 218

Forrest Houlette

SQL IT-Tutorial

- SQL didaktisch und praxisgerecht lernen
- Tabellen u. Datenbanken erstellen u. verwalten
- Erstellung und Programmierung von gespeicherten Prozeduren

Mit diesem Tutorial erlernen Sie systematisch und anhand praxisnaher Beispiele alles, was Sie wissen müssen, um mit SQL Datenbanken abzufragen. Im ersten Teil erhalten Sie die Grundlagen für den Umgang mit Datenbanken, angefangen mit dem Auswählen von Daten aus Tabellen bis hin zum Erstellen und Verwalten von Tabellen und Datenbanken. Als nächstes lernen Sie den Umgang mit Datenbankobjekten, Unterabfragen, Sichten und gespeicherten Prozeduren. Jedes Kapitel enthält zahlreiche Beispiele aus der Praxis, um die Möglichkeiten von SQL aufzuzeigen.

ISBN 3-8266-0817-8

Bill McCarthy

PHP 4 IT-Tutorial

- PHP4 didaktisch und praxisgerecht lernen
- Anbindung von mySQL-Datenbanken
- PHP-Skripts testen und debuggen
- PHP, MySQL und Apache auf der CD zum sofortigen Einsatz

Mit diesem Tutorial lernen Sie systematisch und anhand praxisnaher Beispiele, wie Sie mit PHP dynamische und datenbankunterstützte Webseiten programmieren. Sie lernen zunächst, wie Sie einfache PHP-Programme erstellen sowie die Verwendung von Kontrollstrukturen, Funktionen, Arrays und Strings. Anhand zahlreicher Beispielprogramme können Sie sich schrittweise in komplexere Themen einarbeiten wie das Arbeiten mit Cookies, Dateien und Verzeichnissen, das Senden und Empfangen von E-mails und die Anbindung von MySQL-Datenbanken.

ISBN 3-8266-0817-8

Das Konzept der Tutorials ist für die praxisnahe, schrittweise und strukturierte Erlernung des jeweiligen Themas ausgelegt und zeichnet sich durch folgende Elemente aus:

- Lernen nach Modulen: In sich geschlossene Lerneinheiten mit klar formulierten Lernzielen
- Fragen an den Experten: Fragen zu weiterführenden Aspekten, die der Vertiefung ihres Wissens dienen
- 1-Minuten-Tests: Zur Festigung Ihrer Kenntnisse werden Themenschwerpunkte kurz abgefragt
- Kommentierter Quellcode, der die wesentlichen Stellen erläutert
- Projekte: Jedes Kapitel enthält mehrere Projekte, in denen gezeigt wird, wie Sie das Gelernte anwenden können. Die Ausführung wird schrittweise erläutert.
- Übungen: Am Ende jedes Kapitels wird Ihr Wissen anhand von Aufgaben getestet, die u.a. auch das Schreiben von Code erfordern. Die dazugehörigen Lösungen finden Sie im Anhang.

Alle Quellcode-Beispiele können Sie sich kostenlos aus dem Web downloaden!

Herbert Schildt, Joe O'Neil

Java 2 Ge-Packt

Die wichtigsten Befehle zum Nachschlagen – vom bekannten Autor Herbert Schildt in Zusammenarbeit mit Joe O'Neil detailliert erläutert.
Alles, was Sie zur Programmierung mit Java brauchen, finden Sie in dieser praktischen Referenz. Sie finden präzise und klar verständliche Erläuterungen aller Befehle. Praktische Beispiele ergänzen den Nutzen. Jedes der Kapitel behandelt einen Themenbereich, in dem die relevanten Befehle alphabetisch sortiert sind.

ISBN 3-8266-0716-3

Herbert Schildt

Java 2 Ent-Packt

Alles, was Sie zur Programmierung in Java brauchen, finden Sie in dieser "ent-packten" Referenz. Sie dient als hilfreiche Ressource für alle speziellen Fragen zu Java 2.
Sie finden umfangreiche Erläuterungen der gesamten Java-Syntax, Befehle, Funktionen und Klassenbibliotheken. Zahlreiche Tipps für effizienteres und produktives Programmieren sowie viele Beispiele aus erfahrener Hand machen dieses Werk zu einem unverzichtbaren Begleiter für alle Java-Programmierer.

ISBN 3-8266-0736-8

sueddeutsche.de   bin schon informiert

was jetzt gerade passiert,
steht nicht mal in der besten zeitung

ständig aktuelle meldungen, umfassende hintergrundberichte und die sicherheit, schneller mehr zu erfahren   **www.sueddeutsche.de**